浙江大学侨福建设基金资助出版

姚燮年谱

汪超宏◎著

钱江新潮文丛

中国社会科学出版社

图书在版编目（CIP）数据

姚燮年谱/汪超宏著. —北京:中国社会科学出版社，2011.6
ISBN 978-7-5004-9176-7

Ⅰ.①姚…　Ⅱ.①汪…　Ⅲ.①姚燮(1805～1864)-年谱
Ⅳ.①K825.6

中国版本图书馆 CIP 数据核字(2010)第 195173 号

责任编辑　郭晓鸿(guoxiaohong149@163.com)
特约编辑　张　剑
责任校对　郭　春
封面设计　格子工作室
技术编辑　戴　宽

出版发行　中国社会科学出版社
社　　址　北京鼓楼西大街甲 158 号　　邮　编　100720
电　　话　010—84029453　　传　真　010—84017153
网　　址　http://www.csspw.cn
经　　销　新华书店
印　　刷　北京君升印刷有限公司　　装　订　广增装订厂
版　　次　2011 年 6 月第 1 版　　印　次　2011 年 6 月第 1 次印刷
开　　本　710×1000　1/16
印　　张　24.25
字　　数　385 千字
定　　价　48.00 元

丛书总序

浙江大学是一所人文璀璨、名师荟萃的全国重点大学，前身是1897年创办的求是书院。百年浙大，一路风雨又一路辉煌。在这块深厚的土地上，它不仅哺育了马叙伦、马一浮、沈尹默、苏步青、王淦昌、贝时璋、张其昀、谈家桢、卢鹤绂等众多的文化名人和科学大师，而且在长期的办学中形成了堪称典范的求是精神。尤其是在竺可桢主政期间，于极其艰难的西迁办学中更是把这种“求是”精神发挥到极致，使浙大声名远播，成为“当时中国最好的四所大学之一”。

浙大中文系办学历史悠久。往远说，可追溯到林启主持的求是书院。当时办学伊始，书院即开设国文课程，先后延请宋恕、陈去病、马叙伦、沈尹默、张相等著名学者授业讲学——以此算起，中文系已历春秋百有十载；往近说，则源于1920年的之江大学国文系和1928年的国立浙江大学国文系——就此而言，中文系悠然已有九十余年历史。它前后历经西迁时期、龙泉分校时期，后又融合之江大学国文系、浙江大学国文系两大主脉。1952年全国高校院系调整，中文系被划归由浙大“母体”孵化出来的新的分支——新成立的浙江师范学院。嗣后1958年，浙江师范学院与新组建的杭州大学合并，称杭州大学；从这时开始，浙大中文系便进入了“杭大中文系”时代，迎来了一个新的发展阶段。“杭大中文系”的系名，一叫便是整整四十年，并已在社会和学界赢得良好的声誉。直到1998年，原浙江大学、杭州大学、浙江医科大学、浙江农业大学四校合并成立新的浙江大学，中文系在经历了一番分分合合之后又返回到了它的母体怀抱。

现在的浙大中文系是以原杭大中文系为主体的，自然，它也整合了其他相关的师资力量。

浙大中文系建系以来，人才辈出，具有深厚的学术积累。祝文白、缪钺、刘大白、丰子恺、许钦文、夏承焘、姜亮夫、钱南扬、胡士莹、徐声越、陆维钊、任铭善、王季思、郑奠、王驾吾、孙席珍、王西彦、蒋礼鸿、徐朔方等一大批在国内外学界享有盛誉的杏坛名师、学术名流都曾于此任教。他们实践的“传承创造”的学术精神和追求的“卓然独立”的学术境界，为中文系的发展，包括有特色、有影响的学科的创建，也包括有特色、有发展后劲的梯队的形成，奠定了坚实的基础。百年沧桑，艰难困苦，玉汝于成。“近代科学的目标是什么？就是探求真理。科学方法可以随时随地而改变，这科学的目标，蕲求真理，也就是科学的精神，是永远不会改变的。”回顾往昔，我们更加真切地体会到了竺可桢老校长在20世纪40年代所讲的这句话的深刻含意，也愈发怀念为中文系发展作出贡献的诸多前辈和老师，并由然萌生了在前人基础上进一步拓宽和发展中文系的一种强烈的责任感、使命感。

我们高兴地看到，经过几代人共同不懈的努力，浙大中文系已发展成一个实力雄厚，在国内很具声誉和影响的系科。特别是1995年被批准为国家基础学科研究与人才培养基地以来，更是在各个方面都有长足的发展，在全国同类专业的高校排名中一直居于前列。中文系也由原先单一的汉语言文学专业，发展成为由汉语言文学、中国古典文献学、编辑出版学三个本科专业和一个影视与动漫编导方向的立体多元、结构合理的“大中文”专业。目前，中文系已有中国语言文学一级学科博士点以及中国语言文学学科博士后流动站，汉语言文字学、语言学及应用语言学、文艺学、中国古代文学、中国古典文献学、中国现当代文学、比较文学与世界文学七个二级学科具有博士学位授予权。中国古典文献学为国家重点学科，中国古代文学、中国古典文献学、汉语言文字学、文艺学四个学科为浙江省省级重点学科。汉语史研究中心为教育部人文社会科学重点研究基地。现有在编教师50人，其中教授26人（博士生导师25人），副教授14人。他们不仅在各个学科发挥重要的带头和骨干作用，而且在国内学界也具有举足轻重的地位和影响。正是在这批以四五十岁的中青年学者为主体的学术核心的努力和引领下，由夏承焘、姜亮夫等前辈学者所开创的，吴熊和、王元骧等名师宿儒所光大的中文系学脉，方能做到承传有自、薪火绵延。

这次我们编辑出版的这套《钱江新潮文丛》，所收的是工作在教学和科研第一线的在职教师的系列学术论著。他们中有三十多岁的学术新锐，也有五六十岁的年长或较年长一代学者。涉及的范围，包括汉语言文字学、语言学及应用语言学、文艺学、中国古代文学、中国古典文献学、中国现当代文学、比较文学与世界文学以及影视文学等不同学科。在这里，学科与学科之间，个体与个体之间，彼此是有差异的，思维理念也不尽一致；但有一点似乎是共同的，那就是都在努力追求和体现中文系传统的“求是博雅”学风。章学诚评价古代两浙学风时曾谓：“浙西尚博雅，浙东贵专家。”浙大中文系以“求是博雅”为系训，正是因为非求是则无以成专家，非博雅则无以成通儒。所谓“求是”，就是求真、求实；所谓“博雅”，就是求善、求美。这反映了我们力图贯通浙东西、融合古与今的学术视野与意识，以及从传统的学脉中创造新的浙江学派的愿望，也是我们的世界观、人生观、学术观的一个投影和富有理性的特殊呈现。尽管面对浙大中文系的百年历史和悠久传统，本丛书中的这些成果尚远不能说是“雏凤清于老凤声”，在这方面，我们深知与前辈相比还有一定的差距。但中文系数十位教师用心血和智慧浇灌出来的这些学术之果，毕竟从各个不同的角度对“求是博雅”作了新的诠释，这是很可欣喜的。它不妨可看作是对中文系近十年学术研究的一次检验，一次富有意味的“集体亮相”。

这些年，由于种种原因，学术浮躁和浮夸之风盛行，违反学术道德和学术规范的不端行为也屡有发生。在这样的情况下，中文系老师“守正创新”，既一方面继承百年来的优良学术传统，不盲从、不浮躁，以“板凳坐得十年冷，文章不写半句空”的严谨求实学风，孜孜不倦地潜心从事学术研究，坚守着学术正道；另一方面又不囿陈说，锐意创新，力求在前人基础上有新的发现，为学术研究作出属于自己的创造性贡献，这就十分难能可贵。而这一点，在这套丛书中也都表现得十分明显。

不尚空谈，不发虚辞，以追求真理为目标，以崇尚事实为基础，强调学术研究的“实事求是”与“实事求是”的学术研究；我想，这就是浙大中文系生生不息的学术传统，它贯穿百年而又存活于当下，已内化为我们的一种精神生命，一种支撑当下中文系存在和发展、坚守学术家园的“阿基米德点”。我们出版这套丛书，目的就是弘扬浙大中文系这一学术传统，继往开来，进一步加强中国语言文学学科的建设，为提升和扩大其学术水平及影响尽一份绵薄之力。

本丛书的出版得到了中文系84届校友、浙江通策集团董事局主席吕建明先生的鼎力相助。2007年5月，在浙江大学110周年校庆期间，他慷慨捐资百万元支持中文学科建设。他的善举和情意令人感佩，也催发了我们策划并编纂此书的积极性。缘于此，我不仅对本丛书所反映的教师学术才华和追求感到欣慰，同时更对百年浙大中文学科未来的发展前景抱持一份坚定的信心。

钱潮天下奇观，故孙中山先生有“猛进如潮”之赞，学术创新，贵如潮水之猛进荡决；钱潮及期而信，故吴越王钱镠有“日夜波涛不暂息”之感，学脉传承，当如潮水之永不止息。“求是博雅”，就意味着学者既要有弄潮儿那般“溯迎而上，出没于鲸波万仞中”的锐气，也要有“晚来波静，海门飞上明月”的心境。本丛书以“钱江新潮”为名，其微意实在于此。

吴秀明

2009年4月15日于浙江大学

序

李修生

汪超宏兄从徐朔方先生修博士后，专治明清戏剧。徐朔方先生是我的师辈。先生字步奎，1947 年开始治中国文学，后又集中精力研究明代文学，积四十余年之光阴，撰著《晚明曲家年譜》，共收苏、浙、皖、赣作家年谱三十九篇。步奎先生意在坚实的基础上，寻绎明代戏曲史的真实面貌。当然也是研究明代文化、文学的基础工程。步奎先生非常谦逊，先生师事王季思先生。我参加游国恩先生、王季思先生、萧涤非先生、季镇淮先生、费镇刚先生主编的《中国文学史》的编写工作时，在王季思先生指导下进行，季思先生是我接触元代文学、戏曲的老师。步奎先生因此始终以友相待。他的《晚明曲家年谱》出版后，赐赠一部，并要我写一篇书评。这样一部书，涉及如此多的文献，我不读，怎样写书评？至今仍未交稿。步奎先生从教五十五周年庆祝会，同时还邀我参加一位博士生的答辩，我又因故未能参加。我感到非常愧疚。但步奎先生竟不罪我。他还执意邀我参加他的一位研究元代文学的博士生的答辩。当时时间紧迫，学校也认为没有必要邀我这样一个远在北京的人参加。听说徐先生以我研究元代文学为由，坚持邀我去杭州。我从很多事例知道，徐先生是真正的返真脱俗、专心治学的表率。我想向步奎先生学习，做一点基础研究，这些年也写了三篇半元初作家的年谱。说三篇半，是其中一篇要进行修改补充，但还未完成。由于年龄日增，不知能否完成？正在我自己心里翻腾这些事的时候，汪超宏兄来电，邀我为他的《姚燮年谱》写序。本想推却，又很矛盾。因步奎先生的缘故，我终于张不开口拒绝。翻阅超宏兄赠我的几部著作，在其《宋琬年谱》的《后记》中有这样两段话：

> 年谱一途，于研习文史者，尤为重要。然方今之博雅君子，谓其无自己观点与体系，以小道目之。余不敏，于此说期期以为不然。因专注曲家生平与创作之考证，故有《〈汪道昆年谱〉补正》（收入《明清曲家考》，中国社会科学出版社2006年版），《〈屠隆年谱〉补正》、《沈谦年谱》、《吴锡麒年谱》（收入《明清浙籍曲家考》，浙江大学出版社2009年版）之作，篇幅长者独立成书，《宋琬年谱》是焉，嗣有《姚燮年谱》继之。假以时日，会陆续推出若干明清两代曲家之年谱，为曲学昌盛，尽绵薄之力也。
>
> 在娱乐化、商业化、炒作风渗透到各行各业时，学问之路充满艰辛，有时甚至了无生趣。付出很多，所得甚少。相信此中人都有同感。吾人依然不愿放弃，努力把学问做扎实一些，袭用《红楼梦》中一句话，"眼前无路不回头"，用以名志。

"薪火相传"（王季思先生语），汪超宏兄继续编撰明清曲家年谱。我被他的心志所感动，觉得至少应该表示对他的支持。同时他也推动了我，使我不敢怠惰。

浙江镇海姚燮（1805—1864），字梅伯。梅伯先生以《复庄今乐府选》、《今乐考证》名世。1935年北京大学影印《今乐考证》卷末有马裕藻、赵万里两位先生的跋文，1936年赵景深先生根据赵万里先生的指示，对比《今乐考证》与王国维先生的《曲录》，撰写了《姚梅伯的〈今乐考证〉》一文。三位先生都肯定梅伯先生此书的伟绩在于早王国维五十年完成中国剧曲的总记录。与《曲录》比较，《今乐考证》最大贡献是清代与姚氏同时诸人杂剧和传奇目录的提供。赵景深先生经过考证认定《今乐考证》晚于《今乐府选》，因为《今乐考证》纠正了《今乐府选》的一些错误。任何人都不会在已经认识自己错误的情况下，在同时或稍后的著作中重复错误。上世纪八十年代后期，姚燮研究又有进展。叶长海先生《中国戏剧学史稿》有专门篇幅论《今乐考证》（《中国戏剧学史稿》，上海文艺出版社1986年6月初版），洪克夷先生有《姚燮评传》（浙江历代文学家评传丛书，浙江古籍出版社 1987 年 4 月初版)，附有《姚燮年表》。赵杏根先生有《姚燮年谱简编》(《明清诗文研究资料辑丛》，吉林文史出版社 1990 年版)。汪超宏兄为了编撰本谱，认真阅读姚燮现存著作，并且广泛搜集相关史料，对于姚燮生平、著述等方面问题，均有详细的考释，解决了一些悬疑的问题；对于姚燮参加诗社、词社活动，和交游的文人的事迹，均有比较详细的考索。不仅有助于了解姚燮的社会关系，而且可以认识当时文人的群像。当然，正如步奎先生所说，编年谱也是一个危难的工作，很难避免错误。但别人发现错误，也是一件好事，说明研究又有进展，至少减少了自己的错误。我想汪超宏兄也十分期待读者的指正。是为序。

辛卯年初春于北京懋堂

凡例

一、谱主年岁依古代成例，记初度即虚岁，不记周年。岁末已入公历新年者，不增一岁。

二、纪年以阴历，岁末已入公历新年者，仍入本年。每年纪事，以时间先后为序。月、日可考者，按月、日排列；月无考者，按季；季不明者，系于相关季节；年不明者，酌情系于相关之年。

三、本谱旨在通过汇集资料，尽可能详尽勾勒谱主一生的行迹，反映谱主思想及创作发展轨迹。事迹无论大小隐晦，无不悉载，多多益善。

四、对援引资料中的事实、时间、地点、人物等的谬误，均加以辨正。对资料所反映的政治思想、道德情感等，一般不作评论。

五、为使事实清楚，文字不长者尽量全引，以免读者翻检之劳；太长者摘要引录；同样资料一般不重复引用，以参见某年注明。

六、谱主交游广泛，对声名不彰、事迹湮没不闻者，本谱广为搜辑考索；对声名彰显、事迹众所周知者，则作一般介绍。交游者生卒年，参以张㧑之、沈起炜、刘德重主编《中国历代人名大辞典》，并注明交游者传记资料的原始出处。该书未载或载之有误者，本谱依据文献发明之。

七、每年重要时事不作介绍，除非与谱主及交游有关者，则征引文献说明之。

八、原文中缺字或漫漶不清处用□标示，异体字一般用通行字代替，然用于人名、字号、书名、画名等之异体字则根据情况酌留。

九、谱中利用之文献，以浙江大学西溪校区图书馆、浙江图书馆为多，上海图书馆、国家图书馆次之。未寓目者，以转引自某书标明之。所据文献，以影印本为主。无影印本者，代之以原刻本、稿本、抄本。今人整理本慎用。

姚燮画像三幅

（二十九岁画像，选自
《疏影楼词》卷首）

（四十三岁画像，选自
《复庄诗问》卷首）

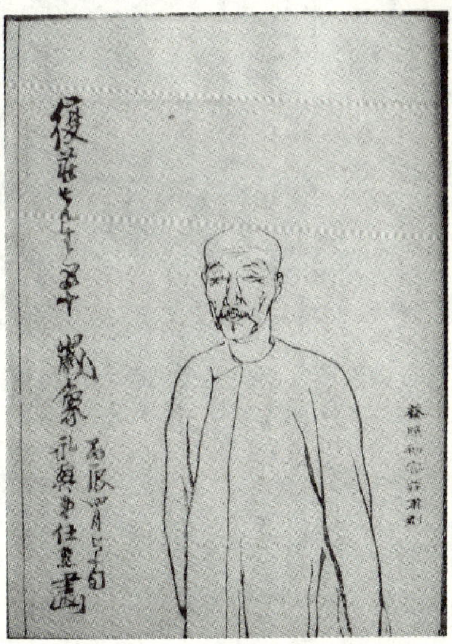

（五十岁画像，选自《复庄骈俪文榷二编》卷首）

姚鵷手书一幅

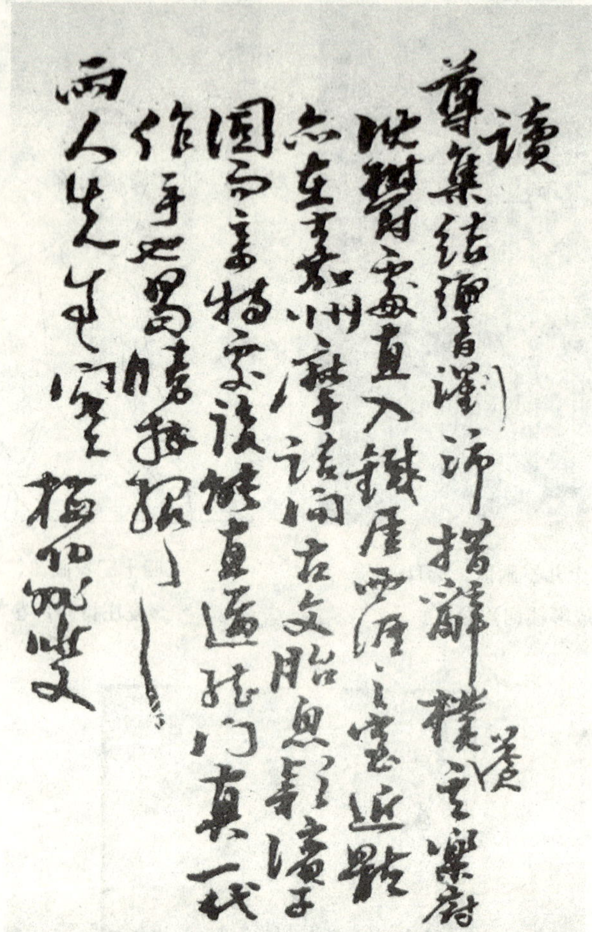

（选自陶湘编《昭代名人尺牍小传续集》）

姚燮画三幅

姚燮印钤数方

《大梅》

《大梅山馆》

《大梅山民》之二

《大梅山民》之一

《二石生》

《复道人》

《复翁》之二

《复翁》之一

《复庄》

《复庄书画》

《花护持》

《黄牡丹氏》

《梅伯》之一

《梅伯》之二

《梅伯》之三

《梅伯》

《梅花知己》

《上湖草堂》

《上湖生》之二

《上湖生》之一

《疏影楼主》

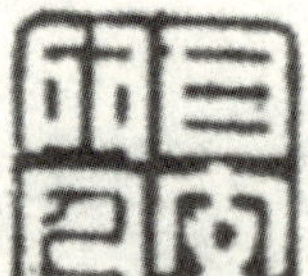

《吾交门人》

《五十以后作》之二

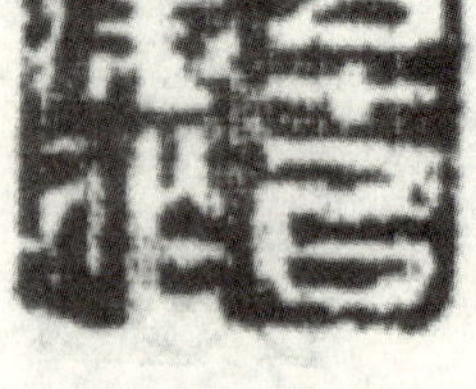

《五十以后作》之一

《姚氏复庄》

《姚燮》之二

《姚燮》之一

《姚燮私印》之二

《姚燮私印》之一

《姚燮印信》

《野桥》之二

《野桥》之三

《野桥》之一

《野桥读过》

《野桥诗翰》

《野桥诗画》

《野桥书画》

《一幅松花话短长》

《于意云何》

费丹旭画《姚燮忏绮图》

任熊画、姚燮题字三幅

任熊《姚燮诗意图册》三幅

目　录

目　录

姚燮年谱

姚燮，原名世烈，字梅伯，号野桥、大梅山民、二石、二石生、老复、复庄、复翁、大某、疏影词史、汝梅、浣西迁客等，镇海（今浙江省宁波市镇海区）人。

《甲午科乡试卷》履历："姚燮，原名世烈，字梅伯，号野桥，行一。……镇海县民籍。"

钞本《疏影楼词·剪灯夜雨》署："蛟门姚燮汝梅。"

蒋宝龄《墨林今话》卷十八《姚燮》："镇海姚野桥燮，字梅伯。"

王韬《瀛堧杂志》卷四："蛟川姚梅伯孝廉名燮，号野桥。"

徐时栋《烟屿楼文集》卷七《姚梅伯传》："梅伯姓姚氏，名燮，镇海人。"

《复庄骈俪文榷二编》卷末附蒋敦复《例授文林郎即选知县姚君墓志铭》："君讳燮，字梅伯，一字复庄，宁波镇海人也。"

董沛《正谊堂文集》卷十七《姚复庄先生墓表》："先生讳燮，字梅伯，自号曰复庄，镇海姚氏。"

《复庄诗问》卷首《诗传》："鄞县张子彝文学培基《问己斋文钞》云：复庄姚子，名燮，号某伯，镇海人。"

杨岘《迟鸿轩所见书画录》卷二："姚燮，字复庄，一字梅伯，号野桥，一号大梅山民。"

杨逸《海上墨林》卷三《寓贤》："姚燮，字梅伯，号野桥，镇海人。"

李濬之《清画家诗史》庚下："姚燮，字梅伯，一字复庄，号野桥，一号大梅山民，浙江镇海人。”

《光绪鄞县志》卷五十一：“姚燮，字梅伯，号复庄。镇海人。”

《光绪诸暨县志》卷三十四《人物志·列传八》：“居大梅山下，又号大梅山民。”

《清史列传》卷七十三：“姚燮，字复庄，浙江镇海人。”

《民国定海县志》卷十：“姚燮，字梅伯，镇海人。……复庄，燮之号也。”

《民国象山县志》卷二十六：“姚燮，字复庄，号梅伯……仪征阮元字以二石生，谓其词似白石、画似煮石也。”

《民国镇海县志》卷二十七《人物传六》：“姚燮，字梅伯，晚号复庄(崇邱)。”

《姚梅伯题任渭长人物十二帧》署二石、二石生、老复、复庄、复翁、大某、疏影词史等。

叶元阶《赤堇遗稿》卷首姚燮《题词》署：“浣西迁客姚燮。”

《甲午科乡试卷》履历：“姚燮……住镇邑清川门内童李衙街。”

《复庄诗问》卷十四《雨过七章》其三：“家在浃江口，悬城插水根。城低山作堞，江尽海为门。风起潮能阔，云高午易昏。空庭探物象，仿佛住乡村。”

齐学裘《见闻随笔》卷八《姚孝廉风流》云“姚梅伯燮孝廉，定海县人”、杨岘《迟鸿轩所见书画录》卷二云姚燮“江苏镇洋人”，误。

镇海姚氏，从诸暨迁入。诸暨始祖姚道高，南京国子监上舍。镇海始祖姚献其，字太嗣。姚燮先世无显官要吏，多为清寒读书人。

《甲午科乡试卷》履历：“姚燮……迁暨阳始祖讳道高，习《礼记》，领乡贡举，南京国子监上舍。迁镇海始祖高祖讳献其，字太嗣，例授修职郎。”

《光绪诸暨县志》卷三十四《人物志·列传八》：“姚燮，字梅伯。高祖大嗣，徙镇海，遂以镇海籍。”

《复庄骈俪文榷二编》卷末附蒋敦复《例授文林郎即选知县姚君墓志铭》：“族著巨姓，世敦素风。远有端绪，潜德弗耀。”

《复庄诗问》卷十四《寄家书》：“五世儒素风，俭朴诚适宜。”

同书卷七《过诸暨姚公步，谒宗祠祖墓，止族兄鲁斋先生之琴宅，蒙族人次第招饮，留十一日始行。作诗记事，兼留别，得六章》其一："……商水分宋支，我祖宅始筑。五马趋连塘，六垄结雄局。绵世二十传，世训守耕读。一村千余家，一姓无异族。亟亟谋稻桑，在在立乡塾。清门虽庶人，饮之太素朴。似我跅弛身，得毋宗党辱。溪水多沦涟，惧为出山浊。"其四："绀云郁万莽，结岫如鸡冠。十二将军峰，浣水南与环。列祖六七茔，灵魄妥其间。祭无亲子孙，遥遥逾百年。大父丹峰公，少孤心力殚。每嗟支水存，不识昆仑源。半生苦探访，稍稍闻绪端。搜荆得遗墓，既得心始欢（自高祖大嗣公迁居镇海，生曾祖禹文公兄弟二人。禹文公之逝，先大父丹峰公尚少。既长，欲编葺家乘，而大父兄弟行六人，皆不知祖所自出。嗣是，先大父凡于同姓聚于之地，辄躬索谱乘考证之，竟得之暨阳之姚公步并族大坟金钩诸山，得翊二公以下遗墓，无一失者。遂议归族人年例费，使永远祭扫之。至今犹然）。遂使命脉存，不忧中断残。逡巡松柏下，再拜泪泛澜。"

曾祖父姚有纯，字禹文。

《甲午科乡试卷》履历："姚燮……曾祖讳有纯，字禹文，例授修职郎。"

《复庄骈俪文榷二编》卷末附蒋敦复《例授文林郎即选知县姚君墓志铭》："曾祖有纯，例赠修职郎。"

祖父姚昀，字兆凤，号丹峰，有诗集，未传世。

《甲午科乡试卷》履历："姚燮……祖讳昀，字兆凤，号丹峰，例授修职郎。"

《复庄骈俪文榷二编》卷末附蒋敦复《例授文林郎即选知县姚君墓志铭》："祖昀，例赠登仕郎。"

《复庄诗问》卷三十四《捡旧箧，得先大父遗诗卷》。

父姚宗岳，号尊五，邑庠生。

《甲午科乡试卷》履历："姚燮……父讳宗岳，号尊五，邑庠生。"

母王氏。

《甲午科乡试卷》履历："姚燮……妣氏王。"

生父姚成，字惟青，号耐生，邑庠生，曾在镇海乡勇局供职。

《甲午科乡试卷》履历："姚燮……本生父名成，字惟青，号耐生，邑庠生。”

《复庄骈俪文榷二编》卷末附蒋敦复《例授文林郎即选知县姚君墓志铭》：“考成，字惟青，县学生，例封文林郎。”

《蛟川诗系》卷二十八：“小有居在上字湖登瀛桥北浒……先文学耐生先生产余于是宅。”

《复庄诗问》卷二十二《八月二日，遣仆之镇，迎母及姑与两儿移居郡寓……》：“家君以乡勇局事留镇，弟坤亦随侍守宅未来。”

生母张氏。

《甲午科乡试卷》履历：“姚燮……本生母氏张，讳能公女。”

《复庄骈俪文榷二编》卷末附蒋敦复《例授文林郎即选知县姚君墓志铭》：“妣氏张，例封孺人。”

妻吴氏、张氏，妾李素。

《甲午科乡试卷》履历：“姚燮……娶吴氏，讳绍万公长女。”

《复庄骈俪文榷二编》卷末附蒋敦复《例授文林郎即选知县姚君墓志铭》：“配吴氏、庶张氏。”

《复庄诗问》卷二十一《妇病自春晚始剧，至六月四日，竟不复生……》：“汝出延陵后，少为贫家女。……痛汝无父母，但有弱弟亲。”

同书卷三《约同李嗣香、叶元壁暨内弟吴起鹏游普陀山，放舟十六门作》、卷二十三《媄鸟篇，赠李姬素，代古定情篇》。

弟姚坤、姚黼。

见上引《复庄诗问》卷二十二《八月二日……》诗注释。

《甲午科乡试卷》履历：“姚燮……胞弟堃，业儒。”

《复庄文酌初编》目录后自识：“山居无俚，检旧稿之稍清楚可录者，命黼弟、夔儿誊成二册。”

赵杏根《姚梅伯年谱简编》云姚燮只有一弟坤，误（《明清诗文研究资料辑丛》，吉林文史出版社1990年版，第75页）。

至少有妹六人。其中最年幼一妹与姚燮女寿真同龄，五妹分别适袁久堂、倪秉球、张福镇、谢堃贤、陈继揆。

《甲午科乡试卷》履历：“姚燮……胞姊妹五。长适鄞县国学生袁名焜公四子名久堂，次适倪讳心会公次子名秉球，三适张讳修珩公长子名福镇，四适邑庠生谢讳鉴公子名堃贤，五幼未字。”

《复庄诗问》卷二《悼亡女寿真诗七章》其六：“汝姑年八龄，与汝齐肩行。”

同书卷二十四《同六妹、李姬侍母自兰江放棹至茅山庙进香，得诗三章》、《后倪村。村在镇城西二十里，诸父暨妹氏张、谢多避乱就居者，过访信宿，为作此诗》、《感示妹婿袁久堂三章》，卷五《后倪妹氏庄》。

《民国镇海县志》卷二十七《人物传六》：“陈继揆，字舜伯（城区），同治丁卯举人。少负异秉，姚燮深器之，妻以妹。”

赵坚《姚燮年谱》（未刊稿，硕士学位论文，复旦大学，1987年）云姚燮有四妹，误。

赵杏根《姚梅伯年谱简编》云姚燮有一妹适陈子同，误（《明清诗文研究资料辑丛》，第76页）。此陈子即指陈继揆。所引原文为《复庄骈俪文榷二编》卷七《仁和秀才吴生权厝志》：“四月辛丑，与余妹婿陈子同来郡，复相见。”

子三。长子景皋，字搢伯，号少楳，太学生。次子景夔，字拊仲，号小复，有《琴咏轩诗稿》。三子景旦。

《复庄骈俪文榷二编》卷末附蒋敦复《例授文林郎即选知县姚君墓志铭》：“子三，景皋，太学生；景夔，郡学生。吴出。景旦，张出。”

《甲午科乡试卷》履历：“姚燮……子景飏，业儒。”

景皋与景飏当为一人。

《复庄诗问》卷二十一《妇病自春晚始剧，至六月四日，竟不复生……》：“大儿年十五，小者两周岁。”

忻江明《四明清诗略续稿》卷四：“姚景皋，字搢伯，号少楳，镇海人，燮子。”

同卷：“姚景夔，字拊仲，号小复，镇海人，燮子。诸生，著有《琴咏轩诗稿》。”

《复庄骈俪文榷二编》卷首蔡鸿鉴序：“有子三人，能守家学。”

《民国镇海县志》卷二十七《人物传六》：“子景夔，字小复，诸生。书、画、诗，皆略有父风（《蛟川诗补》）。”

浙江图书馆藏，拟题《少复诗文日记稿》，一拟题作《琴咏诗文稿》

一卷。封面题署："吉祥文字，光绪九年癸未季夏，琴咏草创。"

女寿真，早夭。

《复庄诗问》卷二《悼亡女寿真诗七章》。

孙四。承宣、承开、承舆、承祖。

《复庄骈俪文榷二编》卷末附蒋敦复《例授文林郎即选知县姚君墓志铭》："孙四：承宣、承开、承舆、承祖。"

同书卷八末识："男景夔、景旦，孙承宣、承开校字。宁城千岁坊蒋瑞堂镌。"

五上春官不第。以著述为事，所到之处，题咏无虚日。著述丰富，诗、词、骈体、传奇等作在当时及后世颇有影响。

《复庄骈俪文榷二编》卷末附蒋敦复《例授文林郎即选知县姚君墓志铭》："夫崇德茂功，太上所贵。无位之士，欲享六合之令名，垂千秋之鸿业，以庶几古所称不朽者，其惟立言乎？君卓荦其志，玲珑其声。弹毫属笔，辞赡义深；指事类情，言典致博。上之纲纪道德，经纬人事，其次瑰玮连抃，剽剥儒墨，洸洋自恣，通一经者不能独晓。其言辩丽可喜，历滋年来壹费精神于此。经史子集，各有论阐；诗古文辞，莫不精擅。外间流传骈文、乐府、拟古作者，非但无愧而已。前后所著各种书，凡二百四十卷，统□百十万言。君之于立言，可谓勤且富矣。文采外爇，缪行内修；通以处群，贞不绝俗。诗咏乐饥，羞诡遇之术；易占介石，标礭焉之操。"

《复庄骈俪文榷》卷首王莳兰序："屡试春官不第，遂绝意进取，以著书为娱悦。"

《民国象山县志》卷二十六："四上春官不第，遂绝进取。遍游齐、鲁、燕、赵、吴、越间，船唇驴背，题咏无虚日。"

"四上春官不第"，误，应为五上，详见本谱。

《民国镇海县志》卷二十七《人物传六》："家贫，不能里居，终岁旅游。近则瀚洲、彭姥、武林、禾中，以暨沪江、姑苏、广陵、燕京，所至流连吟咏为乐。游历既多，声气甚广，而著述之富且工，为邑中罕有。晚遭寇难，匿居山谷，日整理文稿，钞录不倦。迨寇退，而病旋作。"

瀚洲，今浙江定海。彭姥，今浙江象山。禾中，今浙江嘉兴。

《复庄骈俪文榷二编》卷首蔡鸿鉴序："先生遗稿甚富，未刻者有《散体文酌》十二卷、《疏影楼词续钞》四卷、《玉篴楼词》二卷、《瑶想集诗》一卷、《西沪棹歌》八卷、《蚶城游览倡和诗》一卷、《息游园杂纂》八卷、《课儿四子书琐义》一卷、《胡氏禹贡锥指勘补》十二卷、《夏小正求是》四卷、《汉书日札》四卷、《四明它山图经》十二卷、《蛟川耆旧诗系》三十二卷、《今乐考证》十卷、《今乐府选》五百卷、《玉篴楼词学标准》八卷、《苦海航乐府》一卷、《琴谱雅音九奏》一卷、《拇茧录》一卷、《洋烟述考》八卷、《狙史》八卷、《退红衫》传奇八卷、《梅心雪》传奇八卷。"

董沛《正谊堂文集》卷十七《姚复庄先生墓表》："交日益广，才日益肆，著述日益多。于经若《禹贡锥指勘补》、《夏小正求是》，于史若《它山图经》、《汉书日札》，于子若《息游园杂纂》、《玉枢经篇》、《今乐考证》，于总集若《蛟川诗系》、《蚶城唱和诗》，于别集若《骈体文榷》、《复庄诗问》、《疏影楼词》诸书暨院本、小说，都二百余卷，传人也。"

王韬《瀛堧杂志》卷四："所撰有《大梅山馆诗词》、《骈俪文榷》、《玉枢金篇》。兼精音律，著有《词律勘误》及《褪红衫》、《梅沁雪》传奇两种，皆已登木。"

蒋宝龄《墨林今话》卷十八《姚燮》："刻有《疏影楼词》八卷，兼善音律，著有《褪红衫》、《梅沁雪》传奇及《词律勘误》、诗文集若干卷。"

齐学裘《见闻随笔》卷八《姚孝廉风流》："著有《疏影楼词》、《复庄诗问》、《梅伯文钞》行世。"

杨岘《迟鸿轩所见书画录》卷二："著《疏影楼词》、《词律勘误》。精音律，著《褪红衫》、《梅沁雪》传奇。"

《光绪诸暨县志》卷三十四《人物志·列传八》："著有《复庄诗问》三十四卷、《骈体文榷》十六卷、《散体文酌》十二卷、《胡氏禹贡锥指勘补》十二卷、《夏小正求是》四卷、《汉书日札》四卷、《四明它山图经》十二卷、《息游园杂纂》八卷、《琼贻副墨》二十四卷、《苦海航》乐府二卷、《西湖（沪）棹歌》二卷、《疏影楼词》八卷、《疏影楼词续编》一卷、《玉笛词》一卷、《玉枢经篇》二十四卷、《梅心雪》传奇八卷。所辑又有《蛟川耆旧诗系》三十二卷、《皇朝骈文类苑》十四卷、《今乐府选》五百卷、《友声诗录》十二卷、《姚门七子诗选》七卷、《玉笛词学标准》八卷。"

同书卷五十《经籍志》："《大梅山馆全集》，国朝姚燮撰。……是编凡《复庄诗问》三十二卷、《骈体文榷》八卷、《骈体文榷二编》八卷、《散骈文酌》十二卷、《疏影楼词》五卷、《息园杂纂》八卷、《苦海航》乐府二卷、《西湖（沪）棹歌》二卷。"

潘衍桐《两浙輶轩续录》卷三十五："姚燮……汤鹏曰：梅伯自遭辛、壬间海夷之乱，出入干戈，备尝艰苦。空山拾橡，歌啸伤怀。旋膺危疾，几殆。时著《茧拇录》一书，屡述事故，信而有征。"

《宣统诸暨县志》卷四十六："《胡氏禹贡锥指勘补》十二卷、《皇清经解》中燮所勘补，皆有确据，洵胡氏诤臣也。《夏小正求是录》四卷、《四明它山水图经》十二卷、《汉书日札》四卷，《大梅山馆全集》，是编凡《复庄诗问》三十卷、《骈体文榷》八卷、《骈体文榷二编》八卷、《散骈文酌》十二卷、《疏影楼词》五卷、《息园杂纂》八卷、《苦海航》乐府二卷、《西沪棹歌》二卷。鄞县徐时栋评其著述，皆可观人也。《皇清骈文类苑》十四卷、《今乐府选》五百卷、《蛟川耆旧诗系》三十二卷、《友声诗录》十二卷、《姚门七子诗选》七卷、《疏影楼词续编》一卷、《玉笛词》一卷、《玉笛楼词学标准》五卷。"

杨逸《海上墨林》卷三《寓贤》："文辞赡丽，所作骈体文，瑰玮特出。……所著有《大梅山馆诗词》、《复庄骈俪文榷》、《玉枢金籥》及各种传奇。"

《清史列传》卷七十三："著有《复庄文榷》八卷、《复庄诗问》三十四卷、词五卷、《玉枢经籥》等编。"

《民国定海县志》卷十："工诗词、骈文，又善画。所著《复庄文榷》、《复庄诗问》等行世。"

《民国象山县志》卷二十六："著书二十种，已梓者仅诗词、骈文。"

上述记载，多寡不一，存佚不清。下面对姚燮著述按存佚与否分类排列，有传本者：

《夏小正求是》，收入《四明丛书》第七集。

《四明它山图经》，抄本，国家图书馆、上海图书馆、宁波天一阁藏，收入《鄞州山水志选辑》，宁波出版社 2008 年版。

《玉枢经籥》，道光二十五年刻本、1919 年石印本、1922 年铅印本。

《候涛山志》，稿本，上海图书馆藏。《宁波招宝山志》疑即《候涛山志》。候涛山，又名招宝山、鳌柱山，位于镇海东北部。范寿金《蛟川诗系续编》卷五王其朋《登招宝山放歌》："招宝山名本候涛，擎天柱石有灵鳌。"

《蛟川耆旧传》，稿本，浙江图书馆藏。

《蛟川诗系初稿》，稿本，国家图书馆藏。

《蛟川诗系》，1913年刊本，浙江图书馆藏。

《光绪诸暨县志》卷五十《经籍志》："《蛟川耆旧诗系》，三十二卷。国朝姚燮撰。……仿胡文学《甬上耆旧诗》，参以沈季友《檇李诗系》，而精博过之。传称其临殁犹披阅是编，纂《先正小传》，可谓留心文献矣。"

《十洲春语》，收入《香艳丛书》第十五集。

《复庄诗问》，收入《续修四库全书·集部》第1532—1533册。是集除卷一至卷五选存道光十三年癸巳（1833）及以前诗外，其余各卷按年而编。上海古籍出版社1988年出版了周劭标点的排印本。

《复庄骈俪文榷》，收入《续修四库全书·集部》第1533册。

《复庄骈俪文榷二编》，收入《续修四库全书·集部》第1533册。

上三种合刊为《大梅山馆集》。

《复庄文酌》，稿本，上海图书馆藏。

《复庄文录》，稿本，原藏杭州文管会，后机构撤并，划归杭州市园文局。经查访该局文物处下之资料室与藏品部，没有此书的记载。又查访杭州市文物保护管理所，也无此书踪影。此书下落不明，使人怅怅不已。

《复庄文稿》，稿本，宁波天一阁藏。

《疏影楼词》，收入《续修四库全书·集部》第1726册。

《疏影楼词续钞》，国家图书馆、李一氓藏抄本。《续修四库全书·集部》第1726册影印国家图书馆藏抄本。浙江古籍出版社1986年出版了《疏影楼词》的排印本，沈锡麟标点。该书将《疏影楼词》和李一氓藏抄本《疏影楼词续钞》合编而成。

《玉笛词》，稿本，国家图书馆藏。

《苦海航乐府》，稿本，国家图书馆藏。抄本，苏州大学图书馆藏。张宏生编《清词珍本丛刊》第13册，影印清稿本，凤凰出版社2007年版。

《西沪棹歌》，稿本，宁波天一阁藏。收入《民国象山县志》卷三十二《文征外编》。

《红桥舫歌》，收入范寿金《蛟川诗系续编》卷六，四十六首。《蛟川诗系续编》卷六："姚燮，字梅伯，号也桥，晚号复庄。事迹详邑志本传中。野谌氏曰：先生名满海内，诗集已行世。其诗其人，本不藉于斯编之去取为轻重。且就诗集而论，亦非后学所敢轻为去取者。此《红桥舫歌》，乃邑人刘午亭所录。云自墨迹中钞出，而原本为范茂才醒研所珍藏者。用特录登斯编，且以见先生绮岁能诗已如此。然先生晚年所作实精到，不得因姹紫嫣红，遂以三日新妇，而概其一生也。览者当能分别观之。"

《红犀馆诗课》，同治四年（1865）刊本，浙江图书馆藏。

《玉笛词学标准》，稿本，国家图书馆藏。

《梅心雪》传奇，稿本，浙江图书馆藏。亦作《楳心雪》、《某心雪》，"楳"、"某"，"梅"的古字。作《梅沁雪》，误。

《琼贻副墨》，稿本，国家图书馆藏。

《今乐考证》，稿本，北京大学出版组 1935 年影印，收入《古典戏曲论著集成》第 10 册，中国戏剧出版社 1959 年版。

《今乐府选》，稿本，国家图书馆、浙江图书馆、宁波天一阁、苏州文管会、台湾"中央"图书馆藏。其中，浙江图书馆收藏最多。

《洋烟述考》，稿本，宁波天一阁藏。

《乐府补题今编》，稿本，上海图书馆藏。

《皇清骈文类苑》，光绪九年（1883）刊本，浙江图书馆藏。

《国朝骈体正宗评本》，光绪十一年（1885）刊本，浙江图书馆藏。

《姚梅伯题任渭长人物十二帧》，上海商务印书馆民国六年初版、民国十八年四版，浙江图书馆藏。浙江图书馆藏《姚梅伯画册》，题"郑燮画，出版年代不详"，此书即《姚梅伯题任渭长人物十二帧》，所题书名与作者均误。

《画梅心语》，咸丰年间刻本，浙江图书馆藏。

《大梅山馆藏书目》，稿本，浙江图书馆藏。收入《中国著名藏书家书目汇刊》第 30 册，商务印书馆 2005 年影印清华大学图书馆藏民国马氏平妖堂抄本。

《读〈红楼梦〉纲领》，上海珠林书店 1930 年版。

《大梅山民加评〈红楼梦〉》，收入《国学基本丛书》，1933 年版。

《甲午科乡试卷》，收时文八篇、试帖诗及履历，上海图书馆藏。台湾成文出版社有限公司影印《清代朱卷集成》第 237 册收录。

未有传本者：

《胡氏禹贡锥指勘补》

《光绪诸暨县志》卷四十六《经籍志》："《胡氏禹贡锥指勘补》，十二卷，国朝姚燮撰。燮字梅伯，寄籍镇海，道光甲午举人，事迹详《列传》。胡朏明渭《禹贡锥指》世称精核，阮文达元刻之《皇清经解》中。燮所勘补，皆有确据，洵胡氏诤臣也。"

《汉书日札》

《光绪诸暨县志》卷四十七《经籍志》："《汉书日札》，四卷，国朝姚燮撰。燮有《它山水图经》，已著录。此书摘录汉事，而附以考证。札记中佳本也。"

《上湖草堂诗文集》

《琼贻副墨·二石花棂画梅题跋》周泰题："尚有未付梓者，如《上湖草堂诗文集》并《宁波招宝山志》，统在所必传于后世者。"

《息游园杂纂》

《瑶想集诗》

《蚶城唱和诗》

《友声诗》

《姚门七子诗选》

《光绪诸暨县志》卷五十《经籍志》："《友声诗录》十二卷、《姚门七子诗选》七卷，国朝姚燮辑此书，仿段成式《汉上题襟集》、顾瑛《草堂雅集》之例，前录分著生平友人往还赠答之作，后集则七子各自为一卷。"

《句东三家诗合刻》

《琴谱雅音九奏》

《燕台本事录》

《茧拇录》

潘衍桐《两浙辖轩续录》卷三十五、董沛《四明清诗略》卷二十三姚燮小传引汤鹏语云作《茧拇录》，上海图书馆藏《诗问》稿本卷首鲁一同题词作《趼拇》，同音异写。赵坚《姚燮年谱》云：“‘茧拇’疑当作‘茧蹯’。茧蹯者，流离奔窜，踵蹯成茧也。喻其徒步逃难所备尝之苦。”（未刊稿，第159页）可从。《复庄骈俪文榷二编》卷首蔡鸿鉴序作《拇茧录》，误。洪克夷《姚燮评传》第157页、魏明扬《姚燮研究》（未刊稿）第59页均以为《拇茧录》为是，误。

《夷变八十图》

《狙史》

《大藏多心经注》

《迟忏集》

《词律校讹》

《退红衫》，亦作《褪红衫》。

《香山愿》

阮亨云二剧作于姚燮京中应试时。阮亨《瀛舟笔谈》卷九：“镇海姚梅伯孝廉燮，诗骨雄健，文笔清新，尤精绘事。在日下谱《香山愿》、《退红衫》传奇，优伶争演习之，名重一时。”然《疏影楼词》中已有［小楼连苑·自题《退红衫》院本］，《疏影楼词》刻于道光十三年癸巳（1833），则《退红衫》剧当作于此前，《香山愿》作年不详。

《疏影楼词·剪灯夜雨》［小楼连苑·自题《退红衫》院本］：“乱笳吹满江城，欢声还唱双箫风。息园水绘，妆楼月艳，影庵梅冻。燕子词笺，桃花画扇，一般春梦。尽凄凉，写出白门疏柳，与斜日寒波送。　莫是鸳鸯眷宠，寄红衫天涯愁种。琼钗未合，金鼙忽变，酒翻灯动。党社南戕，降书西乞，危军朔拥。更甚人怜恁多才李媚，苦吟江总。”

《枕湖感旧诗》

《复庄骈俪文榷》卷七《〈枕湖感旧诗〉小引》：“美人一别，弃我独居。百忧纷来，往谁与罄？惊心时序，凉风已秋。木叶陨阶，积复盈寸。仰眄天宇，行云不停。孤雁往来，若觅俦侣。寓物而感，寸腑易摧。虽有夸戈，难追逝日。回忆春时，联袂开樽。选花荡醉，魄以浓芬。引清歌以雏燕，黄金贱而朱颜贵，华烛短而绮夜长。倏离群于各天，嗟好梦之终寤。忍说平原芳草，已如衰鬓之蓬；只看隔水青山，亦似病眉之瘦矣。”

《闲情诗》

《复庄骈俪文榷》卷七《自题〈闲情诗〉卷》:“高城月斜,荒邸夜寂,篝灯荧荧,残梦未断。忽闻疏钟,远出邻寺,揽衣起立,柳梢星稀,露气生草,宿醒为疏。若有枨触,清泪涔涔。回忆曩时,招集俊侣,买醉九市,天芬龙染,筝柱凤列,选灯佳夕,佩篴绮春。苕华舜英,似不终陨;元晏重至,衿泪犹在。狭曲芳树,但多栖鸟;大堤春枝,已秃故燕。或敛影憔悴,闭门索居;鬓云褪青,眉黛为结。不或大江萍絮,迢迢不归,远鸿倘来,消息茫昧。坠欢罔拾,辄增唏嘘。爰述往游,以寄宿感云。”

《复庄诗问》卷六《闲情四章》、《闲情续诗八章》、《后闲情十二章》当是其部分作品。

徐时栋评姚燮之作“骈体文第一,诗次之,填词又次之”,董沛评则“词第一,诗次之,骈体文又次之”,姚燮许为知言。时论其骈文“洪、胡、袁、彭四家外,别辟町畦”,诗则辛丑、壬寅之后,出入干戈,备尝艰苦。沉郁顿挫,论者拟之少陵(杜甫)。

王韬《瀛堧杂志》卷四:“于学无所不通,著作等身,风行海内。其足以抗手六朝、绝尘一代者,尤为骈俪文。于本朝洪、胡、袁、彭四家外,别辟町畦。诗词亦已登峰造极。近时所见词章家,当推为巨擘。”

徐时栋《烟屿楼文集》卷七《姚梅伯传》:“余尝评梅伯所著,骈体文第一,诗次之,填词又次之。余所横溢,皆可观传人也。而梅伯自言有诗万余首,遴之至三千。可以视古无愧色,闻者笑之。余固知梅伯言不妄也。”

董沛《正谊堂文集》卷十七《姚复庄先生墓表》:“徐舍人时栋评其所作,以为骈体文第一,诗次之,词又次之。余则曰:词第一,诗次之,骈体文又次之。先生许余为知言。”

《光绪诸暨县志》卷三十四《人物志·列传八》:“树(时)栋评其著述,骈文第一,诗次之,填词又次之。余所横溢,皆可观传人也。而燮自言:‘有诗万余首,遴之至三千,可以视古无愧。’闻者笑之,树(时)栋独以为燮言不妄(《烟屿楼集》)。”

张培基《问己斋诗集》卷三《拟古诗评语》:“闻某伯姚先生初学袁简斋派嗣,晤定海厉山人白华志、慈北叶山人赤堇元□,相与拟汉魏诸古作为课程，而诗学骤进。可知诗必学古而后精也。即太白何独不如是乎？夫某伯先生以沉博之才，集中所存拟古诗，尚不满一二十首。亦可知拟古之难矣。……己未夏，族侄秉泰性安甫谨志。”

《复庄骈俪文榷二编》卷首蔡鸿鉴序：“先生以英绝领袖之才，名满天下，曾不得一抒蕴蓄。又性情敦竺，两值乱离，故轮囷奇杰之气，尽泄之于所为诗与文。诗自辛丑以后，海氛不靖，所作皆感事书怀、惊离吊逝为多，杜陵夔府诸章，忠爱之忱，惓惓言外。文则二编，多表彰忠义之篇。军兴以来，东南辚籍，先生目击心尽，沉郁凄厉，犹兰成过江文字，顾金戈铁马，议论崇宏，有关彰瘅之大，则兰成所未有也。故尤不可听其沉埋。”

《光绪鄞县志》卷五十一：“遍探四明二百八十峰之胜，搜奇剔幽，所至有诗。复感慨时事，多托诸歌咏。沉郁顿挫，论者拟之少陵。”

《光绪诸暨县志》卷三十四《人物志·列传八》：“尝与鄞县张培基论诗，谓诗必法古，风骚以降，汉魏六朝其选也。唐宋诗格递变，要皆各有所长，顾法古人而但蒙其面目，则性情亡矣。又自状其诗，如病者听于医，莽夫拘于法，始不胜其勉强，后乃相安于自然。所论如此，宜其诗不可以一格名，惟变而适，莫知其所以然也（张培基《问己斋文钞》）。”

潘衍桐《两浙辅轩续录》卷三十五：“姚燮……汤鹏曰：梅伯自遘辛、壬间海夷之乱，出入干戈，备尝艰苦。空山拾橡，歌啸伤怀。旋膺危疾，几殆。时著《茧拇录》一书，屡述事故，信而有征。其为诗也，一变为苍凉抑塞，逼近少陵。”

阮亨《瀛舟笔谈》卷九：“诗如‘南极云低三辅夕，西山日落五湖秋’、‘去浪随风争夕势，孤舟有客动劳心’、‘驿背乱船迎柝下，马头残梦带霜醒’、‘当风帆湿犹疑雨，入晚天喧渐减衣’、‘乱烟掠树遥青碎，晚日当沉大赤浮’诸句，如食洞庭柑枫亭荔枝，别有俊味，不食人间烟火笔墨也。”

《清史列传》卷七十三：“诗笔力雄健，自遘海夷之乱，出入干戈，备尝艰苦，著《茧拇录》一书，缕述事故，信而有征。所为诗乃愈苍凉抑塞，逼近少陵。骈体文亦沉博绝丽，与彭兆荪相近。尤工倚声，其《疏影楼词》，读之者以为厉鹗复生。”

沈垚《落帆楼文集》卷二十四《姚野桥梅花册跋》："野桥工诗，能为六朝宫体文，尤擅填词，仿佛草窗、白石。"

工画，善墨梅。客中金尽，闭门作画，市人争购之。得润笔资，挥霍立尽。

《复庄诗问》卷三十二《〈题画梅〉三章》其三："平生画梅几千幅，换得青钱供酒肉。画本流落半天下，谁能相梅如相马。松气摇绿云如山，风雨打壁门不关。嗒然有得复或画，要借胭脂染娇姹。一时绚烂良自佳，生恐年深易消化。和靖先生冠带行，那不逢人遭斥骂。我画不足惜惜此，梅花枝梅花有灵。当怨咨空山，十年饱冰雪，铁石为心太古姿，胡为强我来入时。"

同书卷五《画梅，酬方山人絜》："平生作梅千百纸，干菀华枯无一似。神固不似貌亦失，那识真缄有元始。大枝诘屈小者樛，墨痕臃肿香不流。姑射匿笑萼绿愁，性之所昵手辄应，纵漫何惜知者羞。……"

同书卷二《论古画梅家，得二十四章》、卷六《画梅》、卷十七《合丈八笺四纸，画一巨梅，七日而成》、卷十八《画梅，题二十字赠周旭》、卷二十三《夜坐画梅三章》、卷三十三《画梅毕，各系以诗，得四章》等皆画梅所作。

蒋宝龄《墨林今话》卷十八《姚燮》："工画，善墨梅。白描人物，写意花卉，亦尽人古法。"

齐学裘《见闻随笔》卷八《姚孝廉风流》："工画梅，能书。"

沈垚《落帆楼文集》卷二十四《姚野桥梅花册跋》："野桥又善作画，山水、花鸟、人物，随手渲染，都有天趣。"

王韬《瀛壖杂志》卷四："时游沪上，工画梅花。兴酣落墨，媚态横生。人物花卉，无不奇特。字尤古峭拔俗。晚年耳稍聋，而性极潇洒，好作狭邪游。所得润笔资，挥霍立尽。于买画之外，绝无所求于人。所交多贵显者，亦绝不干以私也。其和而介如此。"

徐时栋《烟屿楼文集》卷七《姚梅伯传》："游览阅历日益多，交益广，撰述益富，才益奇。客中金尽，不得归，拉杂画数十纸，投有力者。旦日视之，策马行矣。"

杨岘《迟鸿轩所见书画录》卷二："工花草人物，晚年写梅。……余家藏有墨梅丈屏四帧。至暮年，力求雄壮，遂掩清气耳。”

杨逸《海上墨林》卷三《寓贤》：“咸丰时，侨寓沪上。工画梅，巨干繁花，气体雄健。自号大梅山民。人物花卉，无不奇特。晚年稍病聋。潇洒好游。所得画资，挥霍立尽。于买画之外，绝无所求于人。”

《光绪诸暨县志》卷三十四《人物志·列传八》：“客中金尽不得归，拉杂画数十纸，投有力者，旦夕视之，策马行矣。”

同卷：“家贫，不能里居，近则瀚洲、彭姥、武林、禾中，以暨沪渎、姑苏、广陵、燕京，游踪所至，骚客、侠士、方外、艺术、山人、闺秀，无不乐与唱酬。诗酒声歌，风流辉映。歌席、画船中人争求画，无不应者。仕女、山水皆工，而画梅尤奇绝。”

《民国镇海县志》卷二十七《人物传六》：“性跅弛不羁，好征歌游宴。客中金尽，则闭门作画，市人争购之。其画仕女、花卉、翎毛皆佳，而梅花尤淋漓尽致。世以大梅先生称之。”

《复庄诗问》卷首《诗传》：“鄞县张子彝文学培基《问己斋文钞》云：……能作人物、花鸟，或赠人以为酬酢。不知者邂逅求画，甚于求其诗文。故又以画著名。”

李濬之《清画家诗史》庚下：“工墨梅，兼善白描人物，写意花卉。有《大梅山馆集》。”

通音律，吹箫度曲。诗酒声歌，风流辉映。

沈垚《落帆楼文集》卷二十四《姚野桥梅花册跋》：“通音律，吹箫度曲，意趣飒然。出必以歌童侑酒，尝手书其小名加以月旦，贵游子弟欲得酒佐，皆视所品第为轻重。”

《复庄诗问》卷二《同友人听叶十五元封弹琴，其姬人以琵琶筝瑟和之，赋赠长歌》，卷六《八怀诗》之《曲子先生陆》，卷七《秋夜席上，听女伶王双双琵琶，赠以长句》，卷八《听陈老髯琵琶》、《樱桃街沈氏垆醉后感歌，赠钱伶》、《傀儡》，卷九《观石氏夫妇演技》、《莲郎曲》、《饮辅国公园亭，歌者绛儿索诗，书四绝句》，卷十一《王上舍电章乐愚轩席上，听吴伶歌》，卷十二《夜宴清漪水榭，听八琵琶合奏月儿高曲》，卷十三《妓有鼓四十二弦琴者》，卷十四《纤红曲，听女妓双琵琶作》、《席上重过钱郎》，卷十八《浮香阁雨夜听歌，示万六》，卷二十一《听歌》，卷二十七《长安酒楼赠韩叟》，卷二十九《观技》，卷三十三《陈生探琵琶诗》、《抚琴吟》，卷三十四《过方河里，忆旧时曲社》；《复庄骈俪文榷》卷二《演极琴十铭》，卷五《刘阿满小传》；《疏影楼词·石云吟雅》[庆宫春·春日，淡岩邀同小谱饮度心香室水榭，听女郎王双喜琵琶，有感湖上旧游]，钞本《疏影楼词·听雨词》[浪淘沙·歌楼逢戴琴生，即送其归洞庭]、[霓裳中序第一·柳翠井巷访玉卿不遇，听馥郎歌《四声猿》第二折，即以慢声吊古伤今、怜春怨别，不知寸心欲何许也]，钞本《疏影楼词·剪灯夜雨》[湘月·宿春畹楼，闻隔花度曲声]等均是与伎艺人的交往之作。

藏书数万卷，精审可传。

王韬《瀛堧杂志》卷四："移家宁波郡城，颇有园亭池石之胜。藏书数万卷，皆精审可传。"

《大梅山馆藏书目》，十六卷。卷一，经部；卷二、三，史部；卷四至六，子部；卷七至十一，集部；卷十二、十三，小说；卷十四，三藏；卷十五，道藏；卷十六，古今杂剧。

王荣商《容膝轩文集》卷二《大梅山馆书目记》："吾邑姚复庄先生以诗、词、骈体文名于世，而以其余技画梅。世无不爱先生之梅者，于是先生自号曰梅伯，而以鄞之大梅山署其馆。画之所入，一日可得百十金，而尽以其金购书。于是，大梅山馆之藏书，几与甬上诸故家相埒，而先生手编之为书目。盖先生画愈工，书愈富，而诗文亦愈有名。相传先生钞书日二十余纸，病中犹手不释卷。士徒震惊先生之才以为不可及，岂知先生之勤学好古，乃其所以为不可及也。先生殁后，书归墨海楼蔡氏，目亦随之以去。故镇海艺文志尽载先生之著作，而书目独遗。壬午春，余于墨海楼见之，叹其聚之多而散之易也，因记其略，以见先生著作之所从出。凡经一卷，为类二十有九。史二卷，为类四十有三。子三卷，为类五十有六。集五卷，为类三十有六。余五卷，皆道藏、释典、传奇、院本之属，为类三十有四。总为《大梅山馆藏书目》十六卷。呜呼！书之沾溉人者至无穷也，而聚散之倏忽无定若是，独其优游酝酿，以成此区区之名者，能长留于天地之间耳。观于是编，可以慨然而兴矣。"

忻江明《四明清诗略续稿》卷四："王荣商，字友来，镇海人。光绪壬午举人、丙戌进士，官翰林院侍读。著有《容膝轩诗文稿》。”

姚燮藏书后散落四方，国家图书馆、上海图书馆、浙江图书馆、宁波天一阁等收藏其书最多，少量收藏在上海博物馆、浙江博物馆、杭州文管会、苏州文管会、台湾“中央”图书馆等机构。

清仁宗嘉庆十年乙丑（1805） 一岁

七月二十日，出生在上字湖登瀛桥北浒小有居。

《复庄骈俪文榷二编》卷末附蒋敦复《例授文林郎即选知县姚君墓志铭》：“溯生于嘉庆乙丑年七月二十日，春秋六十。”

《甲午科乡试卷》履历：“姚燮……嘉庆丁卯年七月二十日吉时生。”

姚燮卒于同治三年甲子（1864），享年六十。嘉庆丁卯是嘉庆十二年（1807），履历言姚燮生年有误。

《蛟川诗系》卷二十八：“小有居在上字湖登瀛桥北浒，给谏第之东园也。先大父修职公丹峰先生赁居二十余年，先文学耐生先生产余于是宅。”

张懋延《蛟川诗话》卷三：“吾邑别墅之胜，无若薛大司马公之北园，一时游人唱和之作居多。其次则谢氏之萼圃、见山书屋，傅氏之问梅堂，近则余家之静廉齐（斋）、谢氏之萼坡，皆有词客咏歌其盛。萼坡者，余友学遽、万言昆季之别业，所称小有居者是也。严州守太史楠题其额，余伯兄有《萼坡赋》。”

《光绪镇海县志》卷二十四《古迹》：“小有居，谢书祚、瑗祚二昆弟居此，有萼坡二字楹额，严陵宋楠书。”

《蛟川诗系》卷二十八：“训导谢先生书祚，字万言，号鄂坡，乾隆乙酉岁贡生，庆元学训导。”

同卷：“文学谢先生瑗祚，字学蘧，郡庠生。李西民诗存传云：先生为全者先生孙、文学子临先生绪显子。”

同卷录有《自题小有居，次从兄心斋原韵》（二首）。

董沛《四明清诗略》卷十二：“谢瑗祚，字学蘧，镇海人。得昌孙。诸生。”

同卷录有《自题小有居，次从兄心斋原韵》（录一）。

同卷：“谢书祚，字万言，号鄂坡，镇海人。书祚弟。乾隆丙戌岁贡，官庆元训导。《镇海县志》：书祚工书画，兼精篆刻。为人封（风）神潇洒。父诸生绪显尊紫阳之学。书祚承其志，奉朱子像，礼之终身。”

嘉庆十一年丙寅（1806）　二岁

能识字二百余。

徐时栋《烟屿楼文集》卷七《姚梅伯传》：“生周岁，未能言，而识字二百余。坐大父膝头，手指无谬者。”

《光绪诸暨县志》卷三十四《人物志·列传八》：“生周岁未能言，而识字二百余，坐大父膝，手指无谬者。”

《民国镇海县志》卷二十七《人物传六》：“生有异禀，周岁能识字。”

随祖父姚昀居鄂坡斋中，前后十多年。

《蛟川诗系》卷二十八：“余稍长，随大父卧起鄂坡斋中，风露烟月之夜，饱饫者经十载。维时泉石奇邃，花木茂美，犹据胜一城。园中屋不过二楹，外方而坦，可为宴饮所。升数级东上，其构桷以密，即鄂坡斋是已。前圃方广约亩余，后圃稍杀之。启牖通明，芳翠四纳。斋之东南隅，辟板扉二。扉外缭以竹，循竹巇纡折下，可二十余步，始坦平。竹南一守宫槐，高数十仞，荫亭亭如华盖。榴花、樱桃间之。其自西缘坡上，复植竹三五百竿，竹隙垒然起一陀，其高出墙上，可以眺远。旁有石几石榻，随竹称位置于琴奕为宜。循之西而北，常棣、碧桃、海棠、紫薇之属六七本，绮绣相错也。而玉簪、龙爪、夜合、石竹诸秋卉，约可十余种，缀莳其隙。后圃则紫荆、柽柳相葱郁为屏障焉。”

嘉庆十四年己巳（1809）　五岁

见谢奎贤为人处世，后录之《蛟川诗系》中。

《蛟川诗系》卷二十九：“明经谢先生奎贤，字南宫，岁贡生。家本儒素，其出入恒峨冠华服，顾盼自豪。未识者疑其为朱门贵胄。性好睡，日不中不揽衣起也。或有事相谒，必于别馆守候之，无敢相惊者。或问之曰：‘黑甜之味，顾如此佳耶？’先生笑曰：‘君等闻鸡即起，日役役于利薮名场，真乃行邯郸道上耳。谁如我心之常惺惺也？’中年丧偶，寄居给谏第西轩，煮茗焚香，足不逾阈。不得已，与人接见，寥寥数语外，即拱手移趾退矣。此皆余童时目击者。”

侍祖母往龙华庵礼佛。

《复庄骈俪文榷二编》卷八《比丘尼觉苑六十序》：“大师为吾邑龙华庵住持，庵在上字湖北浒。……燮童丱时，家与大师之庵去三五百步。先大母尝礼佛，必侍焉。”

童丱：丱，古时儿童束发成两角的样子。《诗经·齐风·甫田》：“婉兮娈兮，总角丱兮。”朱熹集传：“丱，两角貌。”后代指幼年时期。

见谢奎贤与侍祖母礼佛，具体时间不详，姑系之本年。

嘉庆十五年庚午（1810）　六岁

入塾，从谢辅锦习《论语》、《孝经》。

《蛟川诗系》卷二十九：“文学谢先生辅锦，字昼堂，小崧先生之兄、国学生埙贤子也。廪膳生。树品纯洁，动不越闲。侪辈咸交重之。燮六岁入塾，即从先生授《论语》、《孝经》。督课之暇，即教之周旋应对之法。或攲立斜坐，辄正厉切责之。近日蒙师，鲜讲求及此者矣。”

谢篪贤关切姚燮塾中读书所得。

《蛟川诗系》卷三十一：“训导谢先生篪贤，先生字仲谐，号小崧，子朔先生之曾孙、次韩先生琦祚之孙也。《浃口诗存》小传云：先生性孝友，喜购书，善诗古文辞，以廪贡援例候选训导。……每见赏于钱塘梁学士同书。著有《秋鸣集》、《瞥观集》。中年捐馆舍，学士以诗哭之，无轩翁志其墓。先生矩步玉锵，修仪霞朗，饶有魏晋人风格，而动止不弛其闲。舆论皆期重之。方抱疾时日，于晨餐后，命其子补山茂才扶过小有居，设藤床竹阴侧卧养，犹手执一卷，吟讽自如也。时燮方初就塾，每过先生旁，辄摩顶笑问曰：‘今日读几行书？曾受先生扑挞否？’未几，竟不起。先大父尝叹曰：‘仲翁死，又失一真读书人矣。’今编及先生诗，謦欬如接，为爽然者久之。”

《候涛山志》：“谢篪贤，字仲谐，号小崧，候补训导。”

幼读书，有侍女相伴。塾中读毛《诗》，辨名物异同。课余学吟诗，颇得祖父欢欣。

《复庄诗问》卷十一《过谢家塘少时故居，感作六章》其三：“高楼面东敞，眺及江上山。夙岁吾读书，伴有湘娥鬟。朝云如轻罗，静熨帘光寒。狎我吟声低，黄鸟啼复闲。”其四：“髫年入邻塾，按卷治毛《诗》。名物辨异同，颖悟颇有资。课余还学吟，挦撦三唐辞。每博大父欢，点首笑拈髭。得饼矜满怀，出觅西邻儿。扫藓花影中，坐作宾朋嬉。此境如目前，使我中怀驰。”

作《灯花诗》二首，谢国贤大加赞赏，对姚燮期许甚高。后姚燮搜集乡邦文献，谢国贤将所藏姚燮先人诗文集授之，谆谆以阐扬之任相属。

《蛟川诗系》卷二十九：“明经谢先生国贤，字观光，号慄轩，廪生。嘉庆壬申岁岁贡在桐先生佑廷子，子朔先生绪恒曾孙也。生平好宏奖后起，见有一长，辄誉不置口。燮六岁时，作《灯花诗》，蒙先生大加赞赏，谓先大父曰：‘君之令孙，将来当树一邑先声。不仅为君家宝树，宜好自培植之。’今燮白首无成，负先生望矣。因书之以志愧。及燮稍长，留心先正文献，先生举所藏先人诗文集，尽授之，恒谆谆以阐扬之任相属。此言犹在耳也，而先生千古矣。先生貌丰硕，修髯拂拂，步履无窘容。耄岁匡居，犹好学不倦云。”

同卷录其《九日梓山小集，和姚松生韵》、《读朱翁子传有感》、《读书偶感》三首。

董沛《四明清诗略》卷十八：“谢国贤，字观光，号慄轩，镇海人。佑廷子，嘉庆甲戌岁贡。”

徐时栋《烟屿楼文集》卷七《姚梅伯传》：“有客过其父，梅伯方五岁，索佩囊，不与而啼。客笑曰：‘能作《灯花诗》，当与汝。’琅琅赋五言二韵。客大惊，解佩囊去。”

董沛《正谊堂文集》卷十七《姚复庄先生墓表》：“生具异禀，五岁能赋《灯花诗》。”

《光绪鄞县志》卷五十一：“生有异禀，五岁能赋《灯花诗》。”

《光绪诸暨县志》卷三十四《人物志·列传八》：“有客过其父，燮时方五岁，索佩囊，勿与而啼。客笑曰：‘能作《灯花诗》，当与汝。’琅琅诵五言二韵。客大惊，解佩囊去。”

《民国镇海县志》卷二十七《人物传六》：“五岁，有客过其家，知其慧，命赋《灯花诗》，即成五言二韵。客大惊，叹为神童。”

《清史列传》卷七十三："燮资禀绝人，五岁能赋《灯花诗》。"

作《灯花诗》，姚燮《蛟川诗系》云为六岁时事，其余材料均言为五岁作。《蛟川诗系》为姚燮晚年所编，且明言赏之者为谢国贤，而其余材料均言为不确指之"客"，以姚燮自言为准。

好学，过目成诵。孝友，传为美闻。

《复庄骈俪文榷二编》卷末附蒋敦复《例授文林郎即选知县姚君墓志铭》："君生禀异质，幼而好学。过目成诵，在心不忘。孝友之行，钟于童孺。华实并茂，播为美闻。"

好学与孝友，均幼年之事，姑系本年。

嘉庆十七年壬申（1812）　八岁

抄录谢阊祚《知己录》藏之。

《蛟川诗系》卷二十七："知县谢先生阊祚，先生字阅如，号涛山。……年十七，与仲兄闻祚补弟子员。逾年，饩于庠。乾隆戊午科，获乡荐。壬戌，中进士。以县令需次都中，逮庚午谒选，得平凉之镇原令。……以失报，罢官矣，归里二年，起授四川宁远参军，先生笑辞曰：'吾蹭蹬仕路久矣，而欲推之上青天乎？'卒不赴。……著文集六卷，藏于家。其诗集《家园》、《慕园》二草，崇明李参戎大伦为先生梓行。……先生尝感生平之遇合，作《知己录》一篇，洋洋数千言。余童时曾录藏之，其略曰：……附表之以慰先生抚琴流涕之志云尔。"

阮元《两浙辅轩录》卷二十八："谢阊祚，字悦如，镇海人。乾隆壬戌进士，著《涛山诗草》。"

此事具体时间不详，姑系本年。

胡湜与师谢辅锦善，时时来塾中相会。会则饮酒，命姚燮坐几旁，授题赋诗。诗成，即批点赞赏。不成，反复教以作法开导之。如是以为常。

《蛟川诗系》卷二十五："庶常胡先生湜，先生字守初，号啸雯，学博公垣之孙、文学公于镠之子也。尝梦得'水入句中峭'五言，遂更号曰峭水。貌丰润而皙美，同学辈皆以峭郎呼之。既于嘉庆戊寅捷秋闱，明年己卯联捷，成进士。……选庶吉士。……先生母故有宿疾，将大试，闻母氏疾复作，辄乞假促装南归。归后，恭亲汤药，衣不解带者月余。逮母愈，而先生已积劳成疾，遂致不起。……其所著述，仅存《胎花楼残稿》而已。……燮髫岁执经于文学谢昼堂先生之门，庶常家居，故与文学师称莫逆，时时来馆中饮。既命酒，拉燮坐几旁，授题命赋诗，限酒止，当诗成。成而善，即握管加密圈赞赏。或不成，为反复示作法开导之。如是以为常。"

《甲午科乡试卷》履历："姚燮……业师……谢昼堂夫子名辅锦，邑廪膳生。……胡啸白夫子官名国瑛，丁丑科进士，翰林院编修。原任宁波府、嘉兴府知府。童萼君夫子官名槐，乙丑科进士，原任山东、江西、湖北三省按察使司。"

髫岁，龆龀，指儿童换齿时。《韩诗外传》："男八月生齿，八岁而龆齿。"

嘉庆十九年甲戌（1814）　十岁

与胡于锭及其子胡沅会于谢寅士家。胡于锭嘱师谢辅锦，好自栽培姚燮，将来为门下光。

《蛟川诗系》卷二十五："训导胡先生于锭，字汉传，号屏山，廪贡生。历任长兴、诸暨学训导星门先生垣之子。张氏《耆旧诗传》云：先生自登仕版，遇事则尽分之当为，见上则言识之所及，故上游屡加器重。接见门生，辄训以敦品励学。著有《周官节读》、《禹贡地理参考》、《屏山诗文草》。燮童弱时，尤及见先生。时先生年已八十余，广颡高颧，疏髯如雪，气渊神穆。如香山《九老图》中人。一日，率其伯子小白先生扶杖过西邻谢寅士先生家，笑抚燮顶曰：'汝即髫龄能诗者耶？'适塾师昼堂先生在座，遂顾语曰：'此等子弟，须好自培之，将来为汝门下光也。'呜呼！燮今衰废无成，检忆前言，殊惭负负。录先生之作，为怃然者久之。"

同卷："文学胡先生沅，先生字芷塘，号小白，为屏山先生冢子，邑增生。"

数过张本均教馆中。见其留心乡邦文献，积卷井井有序。张本均勉以续任此事。后姚燮《蛟川诗系》，实自张本均发之，且参考张本均之子张岳申、张锡申编成之《蛟川耆旧诗》。

《蛟川诗系》卷二十一："文学张先生本均，先生字静泉，号郢荃，邑增生。予幼时，先生方馆上安坊王氏。王墨君文学紫绶，其高弟也。时予与文学相交善，数过先生讲室中。先生必危坐窗几间，丹铅群籍，而尤留心于先正文献。凡有一言一事之足备掌故者，跰手钞纂，无倦容。积卷尺余，咸井井有秩序。间尝谓予曰：‘吾乡自瞻在先生诗文草创一刻后，吾家先明经双山先生始有《蛟川耆旧诗》之辑。逮予知之，其稿已散佚矣。不是搜猎，后将无稽。予老矣，小子其勖之。’则予之有是编之作，实自先生发之也。先生之嗣君岳声、文学锡申守先生遗册，编次为《蛟川耆旧诗》六卷，复辑补遗二卷，付手民。其志良嘉。予终以取例过简、佳什多湮、虹采星茫，发而仍掩为憾也。先生年近耄，其神采癯逸，须鬓萧疏，望之知为有道者。其归道山，去今已四十余载。录先生生之作，犹如接謦欬焉。所著有《郢荃诗草》、《郢荃笔记》。”

上二事具体时间不详，姑系本年。

嘉庆二十年乙亥（1815）　十一岁

随母过明堂岙外家张氏，逾玉几岭。

《复庄诗问》卷三十二《自璎珞河逾玉几岭》：“谓今废作荒烟邱，使我目断心悠悠（记童时随母过明堂岙外家张氏，尝逾此岭。盖已三十余年事矣。近日外族凋零，舅氏以下鲜有存者。故诗中及之）。”

诗作于道光二十五年乙巳（1845），四十一岁时。

玉几岭，在今浙江宁波鄞州区内。《复庄骈俪文榷》卷二有《玉几山石铭》。

资质绝人，读书敏捷广泛。自经传子史至传奇小说、道藏释典，靡不览观。

徐时栋《烟屿楼文集》卷七《姚梅伯传》：“梅伯以绝人之资，读书恒十行下。自经传子史至传奇小说，以旁逮乎道藏空门者言，靡不览观。”

董沛《正谊堂文集》卷十七《姚复庄先生墓表》：“稍长，读书十行并下，自经史百家，以逮道藏释典，靡不周览。”

《光绪鄞县志》卷五十一：“读书恒十行下，自经传子史，以逮道藏释典，靡不周览。”

《民国镇海县志》卷二十七《人物传六》：“稍长，读书恒十行下，自经传子史、诸家文集及道藏释典、稗史杂家言，靡不观览。”

《清史列传》卷七十三："读书恒十行下，自经传子史至丛书小说，旁逮道藏释典，靡不览观。"

《光绪诸暨县志》卷三十四《人物志·列传八》："稍长，读书十行下，自经传子史至传奇小说，旁逮乎道藏、释家者言，靡不究览。"

《民国镇海县志》卷二十七《人物传六》："稍长，读书恒十行下，自经传子史、诸家文集及道藏释典、稗史杂家言，靡不观览。"

此事无具体时间，姑系本年。

嘉庆二十四年己卯（1819）　十五岁

道遇胡湜。胡湜关切姚燮诗作，愿为其改削。并以自己中进士，勉励之。

《蛟川诗系》卷二十五："后自捷第归，遇先生于途，先生拉燮手曰：'近复作多少诗？汝明日钞一通来，胡先生当替汝改削。汝视今日之胡先生，亦生羡慕心耶？'追惟往事，如隔宿春，不知匆匆逾五十年矣。畴谓能不生忾也？"

与刘朝元交识。

《复庄骈俪文榷》卷八《恤授云骑尉世职定海镇标左营千总刘君墓志铭》："君讳朝元，字耕云，镇海县人也。……燮惟与君衡宇相接，总丱论交。"

《复庄诗问》卷二《江上简刘朝元索画》。

董沛《四明清诗略》卷二十一："刘朝沅，原名朝元，字耕云，镇海人。道光壬午武举人，官石浦守备。"

同卷录其《题画山水》、《吊邑丞李丹崖殉难。丹崖讳向阳》、《怀张霞泉进士》。

《民国镇海县志》卷二十七《人物传六》："刘朝元，字耕云（城区）。能诗画，由武举隶戎行。道光九年，署定标右营把总。十二年，补瑞安把总，并署理左右营千总。在任八年。夷舶变起，奉总督伊里布檄，来镇海监制炮局。以劳升定海营千总，未赴任。二十二年，摄昌石都司，率兵巡洋于老东门蝇头诸处，获盗首曾阿妳，诛之。明年，调署石浦守备。十月，督兵船至大目洋，见盗艘，追及之，拔剑跃登。盗窘，遂以火药自尽。朝元亦身殉焉。事闻，给云骑尉世职（姚燮撰《墓志》）。"

二人论交具体时间不详，姑系本年。

祖父丹峰公与王在田父拙斋交善，两家往还密切。王在田与姚燮兄弟相称，频有资益。

《复庄骈俪文榷二编》卷八《授儒林郎议叙布政使司理问厅衔王君状》："君之父拙斋先生，与先大父丹峰公，称久善交，竺厚匙虞，醇正相砥。燮方童丱时，亲浃焉。亡何，君湔染上型，干略缵业，与燮家往还存问，一如夙时。燮之视君为丈人行，而君谦抑不居，降以弟畜。频有资益，莫或厌吝。……君讳在田，字训宽，古愚其自号也。世居城南江浒后营，宅于南乡瑞严山阴河头村，遂徙居之。"

嘉庆二十五年庚辰（1820） 十六岁

父姚成与张锡祉等人在小有居作文会。姚燮执弟子礼，趋其间。张锡祉居所距小有居仅二百步左右，除文会外，月必数十至姚燮家。慈溪鹳江篆江楼郑氏分题征诗，张锡祉拉姚燮同作。姚燮诗成，张锡祉以"小子可怕"誉之。姚燮劝其录存己作，张锡祉以邯郸丑步，不愿贻人话柄作答。姚燮曾录其《光饼歌》一诗，后不存。

《蛟川诗系》卷二十八："春秋佳日，大父每招邀耆硕，觞豆结欢，惟谢锦林、慄轩、寅士诸先生恒在座焉，而若李宝山、王西堂、张我无、陈剑舟、应汝昆、卢召庐、曹仰山暨谢昼堂、方来诸先生，及从父镇西、松生两先生，皆与先文学结文字社。往来巾屐具复，极盛一时。燮年方丱，惟执弟子礼，趋跄左右于其间。今追溯音容，皆一一如相接也。嗣后，诸老成以次凋谢，大父亦迁斋别居，此屋遂转赁周姓者。不数年，过其地，微特廊屋改观，凡向日之翠错红交者，仅余颓垣蔓草而已。纪其大凡，聊系亡为一线之存，庶望古犹可得风景于想象云尔。"

同书卷二十一："文学张先生锡祉，先生字以蘖，号我无。试业之暇，好流览百家书，称淹博，而未尝自炫，人亦无知先生者。每举古人言行可疑者就询，辄拈髭作半刻思，徐答一二。言无不豁，如洞解。尝与先文学耐生先生暨陈剑舟、应汝昆、卢召庐、曹仰山诸先生作文会，会多集吾家馆中。馆故谢氏万言先生之小有居也。花石竹木之胜，于时犹整美。先生自文会外，月必十数至。以与其宅相去直不二百步近也。至则据镫坐，拈花笑，抚竹吟，徘徊移晷，然后启榴花下门，不告去。或兴至命酒，辄移席就槐阴，缓酌之。量不甚巨，不醉饮不止也。终未见于醉后越仪度。一日，微醺，就新篁梢，捉一宿蝶，为抚掌踊跃不已。其风趣盖如此。时慈溪鹳江篆江楼郑氏分题征诗，先生拉余同作。余诗成，呈先生。先生但摇头指余曰：'小子可怕，小子可怕。'终未肯加一言褒贬。盖先生固持躬谦抑，而不轻于发辞者。……每有作，辄反复自讽，俄复撕其稿，投废楮簏中。余每劝先生录存，先生点首笑曰：'尔意良爱我，第不过揉天花作游戏，谁实解此者？将以邯郸丑步，贻旁人作话柄耶？'殆亦有激而云乎尔。犹记其《光饼歌》一篇，洋洋七百余言，组织戚南塘将军遗事，以淋漓顿挫出之。向曾录置箧衍，今已为黄鹤化去矣。可惜也。"

此事具体时间不详，姑系本年。

识陈懋梓。

《蛟川诗系》卷二十三："文学陈先生懋梓，字建周，号剑舟，诸生。与先文学为同社文友，故余与先生数数见。……尝岁试古学，以《衡诚悬赋》见赏于学使者，取合郡第一。由是以能辞赋名。为文中矩有度。屡试屡荐，而卒不遇于时。"

作《陈孝女碑》。

《复庄骈俪文榷》卷三《陈孝女碑》："以独志成独行，金石亦摧；由至性发至情，神鬼可泣。母死而殉，陈三姑当传也。姑鄞县人茂孝女。……事在嘉庆二十有五年二月十有一日，女年十八，犹未字云。"

宣宗道光元年辛巳（1821）　十七岁

与陈懋含交往。陈懋含从慈溪归，必以新诗相示。姚燮时辑《友声诗》，陈懋含以列名相嘱。

《蛟川诗系》卷二十三："陈文学懋含，君字贞可，号柳塘。诸生。貌朴而讷于语言。骤与之接，似非能文者。其所居，与余家上湖南巷寓庐隔一河，棂户相对，呼之可接谭也。时君馆慈溪，数月一归。归必以新诗相示。盖君在慈，与一时能诗士分题倡和者。时余有《友声诗》之辑，君殷殷以列名为属。自辛丑间遘夷乱，各移眷远徙，遂不复与君见矣。后闻以抑塞终于家。因遴其可诵者，备登是编，亦足以慰君之所望矣。"

此事具体时间不详，姑系本年。

游杭州，登灵峰。

《疏影楼词·剪灯夜语》[摸鱼子·自灵峰迤俪而南，岩壑益邃，居无鄙人。南溪、武陵之胜，或抗之。庚寅重过，忽忽忆总角之游，真如梦隔世也。倚此以志今乐]：“认山灵依依如昔，十年清梦不到。”

灵峰，在杭州。庚寅是道光十年（1830）。

道光二年壬午（1822）　十八岁

作《元夜卜紫姑神告祝文》。

《复庄骈俪文榷》卷三《元夜卜紫姑神告祝文》：“壬午上元夕，诸妹帅邻女卜紫姑神为戏，属予撰祷告辞。聊托曼倩非有之谐，以附昌黎送穷之例。”

从小有居迁出。

《疏影楼词·剪灯夜语》[探春慢·小有居在上湖瀛桥北，本谢司训萼坡先生隐墅。壬午以前，余泛宅其中。台池花木之娱，朋从诗酒之乐，犹畅如秩如。十数年来，主姓互易，林壑就荒。感昔伤今，不能使重过者无变词也]。

道光三年癸未（1823）　十九岁

为鄞县邱维琮作墓表。

《复庄骈俪文榷》卷七《议叙盐课司提举邱府君墓表》：“府君讳维琮，字淳甫，一字竹筠，浙江鄞县东隘人。……以道光三年六月初三日卒于钦州盐务局，距生年为乾隆三十二年闰七月初五日，享年五十有七岁。呜呼！天涯亭远，西风摧败柳之声；十万山空，冷月冻凄鹃之魄。慨思遗者，能不涕零？德可扬诠，敢辞泚笔。”

秋，为陈銮《政绩图诗册》作序。

《复庄骈俪文榷》卷三《陈芝楣方伯〈政绩图诗册〉序》：“道光癸未秋，布政使江夏陈公移节吴中，杭州景福泉先生次治绩之大者凡四，缋图赠之行。都人士咸道扬懿美，发为咏歌，其声愉，其情恻。无谀佞之泛辞，有孺子之余慕。既而成册，命燮序之。”

陈銮（1786—1839），字芝楣，湖北江夏人。嘉庆二十五年进士，历官松江知府、苏松太道、布政使、江苏巡抚、署两江总督等。有《耕心书屋诗文集》。传见《续碑传集》卷二十三方宗诚《赠太子少保江苏巡抚署两江总督陈公神道碑铭》、《清史稿》卷三百八十一。

《同治续纂江宁府志》卷十四《人物》："陈銮，字芝楣，湖北江夏人。百文敏总督两江时，延入幕中，掌章奏。嘉庆二十五年进士一甲三名，入词馆。道光十七年，陶文毅薨于位，銮任两江总督。漕、盐、河三大事，熟习胸中，剖决如流。蒋琬之继葛相，人皆称之。"

道光四年甲申（1824）　二十岁

娶妻吴氏。

《复庄诗问》卷十一《夜坐吟二章，示内子》其二："君年廿一为我妇，弱体持家苦身手。君今年已三十三，报女劳心亦何有。"

诗作于道光十六年丙申，本年，吴氏年二十一。

始学画梅。

《画梅心语》："余弱冠学梅，遍走齐、梁、吴、楚间，名手如林立。大约均以皮相争胜，无一可奉为师者。薄俗颓靡，大足感喟。"

姚燮云"遍走齐、梁、吴、楚间"，其一生踪迹在吴、越、齐、京之间，未到梁、楚。

为辑《蛟川诗系》，始搜访乡邦文献。此后至临终前，一直为此书殚精费神，不遗余力。以重金购谢泰宗诗文稿，访谢泰定诗集；收藏谢绪宏《燕山吟》、《旅游草》，谢纯祚画轴；过录邵元观遗稿等，均为四十年中辑《蛟川诗系》所做之典型事例。

《复庄骈俪文榷二编》卷四《鲁瑶仙〈永兴集〉序》："予家静海，曾勉为《交（蛟）川诗征》之辑，自弱冠猎访，以至于今，倖倖乎得三百数十家，而犹有偏而不举之患。故老凋丧，传疑莫证。兵燹一劫，枝佚倍多。甚矣，其难也！"

静海，即镇海。

《蛟川诗系》卷八："兵科给事中谢公泰宗：公字时望，号天愚。……崇祯三年庚午，以策语抑置副车。逾六年丙子，始获乡隽。明年丁丑，成进士。……戊寅谒选，授番禺令。……庚辰，公即以平寇功，晋工部都水司主事。寻中蜚语，左降福州幕，摄泉州司理。……逾年，迁南安司理。方就任，擢兵科给事中。公知时事已危，复念亲老，遂乞休归里。……公生平勤于学……著述甚富。……凡诗文共若干卷，别集四卷附焉。其原刻底本一百卷。三十年前，公裔之贫者某持之易米，余因措重金购归。有明一代文征，实多借资考证焉。将俟其子孙之贤，授藏之。”

同书卷十二《国初南安诸弟诗三人》：“明经谢天怀先生泰履、文学谢天申先生泰定、孝廉谢天童先生泰交：……顾时慧先生《天申》一集，余访问四十年之久，未睹其书，仅仅于瞻在侍御所录及，偶见他编者，存其数作。”

同书卷十七：“孝廉谢先生绪宏，先生为明经大周先生景昌子，字子任，康熙辛丑以选拔贡成均，旋隽己卯秋榜。不乐仕进，著书自娱。……所著有《燕山吟》、《旅游草》，藏余大梅山馆中，为先生所手录者。”

同书卷十九：“宾王先生集附邵氏诗四人：……邑有邵氏始于宋。……而司马诸孙中，则实以宾王先生为之冠。余少从谢氏栎轩先生处见先生遗稿，假录一帙，藏之经笥者四十余年。……教谕邵先生元观，先生大司马孙、觉庵先生似欧子也，字宾王。康熙丙子举人，官山阴县儒学教谕，以诗古文称于时。”

同书卷二十八：“文学谢先生纯祚，字季垣，号一山，诸生。工诗画。……余尝藏其‘行到水穷处，坐看云起时’诗意一轴，今不复存矣。”

上述之事，均不详具体时间，姑系于此。

至薛氏藏书阁中，检阅其藏书，得《世风删》残本。

《蛟川诗系》卷七《薛氏〈世风删〉续集补，凡十七人》：“吾郡有薛氏，自宋时分支于定也。自明始，其裔孙千仞布衣冈尝集其先世诗，简取合刻之曰《甬东薛氏世风删》。……于其分支居定海裔，别辑为一卷，曰《甬东薛氏世风删续集》，凡十七人。……余弱冠时，尝偕其后人至宗伯第庋藏书版阁中，依架检阅之，约六七种。今所记忆者，《天谷山人诗集》、《书岩集》及《世风删》三书而已。然时已蠹朽零断，无一卷完好者。《天谷》、《书岩》二集，尚于藏书家可觅足本。而《世风删》一书，向实未之见。问诸乡先生辈，亦无有知是书者。亟约坊友携煤楮登阁，择未甚烂蚀者印刷之。不过剩五十余片，前后不接续，序跋皆亡，惟目录数版无恙。喜犹足资考证也。届自今复阅四十年之久。询其后人，云：‘所剩余版，多为族之贫者分窃作炊薪用矣。’”

与傅以钰同师卢棠。并与同里好风雅者十人，建雪莲社，月两集，分题赋诗。

《蛟川诗系》卷二十：“傅处士以钰，君字尔音，号梦云，为补庵先生第五世孙行。少负敏姿，又加之以刻苦，其为文泛滥旁沛，如万斛泉。偶涉风诗，亦茹徵含宫，骎骎入古人室。余弱冠时，与君同执经于卢召庐先生之门。一日，君兴至，召同里之好风雅者十人，建雪莲社，月两集，分题赋诗。君构思敏捷，得一题，无宿就者。一时侪辈咸左让焉。君固豪于饮，偶得杖头钱，辄拉同社刘柱峰、魏缨云辈，登江上酒家楼剧饮。饮几无虚日。……十人之中，君与陆君子洁辞世最蚤，而皆悭于所遇，可哀也。今所存者，惟余与陈小轩孝廉、吴韵楼文学三人而已。刘君威之，君之妹婿也，藏有君《推敲集》一卷。爰假录数章，亟登之，聊以慰故人于泉下云。”

董沛《四明清诗略》卷二十四：“傅以钰，字尔音，号梦云，镇海人。著有《推敲集》一卷。”

同卷傅以钰《落花，和姚野桥韵》。

《甲午科乡试卷》履历：“姚燮……业师，卢召庐夫子讳棠，邑廪膳生。”《复庄诗问》卷二《哭卢文学师棠》：“毕生穷六经，垂成未及用。知名仅里廛，益滋吾道痛。积瘠恐伤性，饮酒托驰纵。频以未了志，太息语群从。……讣及贱子闻，迟疑未敢恫。分明讲易堂，柈杅昨犹共。……”

《疏影楼词·剪灯夜语》[摸鱼子·浮碧山楼春莫客感，寄上湖雪莲社诸子]。

与陈懋量交往。懋量为雪莲社诗友。往谒懋量父陈景范，见其穷困高旷之状。并询其家集，归而录存。

《蛟川诗系》卷三十一：“明经陈先生景范，先生字友韩，号后轩，嘉庆丙子岁贡生。天性纯朴，而资禀敏悟。虽与不善者相交，能持守昭皭，不受滓蒙。时论称为纯洁。承其父北云先生家学，攻力于诗古文辞。……孝廉懋量，先生子也，为燮髫年时雪莲社同课友。或集课诗呈先生甲乙之，抉臧论否，一以古法为尺绳，不阿不隐也。一日，风雪中过谒先生，先生坐斗室，矮窗下阁木版几，携手炉，烘破砚，拈髭吟岁暮诗，笑谓燮曰：'穷年势窘，乞米无门，还借昌黎公旧例，以遣此冬烘脑耳。'其高旷盖又不可及者。"

同书卷二十三："（陈）孝廉懋量，后轩先生子也。余少与同雪莲社时，后轩先生尚存，余每过先生处，询其家集，先生检示之，归而录存，复益之以所闻见。故于其一家之作，差备焉。"

董沛《四明清诗略》卷二十："陈景范，字友韩，号后轩，镇海人。元椷子。嘉庆丙子岁贡。"

为慈溪王潮作传。

《复庄骈俪文榷二编》卷七《王府君家传》："府君讳潮，字步韩，一字雪山。……树之以双土，时为道光四年六月二十有六日，年五十岁云。"

据文，王潮，慈溪人，无功名。

与慈溪孔继铭订交，交情深笃。

《复庄文酌》下编《孔文学家传》："熙正之间，慈溪孔翁兴琏客象山，遂家于象。……金明君既生，国学以君慧，授读，年二十三，游邑庠，燮既与君订缟纻。……君讳继铭，谱讳继孝，金明其字也，一字鉴鼎。……生嘉庆七年壬戌三月廿五日，卒咸丰九年己未二月二十三日。以议叙得训导，享年五十有八。"

与慈溪叶元阶交，此后同研席者十年。

《复庄骈俪文榷》卷八《叶仲兰文学诔》："君名元阶，一字心水。……燮之与君，铭车笠于弱冠，同研席者十年。范叔寒而暄之衣，黔娄饿而均之食。铎不我忧，俾简子愧过，能从世长不学；赖乐广举言，以进潘岳之云，心照刘峻之论迹，忘君惟有焉。"

《复庄诗问》卷十八《江上四哀诗》其四《叶山人元阶》："自与弱冠交，百间不逾始。直恐寝食离，若将性命委。每约潜深山，十年读经史。动因多事故，飘泊异行轨。"

董沛《四明清诗略》卷二十三："叶元阶，字心水，又字仲兰，慈溪人。元墀弟。诸生。著有《赤堇遗稿》六卷。"

吴德旋《初月楼文续钞》卷四《叶心水诗序》："予向序《句东三家合

刻诗》，述姚惜抱先生论文语，衍其意为之。既而叶君心水复以其专集属为序，请得更述惜抱先生论诗之旨申言之。……心水诗心仪古人，而能出新意于法度之中，其于李唐诸贤，有不似之似矣。而心水固亦好惜抱轩诗者，予故言此以质之。"

叶元阶《赤堇遗稿》卷二《立夏日，自鄞归里，将有江南之行，从兄梦渔饯别卧月草堂，即席与厉骇谷志、姚野桥燮联句》，卷五《送梅伯》、《登挂雾洋绝顶，寄怀黄鹾尹桐孙，粤东胡太史鉴，都门韦文学光黻，金陵厉文学志，翁州陈大令仅、汤文学钺、孙大令家谷，甬上姚明经燮蛟川》、《题厉山人画〈梅伯探梅图〉，即赠别梅伯》；《复庄诗问》卷二《甬江楼示叶元阶》，卷四《同厉三志、叶十八元阶、泛白湖作》、《与叶十八论诗二章》，卷五《答叶山人送别韵》（后附叶元阶原作）、《叶山人以诗寄怀，次韵代柬》（后附叶元阶原作）、《答叶君送别韵》（后附叶元阶原作），卷六《山居，寄叶赤堇山人元阶二章》；《疏影楼词·吴泾蘋唱》［迈陂塘·同厉骇谷志、叶心水元阶买李六娘船，夕泛野浜，人影鬲花，水烟易暝。不知画波七里，又消去几许愁也］以及［风蝶令·和心水］（后附叶元阶原唱）等均为二人交往之作，并附于此。

与慈溪叶苑香交往。

《复庄诗问》卷首《诗评》："慈溪叶苑香文学元墨云：近时甬上诗人，而余获与交者，王梨门明经、厉心甫山人、与君为三也。明经之诗豪，山人之诗隽，而君则兼擅，而闳富倍之。"

《复庄骈俪文榷二编》卷三《叶鞠斋诗序》："慈溪叶茂才鞠斋，孝廉白湖先生之孙、博士苑香君之子。……白湖先生蒙未及见，而苑香君故弱冠交也。缘尹班之契，结魏裴之盟。欢如平生，聚每终日。春舫携卷，柳花上衫。月廊张弦，竹影当轸。愤而互啸，哀声空山之猿；饮必竞豪，狂渴奔泉之骥。间或分两管之秃笔，电掣云抽；枝满几之破笺，珠灵玉碎。虽韩孟联吟、元白酬句，蔑斯过已。"

《复庄诗问》卷四《答叶十四元墨见赠韵二章》、《再叠叶十四茂才见寄韵二章》。

胡渫为《探梅图》题诗。

《蛟川诗系》卷二十五胡渫《题姚某伯〈探梅图〉》："人生世上如萌

蘖，盛衰荣落归飘瞥。我羡姚君禀性殊，不爱繁华爱清绝。胸中具有岁寒心，甘与松竹标奇节。自来才人格本高，非为傲俗避烦热。冰肌玉骨由天生，离群夭矫仙凡别。梦入罗浮年复年，襟期潇洒追前哲。画此知君托意真，百花头上推英杰。异时看遍走长安，一树寒梅映溪雪。”

董沛《四明清诗略》卷二十一录有同诗，题作《题姚野桥〈探梅图〉》。

同卷：“胡渫，字晓舟，镇海人。于锭子。贡生。”

此事不详何年，姑系本年。

与胡概同观荷，胡概有诗。

《蛟川诗系》卷二十五胡概《城北池同梅伯观荷》：“天光云影静依回，半欲凋残半未开。疑道西方清净界，一花一叶一如来。”其二：“不多疏树绕方塘，煮茗凭栏得静香。移上称西斜日影，竟将素面换红装。”

同卷：“胡文学概，字秉和，号鸥槃，小白先生子，抱朴宅恬，不失读书人本色。府试冠多士，即补府学弟子员。诗非其所长，然偶一拈毫，其吐属要不俗也。《观荷》二绝，是与余同作者。他无所采矣。”

此事不详何年，姑系本年。

始与厉志交识，二人以诗赠答。

《复庄诗问》卷二十六《哭白华先生厉志一百二十韵》：“往与君始交，君年过我廿。相交旋廿年，曾不抵一霎。君生少孤苦，赤贫鲜援挟。弃佣事读书，偻身破椽蛰。暮食朝不炊，泣典老母镊。”

诗作于道光二十三年癸卯（1843），“相交旋廿年”，逆计之，二人交识于本年。

厉志《白华山人诗集》卷七《丁巳集》《赠姚野桥燮》：“凡百传闻过其实，一朝眼见徒相悬。艺林得名更莫据，奈于姚子独不然。初闻意气甚兀傲，及见温温探清渊。又闻文笔近靡漫，咏史骨格张老拳。任昉素门擅夙誉，杜牧风骚比其妍。……会当元圃振金石，锦囊彩笔人争传。凫鸥苍茫伫海客，朝窥霞绮暮星躔。明知龙驹绝扳附，且忘老朽相追骞。”

《复庄诗问》卷二《答厉山人志赠作》：“……愀然忆我白华子，骨古貌拙神峥嵘。老骐逆折栈云走，秋雕上搏飙车行。文章字字协吕纬，巨作钟响纤鸾鸣。……我亦寸心搆造化，见君已失神和愔。月湖风紧梅花雪，竹屋吟灯夜萧瑟。时君作客瓯江归，满袖寒尘为君拂。……吁嗟乎！应、刘、王、谢俱草莱，播毫弄楮何益哉？倘乘霓驷御天表，愿披瑶雾相蹑追。”

后附厉志赠诗。

潘衍桐《两浙辅轩续录》卷三十四：“厉志，字心甫，号骇谷，定海诸生。著《白华山人诗集》十六卷、《诗说》二卷。”

厉志《白华山人诗集》卷首附《定海县志·人物列表第五》：“厉志，字心甫，号骇谷。幼失怙恃，家贫甚。刻苦读书，成诸生。原名允怀。自以海乡见闻孤漏，思作四方游。尝与粤士陈在谦友。陈故在邑侯陈从嘉幕，会调温州永嘉，遂邀偕往，得旷览天台、雁荡诸胜。生平耽吟咏，自瓯游归，益肆力焉。寄甬上，与慈溪叶元堦、元阶兄弟、镇海姚燮倡和，诗益进。著有《白华山人诗集》。又工书画。晚年失明，每吮毫盲挥，具见神理。时有浙东三海之称。三海者，镇海姚燮、临海傅濂与君也。”

《光绪定海厅志》卷十《人物》：“厉志，字心甫，号骇谷，富都乡人。幼失怙恃，家贫甚。刻苦读书，补学弟子员。学名允怀。自以家乡见闻孤陋，思橐笔作四方游。尝与粤东陈在谦友。陈故在邑侯陈从嘉幕者。会自定调温州永嘉任，在谦遂邀偕往，得旷览天台、雁宕诸胜。生平耽吟咏，自瓯游归，益肆力于诗古文词。寓甬上，与慈水叶心水元堦（堦，应为阶）、蛟川姚梅伯燮偕唱和。其为诗，胎息名家，天然去雕饰。积卷帙颇富，删存得若干首。后附诗话二卷。宜兴吴仲伦德旋为之序，即今行世《白华山人诗集》也。晚工书画，目不甚明睐，每吮毫濡墨，再四踟躇。既落笔后，如飘风急雨之骤至，顷刻满纸，有兔起鹘落之势。今得之者，辄珍如拱璧。”

董沛《四明清诗略》卷二十三有厉志小传，又引《定海厅志》小传，不具录。

厉志生于乾隆四十八年癸卯（1783），本年四十二岁，长姚燮二十二岁，诗云相交之年“君年过我廿”，为概数，非实数。

厉志《白华山人诗集》卷首叶元阶序：“白华山人，东海诗人也。……叩其所学与阶同，其去取又同于是。数年以来，凡有所作，必交相砥砺。今年山人五十有四，得诗若干卷，欲次第付梓，而短于目力，阶为检校焉。……道光丙申五月，慈溪愚弟叶元阶拜书。”

同书卷首陈训正《书〈白华山人诗集〉》：“镇海厉骇谷先生，清嘉、道间诗人。与镇海姚某伯同有声浙东。其诗刊于道光十六年，曰《白华山人诗集》。时先生年已五十有四，生有眚疾，至是益甚。友人慈溪叶心水元阶有别墅在郡之月湖滨，号枕湖吟舍者。先生与某伯来郡，恒集吟舍，商榷文艺。心水因为检校其诗稿，叙而刊之。都一十六卷，古今体诗八百五首，《诗说》二卷附后。”

厉志道光十六年丙申（1836）五十四岁，则其生年为乾隆四十八年癸卯（1783）。

蒋宝龄《墨林今话》卷十六：“厉骇谷志，定海诸生。工诗，有《白华山人诗钞》。乙未秋，余在武林，君与叶君心水同寓吴山之麓。一见定交，偕游湖上。复偕往西溪，宿交芦庵，寻樊榭征君墓，两日始返。意兴豪迈，无与匹也。骇谷书法学明人，尤精行草。兼画山水兰竹，有李檀园逸趣。中岁患目眵，而书画益进。捉管疾扫，一日可了数十幅。曹曹村谓其全以神行，故无不妙。尝于西湖昭庆寺壁，指画巨松。见者惊为奇迹。心水有长歌云：‘双干落落少枝节，十指凛凛来霜风。更磨斗墨作峭壁，势欲振袂凌长空。’其解衣磅礴之态，可想见矣。骇谷又明音律，善清歌。宿交芦庵之夕，秋月甚皎。相与放艇疏林丛荻间，据舷高唱，宿禽尽起。此情恍在目前焉。”

吴德旋《初月楼文续钞》卷四《厉骇谷诗序》：“予前既为《句东三家合刻诗》序，而厉君骇谷复以其所著全诗视予，属为之序。……骇谷之诗，亦既体大思精，绝出辈流。盖自元遗山而后，鲜有能过之者。而且如海若之方存乎见少，则其异日之所至，吾又安从而测之？”

厉志《白华山人诗集》有多首与姚燮往来交游之作。如《白华山人诗集》卷八《吴游草》《云姬曲，为梅伯作》：“青梅藏碧叶，酸心只自知。一雀远来衔出林，展转哀鸣绕故枝。塘上妖姬年十五，为自萧郎好深语。无意烛花偏艳开，一夜愁情动春雨。锦衾蒲桃结累累，更蹙文禽交影飞。撤罢金尊弄弦索，一弹再弹声更悲。肠欲摧月落，子规啼远山，朦胧望见西施台。”

同书卷六《瓯江集下》《庚辰初冬患疾，辛巳暮春始有生理。六月之中，友朋顾念，无可殚述。因杂掇小诗，以纪其情》、卷八《吴游草》《延青水榭憩雨，同心水、野桥作》、卷九《溪上居集上》《舟次蛟川，同姚野桥游总持寺，登大悲楼作》、卷十《溪上居集下》《溪上送野桥还蛟川，时余偕心水往山北》、卷十二《磊山集下》《姚梅伯、叶琴楼古鱼、兰士昆季过访湖庄》、卷十三《白湖集上》《题野桥画〈禹亭听秋图〉》，《复庄诗问》卷一《寄厉志云间三章》、卷三《咏怀，寄厉山人三章》、卷八《短歌，寄厉三、叶十八七章》、卷九《晓起得厉山人志书》，《疏影楼词·剪灯夜语》[贺新凉·宋信国公文丞相铁如意]（后附厉志同作）等，不详作年，并附于此。

道光五年乙酉（1825）　二十一岁

为定海刘运坊作墓碑文。

《复庄骈俪文榷》卷八《刘征君墓碑》："道光五年乙酉五月二十有六日，浙江定海县刘征君卒。其子大镐、大锡卜葬于邑东鄮之里蒲湾。既葬，立石墓表，第其行谊，属为文以旌之，以为后世子孙法。……征君讳运坊，字左春。……著有《诗舫吟草》二卷，藏于家。……生年为乾隆二十有九年甲申七月十有五日，以六十有一岁捐馆舍。"

《复庄诗问》卷首有刘大镐评姚燮诗语，由此知其字瘦芗。董沛《四明清诗略》卷二十八："刘大镐，字瘦香，定海人。咸丰丙辰岁贡，著有《桐华馆诗稿》。"评语不录。

九月二十九日，女寿真出生，爱若掌珠。

《复庄诗问》卷二《悼亡女寿真诗七章》其四："生汝乙酉年，九月日廿九。爱汝期永年，名汝曰阿寿。千金掌上珠，怀抱不离手。稍长驯言动，百态娇泥人。"

道光六年丙戌（1826）　二十二岁

与象山王立诚同补为县学生员。然此时两人并不识。王立诚子王莳兰后从姚燮游。

《复庄骈俪文榷二编》卷末附蒋敦复《例授文林郎即选知县姚君墓志铭》："弱冠，补县学生。"

《复庄文酌》下编《王淡园遗诗序》："往岁在道光丙戌，宝应朱尚书视学来浙，同是年与君游于庠。时可与君而未获。"

《复庄骈俪文榷》卷七《议叙邑训导王君墓表》："忆岁丙戌，宝应朱文定公视学至吾甬，燮与召同补弟子员，未识君。后获与君之子交，燕婉衡闱，衿抱两世，谊难辞也。君讳立诚，字符甫，一字一齐（斋），象山县人，世居县之白岩方前村。……著有《淡园诗草》，藏于家。淡园，君之自号也。……子二：尚忠、尚彬。尚忠，更名莳兰，县痒生。"

同书卷首王莳兰序："镇海复庄姚先生其选也，道光岁丙戌，与先君子同受知于学使者朱文定公，补弟子员。"

董沛《四明清诗略》卷二十一："王立诚，字元甫，一字一斋，晚号淡园，象山人。议叙训导，著有《淡园遗诗》。"

《民国象山县志》卷二十六《先贤五・补传》："王莳兰，字纫香，号渚山。弱冠入县学。……代父服劳，孝养祖母。父先卒，祖母旋卒。又孝事母，乡里称为王孝子。……咸丰初，时有匪警，纠练乡团，得数千人，出家赀，制器械，日夕聚团民讲忠孝事。殆粤寇入县城，知县走匿民家，他乡汹汹，而一方晏如。……事平后，有流贼窜境内，督团往擒缚而献诸官。……援例贡成均，不求仕进，年五十九卒。……著有《渚山诗文集》各二卷。弟莳蕙，字撷香，号砚农，少丧父，受兄教养。从镇海姚燮游，善为古文词，又善书画。书法颜鲁公，径尺以上，尤雄奇俊迈。画墨梅独擅胜场，兼明医理及棋谱。……著有古文、骈体文及诗十卷，《辛、壬胜录》一卷。"

忻江明《四明清诗略续稿》卷三："王莳蕙，字撷香，号砚农，象山人。莳兰弟。咸丰辛酉拔贡，官内阁中书。著有《抱泉山馆诗文集》。《象山县志》：莳蕙从镇海姚燮游，善诗古文词，又善书画。书法颜鲁公，径尺以上，尤苍劲。画则擅长墨梅。既拔萃科，值粤寇之乱，佐兄莳兰办民团，保卫桑梓。事平，叙功授内阁中书。性淡泊，不乐仕进，筑抱泉山馆，游息其中。并营别墅于潜山，曰陶园，自号陶园先生。与鄞县郭传璞、镇海谢辅濂诗筒往还，时相酬唱。所著诗文集十卷、《辛、壬胜录》一卷，均待梓。"

《琼贻副墨・兰如集》卷四陈继聪《大某山人生传》："垂髫，擅神童誉。年方冠，补博士弟子于食饩。”

朱士彦（1771—1838），字修承，号咏斋，江苏宝应人。嘉庆七年进士，历官编修、吏部尚书等。卒谥文定。传见《续碑传集》卷十季芝昌《宝应文定朱公神道碑》。

《民国吴县志》卷十三《选举表五》：“（进士，嘉庆七年壬戌）朱士彦，咏斋，宝应籍。会魁，殿试第三人，官编修、吏部尚书、太子太保。谥文定。”

家贫，为村中蒙师。叶元阶延之于家。

《琼贻副墨·兰如集》卷四陈继聪《大某山人生传》：“家贫，为村中蒙师。慈溪叶君仲兰闻其才，延之家。当是时，叶氏雄于赀，池馆台榭、歌舞丝竹为一郡冠。仲兰尤倾心好客。”

游萧山湘湖。

《疏影楼词·剪灯夜语》[庆宫春·湘湖之别，届三祀矣。戊子夏杪，因虎林之行，掉舟往浙山，澄气回，流波合，素不复作。春时邃秀，制此示同侣。惜时无善歌者]。

湘湖，在今杭州萧山。戊子，道光八年（1828）。

道光七年丁亥（1827）　二十三岁

长子景皋生。

《复庄诗问》卷二十一《妇病自春晚始剧，至六月四日，竟不复生……》：“大儿年十五，小者两周岁。”

诗作于道光二十一年辛丑，逆计之，景皋本年生。

为嘉兴方玑作墓志铭。

《复庄骈俪文榷》卷四《候选同知方君墓志铭》：“君讳玑，字敬时，又字松崖，浙江嘉兴人也。……兹以道光七年丁亥五月朔日，因疾增加，遽捐馆舍，阅春秋四十有五，溯生年为乾隆四十有八年癸卯十月十有三日。呜呼！柯摧璧毁，星陨松崩。空涕泗于鹰琴，忍沈吟于鹏赋。即以是年十有二月五月（日），卜葬于城郊之东。……其嗣在余簿阅，久缅耿洁夙型，敢辞文诸贞珉，俾之掩于兆遂。所愿漆宫之版，永葆于司空；但愧颍川之辞，无益于陈实云尔。”

八月，友厉志与叶元阶始相见。

厉志《白华山人诗集》卷首叶元阶序："白华山人，东海诗人也。阶耳其名久，道光丁亥八月，始与相见。"

道光八年戊子（1828）　二十四岁

二月至九月，与叶元阶、厉志闭门治史，各得咏史诗七百余首。桐庐喻少兰绘《鹤皋咏史图》，题诗。

《复庄诗问》卷五《题〈鹤皋咏史图〉》："叶赤堇山人元阶招余同厉白华山人志闭门治史。叶君治两汉，厉君治《晋书》，余治《三国》及南北史。自二月至九月，各得咏史诗七百余章，倩桐庐喻供奉少兰绘为是图，因题七言五十六字。"

陈仅《继雅堂诗集》卷十四《独往集》（起己丑六月至庚寅三月）《贺慈溪叶心水元阶移寓月湖》二首其一："墙头过酒隔篱呼，秋风秋雨兴不孤。好借鹤皋修史笔，为君添作结邻图（心水有《鹤皋咏史图》）。"

叶元阶、厉志去年始相见，陈仅明年六月至后年三月所写之诗已言明叶元阶有《鹤皋咏史图》，因将三人闭门治史、作咏史诗、喻少兰绘图、姚燮题诗系于本年。

叶元阶有别业在宁波府城月湖之东，曰枕湖吟舍。与叶元墀、叶元阶、厉志、孙家谷、郑乔迁、陈仅、张恕、佘梅、王淑元等结诗社于此。月三集，年三十六集。姚燮年最少，诗文已自树一帜。

《琼贻副墨·兰如集》卷四陈继聪《大某山人生传》："仲兰尤倾心好客，名流如厉心甫、孙幼连、陈渔珊、王秋槎联衿而至，揽碧轩座客率常数十人。主人为订枕湖吟社，拈酌斗句，击钵以催。山人年仅二十四，同调中最少。每一篇成，诸老苍皆敛手避。由是啧啧以诗称。然山人虽负盛名，而行殊恂恂。见人面发赤，不能吐一语。当红烛高张，诸名流赋诗夜宴，曲终酒阑，不免钗挂臣冠，山人则逃席于僻处，携卷效洛阳生拥鼻吟。诸妓以书呆揶揄之。"

《复庄诗问》卷三十三《过揽碧轩，悼叶文学元阶，并吊孙明府家谷、厉山人志两先生，即寄枕湖社同社诸公，得长歌六十句》："斜阳此日军门角，明月当年画舸箫。社中十五人同调，年二十四吾最少。一年三十六社集，各抱心机织天妙。主人鹤立琼台姿，山人猿臂青萝衣。襄阳令公解组归，太行冰雪澄蚕眉。彼十一人亦罕奇，左髯右姣殊侏颀。我虽不驹犹不犁，骊皇并乘骖骓骓。”

同书卷首《诗评》：“鄞县阮小岩明经训云：枕湖吟社同辈十余人，惟某伯年独少。尔时诗文已自树一帜。”

《复庄骈俪文榷》卷八《叶仲兰文学诔》：“君有别业在郡城月湖之东，曰枕湖吟舍。……六邑士之能诗者，结吟社，月以三集。众诗既成，君则题拂纠弹，悉中微款。刘四、张五，洵同朋之无嫌；臧甬、海获，亦习闻而解佩。凡挟艺来游甬者，莫不托君为孟尝，而依君为徐孺焉。故又辑流寓诸君诗，为《海内心存集》若干卷。……君伯兄午生以孝廉官部郎，其视君犹长文之于孝先，灵运之于惠连也。而疾殁于京邸，君哭之恸。”

同书卷六《与叶仲兰书》：“即欲与足下申新约，续旧欢，咏史鹤皋之楼，建社枕湖之舍。上宾沓至，佳日无负。充牖者花竹，列筵者斝樽。抒我醉愤，揎袖拓将军之戟；写子幽怨，侧帽掐美人之筝。千秋在胸，睥睨上下；奇语惊座，搜索鬼神。而今亦未能也。”

蒋宝龄《墨林今话》卷十六：“叶心水元阶，慈溪诸生。一门群从，皆擅清才。有别墅在郡城月湖之滨，曰枕湖吟舍。同郡厉骇谷、陈渔珊、姚野桥、孙幼连辈恒集于此，而挟艺以游甬东者，亦必造其所。缟纻之欢，岁无虚也。心水所著曰《赤堇诗钞》。酉生亦曾题其简曰：‘今人作诗，有赋而无比兴。此卷纯从性情中出，故当卓绝一时。’君诗弗能速成，必累日经旬，始脱一稿。故篇什不多，然爱诗如性命。出游必挈钞胥，广搜近人之作，甄而录之，得四五十家，曰《海内心存》。暇喜写兰，芬菲数笔，亦有骚人之致。”

《光绪慈溪县志》卷三十三《列传十・国朝三》：“（叶）元阶，字心水（《溪上诗辑》：又字仲兰），诸生。一门群从，皆擅清才。有别墅在郡城月湖之滨，曰枕湖吟舍。同郡厉志、陈仅、姚燮、孙家谷辈恒集于此，挟艺游甬上者必造其所。作诗纯从性情中出，必累日经旬，始脱一稿。故篇什不多。爱诗如性命，出游必挈钞胥，广搜近人之作甄录之（《诗辑》：家富而性高雅，不染豪华习气。一意为诗。喜交游，爱山水。游屐所至，与诸名士联艺赋诗。风流文采，照耀一时）。喜写兰，有骚人之致（《墨林今话》)。"

董沛《四明清诗略》卷二十三:"《慈溪县志》:元阶有别墅在郡城月湖之滨,曰枕湖吟舍。同郡厉志、陈仅、姚燮、孙家谷辈恒集于此。挟艺游甬上者必造其所。其为诗,纯从性情中出。累月经旬,始脱一稿。故篇什不多。出游必挈钞胥,广搜近人之作,甄录之,曰《海内心存》。喜写兰,亦有骚人之致。《溪上诗辑》:仲兰家世富盛,而性情高雅,不染豪华习气。生平一意为诗。喜交游,爱名山水。游屐所至,与诸名士联艺赋诗。风流文采,照耀一时。"

《蛟川诗系》卷二十五胡湜《即事,用香雪馆联句韵》:"无边恨海石谁投(楞仙),拚取酣歌大白浮(渔山)。我辈缘深香世界(峭水),美人劫度小春秋(楞仙)。书空心事催天老(幼连),彻夜灯花结梦幽(藕湾)。料得霜鸿缄泪志(幼连),箫声乌邑满城楼(楞仙)。案:香雪馆,吴门梅修女士所居也。赠答诸君,半为燮之老友,向在枕湖社同唱和者。桐生,鄞屠大令可材也;芷衫,陈明经棻也;渔珊,陈大令仅也;楞仙,慈溪翁学博星六也。余皆人所知者,不复述,附识之。俾后之读是诗者,有可考吾乡之与列者,先生及宝山李先生两人而已。"

《复庄诗问》卷一《重九后一日,揽碧轩与阮训、叶元阶夜话,分韵得轩字》、卷二《夜宴揽碧轩,即事二律》,《疏影楼词·画边琴趣上》[齐天乐·八月七日,夜集月湖揽碧庄。风炉爇檀,羊灯围蜡。深红倚座,浅翠上衣。愁乐交并,笑言相错。不知东方之既白也。集者陈渔珊仅、王秋楂淑元、孙东菁楫、孙幼连四大令、张铁峰孝廉恕、陈艅仙福熙、王乃荪、郑耐生三明经、戴琴生炳垣、余(佘)花禅梅、尹少桥嘉年、阮小岩训诸文学暨白华厉骇谷、赤堇叶心水两山人,及钱塘王宝卿,吴门谢绣鹦、绣芸三录事,并余十八人。醉后倚梦窗"与江湖诸友泛湖"词韵,付鹦儿歌之]、[金缕曲·白湖吟榭第一集,赋湖堤新栽春柳](后附厉志、叶元墀同作)、[摸鱼儿·白湖吟榭第二集,赋白湖观打鱼](后附叶元墀同作);厉志《白华山人诗集》卷七《丁巳集》《九月四日,叶子元阶集同人于枕湖吟社。时余将有云间之行,兼以留别》,卷十五《癸甲集》《同人重集揽碧轩,追悼幼连又作》、《六月十六夜,同揽碧轩诸友泛月湖》(潘衍桐《两浙辅轩续录》卷三十四录有此诗)等均为社集之作。

吴德旋《初月楼文续钞》卷七《午生叶君墓志铭》："慈溪叶君讳元墀，字绍兰，一字午生，因母之感梦凤仙而生也，故又别字号海药（葯）生。……十三岁补弟子员，十七补廪膳生，三十五举于乡。以入赀候补刑部主事。卒京师，年三十六。……二弟，而其仲曰元阶，有隽才。君与偕（阶）创诗社于月湖之揽碧轩、白湖之小隐山庄，邀诸名流觞咏无虚月。一时称为盛事云。……君所著有《周易史证》、《周易正义证》凡若干卷、《海药（葯）生诗草》若干卷、《词草》若干卷、《午生随笔》若干卷，并藏于家。"

《光绪慈溪县志》卷二十一《选举下·国朝举人》："道光十二年壬辰补行正科……叶元墀，有传。"

据上二文记载，叶元墀卒于道光十三年癸巳（1833）。然蒋宝龄《琴东野屋集》卷十《〈白湖秋泛图〉序》云道光十四年甲午（1834）七月十五夜，叶元墀还与姚燮、叶元阶、厉志等泛舟白湖（见道光十四年所引原文），则叶元墀当卒于道光十四年（1834）或其后。但《复庄诗问》卷四《题罗广文以智〈云涧联吟图〉……》云元墀已卒（见道光十三年所引原文），《复庄诗问》卷一至卷五诗作于道光十三年以前。蒋宝龄《〈白湖秋泛图〉序》当为误记。

《光绪慈溪县志》卷三十三《列传十·国朝三》："叶元墀，字绍兰。生七岁能文，十二补弟子员，十七食饩于庠，三十五领乡荐。入赀，官刑部主事。年三十六卒于京。元墀少负才，好为诗。尝咏里中古迹，十叠台莱韵。诸父焕剧赏之。后与仲弟元阶倡诗社于月湖之揽碧轩、白湖之小隐山庄，名流觞咏无虚月。先世藏书十余万卷，涉猎殆遍。初亦泛滥，后乃锐意治经，孜孜不殆。性孝友。父炜尝病痢，元墀衣不解带者三月余。炜建白湖石堤，方竣而没。元墀承志，复筑杜湖石堤，未成又没。遗命其弟元阶竟之，乡人德焉（吴德旋撰《墓志》）。"

董沛《四明清诗略》卷二十二："叶元墀，字午生，又字绍兰，慈溪人。炜子。道光壬辰举人，官刑部主事。著有《海葯轩诗稿》三卷。《慈溪县志》：元墀少负才，好为诗，与仲弟元阶倡诗社于月湖之揽碧轩、白湖之小隐山庄，名流觞咏无虚月。藏书十余万卷，涉猎几遍。尤锐意治经。性孝友，侍父疾衣不解带。承先志，筑杜湖石堤，未成，没命。其弟元阶竟之，乡人德焉。”

同卷叶元墀《题镇海姚野桥诗稿》：“东海有奇士，翩然来鹤皋。襟怀能跌宕，气格自孤高。皓月千山雪，长风万里涛。蛟川游未得，使我梦魂劳。”

《疏影楼词·石云吟雅》[迈陂塘·午生自都门寄读近词，倚此代答]，《疏影楼词·画边琴趣上》[忆旧游·题叶午生海蒴轩词]、[乳燕飞·和浮碧馆作也。芳草画楼，小桃冶巷。人远无梦，春来寡欢。余亦有杜樊川之感焉，兼邀海蒴生同倚]、[迈陂塘·“春山书画绿杨船”，梅村句也。午生属少兰喻供奉绘图征什，依卷中柳仙家十三词均（韵）“春绿江南美人，云散一篷诗梦”，我亦千里移情矣] 等均为与叶元墀交往之作，并附于此。

董沛《四明清诗略》卷二十一：“孙家谷，原名家棪，字曙舟，号幼连，鄞人。道光壬午进士，官山西襄陵知县。著有《襄陵诗草》二卷。”

孙家谷《襄陵诗草》卷首附录《光绪鄞县志传》：“孙家谷，原名家棪，字曙舟。道光二年进士，以知县分发山西。……及至省，补襄陵。……五年秋，充乡试同考官。榜首王丕显，即其所得士也。寻丁内艰归，囊空如洗。士民郊饯，靡不泣下。邻境百姓亦有道旁垂泣者。服阕，卒。”

孙家谷《襄陵诗草》卷首亦附录《两浙輶轩续录》孙家谷小传，《民国鄞县通志·文献志》有孙家谷小传，不具录。

孙家谷《襄陵诗草》《秋日，枕湖吟舍雅集，分韵得须字》、《厉白华至自华亭，适溪上尹上桥嘉年亦来，同人分韵得右字》，钞本《疏影楼词·剪灯夜雨》[台城路·罂湖访孙幼连] 等均为往来之作，并附于此。

梅曾亮《柏枧山房文集》卷八《郑耐生传》（辛丑）：“慈溪郑乔迁，字耐生。……君为诸生，工科举学，后好为古文。……与阳湖陆祁孙、吴仲伦为师友。当明季时，浙东多遗老义士，其节尤奇。君于黎洲、全谢山所纪述，有意其赓续之也。及张苍水、冯簟溪、王笃庵诸君子同难者，每寻其断冢荒碣，徘徊穷山中，于家事不数数问。惟好饮，饮必有诗。已，皆屏弃之，曰：‘是穷愁语耳，安得高论？’年六十余，携其文，将浮江渡河，游京师，历齐鲁而归也，未行而卒。”

董沛《四明清诗略》卷二十："郑乔迁，字仰高，号耐生，慈溪人。贡生。著有《藏密庐稿》。"

《光绪慈溪县志》卷三十三《列传十·国朝三》："郑乔迁，字耐生，浩子，诸生。工科举学，好为古文。发先世二老阁书及借阅范氏天一阁，一资其文。与阳湖陆祁生、吴仲伦为师友。明季浙东多奇节，乔迁于梨洲、谢山所纪述，欲赓续之。遍寻荒冢断碣，徘徊穷山中。不问家事，惟好饮。饮必有诗，已，皆屏弃之，曰：'是穷愁语耳，安得高论？'年六十余，携其文将游京师，未行而卒（梅曾亮撰《传》）。"

同书卷四十九《艺文四·国朝二》载郑乔迁有《藏密庐文稿》四卷。今存，浙江图书馆藏。

吴德旋《初月楼文续钞》卷四《郑仰高文稿序》："予客四明之二年冬，吾友陆绍闻自粤东遗予书，谓甬东有问道者否。绍闻之所谓道者，文焉而已。……又二年之久，而后得慈溪郑子仰高。仰高肆力于古人之学，已数十年。予观其文，气疏而词畅，盖几可以自信者。仰高顾焰然不自足，而就予求益焉。意殷殷至一再请而未已，予因告之以所受于姚刑部姬传、张编修皋文之说，谓假令吾生周秦两汉时，岂有后世庸俗之语，习于口耳间耶？此告之人，人鲜不骇且疑、怪且笑者，而仰高独深然吾言。然则仰高之文，其进而日上也，何疑？乃若其才，则固予所畏避者矣。"

同书卷五《〈藏密庐图〉记》："道光壬辰夏，予客鄞江，慈溪郑仰高欲邀予过其所谓藏密庐者，而为文记之。予未暇也，而仰高之意益勤，其请至再三不厌。予虽未造仰高之庐，亦既见其图矣。……或曰：仰高其非境之谓，惟心之谓。夫卷之而可藏于密者，未有放之而不可弥于六合者也。仰高之意，其果在于是乎？则非吾知所能知矣。"

《藏密庐文稿》卷首《论学一首，赠郑耐生》："道光甲午秋，嘉兴冯登府书。"

浙江图书馆藏《藏密庐文稿》卷首《郑明经墓志铭》，不全。文云："余于道光庚寅教授明州，时宜兴吴君德旋客于鄞，始以文章道义相契合。吴君时道君能治古文，来订交。"从语气与冯登府经历来看，墓志铭当为冯登府作。

冯登府《柳东先生剩稿·勺园续集》《郑仰高明经挽诗》二首其二：

“拄腹五千卷，平头六十翁。”

《疏影楼词·画边琴趣上》[齐天乐·同王乃荪梁闳、汤茗生钺暨骇谷宿郑耐生乔迁大椿堂]、冯登府《柳东先生剩稿·海月江风集》《忆郑耐生乔迁山居》，并附于此。

《民国鄞县通志·文献志》：“陈仅，字余山。……嘉庆十八年举人，道光十三年，授陕西咸长知县，摄定边。十五年，调紫阳邑。……十九年冬，调安康。……宰安康十二年。……咸丰元年，调咸宁。旋署汉阴通判，升宁陕同知。以足疾致仕。咸长、紫阳、安康诸邑皆立生祠祀之。”

陈仅《继雅堂诗集》卷八《随雁集》（起壬午十二月至癸未七月）《十八滩诗》：“嘉庆癸亥，余年十七。”则其生年是乾隆五十二年丁未(1787)。

吴德旋《初月楼文续钞》卷四《陈渔珊诗序》：“予昔在维扬，尝与四明黄支山论及之。……予来客四明，支山方宦游粤东，得其书，述故念旧，其言愈不自满也。予思支山不获见，得支山之友陈君渔珊诗读之，其才力足以抗衡宋元诸大家，而入律之细谨、寄托之遥深、运思之清婉，无一不合于唐贤，绝不蹈宋元人流弊，诚所谓博而习之，而无患乎杂焉无统，能卓然自成一家之言者也。予于支山不相见已十余年，未知其近所得何如，而幸获诵渔珊之诗，几且满吾意之所欲云矣。顾渔珊犹不自满，而属予点定其诗，予不敢当斯任也，而为序之如此。异日以质于支山，当亦喜所见之不甚相远耶?”

董沛《六一山房诗集》卷七（丙寅）《寿陈渔珊司马丈仅八十》，并附于此。

陈仅《继雅堂诗集》卷十七《蛣腹斋集》（起辛卯九月至壬辰九月）《哭孙幼连六首》、《过叶心水寓，不得晤，几上见孙幼连遗集，怅然有作》，卷十八《京铨集》（起壬辰九月至癸巳七月）《同人重集叶心水枕湖书舍，追怀孙幼连》、《题孙幼连遗集》，并附于此。

董沛《四明清诗略》卷二十二：“张恕，字贯一，号铁峰，鄞人，烜子。道光戊子举人，著有《长春花馆诗集》。”

《民国鄞县通志·文献志》：“张恕，字贯一，号铁峰。道光八年举人。始父烜仕桐城，生恕。及官云南，恕已卓然有成。往来文牍，多出其手。……至性肫笃，以父母年老，不愿远离，留京供职一年，即假归不复出。工书勤学，临摹《兰亭》、《争坐位帖》各数百本。晚年神明变化，姿态秀逸，见者不知其为老人书也。著有《书经管见》、《诗经管见》、《周礼管见》、《汉书读》、《四明水利考》、《四明谈助正讹》、《长春花馆诗集》、《南兰书屋文集》、《南兰笔记》。卒年八十九。"

董沛《四明清诗略》卷二十五："佘梅，字子占，号华禅，鄞人。道光丙午岁贡。"

《复庄诗问》卷五《佘文学梅听屠生说马僧事，证之随园所书者，纪以古诗，属余同作，为制〈椎埋篇〉一章，并录佘君诗于后》（后附佘梅原作）。

《民国鄞县通志·文献志》："王淑元，字是型，号秋槎。道光元年，举顺天乡试。十一年，以知县分发广西，历署柳城、雒谷、马平、融县。十六年，题补博白。二十六年，调天保。……遂调临桂。……二十七年冬，洪秀全起事。……淑元以获盗功，奏升太平府同知，驻龙州。……淑元终不屈，遂剸刃受数创。贼挟之行，至勤村河，淑元跃身赴水死。仆秦宾、曹清皆殉。时道光三十年八月七日也。"

陈继聪《忠义纪闻录》卷十六《王太仆淑元》，不具录。

董沛《四明清诗略》卷二十一："陈福熙，字尔诒，一字艅先，定海人。道光辛巳副贡，就职直隶州州判。著有《借树山房诗钞》，附刻十卷。"

董沛《六一山房诗集》卷七（丁卯）《和陈艅仙明经丈福熙八十自寿诗》，并附于此。

董沛《四明清诗略》卷二十一："阮训，字小岩，鄞人。增荣子，诸生。"

同卷录有阮训《题姚粿伯〈探梅图〉》。

《民国鄞县通志·文献志》："阮庆荣……弟增荣……增荣子训，诸生，亦工画。"

与阮福瀚交识。后为其《听瓶笙馆骈文遗稿》作序。

《光绪慈溪县志》卷四十九《艺文四·国朝二》："叶元阶：《毛诗说》、《赤堇遗稿》六卷。……阮福瀚序曰：余与心水当垂髫时，即喜吟咏，倡和殆无虚日。及心水交幼连孙君、白华厉君、梅伯姚君，结社于月湖之揽碧轩、白湖之小隐山庄，昕夕砥砺，互相搜讨。”

《复庄骈俪文榷二编》卷三《〈听瓶笙馆骈文遗稿〉序》：“檐华就暝，薄酒既醉，凄雨四壁，人影一灯，捡阮君《骈文遗稿》读之。君名福瀚，字仲阮，慈溪人籍也。……桐柏筑馆，法休文以撰碑；兰亭流觞，工逸少之叙事。综数其目，都四十篇。衡之近人，已足招绿雪为邻，而并青芝之席者矣。予夙攻是学，相与商榷者，同年叶君鸿卿以外，惟君尔。……虽然，茂宏即陨，贤有后人；滕王一序，已足千古。若鸿卿之作，搜猎故纸，仅获数首，拟附此卷，以并梓之，则又序君文，而恻恻与无尽者也。”

董沛《四明清诗略》卷二十四：“阮福瀚，字鲲北，一字仲元，号蒲禅，慈溪人。著有《补兰轩诗草》。”

与阮福瀚交识具体时间不详，姑系本年。

《复庄诗问》卷六《〈借山租水居图〉，为阮福瀚题》，作于道光十四年，并附于此。

夏，游杭州（虎林），又游萧山湘湖，作［庆宫春］。

《疏影楼词·剪灯夜语》［庆宫春·湘湖之别，届三祀矣。戊子夏杪，因虎林之行，掉舟往泝山，澄气回，流波合，素不复作。春时邃秀，制此示同侣。惜时无善歌者］。

与吴德旋结交。

《光绪慈溪县志》卷四十九《艺文四·国朝二》：“叶元垚，字叔兰，号雩亭，诸生。《听秋吟馆诗集》四卷。……吴德璇序曰：道光戊子，予始游句东。十余年来，所交句东之士，论文有郑仰高，论诗则陈渔珊……渔珊、厉骇谷、叶心水并喜为诗。句东故诗人渊薮，而近时句东之称诗者，咸推此三人为杰出。于是，姚君野桥有《句东三家诗合选》之刻。”

吴德旋（1767—1840），字仲伦，江苏宜兴人。诸生。与恽敬、张惠言为友，工古文。后师姚鼐，遂专宗桐城派。有《初月楼集》。传见《清史稿》卷四百八十五。

吴德旋本年馆于鄞，二人结交当始于本年。吴德旋撰、吕璜辑《初月楼古文绪论》卷首：“道光戊子，吴仲伦先生馆于鄞十二月，将返宜兴，过杭，而璜遮留焉，住丛桂山房，凡二十余日，所亲承口讲指画，恐其久而忘也，条记之如左。”

陈仅《继雅堂诗集》卷十七《蛣腹斋集》（起辛卯九月至壬辰九月）《述怀，呈吴仲伦先生，即送归宜兴》，附列于此。

道光九年己丑（1829）　二十五岁

与谢铮贤交。诗酒文宴，往来密切。

《复庄骈俪文榷二编》卷六《谢铁卿孝廉诔》：“昔始交君，年在少壮。衡宇相望，文宴屡洽。酒趣所溢，谭葩绮生。一艺乍成，理障云揭。守北溟之家法，扬南朝之祖风。琴瑟既囊，玉韵斯绝。偶理哀绪，倏感往踪。初凉告序，僤夷郡阓。偕樽市楼，日必两饮。招邀而集，友皆妙人。江雨浃旬，未尝闲屐。烛跋方散，鸡鸣即思。因阻事而暂违，旋折笺以相问。此一时也。……君镇海人，名铮贤，字玉如，一字铁卿。其所居曰听秋声庐，故又以听秋自号云。”

与谢铮贤始交具体时间不详，文云“始交少君年在壮，衡宇相望”，姑系本年。

《民国镇海县志》卷二十七《人物传六》：“谢铮贤，字铁卿（城区）。道光二十年举人。工诗文，尤精举业。为里大师，好宏奖后进。其雪诸生某之冤，义声震于一时。性孝友，兄贾闽中，疾于邸。铮贤闻之，即束装出行，由陆途跋涉数千里，往迎之归。值邑之海塘圮，与贡生黄溥共监工修筑（《光绪志》）。”

与谢瀛贤、何治交往，二人各为姚燮《探梅图》题诗。

董沛《四明清诗略》卷二十二：“谢瀛贤，字亦桥，号小云，镇海人。佑镛子，道光戊子副贡。”

同卷录有《题姚野桥〈探梅图〉》二首。

董沛《四明清诗略》卷二十六：“何治，字鉴塘，鄞人。”

同卷何治《题姚槑伯先生〈探梅图〉》：“闻说前山见一枝，扶筇探看慰相思。几村竹影松声里，隔岸风凄月冷时。香艳试评何地胜，襟怀未许俗人知。披图欲问真消息，谁续吾家水部诗？”

与二人交往具体时间不详，姑系本年。

秋，与桐庐喻兰会于宁波。喻兰为《石云吟雅》题词。

《疏影楼词·石云吟雅》附《题词》桐庐喻兰少兰［丁香子·己丑秋日，客四明，遇姚野桥，题其词卷］。

秋，得佳竹，制为箫，名之曰湘奴。后十余年随侍身边。

《复庄诗问》卷十九《己丑秋，余得佳竹，制为箫，字曰湘奴。十余年来，尝左右焉，忽自裂，诗以惜之》。

《疏影楼词·画边琴趣下》［金缕曲·七夕，坐秋华吟馆，露瑟风爽，天媚水明。倚湘奴，歌金缕衣，悄然有远思，不自知其安极？湘奴者，余自制紫竹箫名也］。

为叶元垲《睿吾楼文话》作序，又为其藏倪元璐、张煌言诗画扇合卷题诗。

叶元垲《睿吾楼文话》卷首姚燮序："虽然，览古人行文之法，如天地之得乎纪与纲。推古人作文之心，如冶者、射者之必准乎范与的。是人能守其范以冶，未有不善于冶；准其的以射，未有不善于射。即能法其法以文，未有不善于文。此琴楼光禄所以辑《文话》一书，而为天下之冶者、射者示以范与的，终何异为天下之察天审地者，与之指极星之本、探气脉之原哉？琴楼属余序，是直迫余于冶师、射师之前而试其技也，然自今以后，琴楼之益我者多矣。至辑书之苦心，其从弟鹤农先生序之详，兹不复赘云。道光九年己丑小春之仲，上湖弟姚燮拜序。"

《复庄诗问》卷四《为叶司马元垲题倪文贞、张忠烈二公诗画扇合卷》："琴楼书画罗璜琮，中有干霄灼灼双玉虹。云是二百年来忠臣之墨宝，下使凡笔皆奴佣。我来展卷肃跪拜，知为忠烈诗与文贞画。……"

倪元璐（1593—1644），字玉汝，号鸿宝、园客，浙江上虞人。天启二年进士，历官翰林编修、侍讲、国子祭酒、兵部右侍郎兼侍读学士、户部尚书兼翰林学士等。李自成克北京，自杀。谥文正，清谥文贞。有《鸿宝应本》、《儿易内外仪》、《倪文贞集》等。传见邵亭采《思复堂文集》卷二《倪文正公传》、《明史》卷二百六十五。

董沛《四明清诗略》卷二十二："叶元垲，字晏爽，号琴楼，慈溪人。燕从子。由监生授光禄寺署正。著有《睿吾楼诗集》二卷。《溪上诗辑》：琴楼为小坡从弟，家世富盛。生平独喜为诗，一咏一吟，具有雅人深致。"

《光绪慈溪县志》卷四十九《艺文四·国朝二》："叶元垲：……《鹤皋遗闻》……录曰：琴楼《鹤皋遗闻》稿佚不传，其族弟小董文学春舒辑《慈北遗闻》一编，自明迄今，凡百余人。文后各系以小传，遗闻轶事，采摭颇详。姚梅伯称其拳拳于乡先正文字，风奔露走，剔蠹排尘，越数年不少倦。亦云勤矣。"

董沛《四明清诗略》卷二十四："叶基，字文阶，号小坡，慈溪人。由监生官清军同知。著有《闲园诗草》。《溪上诗辑》：小坡家世富盛，风流豪爽，继颇伤于卞急，而诗却优游不迫，宛转有情。"

《光绪慈溪县志》卷二十一《选举下·国朝举人》："道光十二年壬辰补行正科……叶元堃，钦赐举人。"

董沛《四明清诗略》卷二十二："叶元堃，字后庵，号铁仙，慈溪人。元垲弟。道光壬辰以助赈赐举人。著有《铁仙随笔》。"

为叶元垲题诗时间不详，姑系本年。

道光十年庚寅（1830）　二十六岁

送郑乔迁之山左，有诗送别。

《复庄诗问》卷一《送郑明经乔迁之山左二章》。

郑乔迁《藏密庐文稿》卷一《阙里志游》："道光十年夏四月，乔迁寓兖州观察署。"

同卷《游泰山记》："庚寅冬，余寓兖，将归，待同行者不至，乃作泰山之游。"

陈仅《继雅堂诗集》卷十四《独往集》（起己丑六月至庚寅三月）《送耐生之兖州，即用见怀元韵》，卷十五《皖帆集》（起庚寅三月至七月）《苏州晤郑耐生，叠送别韵，兼示铁峰》、《耐生赴兖州，铁峰赴上海，同日别去，感赠》。

登灵峰，作［摸鱼子］。

《疏影楼词·剪灯夜语》［摸鱼子·自灵峰迤俪而南，岩壑益邃，居无鄙人。南溪、武陵之胜，或抗之。庚寅重过，忽忽忆总角之游，真如梦隔世也。倚此以志今乐］："认山灵依依如昔，十年清梦不到。"

道光十一年辛卯（1831） 二十七岁

三月，由杭州往慈溪兰江，弥旬而返。

《疏影楼词·石云吟雅》［琵琶仙·忆余偕王雨耕、史云坪因钱塘之役，诣舟兰江，时羽鸟怡晴，葩花写艳。媚歌靓酌，涤愁荡欢。留连弥旬而别，辛卯三月事也。越岁壬秋，孤舫重溯，寻登孙氏水明楼，盼远忆游，怊焉今昔］。

夏末，有吴江之行，过慈溪鹤皋。作［壶中天］词。

《疏影楼词·石云吟雅》［壶中天·余客鹤皋三年，蜀山、舜水之间，往来者岁凡八九。鸥驯渔熟，差慰羁旅之愁，终未酬以一辞。辛卯夏杪，因吴江之役，过舟其地，夕霭空阔，吟心与遥。爰得是解］。

夏末，过慈溪，宿叶氏浮碧馆。与叶元壁、叶金胪、周泰等相会吟诗，周泰作《慈水联吟图》。

《复庄诗问》卷十二《题周泰〈浪迹图〉十二章》其九："……华馆敞浮碧（浮碧馆，叶君别墅也），桐翠在榻琴。……湖莺无新社，天鸿有残纸（《慈水联吟》：图中叶小谱、鸿卿暨余也。辛卯夏日，共客鹤皋所作）。"

潘衍桐《两浙輶轩续录》卷四十二："叶元壁，字联辉，号小谱，慈溪人。著《喻指轩文酌》二卷、《诗酌》十一卷。"

董沛《四明清诗略》卷二十七："叶元壁，字联辉，号小谱，慈溪人。监生。著有《喻指轩文酌》二卷、《诗酌》十一卷。"

《光绪慈溪县志》卷四十九《艺文四·国朝二》："叶元壁，字联辉，号小谱，国子监生。《喻指轩文酌》二卷，《诗酌》十一卷，采访册。《滴竹露斋词》四卷，采访册。"

《疏影楼词·剪灯夜语》［卖花声·和小谱］、［菩萨蛮·送小谱之武林］、［重叠金·上元灯词，同小谱］（后附叶元壁小谱同作）、［卖花声·春日同小谱登吴山，坐野园梅花下］（后附叶元壁小谱同作）、［一萼红·读小谱花影词卷感题］，《疏影楼词·石云吟雅》［高阳台·秋杪夜寒，围灯话酒，凉云在幙，蝶影傍衣，如避风露，横天向人，寻熨也，邀叶二十三同倚］（后附叶元壁同作）、［问梅花·登楼眺两湖、五磊、大茗诸峰，玉龙蜿蜒，上绝飞鸟，云白天晶，千里一色，疑置人玉壶冰鉴中，清且洌也。自制此声，倚浮碧馆绿萼梅下歌之。节拍婉楚，颇合越音。因邀兰士搊筝，小谱扻笛]，《疏影楼词·画边琴趣下》[疏帘淡月·小谱、鸣一见和帘阴、簟痕二词，即依其调，各广一解]、[翠楼吟]（后附叶元壁、叶九苞鸣各自的[疏帘淡月·帘阴]、[翠楼吟·簟痕]）、[瑶台第一层·沃洲陈春棹济燮倡寸鱼园十咏诗，征和，同小谱诸君分赋寄之，得凌虚台]（后附叶元壁同题[齐天乐]），《复庄诗问》卷六《送叶元壁之滃洲》，《复庄骈俪文榷》卷六《叶小谱〈滴竹露斋词〉序》等均为二人交往之作。

董沛《四明清诗略》卷二十二："叶金胪，字鸿卿，慈溪人。道光甲午举人。著有《碧天唳鹤稿》。"

潘衍桐《两浙輶轩续录》卷三十五："叶金胪，字鸿卿，慈溪人。道光甲午举人。著《碧天唳鹤稿》。"

《光绪慈溪县志》卷二十一《选举下·国朝举人》："道光十四年甲午科……叶金胪，字鸿卿。"

《国朝杭郡诗三辑》卷四十七："周泰，字淡岩，号青门花隐，钱塘人。有《冬青书屋吟草》。……淡岩远绍清芬，自翘隐秀。雅善临摹，复精鉴赏。……隽流佳士，皆乐与游。"

《疏影楼词·剪灯夜语》[绛都春·同赵次闲、周淡岩、叶小谱登江声帆影阁]为二人交往之作。

交识韦光黻。

《复庄诗问》卷十二《题韦光黻〈在山草堂图〉，即赠》："昔年风雨萧萧寺，匝地桐阴礴秋翠。高樽华烛坐瞬刻，七载离心计梦寐。"

诗作于道光十七年，逆计之，本年二人交识。

黄燮清《国朝词综续编》卷十六："韦光黻，字连怀，号君绣，长洲人。贡生。"

杨岘《迟鸿轩所见书画录》卷一："韦光黻，字君绣，号涟怀，又号洞虚子，江苏长洲人。工书，秦瀛极推重之。著《在山堂集》。家西园主人藏有行楷《岳阳楼记》大卷。"

蒋宝龄《墨林今话》卷十七："韦君绣光黻，字涟怀，又号洞虚子，长洲诸生。少从顾耕石侍讲游，书法酷类于师。年二十，即梓行《在山草堂吟稿》六卷，秦小岘侍郎序之。君绣性通敏，博览群书及岐黄家言。幼时喜作画，夏莒谷授以写生法。未久弃去，以书名于乡。复与琴峰、笠人交，间一为之。名为书掩。”

《民国吴县志》卷六十八上《列传六》：“韦光黻，字君绣，诸生。少受业于顾太史元熙，所为制举文与书法，皆酷肖之。尤工于诗，始学李长吉，怪伟奇特，钱唐陈大令文述亟赏之。一时名大起，尝自刻其少作八卷，名《在山草堂诗草》。中年后，出入盛唐名家，有诗六十余卷。工画，善鼓琴，兼通医理。”

获交蒋宝龄。此后往来，情谊深厚。

《复庄骈俪文榷》卷六《蒋琴东山人诔》：“琴东蒋君，虞山三布衣之一。神炯炯而清，气戢戢而下；节棱棱而介，度止止而闲。避贵游其若汙，依贫交则如命。身口之累，弥缝于一研；朝吴莫越，羁旅之日多。韦柳其诗，倪黄其画。大江南北，溢声誉焉。……君讳宝龄，字子延，一字霞竹，江南常熟人也。十年旧朋，一朝永诀。……在昔交君，谊邃情竺。鲍叔兄事，灌夫弟蓄。阊楼灯红，铜坑花绿；雪棹月樽，行歌相属。我拂君髯，君振吾袖。负釜唳云，和以林狖；临安秋澄，长水春绣。役役而逢，依依还复。”

蒋宝龄（1781—1840），字子延、有筠，号霞竹、琴东逸史，江苏昭文人。工诗画，名重东南。道光时寓沪，曾于小蓬莱集诸名流作书画雅叙。有《墨林今话》。见《清画家诗史》庚下。

杨逸《海上墨林》卷三《寓贤》：“蒋宝龄，字子延，号霞竹，昭文人。工书，善画山水，诗才清逸，有三绝之称。道光时寓沪，常于小蓬莱集诸名流作书画雅叙，称一时韵事。所著有《墨林今话》。”

蒋宝龄卒于道光二十年庚子（见本谱该年），“十年旧朋，一朝永诀”，逆计之，二人交识于本年。

道光十二年壬辰（1832）　二十八岁

女寿真病夭，有诗悼之。

《复庄诗问》卷二《悼亡女寿真诗七章》其六：“文字不饱暖，岁月多别离。……风雪浩平原，昨归岁云莫。汝来依我眠，絮语夜深诉。犹恐汝身睡，让席不敢惊。汝弟梦朝起，还作呼姊声。汝姑年八龄，与汝齐肩行。娟娟过花下，俏影骤疑汝。寒帏一顾之，心黯复何语。”

春，与叶元壁、内弟吴起鹏等渡海游普陀山，沿途有诗多首。又为文《补怛形胜录》记之。

《复庄文酌》下编《补怛形胜录》：“补怛山，海南佛国也，去吾邑三百余里。……壬辰三月，小谱叶子自鹤皋来，余约始一游。”

《琼贻副墨·尺素集》卷二十三叶元壁书：“三月将有补怛之游，阁下当在望江楼候我共趁一帆。”

《复庄诗问》卷三《约同李嗣香、叶元壁暨内弟吴起鹏游普陀山，放舟十六门作》。

同卷《自桃花山至沈家门》、《渡莲花洋抵短姑渡上岸》、《由妙庄岩路至普济寺三章》、《息耒院》、《白华庵》、《澄灵涧》、《青玉涧》、《旃檀岭》、《旃檀岭下庵》、《达摩峰》、《青鼓磊》、《喇叭嘴》、《笑天狮子岭》、《饥饱岭》、《炼丹峰下仙井》、《月夜坐海印池》、《鹫峰烟霞馆二章》、《五更赴朝阳洞，雾不见日》、《会仙峰》、《金刚洞》、《藤萝境》、《二龟听法石》、《磐陀石》、《宿茂公山房二章》、《洛迦洞》、《清凉冈》、《佛顶山》、《紫竹林》、《潮音洞》、《法华洞》、《法雨寺二十韵》、《由南天门至蒲桃岭四章》、《观化四绝句》等此行作。

钱仲联《梦苕庵诗话》：“梅伯诗写景之作最工，其游普陀、游四明诸章，尤见惨淡经营。普陀有海上仙山之称，佛地仙宗，灵奇幽秀，以寻常诗笔状之，必不能工。天做蓄此异境，以待梅伯之宣泄也。……造句奇辟，与牧斋游黄山诗相仿佛，而灵隽处或且过之。”

五月，在慈溪观海卫城北回龙寺读书弥月，作［台城路］词。

《疏影楼词·石云吟雅》［台城路·湘飙阁在句章观海卫城北回龙寺，万竹环植，云岚四抱，眇然青远，窅兮翠深。壬辰夏五，住僧云峰上人招余读书其上，留滞弥月。山鬼夜语，水木晓森。吟愁若痌，尘悟愧浅。凛乎其不敢久羁也，制此酬云峰，以证鸿爪］。

八月一日，与叶元阶、厉志诣张煌言墓，以张煌言诗卷祭之。

厉志《白华山人诗集》卷十四《白湖集下》《壬辰八月朔日，同叶二元阶、姚大燮诣张忠烈公墓下，并置公诗卷祭之》。

同卷《戏作山水画赠梅伯》、《别姚野桥》，并附于此。

张煌言（1620—1664），字玄著，号苍水，浙江鄞县人。崇祯十五年举人，明亡，举兵抗清。康熙三年被俘，至杭州遇害。葬南屏山阴。有《张苍水集》。传见全祖望《鲒埼亭集》卷九《明故权兵部尚书兼翰林院侍讲学士鄞张公神道碑铭》。

秋，与姚儒侠相识于杭州吴山旅邸。

《疏影楼词》卷首姚儒侠序："野桥为人疏旷，每为时辈所挤，家贫落魄，辄思橐笔作四方之游，因循未果。壬辰秋，余识君于吴山旅社。逾年，始订交。自唯相契之深，而知之者素也。"

《复庄诗问》卷六《答家十三茂才儒侠赠诗原韵二章》附姚儒侠原作二首其一："吴山亭畔识君时，笑折残荷劝酒卮。击剑纵谈天下事，著书要与古人期。穷愁似我成樗散，萧艾怀卿久梦思。莫漫相逢伤旧怨，琵琶声里诉情痴。"

据《疏影楼词》卷首姚儒侠序、姚燮答诗题和姚儒侠诗作下署名，姚儒侠，字柳仙，浙江平湖人。诸生。余不详。《光绪平湖县志》、《民国平湖县续志》未见其记载。

秋，往慈溪兰江，作［琵琶仙］词。

见去年所引《疏影楼词·石云吟雅》［琵琶仙］题。

作《平定湖粤猺纪功碑文》。

《复庄骈俪文榷》卷三《平定湖粤猺纪功碑文》："湖南江华猺逆赵金龙者……自道光十一年辛卯秋始，至十二年壬辰春，狼奔豕突……丧我百姓，毙我众士，伤我大将，轻我国法，藐我天威……我皇帝赫然震怒……命湖广总督臣卢坤、湖北提督臣罗思举，并檄命贵州提督臣余步云调补湖南，相与安制綦节……赵逆平于连州……七月丙寅，奏大拱桥之捷。己巳，奏大木根、大桥头之捷。辛未，奏六对冲后山之捷。……草茅下士，上窥鸿业，载忭载忻，敬以勒石之文，以颂圣功于无既。为之铭曰：……"

道光十三年癸巳（1833）　二十九岁

正月一日、十五日（上元），叶元壁吟唱《疏影楼词》中的词作。

钞本《疏影楼词》卷首题识："癸巳上元，小谱氏拍于小足闲居。""元日客窗无事，曾倚萧拍之。"下有"小谱"印钤一方。

结识宁波府学教授冯登府。正月七日（人日），冯登府吟唱《疏影楼词》中的词作。

钞本《疏影楼词》卷首题识："癸巳人日，雨窗勺园曾拍。"下有"勺园"印钤一方。

冯登府，字云伯，号柳东、勺园，浙江嘉兴人。嘉庆二十五年进士，官宁波府学教授。精训诂，工诗词。有《三家诗异文疏证》、《十三经诂答问》、《石经阁文集》等。传见《碑传集补》卷四十八《冯登府传（〈嘉兴府志〉）》。

《冯登府传》在《光绪嘉兴府志》卷五十《嘉兴列传》。

《光绪嘉兴县志》卷二十一《列传二》亦有其小传，不具录。

潘衍桐《两浙辅轩续录》卷二十九："冯登府，字云伯，号柳东，又号勺园，嘉兴人。嘉庆庚辰进士，官宁波教授。著《拜竹诗堪诗存》。"

冯登府《柳东先生剩稿·学易庵集》《乙未四明除夕寄舍弟》："我生五十三除夕，六度明州倍忆亲。"则其生年为乾隆四十八年癸卯（1783），始官宁波府学教授在道光十年庚寅（1830）。

《复庄诗问》卷四《邝湛若天风吹夜泉砚，为冯丈登府作》、钞本《疏影楼词·听雨词》[洞仙歌·灯下画壁上瓶梅影，寄怀冯丈柳东]，厉志《白华山人诗集》卷十五《癸甲集》《邝湛若天风砚诗，为冯勺园太史题。砚旁有'天风夜泉'四字铭》，并附于此。

吴德旋《初月楼文续钞》卷五《〈勺园八咏图〉记》："嘉兴冯柳东以所为《勺园八咏图》视予，属为之记。柳东之为是图，其初未有园也，图之以寄意焉耳。柳东由庶吉士改官县令闽中，以太夫人不乐就养，复改授校官于四明。岁时归省，乃以禄入之余，稍稍治其居宅后隙地为园。园之胜，其可名者曰奉舆轩，曰古灵源，曰拜竹诗龛，曰小槜李亭，曰一朵山，曰柳界，曰酌史岩，曰一把香茅屋。柳东一一系之以诗，是谓《勺园八咏》。咏皆五言绝句也。予未尝一至园中，第于图画见神游焉，则未知园之胜，果若是否乎？……柳东今为校官，游方之内者也，以是为娱亲之所，则实矣，而奚宦焉？柳东曰：'是吾志也，盍遂书之？'遂书以为《勺园八咏图》记。"

曹德馨读《疏影楼词》。

钞本《疏影楼词》卷首题识："杭州曹德馨拜读一过竟。"

《国朝杭郡诗三辑》卷四十三："曹德馨，字孟明，号曹村，延宗孙，钱塘诸生。有《绣虎轩诗稿》。……曹村邃于经学，所著有《三礼管窥》、《公穀管窥》。下笔千言立就，多沉博绝丽之作。然才丰遇啬，所如不合。布衣草笠，以终其身。"

《复庄诗问》卷五《答曹德馨》（后附曹德馨赠作）、卷十七《题曹德馨集后，即赠》，并附于此。

冯登府荐姚燮于陈用光，陈用光以国士目之。

《复庄诗问》卷首《诗评》："嘉兴冯柳东广文登府云：余识某伯最早，自癸巳延誉于陈石士宗伯，有国士之目。"

同书卷二十六《闻冯太史登府讣，寄挽六章》其三："拂席为黉师，何羡木天暇。……时予初列庠，审的未娴射。……倏悬明月梯，升我万仞华。遂使泛滥驰，不复顾龙诧。天地何古今，气以所亲藉。……"

陈用光（1768—1835），字硕士、实思（一作石士），江西新城人。嘉庆六年进士，授编修，官至礼部左侍郎。以学行为人所重，曾为其师姚鼐、鲁仕骥置祭田。有《太乙舟诗文集》。传见梅曾亮《柏枧山房文集》卷十二、《太乙舟文集》卷首《资政大夫礼部侍郎陈公墓志铭》、吴德旋《皇清诰授资政大夫礼部侍郎陈公神道碑铭》、《清史列传》卷三十四、《清史稿》卷四百八十五。

陈用光自今年始任浙江学使。

陈用光《太乙舟文集》卷四《〈蜀冈纪游图〉记》："《蜀冈纪游图》者，余同年友张芥航河督纪其与余同游之图也。时维癸巳之春，余奉命视浙江学。路出江淮，既与芥航相见于袁浦。……"同卷《浙江学使院题名记》："……道光十四年秋八月之下浣也。"同卷《杭州使院范文正公祠记》："……道光十四年仲冬月上浣。"

天台方絜为姚燮画小像，姚燮题词。

刻本《疏影楼词》卷首姚燮自序后有天台方絜写"上湖生二十九岁小像"和姚燮题词。

题词云："抱赤履紫，非狂非狷；骨臞不削，神古能闲。惟鹤斯侣，或棋之仙；熊而秋峻，淡魄夕县。蓄诸寸腑，弥平九渊；求钟于钵，乌知其然？大梅山民自题。"

蒋茝生《墨林今话续编一》:“方治庵絜，字矩平，天台黄岩人。精于铁笔，刻竹尤为绝技。凡山水、人物小照，皆自为粉本。于扇骨、臂阁及笔筒上，阴阳坳突，勾勒皴擦，心手相得，运刀如运笔也。尝游禾城，每一艺出，则手拓以赠同好，人争宝之。好吟咏，见其题画诸诗，剧佳。”

潘衍桐《两浙辅轩续录》卷三十八:“方絜，字矩平，号治庵，黄岩人。著《石我斋诗稿》。《县志》:絜工诗善画，尤精刻竹简。客游禾中，折节读书，文名籍甚。于源曰:治庵工诗善画，最喜写石。所作石交图，无虑数十幅。尤工刻竹，能于臂阁上刻人小影，须眉逼真。嘐城《竹人传》中，无此技也。”

李濬之《清画家诗史》庚上:“方絜，字矩平，号治庵，黄岩人。喜画石，尤精刻竹。能于臂阁上刻人小照，须眉逼肖。有《石我斋诗稿》。”

同书录诗《题〈探梅图〉》。

《复庄诗问》卷五《画梅，酬方山人絜》:“……沧溪画客东南来，寸管能抉天心开。赠我尺幅逾寸饱，悬诸素壁无纤埃。……春归君亦西将行，天涯苍莽多棘荆。和神抱骨空尔清，相思自此千里深。虬筇鹤氅天风琴，频须惠我江南音，我还伫子群玉岑。”

《复庄诗问》卷六《题方山人絜竹刻拓本》、《题方山人〈纪游图〉二章》，并附于此。

选编历年所作词为《疏影楼词》五卷刊刻。二月十五日，姚儒侠作序。五月四日，作自序。又作［疏影·自题词集］。汪远孙、叶元堺、王芋畕、叶元壁、沈云亭、叶鸝卿等为作题词。

刻本《疏影楼词》卷首姚儒侠序:“《疏影楼词》，凡四种，余友姚子野桥作。野桥为甬上名秀才，生禀异资，凡经史艺术诸书，皆能凿肠掐肾，冥搜旷求，萃毕生之心思、才力而与之颠倒出入者，诗古文其末也，词又其末也。词学自李唐以迄昭代，前贤已有成说。不必为作者牵合比拟，添缀一辞。乃其生平得力之处，追踪秦柳，胎息贺史，取法于梦窗、草窗、白云、白石之间，沉幽固閟，挥洒流落，体制不名一长，能兼众美。当夫模象形影、锤炼声色、神明而变化之，收摄豪横、覃精擢思、极毫厘分寸之辨，泊乎弄墨，则礡然砉然，挥毫落纸，若坠若偪，若猛狮搏球，若烈风送雨，而妃句俪词，一造于工稳，近人洵无与敌者。于虖，可以传矣！……因慨为之序。道光十三年癸巳花朝后三日，平湖宗弟姚儒侠柳仙甫书于武林碧琅玕馆。”

宁波天一阁藏稿本《疏影楼词》卷首姚儒侠序字句略有不同，引录如下：“《疏影楼词》，凡二卷……于学无所不窥，而尤邃于诗。诗工矣，姑置弗论。……于词较深，近人无与敌也。……道光十三年癸巳花朝后三日，平湖姚儒侠书于武林行馆。”

刻本《疏影楼词》卷首自序：“词，小道也，然均不骚雅则俚，旨不微婉则直。过炼者气伤于辞，过疏者甚浮于意，而叫嚣积习、淫曼为工者，尤弗取。余幼辄耽此，搜宋元来诸家名集，沉浸讨索，效之，似锢之益深。迨弱冠后，日与世涉，哀乐渐多，兼以友朋宴游，饥寒驱逐，每有感触，即寄之。数年以往，共得千阕余，并少作，删存六一，厘为五卷，个以类从。此中甘苦，余颇自信。其有合于古人之旨否，余未敢自断也。成连安在乎？吾抱琴以俟之。道光十三年癸巳五月端四日，姚燮自记于怡道山庄。”

宁波天一阁藏稿本《疏影楼词》卷首无姚燮自序。

刻本《疏影楼词》卷首总目：画边琴趣二卷、吴泾萍唱一卷、剪灯夜语一卷、石云吟雅一卷。版心题“上湖草堂”。

《疏影楼词·石云吟雅》[疏影·自题词集]：“天门海峤倚绿梅，掀笛清响如啸。夕隼云盘秋，鹤风嘶高寒，或是同调。江淹、宋玉凭千古，总是一样愁深欢眇。尽平生鏽铗蟫徽，托与美人香草。　　侬自狂歌，自赏当前，任赢得流俗评笑。两宋三唐，换羽移宫，落寞词仙多少。江篷获雨，花帘月旦，畅写随时怀抱。算拂笺香北榛南，但欠红儿娇小。”

《疏影楼词·石云吟雅》附《题词》钱塘汪远孙小米［玉漏迟·题野桥《疏影楼词》，用草窗《题梦窗霜花腴词集》均（韵）］：“俊才何太少，霜腴罢唱，吹箫人杳。不料逢君，重见风流襟抱。付与金荃艳笔，看梦里江花围绕。休自笑浮名，误尽销磨年少。　　年时我亦清狂，记几处亭台，几回歌啸，弹折冰弦同调。半归帅草（谓吴子律、李西斋），寂寞心情甚处，只怨着啼春林鸟幽思悄，残编短檠孤照（时辑近人词）。”

《疏影楼词·石云吟雅》附《题词》：叶元堦午生［忆旧游·读野桥《剪灯词》卷，即用其题予《海蒳轩词稿》调］、同里王堃芋畕［疏影·题野桥《疏影楼词》四种合刻]、叶元壁［金缕曲·题野桥《疏影楼词集》，即以奉赠]、昆山沈准云亭［忆旧游·季春雨夕，挑灯读《剪灯夜语》，愁与更深，思因辞感，漫拈此解题之]、慈溪叶九苞鷗卿［貂裘换酒·题《疏影楼词》]。

黄燮清《国朝词综续编》卷七："汪远孙，字久也，号小米，钱唐人。嘉庆二十一年举人，官内阁中书。有《借闲生诗词》。"

六月上伏日，为孙家谷《种玉词》题跋。

孙家谷《种玉词》卷末姚燮跋："右《种玉词》一卷并小序，余友孙幼连先生遗稿也。先生少时辄以文章鸣，一郡学者咸标准圭臬之。后以进士宰襄陵，德政所被，羽兽贴如。襄之民咸曰：'生我者，孙公也。'任数载，以太夫人之丧，辞缨归绋。余始与先生交。洵鱼娴雅，相接躁平。每论经史文艺，则必穷脉溯源，心炯目了。其深根密柢，渊乎无由测诸。服阕，将赴都选，旋以病卒。於虖！是天之意与？先生富著述，诗文政典，皆卓乎可传。缘辑搜未竟，容缓行世。是卷特其游戏作耳，美人、香草，究何伤于屈、宋？因先校正，授本梓人，然终非先生志也。癸巳六月上伏日，姚燮野桥挥汗跋于鹤皋浮钵山馆。"

孙家谷《襄陵诗草》卷首《光绪鄞县志传》："孙家谷……（道光）五年秋，充乡试同考官。榜首王丕显，其所得士也。寻丁内艰归，囊空如洗。"

慈溪叶元垚师姚燮。

《光绪慈溪县志》卷四十九《艺文四·国朝二》："叶元垚，字叔兰，号雩亭，诸生。《听秋吟馆诗集》四卷。采访册。元垚自序曰：余性喜韵语，幼见诸兄吟咏，辄复效颦。然独倡独和，人莫予知，而予亦不敢求人知也。岁癸巳，从兄心水先生偶见而亟赏之，以是益自砺，且得翁城厉骇谷先生、蛟川姚梅伯师相启迪，学稍进而心益怯，不敢妄作，亦不忍辍作也。……殆去冬，心水下世，梅伯师又以赴春官北去，目前所与话旧者，惟东海一人耳。"

董沛《四明清诗略》卷二十七："叶元垚，字叔兰，号云亭，慈溪人。诸生。著有《听秋吟馆诗集》四卷。"

潘衍桐《两浙輶轩续录》卷四十二："叶元垚，字叔兰，号雩亭，慈溪诸生。著《听秋吟馆诗集》四卷。”

为罗以智《云涧联吟图》题诗。

《复庄诗问》卷四《题罗广文以智〈云涧联吟图〉，镜泉感徐少微之逝作也。云涧，武林孙氏寓园。图凡三人，其一为孙子勤》：“……应、刘先后逝，兰蕙遭灼焚（谓孙幼连明府、叶午生主政）。”

罗以智，字镜泉，新城（今浙江富阳西南新登）人，居杭州。拔贡生。道光二十五年（1845）摄镇海教谕，咸丰十年（1860），太平军攻杭州，罹难。有《说文偁经证》、《怡养斋诗集》。传见陈继聪《忠义纪闻录》卷二十五《罗广文以智》。

《民国镇海县志》卷二十一《名宦》：“罗以智，字镜泉，钱塘人。拔贡生。博学嗜古，才誉著一时。道光二十五年，摄邑教谕。……咸丰十年，省城陷，以智殉难。”

《国朝杭郡诗三辑》卷四十四亦有其小传，不具录。

孙家谷卒于去年。郑乔迁《藏密庐文稿》卷四《孙君墓志铭》：“道光十二年五月四日，君既除母丧，将赴选而病卒。……君生于乾隆五十六年十月初十日，年四十二。”

叶元堳卒于本年，见道光八年所引文及考证。因将为罗以智《云涧联吟图》题诗系于本年。

与张培基相识。

张培基《问己斋诗集》卷首姚燮《〈问己斋诗集〉序》：“古鄮张子楳史，积学者也。余与交契甚切，初见时年二十余，如是十余年，绝口不论诗。……岁癸卯，某子年三十余矣，始赠予以《病聋》诗。”

同书卷一《题姚孝廉〈诗问草〉，兼送北上》：“识君郡寓君年壮，文章有气生光芒。豪饮狂歌远世情，诗情画理通微茫。”

潘衍桐《两浙輶轩续录》卷三十八：“张培基，字梅史，鄞县诸生。著《问己斋诗文钞》。”

董沛《四明清诗略》卷二十五：“张培基，字子彝，号梅史，鄞人。诸生。著有《问己斋诗文钞》。”

道光二十三癸卯，张培基年三十余，则本年约二十余，姑将二人初见系于本年。

道光十四年甲午（1834）　三十岁

春，病，有诗。

《复庄诗问》卷六《春晚病中作》。

梦女寿真，有诗。

《复庄诗问》卷六《弱魂，梦亡女作》："弱魂汝何来，不畏风雪翔。凄然欲我语，无语牵我裳。青红旧衣饰，整整三尺长。沉视好颜色，翻昧久死亡。或我梦犹死，与汝魂徜徉。梦醒我魂在，汝去魂何方？宿火炯照壁，脉脉其皇皇。开门寻汝魂，蒿目天色黄。低烟亘平湿，吹作万瓦霜。霜气接江海，海上孤城荒。城中湖上屋，水影交筼筜。水风摇孤灯，病人寒在床。人病刻悲汝，心腑交摧伤。魂兮信有知，去慎毋相傍（叶）。昔年汝病死，厝骨黄土冈。梨花两开落，临之无一觞。哀饥饮邛露，谁为耶与娘？缘梦致邈感，旧恩汝未忘。否因一气通，幻召无参商。灵草隔瀛弱，玉叶永萎戕。安能悟达化，委念亡何乡。"

夏，与叶元址在慈溪回龙寺读书两月。

《复庄诗问》卷六《同叶上舍元址读书观海卫回龙庵两月，揽景兴怀，托以歌咏，无伦次也。共得二十六章》其十九："一雨过城去，蛙声已盈屋。"其二十三："阑暑收远林，晚衣称絺葛。独携羽扇轻，开窗面清豁。"其二十五："颇动怀乡心，昨夜梦乡里。……自我二月行，西风渐将起。"

叶元址，字兰士，叶元壁二兄。见本谱道光十八年所引《琼贻副墨·兰如集》卷十三叶元壁［买陂塘］序文。上舍，监生的别称。

七月十五夜，与叶元阶、厉志等泛舟白湖。

蒋宝龄《琴东野屋集》卷十《〈白湖秋泛图〉序》："白湖在鹤山之下，傍小隐山，东姥、西姥两峰，大茗、小茗诸岙，与杜若湖相连。虞仲翔、黄东发故里在焉。甲午七月十五夜，叶心水与午生、雨亭昆季暨姚梅伯、厉骇谷载酒泛月于此。"

文云叶元墀参与游湖，然其去年已卒。见道光八年谱考证。此当为蒋宝龄误记。

八月，赴杭州应乡试。以五经文受赏于典试官徐宝善，中举。名益盛。

《甲午科乡试卷》："浙江乡试朱卷第二房，中式第二十二名举人姚燮，宁波府学廪膳生，本科录取优贡。镇海县民籍。”

《复庄骈俪文榷》卷四《〈过庭录〉序》：“燮以甲午乡荐，出先生门下。”

《复庄诗问》卷首《诗评》：“嘉兴冯柳东广文登府云：……明年乡荐，出亡友徐廉峰编修之门，许为通才。”

《复庄骈俪文榷二编》卷末附蒋敦复《例授文林郎即选知县姚君墓志铭》：“爰贡天府，遂登闲书。道光甲午，中浙江乡试榜举人。”

《琼贻副墨·兰如集》卷四陈继聪《大某山人生传》：“道光甲午，歙县徐廉峰编修典浙试，得山人五经文，沉博绝丽，叹为奇才，遂获选。”

徐宝善《壶园诗钞选》卷九《还瀛集中》《秋闱校士毕，简同事诸君四首》。

同卷《补桂吟，为张浣秋明府汝梧作，有序》：“浙江试院，同考十六人，区四院，各有桂。浣秋所居独无之，为植二树，索余颜其额曰补桂轩，且系以诗。”

同卷《题〈韬光步行图〉，有序》：“道光甲午，展重阳前一日，富海帆中丞约陈石士师、吴退旃前辈及余作韬光之游。费晓楼茂才为作《韬光步竹行看》。予越游之三日，而程梓庭制军至，亟欲补游而与。于斯图，遂得五人焉。人各草其一，以志一时相聚之雅云。”

《续碑传集》卷十八彭邦畴《翰林院编修前山西道监察御史廉峰徐君墓志铭》：“后以甲午典试浙江，所取多知名士。凡遗卷，必抉其疵类所在，故有被黜而后获售者，来则投门下，以为得力于指斥者多也。”

蒋宝龄《墨林今话》卷十八《姚燮》：“甲午举人。”

《复庄骈俪文榷》卷首王莳兰序：“甲午举于乡。”

王韬《瀛壖杂志》卷四：“登道光甲午贤书。”

董沛《正谊堂文集》卷十七《姚复庄先生墓表》：“道光甲午举于乡。”

《复庄诗问》卷首《诗传》：“鄞县张子彝文学培基《问己斋文钞》云：……才名蚤著，甲午乡举，以五经文特赏于主司，名益盛。”

《光绪鄞县志》卷五十一：“道光十四年，举于乡。”

《光绪诸暨县志》卷三十四《人物志·列传八》：“中道光甲午举人。”

《清史列传》卷七十三：“道光十四年举人。”

《民国镇海县志》卷二十七《人物传六》："道光十四年举于乡。"

《民国定海县志》卷十："道光甲午举人。"

《清史稿》卷一百八《选举志三》："有清科目取士，承明制用八股文。取《四子书》及《易》、《书》、《诗》、《春秋》、《礼记》五经命题，谓之制义。三年大比，试诸生于直省，曰乡试，中式者为举人。次年试举人于京师，曰会试，中式者为贡士。……顺治元年，定以子、午、卯、酉年乡试，辰、戌、丑、未年会试。乡试以八月，会试以二月。均以九日首场，十二日二场，十五日三场。殿试以三月。……乾隆间，改会试三月，殿试四月。遂为永制。"

徐宝善（1790—1838），字莲峰、廉峰，歙县（今属安徽）人。嘉庆二十五年进士，由编修改监察御史，以上疏言事仍授编修。有《壶园诗钞选》、《壶园赋钞》、《壶园诗外集》等。见《续碑传集》卷十八彭邦畴《翰林院编修前山西道监察御史廉峰徐君墓志铭》、《国朝耆献类征初编》卷一百三十八。

《复庄骈俪文榷》卷四《〈过庭录〉序》："先生为健庵司寇公后五世，以科第传，蕲州之诗名，南昌之宦迹，彬彬彧彧，冠组累承。而先生之绵祖德也以孝。戊寅年二十九，捷秋榜。庚辰年三十一，成进士，改郎曹，为翰林。由是步谏垣，典浙试。岁戊戌，命襄校礼闱，先生病，辞命。未赴而卒。"

梅曾亮《柏枧山房诗集》卷五《赠徐廉峰校士浙江》（甲午）。

闱后，与王丕显等集赵钺瓣香书屋，有诗。

《复庄诗问》卷七《席上酬赵云门先生钺，并呈王大令师丕显，得三十韵》："甲午闱后，小集赵云门先生瓣香书屋。先生赋诗首倡，并自序云：钺以嘉庆戊辰出大兴师门下，迨改官江南，丙子分校，沈松盟舍人第出钺门下。道光癸巳，舍人分校会闱，王西楼大令又出舍人门下。今甲午乡试，西楼分校浙闱，又得汪世钤等九人。钺喜云萍之合，适在吾杭，因敬延吾师，并招同王君及汪君辈雅集赋诗，以志盛事云云。并属王大令师及诸君和之。燮叨座末，用步后尘，未敢以不文谢也。"

《国朝杭郡诗三辑》卷三十三："赵钺，原名春沂，字云门，大鲸孙，仁和人。嘉庆辛未进士，官江苏泰州知州。……为文博大精深，秉性廉悍。……出宰江南，号称强项，擢泰州。以耳疾告归，主讲余杭龟山书院。客士不稍宽假。著《国朝谥法考》，详且核。年逾七十而终。”

《同治续纂江宁府志》卷十一《守令表》：“（嘉庆朝，溧水县知县）赵钺，浙江仁和人。由翰林院庶吉士改选，有惠政。”

《民国杭州府志》卷一百四十六《文苑三》：“赵钺，原名春沂，字雩门，仁和人。嘉庆十六年进士，改庶吉士，散馆以知县发江苏，官泰州知州。幼嗜学，于濂洛关闽之书，犹能探其奥颐。为政惩优柔之失，一意严明，引疾去官。……著《国朝谥法考》，与歙鲍康所纂并传。”

《复庄骈俪文榷二编》卷六《槐园王府君墓志铭》：“府君山西代州五台县人……讳升，字上达，一字槐园……长男丕显，道光乙酉科本省解元，癸巳成进士。以知县分发浙江，历署宁海、定海、秀水、归安、长兴、慈溪、鄞县、镇海等县及宁波府通判、石浦厅同知、定海直隶厅事，补授富阳、桐庐等县。……燮之乡荐，出县公门下，有师生之谊焉。”

《民国镇海县志》卷十六《职官表上》：“（知县）王丕显，山西五台解元，癸巳进士，（道光）二十五年任。”

《光绪慈溪县志》卷十六《职官上·县令》：“王丕显，字西楼，山西五台人。道光癸巳进士。道光二十八年九月二十一日署任。”

与人观潮、游西湖、凭吊孤山小青墓，均有诗。

《复庄诗问》卷七《观潮行》、《湖上》、《晚步清波门外》、《湖上看芙蓉》、《孤山小青墓》。

徐宝善荐姚燮文于陈用光。

《复庄文酌》上编《复陈宗伯书》：“燮顿首宗伯石士夫子大人阁下：燮学为古文者十数年，自知其不入于古也。作而随弃，其稍自合度者，存之不数十篇，终未尝出为人示。非以为世无知文者也，实燮文之不足以见之于世也。壶园徐太史，燮之乡荐师也。阅燮之场艺，以为必能为古文者，固索之。因检零星之存于箧者，就正于先生。先生以为可，而即揄扬称道于阁下之前。阁下遽因徐先生之不轻许与，遂信燮文之必有可观者。燮惧且愧矣。”

中举后，豪气甚，一掷千金，曾一夜博输数十万。

《琼贻副墨·兰如集》卷四陈继聪《大某山人生传》：“既登贤书，气豪甚，挥金五楼，走马长扬，尝一夜博输青蚨数十万。”

辑成《候涛山志》。

《候涛山志》下署：“蛟川姚燮汝梅辑。”

分方外、流寓诗话、乡耆诗话三部分。

稿本，上海图书馆藏。

辑成《候涛山志》具体时间不详，本年中秋周泰题姚燮画梅，已提到《宁波招宝山志》“必传于后世者”，见下文，姑将辑成《候涛山志》系于本年。

八月十五日，周泰为姚燮画梅题跋。

《琼贻副墨·二石〈花棂画梅〉题跋》周泰题：“野桥与叶子小谱及余三人交有年矣，每聚首，必集佳山水处，劈笺赌韵，兴复不浅。……野桥不独以诗文擅名，而骈体乐府，俱深造古人之室。尤工于词，所刻《疏影楼词》四种，盖取法乎梦窗，间有姜、张佳处，读之余韵入神，无不令人击节。尚有未付梓者，如《上湖草堂诗文集》并《宁波招宝山志》，皆统在所必传于后世者。至缋事则其余技，兴到辄作数笔，并不妄应人求。……是册假馆于叶氏所写，纯乎天趣，得梅之清矣。……道光甲午中秋日，仁和周泰书于度心香室。”

赵之琛为姚燮画梅题跋。

《琼贻副墨·二石〈花棂画梅〉题跋》赵之琛题：“野桥于诗古文外，尤精倚声之学，作画其余技耳。甲午秋八月，过访退庵，出是册见示。晴香缥眇，浮于笔端。展阅数过，不觉技痒，因写此奉教。”

李濬之《清画家诗史》已下：“赵之琛，字献甫，号次闲，钱塘人。浅山大令进士贤孙，陈豫锺弟子。刻印为杭州八逸之一，精篆隶，尝为阮文达摹刊钟鼎款识。山水萧疏幽淡，花卉草虫有新罗神趣，兼写佛像。有《补罗迦室印存》。”

《国朝杭郡诗三辑》卷三十一亦有其小传，不具录。

陈观酉来书，邀其与厉志过叙。八月，为姚燮画梅题跋。

陶湘编《昭代名人尺牍小传续集》陈观酉手书：“今日湖上之游乐乎？骇谷先生曾同往否？芝樵、晓楼诸君在座，早临尚可叙谈。小徒冯生急欲屈驾过叙，专待二君子矣，特嘱致意。叨在知爱，谅不见外。且骇翁处实不知其寓所，乞代为往邀干乞，勿误。即候不一，姚野桥老耶。弟陈观酉顿首。初三日。”

来书时间不详，姑系本年。

《琼贻副墨·二石〈花栿画梅〉题跋》陈观酉题：“往客明州，遇野桥于万石君处。见其灯下画鬼，奇情丑态，惟妙惟肖。因相与笑乐。盖野桥之画，本由天授，故涉笔成趣。今观此册，意不在某，而横斜疏放，已得画中三昧。倘所谓鬼才而仙才者乎？道光甲午八月，观于荷花池头寓馆。”

李濬之《清画家诗史》庚上：“陈观酉，字仲博，号二山，钱塘诸生。工楷书，山水宗法大痴。性至孝，母目瞽，舐之复明。有《含晖堂遗稿》。”

蒋宝龄《墨林今话》卷十六、《国朝杭郡诗三辑》卷四十均有其小传，不具录。

冯登府来书，欲假《词律校讹》观览。

《琼贻副墨·尺素集》卷二十三冯登府书：“野桥大兄足下：旬余不晤，想锦珂旋里，起居安胜。趁此六月之息，正著述名山之候。有近作望示我为幸。……《词律校讹》既未成书，或将原本假示，或另纸录数则以见一斑。幸甚，幸甚。”

书云“锦珂旋里”，书当为中举后作。

秋，与厉志游铁崖岭、南山。

厉志《白华山人诗集》卷十五《癸甲集》《同姚梅伯再游南山》：“昨睹枫林美，今出复游行。……中流清梵响，阴翳生南屏。更见雷峰上，侧影怜余赪。……还归攀路枝，霜气积已盈。有能解滞客，佳胜多留停。”

同卷《月夜，同梅伯登铁崖岭，坐云居寺门首作》。

十月八日，与厉志、叶金胪等集寓斋。十五夕，再集青箬山楼，有诗。

《复庄诗问》卷七《十月初八日，招同王丈丕绪、厉山人志、张锦江、吕震显、吴春焕、叶金胪诸同年雅集寓斋》、《十五夕，同人再集青箬山楼》。

送厉志之吴门，有诗慰藉。

《复庄诗问》卷七《且弗悲五解，饯厉山人之吴门》其一：“劝君且弗悲，有酒君饮之。劝君且弗愁，听我前致辞：为君念家事，空庭秋草凄。

为君望川陆，落叶秋风吹。顾君头上发，视君身上衣。”

往诸暨谒宗祠祖墓，留十一日，居族兄姚鲁斋琴宅。

《复庄诗问》卷七《过诸暨姚公步，谒宗祠、祖墓，止族兄鲁斋先生之琴宅，蒙族人次第招饮，留十一日始行。作诗记事，兼留别，得六章》其二：“族人闻我至，衣冠尽来趋。上自祖父行，下及子弟俱。疏野无繁节，循礼彬彬如。天性出肺肝，自有真悦愉。转笑酬世人，恭敬多浮虚。柴门堆野藿，喔喔鸡方雏。童子识行辈，一揖当庭除。相爱亦知昵，绕座牵我裾。蔼然孝弟气，酿之成黄虞。相对杯酒深，此意吾难抒。”其三：“入世三十年，始瞻我祖灵。当喜分种枝，亦有新条荣。气召神不阂，呼吸通仪形。末孙自远来，鉴此庶受馨。”其六：“亦知难竟留，未忍舍之归。依依拜诸父，恻恻情迟回。上寿不过百，白发多衰颓。颇愁他年来，益我怀旧思。日出江已潮，津鼓隐相催。太息微贱躬，行与桑梓违。寻常有离别，动辄致吾哀。况在一体亲，甚之襟抱推。华岭涤浮翳，浩荡双眸开。当以孤舟心，照此千仞台。”

《光绪诸暨县志》卷三十四《人物志·列传八》：“生平以暨产，眷眷不忘其故，尝至姚公步，谒宗祠祖墓，著诗六章（载《文征》）。松楸墓庐，俯仰眷恋，论者谓与屠孟昭太守后先照映云。”

经临平、长安镇北上，复经乍浦渡海而归。

《复庄诗问》卷七《临平镇晓发》、《长安镇》、《乍浦诗八章》。

长安镇，在今浙江海宁市西南。乍浦位于平湖市东南部，西面与西南部与海盐县接壤。

为鄞县陈墨林作墓志铭。

《复庄骈俪文榷》卷八《陈府君志铭》：“鄞县西南通远乡以乐善著誉乡曲者，曰陈府君。府君之子曰炯，厘综行事，属辞铭。……以议叙得州司马通判衔，非志也。讳墨林，字文翰，乾隆三十五年庚寅生，年六十五而卒。葬某山之邍。……爰志其美，以慰所请铭。”

据文，陈墨林生乾隆三十五年庚寅（1770），年六十五，卒于本年。

将入京，汤钺有诗送别，依原韵答之。

《复庄诗问》卷七《将入都门，答汤钺送别诗二章原韵》其一：“驽马何从事短鞭，春花已作古流年。大江初雪愁蓬叶，密屋清樽泥竹烟。几见为龙名满洛，漫传市骏价宜燕。冲风不怨单寒袖，剩有吟怀壮倍前。”

同卷附汤钺原作二首其一：“横行万里著长鞭，尚幸黄骢是少年。十载盐车悲岁月，九秋神骏骋云烟。写真为我寻曹霸，相马因君慕古燕。自念瘦羸蹲故枥，壮心老向朔风前。”

诗又见董沛《四明清诗略》卷二十四，题作《送姚梅伯孝廉入都》。

董沛《四明清诗略》卷二十四：“汤钺，字秉虔，号茗孙，鄞人。诸生。”

《复庄诗问》卷二《柬汤钺、厉志、叶元阶郡居》，并附于此。

岁末，起程离家，家人与邻里送至江边。作《别家三十六韵》叙惜别之情。过钱清江，抵西陵，有诗多首。

《复庄诗问》卷七《别家三十六韵》：“出门数百里，犹作乡里看。……今朝走京洛，计里云三千。转似初出门，惘惘曾烦煎。高堂视行箧，谋画穷琐纤（叶）。如遣新嫁娘，衣鞋务其全。病妻苦缝纫，皲手不得闲。竹月已过廊，剪灯犹迟眠。阿弟散塾归，诸妹行其肩。索我市带佩，下及花粉钿。阿兄他日归，使我身手妍。小儿三尺长，转侧吾膝前。倚膝静辄睡，泥膝娇缠绵。阿爷他日归，读书当连篇。从知家室乐，富贵难夺权。慰之欢喜辞，恐使心悲酸。亦恐悲我心，笑语迭相欢。天地入残腊，荒草浩平原。骤转东北风，催上江干船。上拜高堂亲，高堂无烦言。但言昨宵语，在尔心腑间。弟妹及妻子，各各手相牵。但言君所需，要者裘与毡。余置行箧中，一一有绪端。邻里走相送，饮我酒一樽。送我至江干，江上潮如湍。今宵我有梦，梦见江上山。山下孤城悬，吾屋城南偏。屋中数灯火，修竹环娟娟。亦知竹中人，梦我江上烟。梦我江上烟，梦我沙中田。田中沙磷磷，江上泉溅溅。我行日渐遥，我泪空泛澜。寄语南来鸿，为我书频传。”

同卷《雪霁，下钱清江》、《薄暮，抵西陵》、《岁暮旅怀五章》此行作。

西吴悔堂老人《越中杂识》卷上：“钱清江在山阴县西五十里，汉刘宠投钱处也。为山阴、萧山分界处。”

《嘉庆山阴县志》卷四《土地志》：“钱清江在县西五十里，案旧志即浦阳江（旧志）。浦阳江下流汉刘宠投钱处，今通为运河，江废。”

西陵，即西陵湖，又名白马湖、西城湖、石姥湖。在今杭州萧山西。

除夕，抵杭州，与陆圻登吴山，有诗。

《复庄诗问》卷七《除夕，同陆圻登吴山作》。

诗后附陆圻作。

潘衍桐《两浙輶轩续录》卷三十九："陆玑，字次山，仁和廪生。官四川汉州知州，著《铁园集》。"

《民国萧山县志稿》卷二十一《人物·方技》："陆圻，字次山，道光中以通判官蜀，权万县令。性敏赡，诗词、铁笔、山水，靡弗精绝。兼及金石。仕蜀中，手拓汉唐诸碑碣而归。赁庑杭州，与戴文节公熙为画友。文节称其山水得元人矾头皴法。圻尝辑庄子注，名曰《庄子雪》，行于世。所著有《铁园诗集》。"

《国朝杭郡诗三辑》卷六十六、李濬之《清画家诗史》辛上均有其小传，不具录。

齐学裘《见闻随笔》卷八《陆次山行藏》："萧山陆次山玑司马，吾故人也。诗古文词，经义书画，无一不精。"

道光十五年乙未（1835）　三十一岁

正月七日（人日），有诗。

《复庄诗问》卷八《江上人日吟》。

冯登府送行，有诗。

冯登府《学易庵集》《送孙柳君衍庆、姚野桥燮北上》。

此诗前首为《乙未初春，以下乙未》，后第三首为《上元日，晤曾应谷、陆子嘉周沄、徐建、金镛、蒋乙经诸广文赋赠》，诗编年，诗作于本年。

二月，途中，怀同社诸子，有诗相寄。

《复庄诗问》卷八《雨中长歌纪怀，寄同社诸子》："诘朝二月春阳时，大地黯惨无春姿。"

三月初，过淮北，渡汶河（在今山东境内）。

《复庄诗问》卷十一《渡江作歌》："去年三月下淮北，入晚飞涛翠群绿。"

同书卷十《渡汶河二绝句》其一："去年三月渡汶水，柳自春风水自波。"

二诗均作于明年。

沿途经过浙江嘉兴（王江泾在嘉兴境内），江苏无锡、镇江、高邮、宿迁、徐州、阴平（今沭阳），山东滕县、旧县、德州等地，各有诗。

《复庄诗问》卷八《王江泾》、《同岑赓泛舟惠山观泉》、《泊舟京口》、《舟过焦山下》、《镇江口》、《瓦铺店》、《高邮》、《清江叹》、《王营晓发》、《自鱼沟至重兴集》、《宿迁》、《项王故里》、《坝头河》、《徐州道中》、《岔河》、《阴平题壁，有怀郑倬太原二绝句》、《中山殿旅夕》、《滕县作》、《旧县篇》、《悲风谣，渡德州河车中作》等皆此行作。

到京。三月九日、十二日、十五日，参加会试。四月，榜发，落第。

《复庄骈俪文榷二编》卷末附蒋敦复《例授文林郎即选知县姚君墓志铭》："上国旌贤，悬正鹄以待；金门射策，挟灵蛇而来。方谓大雅宏达，必履著作之庭；何图盛明见遗，弗挂青紫之籍。十年不字，名在公卿；三荐未售，犊补外吏。"

《清史稿》卷十八《宣宗本纪二》："（道光十五年四月）甲寅，赐刘绎等二百七十六人进士及第出身有差。"

蒋敦复《墓志铭》云"三荐未售"，按姚燮共参加了五次春闱，除本年外，道光十六年、十八年、二十年、二十四年都曾与试，分见本谱各年记载。

送同郡诸人南归，有诗。

《复庄诗问》卷八《送同郡诸君南归》。

同卷《送赵九琳下第归里三章》其一："南风五月杪，计可渡钱唐。"其三："昔至同车笠，今胡君独行？"

送孙衍庆还湖州，有诗。

《复庄诗问》卷八《送孙同年衍庆还湖州》。

《同治湖州府志》卷十三《选举表·举人二》："国朝……（道光）十四年甲午……孙衍庆，功烈孙，字仲岫，详《人物》。"

同书卷七十六《人物传·文学三》："孙衍庆，字柳君，归安人。道光十四年举人，考取内阁中书，不用。以文艺游公卿间，有时名。谈故事则原原本本，言论风发，听者忘倦。晚岁著书甚勤，有《载道堂文集》等书。"

《光绪归安县志》卷三十七《文苑》亦有其小传，不具录。

在京，居徐宝善之壶园。园在京城宣武坊南米市胡同。与壶园同寓诸子沈肇熙、沈元祁、厉云官、恩官、徐炽昌、徐志恭等交往。徐宝善奖掖之，姚燮名噪满京城。一时南北才士，与之角艺畏服。

《复庄骈俪文榷》卷四《〈过庭录〉序》："入都，尝寓先生之壶园。品非结绿，愧受韩昌黎之知；煦若春风，常依程明道之座。"

同书卷首王莳兰序："先生之甫入都也，假馆于座主徐廉峰先生宅。徐固以诗古文辞雄视坛坫，又乐于宏奖后进者。先生之名，因之噪满日下。一时南北才士，与之角艺，咸畏服焉。"

徐宝善《壶园诗钞选》卷十《移居四首》："予僦居宣武坊南米市胡同四年矣，丁酉季秋，挈婿厉云官移居青厂，同年生周芝台宅也。芝台视学归，将仍畀之，作《移居诗》。"

《复庄诗问》卷八《赠壶园同寓诸子五章》，分别是盐城沈肇熙，山阴沈元祁，仪征厉云官、恩官昆季，金匮徐炽昌，歙县徐志恭。

同卷《壶园春晚杂兴五章，呈徐编修师宝善》、《壶园夜坐，薄醉作》。

《琼贻副墨·尺素集》卷六徐志恭书："相聚一年，如亲肺腑。质不伤朴，雅不嫌佻。忆在壶园，携月寻花，吟风坐竹，读书有感，把酒无心。此景此情，宛然在目。"

《复庄诗问》卷九《答编修师见示诗二章》、《雨后同厉云官、恩官昆季、沈肇熙登江亭》。

《琼贻副墨·兰如集》卷四陈继聪《大某山人生传》："公车北上，馆徐编修邸宅。编修负重名，好奖后进。士之瑰异者多趋其门。山人能文、能诗、能画，能填词度曲。壶园诸子，无不倾盖如故。"

《光绪盐城县志》卷九《选举》："（举人，道光）乙酉，沈照，有传。"

同书卷十二《人物》："沈照，字小庾。……照，举人，工书，善诗。与山阳潘德舆、歙徐宝善、建宁张际亮、曲阜孔继鏶友善，并有声坛坫间。官汤溪知县。善于抚字，有惠政。以亲老致仕。亲既没，两江总督陆建瀛愍其贫，劝出仕，不听。"

肇熙应为沈照的另一字或号。

《民国杭州府志》卷一百十三《选举七》："国朝举人：……（道光）

十一年辛卯，成皇帝五旬万寿恩科：……沈元祁，钱塘人。”

《道光重修仪征县志》卷二十八《选举志》：“（举人，道光）十二年壬辰……厉恩官，顺天中式。……（进士，道光）二十年庚子，厉恩官，字锡功，现官山东道御史。……（举人，道光）二十三年癸卯……厉云官，字伯符，湖南清泉知县。”

《同治续纂扬州府志》卷九《人物》：“（厉同勋）子，道光二十三年举人，官湖北布政使。”

徐志恭，徐宝善子。

《复庄骈俪文榷》卷四《〈过庭录〉序》：“吾师歙县徐廉峰先生官翰林时，其哲嗣志道孟卿、志恭少峰昆季随侍读书于京邸。”

《续碑传集》卷十八彭邦畴《翰林院编修前山西道监察御史廉峰徐君墓志铭》：“子三人。长志道、次志恭，陶宜人生。三志德，侧室周出也。”

张际亮《亨甫诗选》卷八《过廉峰侍御壶园，次君少峰志恭留饮，慨然口号。时长君孟卿志导在楚未归，见其诗甚喜。他日幸并和焉》。

厉同勋《重订厉廉州先生诗全集》《癸卯初夏，重寓壶园，感念今昔，留三百字，别徐孟卿志导、少峰志恭昆季》，并附于此。

《光绪无锡金匮县志》无徐炽昌的记载。

都中士大夫及海内名辈汤鹏、黄爵滋、端木国瑚、叶名沣、蒋湘南、潘德舆、潘曾莹、潘曾绶等争相延纳，赏识其才，知其名下无虚。

徐时栋《烟屿楼文集》卷七《姚梅伯传》：“既成孝廉，公车北上，则出其才交天下士。士无不知镇海姚生。”

董沛《正谊堂文集》卷十七《姚复庄先生墓表》：“公车北上，都中士大夫及海内名辈争相延纳。”

《复庄诗问》卷首《诗传》：“鄞县张子彝文学培基《问己斋文钞》云：……由是往来燕京，士大夫知名者爱其才，咸以为名下无虚也。”

《光绪鄞县志》卷五十一：“公车北上，公卿争与之交，才名益籍籍。”

《光绪诸暨县志》卷三十四《人物志·列传八》：“既登乡荐，公车北上，则出其才交天下士，士无不知姚生者（徐树（时）栋《烟屿楼集》）。编修徐宝善、郎中汤鹏尤倾倒之（《镇海县志》）。游览阅历日益多，交益广，撰述益富，才益奇。”

《民国镇海县志》卷二十七《人物传六》："公车北上，从都中诸名士游。见其诗词、骈体文，咸谓可与古作者抗行。编修徐宝善、郎中汤鹏，尤倾倒之，每誉于公卿间。由是才名益著。"

《民国象山县志》卷二十六："居京师，与其座主徐宝善及黄爵滋，汤鹏，端木国瑚，叶名沣，蒋湘南，潘德舆，曾莹、曾绶兄弟文字契最深，名满辇毂。"

与上述诸人的交往，时间有先后，关系有亲疏，具体情况，分见本谱各年各条记载。

流连歌场酒楼，与伶人往来。所作传奇，梨园播之管弦。识者比之关汉卿、梁辰鱼（伯龙）。观演《长生殿》，有诗。

《琼贻副墨·兰如集》卷四陈继聪《大某山人生传》："编修又为说项公卿，以故声名噪于长安。燕京乐部，驰名海内。其伶人色艺俱绝者，不独如国初王紫稼辈。山人跌宕歌场，张野狐、黄幡绰之流，咸与相狎。每制传奇脱稿，梨园即播之管弦。顾曲者皆谓不下关汉卿、梁伯龙。"

《复庄诗问》卷八《观演〈长生殿〉院本有作》："铃骑渔阳递战书，上皇凄绝马嵬车。竟将烟月沉天宝，那有蓬莱幻海墟。殄夏原难仇妹喜，防秋应悔仗哥舒。佳人粉黛才人笔，收拾龟年涕泪余。"

同卷《听陈老髯琵琶》、《醉后书城南酒肆壁三章》、《薄醉》、《樱桃街沈氏垆醉后感歌，赠钱伶》、《傀儡》，卷九《饮东城酒肆看芍药》、《观石氏夫妇演技》等均本年流连歌场酒楼所作。

画为人所重，求画者络绎不绝。所得画资，尽付酒楼歌场。有以"轻狂"谗之于徐宝善者，徐宝善不为所惑，待之益厚。

《琼贻副墨·兰如集》卷四陈继聪《大某山人生传》："诸郎所持纨扇等物，非山人画，名流不重。一时以缣素走索者，车毂塞巷。山人为写人物花鸟，各如其意。顷刻数纸，声价日高。所得金几盈箧，山人亦随手尽。盖付酒坛檀板中矣。或有媒孽于编修者，谓山人蹈樊川轻狂之习，编修待之益厚。"

《复庄诗问》卷十《夏夜，壶园饮饯，长歌留别编修师，并示同寓诸子，得三十五韵》："……由来憎谤起纤末，使予动足深渊临。荆州匿爱入肝腑，感通一气逾磁针。若蒙尘垢得湔洗，空翠重见阆风岑。程门喜作一年住，窗驹过隙何骎骎。……”

此事不详何年，要之在姚燮寓京、徐宝善卒前（徐宝善卒于道光十八年，见本谱该年），姑系本年。

作诗赠俞汝本。

《复庄诗问》卷八《简俞同年汝本三章》。

《民国新昌县志》卷十一《人物》：“俞汝本，字秋农。……汝本少知名，馆杭时，为许、张二氏诸伯仲所宗。中年始以廪生通籍，丙申会榜第十名，分发贵州，即用授镇远县。历任贵定、婺川、天住，洊升独山州知州，委运黔至京。事竣，调牧黔西，未满任而卒。……著有《惜分阴斋诗文稿》及《听秋声馆诗钞》、《退思堂杂著》等，已锓版。”

为徐宝善祝祁竹轩宫保七十岁作寿序。

《复庄骈俪文榷二编》卷八《为徐编修师祝祁宫保七十序》：“皇帝御极十有五年，轧物端蒙，滋生汁洽，太宇蒸化，臣吁庶讴，届吾宫保竹轩夫子大人迓休逢甲，览揆应辰，黼黻闳业，上颉温潞，此所乐与称介而不能无辞者也。”

回书陈用光，云将己之古文缮写，呈其斧削。饮陈用光太乙舟席上，有诗。

《复庄文酌》上编《复陈宗伯书》：“夫阁下司文衡于吾浙者三年，燮以樗栎菲材，蒙育而培之者已屡。颇思即平日不敢自信于斯道者，就质于阁下，转思阁下为当代文章之巨宗，持寸木以叩清庙明堂之钟，则鸥雀之技，几何不为鸾凤笑也。今既蒙殷殷不弃之心，而遘此绳尺在前，反自匿其拳曲不中之质，不出而受其斫削，以冀成为一名一器之用，是燮直自弃也。谨当于数日间，缮写其所存者陈于左右，其或不足教诲也，庶几可以舍此而别求致力之地，不至以瞢瞢者自苦也，或尚可以有成也，而异日之得侥幸以附于诸文人之末者，夫孰非阁下之赐哉？先此驰报，不宣。”

《复庄诗问》卷八《饮陈宗伯师用光太乙舟席上作》：“……珠琴玉轴神仙府，经济文章楚汉沟（时以论公事、谈文字者各分一席）。海上狂生能说剑，径思请烛竟宵游。”

书云“阁下司文衡于吾浙者三年”，陈用光于前年任浙江学使，至本年前后三年。本年回京，八月卒。

梅曾亮《柏枧山房文集》卷十二《资政大夫礼部侍郎陈公墓志铭》（乙未）："道光十五年回京，以礼部左侍郎供职，适上赐《平定回疆图》，公觞客敬观，乐甚。未几，病，梦陈州公曰：'求吾木于家，以是药汝疾其逃逋。'曾亮闻而伤曰：'疾求木兆之棺矣。'疾笃，赏假者再。以八月十三日薨，年六十八。"

同书卷十六《祭陈石士先生文》（乙未）。

陈用光《太乙舟文集》卷首吴德旋《皇清诰授资政大夫礼部侍郎陈公神道碑铭》："公之卒，以道光十五年八月十三日，年六十八。"

作《论词九绝句》，示杜煦、汪全泰两人。

《复庄诗问》卷八《论词九绝句，示杜煦、汪全泰两丈》。

杜煦（1780—1850），一名元鼎，字春晖，号尺庄，山阴（今浙江绍兴）人。嘉庆十二年丁卯（1807）举人。传见宗稷辰《躬耻斋文钞》卷十《杜尺庄征君墓志铭》。

徐宝善《壶园诗钞选》卷四《五忆诗》之五《山阴杜孝廉尺庄煦》、《送杜尺庄孝廉煦与其嗣君稼轩孝廉宝辰归越中，有序》，卷九《赠尺庄》；端木国瑚《太鹤山人集》卷十三《送杜尺庄煦还会稽》，并附于此。

《道光重修仪征县志》卷二十八《选举志》："（举人，嘉庆）九年甲子……汪全泰，有传。"

同书卷三十一："汪全泰，字竹海，端光长子。少年绩学，博览群书。嘉庆甲子，与弟全德同中顺天举人，一时播为佳话。报捐内阁中书，亲老告养。父疾，全泰衣不解带，割股祝天。服阕后，加捐员外郎，分刑部江西司主稿。祁大司寇最重之。乙亥，擢取，以繁缺知府用，选授浙江台州。引见，回本衙门。壬寅，投效东河。时值中牟大工兴举，巡抚鄂容安、河督钟祥派司总局。大工合龙，保加升衔。因劳成疾，不起。全泰性慷慨，乡党间推食解衣，毫无吝惜，囊橐不留一钱。所著诗集十六卷、词四卷、骈文一卷。"

《同治续纂扬州府志》卷九《人物》亦有其小传，不具录。

陈銮偕张际亮过壶园，与之交识，有诗。

陈继聪《蛟川先正文存》卷二十姚燮《送张亨甫还建宁序》："溯乙

未，予入京师，主壶园，适陈中丞芝楣先生入觐来京，偕君过壶园，饮谭终席去。知君未深也。”

《复庄诗问》卷八《晤张孝廉际亮》：“十年闻汝名，今日识君形。”

张际亮（1799—1843），字亨甫，号华胥大夫，建宁（今属福建）人。道光十八年举人。有狂名，乡试时易名亨辅始得中式。有《金台残泪记》、《思伯子堂诗集》、《松寥山人集》、《娄光堂稿》等。传见《思伯子堂诗集》卷首《张亨甫传》、《续碑传集》卷七十八姚莹《张亨甫传》、《清史稿》卷四百八十六。

作诗赠何绍业。何绍业来书，邀姚燮观集秀班灯戏。

《复庄诗问》卷八《赠何公子绍业》。

陶湘编《昭代名人尺牍小传续集》何绍业手书：“野桥同年梅伯足下：闻盛举文会，欣羡之至。已得文若干首矣。今日集秀班白日间灯戏，甚为别致。弟等皆在彼，阁下能来作半日谈否？凌笏山已先往矣。特此布达，不敢相强。书此为元，不叩。弟何绍业顿首，同乐轩。”

蒋茝生《墨林今话续编一》：“何绍业，号子毅，道州人。子贞先生弟也。精绘事，力追宋元花鸟人物。偶一涉笔，亦清超绝俗，不落恒蹊。惜体弱善病，竟不永年。尝见其临钱南园《六马图》，子贞题一诗云：‘南翁六马图，意态颇横绝。子毅偶临焉，精神各超越。乌乎子毅今何往？遂逐南翁游泱漭。半生鸿爪不自惜，千年骏骨知谁赏？故人珍重增感思，令我展图泪若丝。一幅在壁一在几，怆记当日含毫时。’此图藏周子坚以朴处。子坚，扬州人。原本在阮氏嫏嬛仙馆。”

据何绍基《东洲草堂文钞》卷十八《仲弟子毅墓表》，何绍业生于嘉庆四年（1799），卒于道光十九年（1839），年四十一。

识青田端木国瑚。饮其藤花馆寓室，有诗。见其方校《周易指》而未成，后为其作跋。

陈继聪《蛟川先正文存》卷二十姚燮《跋端木舍人〈周易指〉后》：“往在辇下，谒先生退庐，书待校方未成也，举其纲求引诱，则曰：绳汉者芜，墨宋者肤。在是即是理，群识孤旁而障之，奚为乎？至今绅佩之。”

陈继聪《蛟川先正文存》，光绪八年刊本。

《复庄诗问》卷八《同端木先生国瑚饮藤花馆寓室》：“我与先生均浙

产，年岁相悬地相限。我方总角习铅椠，君已才名通籍版。……先生卧把羲经读，我且微吟倚庭竹。夜来黄月沙万屋，此院深深独能绿。先生弗吝一寸烛，吾抱吾琴来对宿。”

同书卷九《端木先生属赋太鹤洞天石歌》。

潘衍桐《两浙輶轩续录》卷三十四：“端木国瑚，字子彝，号鹤田，又字井伯，晚号太鹤山人，青田人。道光癸巳进士，官内阁中书。祀乡贤。著《太鹤山人集》。”

《清史稿》卷四百八十五有端木国瑚传，不具录。

黄钊、端木国瑚过寓斋，留饮，有诗。又有诗赠答。

《复庄诗问》卷九《黄钊、端木国瑚两丈见过寓斋，留饮》、《答黄丈钊》。

黄钊《读白华草堂诗二集》卷十一（乙未）未收入与姚燮赠答诗。

黄钊，字谷生，号香铁，广东蕉岭人。乾隆六十年（1795）十七岁中秀才，后大挑任知县，曾在潮州等地书院任教。与宋湘、李甫平等被誉为“梅诗三家”、“粤东七子”。有《石窟一征》（又名《镇平县志》）、《读白华草堂诗集》、《诗纫》等。见《石窟一征》卷末黄瑎元、古焘跋。

端木国瑚《太鹤山人集》卷十三《山谷诗孙为黄香铁作》、《铁耕楼，为黄香铁作，即送其还乡，赴潮阳广文任》；黄安涛《诗娱室诗集》卷十四《题家香铁孝廉钊〈山谷诗孙图〉》，卷十五《题香铁〈禅醉图〉，即用其〈九日西山登高茶话见赠〉原韵》、《退燕居岁暮联句》，卷十八《香钦用〈西山登高韵寄怀〉，奉答二首》、《腊八日，招香铁、宝田、寿生小集一琴轩》，卷十九《二月二十日，宝田、寿生以酒肴为寿，并约香铁及子未集一琴轩，用香铁韵》、《浴佛日，招同宝田、张晓初杲、香铁及菽田弟饭于紫竹庵，集法华残本字得五律二首》、《送香铁赴省，就桂山运使之招，兼寄墨农》、《香铁公车入都，作诗留别，如数奉和送行用原韵》，卷二十三《梅州怀友诗四首》其四《家香铁孝廉》，并附于此。

识乌程沈垚。沈垚为姚燮梅花画册作跋。

沈垚《落帆楼文集》卷二十四《姚野桥梅花册跋》：“余于乙未岁与姚君野桥相识于京师。……编修徐莲峰先生，野桥师也，爱其才，馆之于家。又能容其疏纵，人比之奇章公待杜牧之焉。京师人识与不识，皆知野桥为浙东才士。惜两耳少重听耳。野桥认真坦白，与余一见，即如素相识者。暇日，出其所画梅花册属题。意致闲雅，天然高妙。余既爱其画，钦其文词，尤重其胸怀夷旷，不受世俗一尘也。故仅述其梗概以墨其后。”

沈垚（1798—1840），字敦三，号子敦，浙江乌程人。道光甲午优贡生。有《新疆私议》、《元史西北地理志考》、《元和郡县志补图》、《落帆楼文集》等。见《落帆楼文集》卷首汪曰桢《沈子敦著述总录》、卷末孙燮《沈子敦哀辞》，《同治湖州府志》卷七十六《人物传》，《清史稿》卷四百八十六。

《同治湖州府志》卷七十六《人物传·文学三》：“沈垚，字敦三，号子敦，乌程人。道光十四年优贡。英姿卓荦，议论常出人意表。泛览经史子集，而于三礼为深。尤精地理之学，著《新疆私议》。……及贡入成均，屡试不售。为编修徐宝善补修《大清一统志》新疆数册，又为侍郎姚元之修《国史地理志》，并撰《道光九域志》。……著有《元史西北地考》、《地道记》、《〈西游记〉释》等书。卒年四十三。”

《光绪乌程县志》卷十八《人物七》亦有其小传，不具录。

四月，与人游尺五庄，饮王氏酒垆，有诗。

《复庄诗问》卷八《偕同人游尺五庄，饮王氏酒垆作歌》：“长安客中春已归，春归不归留者谁？南西门外杨柳店，四月尚有桃花飞。……重关欲锁金吾严，暮色催行难久淹。繁丝急管都消歇，剩与西山媚独帘。”

昭梿《啸亭杂录》卷九《京师园亭》：“在安门外，有尺五庄，为祖氏园亭，近为某部曹所售。一泓清池，茅檐数椽。水木明瑟，地颇雅接。又名小有余芳。春夏间，多为游人宴赏。”

五月，识潘德舆。以诗集示潘德舆。五月十日，潘德舆为《画梅图》作题跋。

潘德舆《养一斋集》卷十八《姚梅伯诗序》：“四明姚燮梅伯，与余交数年，其性质浑朴动于天，而不参以人，为其人殆可以学山海者也。乙未夏，以诗集示余。”

《琼贻副墨·二石〈花椳画梅图〉题跋》潘德舆题：“今年五月，都门寓中，交浙之姚某伯，甚欢。某伯以诗古文名，其墨某奇气喷涌，与兰岑匹。为之欢喜赞叹。……题于京师宣南道院，时道光乙未天中节后五日。”

天中节，端午节的别称。

潘德舆（1785—1839），字彦辅、四农，江苏山阳人。道光八年举人，大挑以知县分安徽，未到官。诗文精深，为嘉道间一作手。有《养一斋集》、《养一斋诗话》、《养一斋札记》等。传见鲁一同《通甫类稿续编》卷下、《续碑传集》卷七十一《安徽候补知县乡贤潘先生行状》、丁晏《颐志斋文钞·潘君传》、《清史列传》卷七十三、《清史稿》卷四百八十六。

五月，识潘曾绶。五月十二日，潘曾绶为《画梅图》作题跋。

《琼贻副墨·二石〈花椇画梅图〉题跋》潘曾绶题："今又识浙之姚野桥于都门。野桥能填词，希风姜、张。……道光乙未端五后七日。"

潘曾绶（1810—1883），初名曾鉴，字绂庭，曾莹弟。道光二十年举人，官内阁侍读。以父年老致仕。工诗文，有《陔兰书屋诗集》。见李慈铭《越缦堂文集》卷八《诰封光禄大夫追赠三品卿衔前四品卿衔内阁侍读潘公墓志铭》、《晚晴簃诗汇》卷一百四十三。

作《潘同年曾莹花卉画册》。

《复庄诗问》卷九《潘同年曾莹花卉画册》。

潘曾莹（1808—1878），字申甫、星斋，江苏吴县人。道光二十一年进士，咸丰间，官至吏部左侍郎。长于史学，能诗，善书画。有《赐锦堂经进文稿》、《小鸥波馆文钞》、《诗钞》等。传见《续碑传集》卷十一吴汝纶《前工部侍郎潘公神道碑》、俞樾《吏部左侍郎潘公墓志铭》。

蒋茝生《墨林今话续编一》："潘星斋曾莹，吴县相国次子。辛丑翰林，现官学士。初写花卉，冶淡有致。近工山水，秀逸旷远。每作扇头小幅，极似王恽。夫人陆氏，号琇卿，亦工画兰，善吟咏。刻有《小沤（鸥）波馆题画诗》。"

为徐宝善《问师图》题诗。

《复庄诗问》卷九《〈问师图〉，为徐编修师题》。

程恩泽《程侍郎遗集》卷五《徐廉峰仁弟诗律精密，才笔华整，得唐贤三昧。顷以〈问诗图〉相属，因取问唐贤意。仿遗山绝句奉答，略举数端，罣漏正不少也》、张际亮《思伯子堂诗集》卷二十四《为廉峰太史题〈问诗图〉》，并附于此。

送潘德舆还淮安。潘德舆因事迟归，诗以志喜。潘德舆有和作。七月，与沈照饯于圆通道院。潘德舆以诗留别，长歌答之。

《复庄诗问》卷九《赠潘孝廉丈德舆，即送其还淮安四章》其一："予生癖文字，取证惟古人。不能媚俗好，末意将安陈？京华二三月，花木争好春。挺然见孤秀，松盖何轮囷。休文君故交（谓沈篆雨），佩服逾带绅。熟耳未觌面，犹疑私所亲。相将过高室，市远门无尘。夕翳汎林翠，鸟雀空阶驯。古貌淡酬接，葛天非近民。已令区区意，化滓还大淳。"

《复庄诗问》卷九《喜潘丈迟归二章》，后附潘德舆和作。

同卷《沈孝廉肇熙、叶庶常琚同饯潘丈于圆通道院，席上偶得》。

同卷《潘丈德舆以诗留别，长歌答之》："燕台七月扫阑暑，淮南江水知亦寒。飞鸿零落好毛羽，回翔欲去心不欢。虚堂飒飒飘初叶，斜日仓黄照颜色。凝神惨对寂无语，一语交生百呜咽。疏蝉在树钟鸣夕，迸作繁声共凄切。……君弗复唱行路难，我亦愁心堕乡里。乡心别思相结纠，我归不得君难留。人生百岁几离合，眼前万事徒悠悠。"

同卷《题潘丈岱峰〈晴雪图〉》、《古意，同潘丈论诗三章》。

鲁一同《通甫类稿续编》卷下《安徽候补知县乡贤潘先生行状》："先生生于乾隆五十年六月二十八日，卒于道光十九年七月二十七日。戊子科举人第一，乙未大挑一等，以知县发安徽，未赴而卒。"

送陈墉官肃州知州，有诗。

《复庄诗问》卷九《送陈同年墉宰肃州四十六韵》。

《民国杭州府志》卷一百十三《选举七》："国朝举人：……（道光）十四年甲午科：……陈墉，乙未进士。"

同书卷一百三十七《仕绩六》："陈墉，字作甫，钱塘人。道光十五年进士，累官肃州知州。官不出陇右，历任剧邑，皆有声。……墉性豪迈，不屑事家人生产。与弟肇垣极友爱，白首同爨，无间言。"

《国朝杭郡诗三辑》卷五十六："陈墉，字作甫，号芗伯，钱塘人。道光乙未进士，官甘肃肃州、直隶州知州。有《卓庐集》。"

另有湖州德清人陈墉，附列于此。《同治湖州府志》卷十一《选举表·进士二》："国朝……（乾隆）四十年乙未……陈墉，丙子举人，庶吉士，吏部主事。"

陈墉为姚燮《探梅图》作序。

陈墉《卓庐初草》(图序)《姚梅伯〈探梅图〉序》:“华之最重于时者,曰梅。清况之士标以自况,绘事词章、耗敝楮墨者旧矣。……镇海姚君燮,工诗及画,癖好梅,遂字梅伯。侨杭者久,山颠水涯,屐齿殆遍。写梅数百番,赋梅之什以千计。又属善画者为《探梅图》。一图之不已,再三图之,至六七不厌。今年来京师,载巨箧累累然。凡士之能把笔作字者,强索书其上。与余为同年生,来请文。余久漫不应,请益勤,刿鬁不肯休。是诚不可以已耶?无何,君罢春官,资斧竭矣,编修师收之,寄食门左。君多读书,气高品贵而雅,又得贤师友为依归,而席帽草履,落拓长安市中。出见贵游少年,高轩靓服,健仆弄儿,招摇驰逐,口哆目睒,而不敢仰望。归拥败絮,卧不复出气。殆亦偃蹇憔悴于幽崖空谷高僧名士之家者也。余既不能固拒,又将有远行,行笔书之,不觉累幅。示梅伯以为何如也?”

送周铭恩典试湖北,有诗。

《复庄诗问》卷九《送周编修铭恩典试湖北》。

为蔡蕙清《竹屋对床图》题诗。

《复庄诗问》卷九《蔡光禄蕙清〈竹屋对床图〉》。

《同治番禺县志》卷四十六《列传十五》:“蔡蕙清,字元善,蔡边乡人。嘉庆十二年举人,报捐光禄寺署正,供职京师。……晚积资至刑部主事。咸丰元年告归,主讲惠州丰湖书院。四年,广州红贼之乱,土匪四起。时蕙清家居,乡人独奉约束,无敢从乱者。是年卒,年六十八。著有《捐畲斋诗》若干卷。”

端木国瑚《太鹤山人集》卷十三《蔡树百光禄蕙清〈竹屋对床图〉》,并附于此。

八月十五日,作《中秋》。

《复庄诗问》卷九《中秋》。

九月,与张际亮等人聚饮。

张际亮《亨甫诗选》卷八《梁二平仲丁辰招同西堂、旬卿、梅伯集饮黄楼》、《是日,西堂八兄招集梅伯、梅友、井文、仲勤、旬卿、杰夫饯余,饮甚乐,梅伯谓不可无诗,慨然有作》。

《亨甫诗选》中此二诗中有《初五日谒恭甫师墓，慨然有作》一首，前诗前二首为《九月十夜，晴溪三丈招集水榭饯余，以扇索书，即席赠别》、《十九夜，同孝知翁二时畴集水榭，为时畴翁书扇》，后诗紧承为《初六日，梅友、西堂、井文、杰夫、仲勤、宗叙、小汀同集乌石山积翠寺，即席赋别》……《乙未十月十日，旬卿席上奉别西堂八兄，即送之官粤东》，诗编年，作于此年。

二诗又见张际亮《思伯子堂诗集》卷二十三（乙未）。

送陈修鼎任官关中，有诗。

《复庄诗问》卷九《送陈丈修鼎观察关中》。

《民国镇海县志》卷十九《选举表下》："进士：（嘉庆）二十五年，陈修鼎，有传。"

同书卷二十六《人物传五》："陈修鼎，字玉涵，广恪子。嘉庆二十五年进士，授礼部仪制司主事，升员外郎，掌祠祭司印。在京多年，不携妻孥。勤于其职，大僚多器重之。道光十四年京察一等，擢陕西凤邠盐法道，署督粮道。丁内艰归，服阕，补山东运河道，调广西右江兵备道。二十四年，告假回里，杜门家居，绝不干预有司之事。天性简朴，虽宦成而归，出访亲友，徒步不坐舆。见者不知曾为达官。卒年七十。"

作诗赠程恩泽。

《复庄诗问》卷九《呈程少司农恩泽》。

程恩泽（1785—1837），字云芬，号春海，安徽歙县人。嘉庆十六年进士，授编修，官至户部右侍郎。与阮元并为嘉庆、道光间儒林之首。有《〈国策〉地名考》、《程侍郎遗集》。传见《程侍郎遗集》卷首、《续碑传集》卷十阮元《诰授荣禄大夫户部右侍郎兼管钱法堂事务春海程公墓志铭》、《国朝先正事略》卷四十四、《清史稿》卷三百七十六。

作《画竹篇》，赠郭仪霄。

《复庄诗问》卷九《画竹篇，赠郭中翰仪霄》。

李濬之《清画家诗史》己下："郭仪霄，字羽可，江西永丰人。嘉庆己卯举人，官内阁中书。以画竹名。黄树斋侍郎赠诗有'古之与可今羽可'句，因制小印钤其画。有《诵芬堂诗钞》。"

《清史列传》卷七十三亦有其小传，不具录。

徐宝善《壶园诗钞选》卷五《题郭羽可孝廉仪霄诗集，即送归豫章》、《题郭羽可孝廉仪霄〈独立苍茫图〉》，梅曾亮《柏枧山房文集》卷五《郭羽可竹册跋》（丙申），并附于此。

冬，病，有诗。

《复庄诗问》卷九《冬夜》、《冬夜病起》。

为秦芝庭《听泉图》题诗，送其南归。

《复庄诗问》卷九《题秦比部芝庭〈听泉图〉，即送其南归二章》其一："冻合云沙万籁枯，元黄匝野肃雕狐。"

十一月十日，妹婿袁久堂来书，劝其出入起居，格外谨慎。

《琼贻副墨·尺素集》卷十七袁鳣三书："吾兄在京，鄞、镇两处，讹谣甚多。有信者，有疑者。大约出之于嫉妒者之口。务祈出入起居，格外谨慎，并乞详示近况，以慰众愫。维祈得意荣归，解释群谤耳。专此布请元安，不备。乙未十一月初十日，姻弟袁久堂顿首。"

选叶元阶、厉志、陈仅三家诗合刻之，嘱吴德旋作序。十一月二十四日，吴德旋作《〈句东三家诗合刻〉序》。

吴德旋《初月楼文续钞》卷四《〈句东三家诗合刻〉序》："……予向者曾与鄞陈大令渔珊论及之。渔珊诗才力足以抗衡宋元诸大家，而绝不蹈宋元人流弊。予既读之而叙之矣。已而渔珊之友定海厉君骇谷、慈溪叶君心水并以诗视予，则才力皆且伯仲渔珊，而风格亦略相似。然皆各本其性情以出之，而绝不相袭。信乎其自正而之变者也，不穷于境而佳处不为昔人所掩者也。姚君野桥选三家诗合刻之，属予为序。予论诗与世殊嗜好，而惟于四明诸君有深契，亦未可谓之偶然也。遂欣然而为之序云。"

《丛书集成续编》第158册所收吴德旋《初月楼文续钞》此文未署作年，赵坚《姚燮年谱》所引此文末署："道光十五年岁次乙未十一月二十四日，宜兴吴德旋仲伦甫序。"（未刊稿，第77页）

胡滨《缄石集》卷首张绅《〈缄石集〉序》："吾郡诗人，其尤著者，若陈渔珊、叶仲兰、厉心甫三家，故姚君梅伯尝合选刻之，曰《甬上三家诗》。今得石泉，不且益之以四耶？道光戊戌春月，弟竹泉张绅序。"

岁暮，有感，作诗六章。

《复庄诗问》卷九《岁暮有感，得虫羽六章》。

除夕，独饮，有诗七章。

《复庄诗问》卷九《除夕，独饮七章》。

道光十六年丙申（1836）　三十二岁

正月一日，有诗。

《复庄诗问》卷十《元旦试笔》。

作诗赠温文禾。

《同治湖州府志》卷十三《选举表·举人二》："国朝……（道光）二年壬午……温文禾，副，字允嘉，丙申进士。"

同书卷十一《选举表·进士二》："国朝……（道光）十六年丙申……温文禾，详《人物》。"

同书卷八十《人物传·艺术》："温文禾，字允嘉，号稼生，归安籍，乌程人。道光十六年进士，倜傥多才艺，山水以大痴为宗。着墨淹润，神韵天然。"

李濬之《清画家诗史》庚下："温文禾，字允嘉，号稼生，归安人。道光丙申进士，官工部主事。山水宗大痴，著墨淹润，神韵天然。有《辛夷花馆诗稿》。"

齿痛，有诗。

《复庄诗问》卷十《齿痛》。

正月七日，同钮福保、周学源等同饮，有诗。

《复庄诗问》卷十《同黄体正、钮福保、周学源三同年饮》："日逢人日客皆客，酒家旧熟城南偏。"

《同治湖州府志》卷十三《选举表·举人二》："国朝……（道光）十四年甲午……钮福保，详进士。"

同书卷十一《选举表·进士二》："国朝……（道光）十八年戊戌……钮福保，详《人物》。"

同书卷七十三《人物传·政绩三》："钮福保，字右申，号松泉，乌程人。……福保登道光十八年进士，殿试一甲第一，授翰林院修撰，旋充江南、江西乡试主考官，提督广西学政。乙巳、丁未，充会试同考官。屡典文衡，皆以得士称。官至詹事府少詹事。性鲠直，不设城府，无阿谀伪脆之习，时称端人。”

《光绪乌程县志》卷十八《人物七》亦有其小传，不具录。

《同治湖州府志》卷十三《选举表·举人二》：“国朝……（道光）十四年甲午……周学源，学濂弟，字星海，壬子进士，侍讲学士。”

同书卷十一《选举表·进士二》：“国朝……（咸丰）二年壬子恩科……周学源，甲午举人，编修、侍读学士。”

《光绪乌程县志》卷十八《人物七》：“周学源，字星海，号岷帆，咸丰壬子进士。与兄学濂、学濬从杨知新游。知新有弁阳三凤之目。己未以编修大考，上特拔置第二名，升侍讲学士。……年四十八卒。未竟其用，知与不知，皆惜之。”

《复庄骈俪文榷二编》卷三《周岷帆太史〈破戒图〉序》，不详作年，并附于此。

《同治湖州府志》卷十三《选举表·举人二》：“国朝……（道光）二十六年丙午……周学濂，详《人物》。”

同书卷七十六《人物传·文学三》：“周学濂，字元绪，号莲伯，乌程人。道光二十六年举人。少受业于同里杨知新，故学有原本。骈体古茂似胡天游，诗典雅似彭兆荪。研求训诂，以经典相承之。字有不见于《说文》者，假借以求之他说，所无，伸以己见，名曰《〈说文〉经字考》，以补邵暎《群经正字》所未备。虞世南《北堂书钞》为明人改篡，世无善本，严可均校止五十三卷而中辍。学濂得严校本，依例续校，历数载而成。当道聘主安定书院，以经义课士，士多造就。诸弟群从，先后入翰林。风华掩映，而学濂恬于进取，独抱遗经，孜孜不倦。同治元年，湖城围急，以所著书置之学宫败壁间，谓其友曰：‘幸不为烬，遗数卷书流落人间，后世尚有知我姓氏者。’城陷日，不屈缢死。著书散佚无存。”

《光绪乌程县志》卷十八《人物七》亦有其小传，不具录。

正月十五日（元夕），于琉璃厂观烟火、东华门观灯市，各有诗。

《复庄诗问》卷十《琉璃厂元夕观烟火，效长吉体》、《东华门灯市》。

作《双鸩篇》。

《复庄诗问》卷十《双鸩篇》。

诗叙黄生与柳女相爱，柳女父母嫌黄生贫穷，不允，欲嫁女富室，女不从，以死明志。诗长，不录。

许宗衡《玉井山馆笔记》：“胡稚威《烈女李三行》，原本《孔雀东南飞》。古藻淋漓，一时观叹者众。……又近人镇海姚梅伯孝廉，居京师时有《双鸩篇》，亦摹此，而曲折尽致，则尤胜焉。然皆本《孔雀东南飞》，固知好诗，断不能无本也。”

乡人来京，留饮寓园，并询家中近况，有诗。

《复庄诗问》卷十《客自故乡来，留饮寓园，并询家中近况，系之以诗》：“明朝上巳三月时，大江菰熟多红鲻。”

春，访黄燮清于宣南坊邸，订交。

黄燮清《国朝词综续编》卷十五：“黄韵甫云：梅伯，予同年友，丙申之春，访予于宣南坊邸，始订交焉。嗣后，每北上，辄往来无间。负才豪放，徐莲峰师数称赏之。善洞箫，能自按所制曲词，极跌荡新警。如山鸡舞镜，顾影自妍。能独树一帜，而不屑屑于模范者。”

潘衍桐《两浙輶轩续录》卷三十五：“黄燮清，榜名宪清，字韵甫，海盐人。道光乙未举人，官湖北松滋知县。著《倚晴楼诗集》、《诗余》、《乐府》七种。”

王韬《瀛壖杂志》卷四：“黄韵珊孝廉宪清，海盐人也。才气倜傥，称于一时。……韵珊工于小词，独饶神韵。……著有《茂陵弦》、《帝女花》、《凌波影》等院本，脍炙人口。”

叶炜《煮药漫抄》卷上：“海盐黄韵珊孝廉宪清，惊才绝艳而貌不扬。尝著《帝女花》、《凌波影》、《茂陵弦》等传奇，为时所称。其《桃溪雪》一种，尤脍炙人口。余杭有富室女，读而慕之，寝膳俱废。父母忧焉。会韵珊登闲书，其舅氏偕女来访，为选婿计。见黄貌不副才，废然而返。一时传为笑谈。顾此女亦皮相者，果其爱才，则竟委身焉可也，又奚待相攸为？惟其俗见未泯，亦乘兴而来，兴尽而返也。”

《光绪嘉兴府志》卷五十六《海盐列传》、《清史列传》卷七十三有黄燮清小传，不具录。

黄燮清《倚晴楼诗余》[清平乐·题姚梅伯梅花、任渭长美人合作]、黄燮清《国朝词综续编》卷十四[忆旧游·题姚野桥《剪灯词》]、戈载

《翠微花馆词》卷十五［征招·题海盐黄韵珊《帝女花》乐府。叙明季长平公主事也］，并附于此。

三月九日、十二日、十五日，参加会试。试毕，诗赠同寓友人。有下第之预感，诗有自负且自嘲之意。张际亮亦与此次春闱，闱中有诗。

张际亮《思伯子堂诗集》卷二十四（丙申）《十二日闱中作》："一日犹堪了万言，矮檐无事望高天。人才未必关科第，世运方当启圣贤。千幕暗明同入梦，九州聚散亦如烟。谁知教养朝廷泽，忠爱原存未仕先。"

《复庄诗问》卷十《春闱试毕，戏示同寓友》："番市谁能识宝砗，文章自古有笼筬。要骑上界三霄月，恐误长安一度花。蠕蠕人同蛾出茧，謷謷自笑马生才。梦还多是孙山路，莫咎朱衣罩眼纱。"

四月一日，与何绍基、何绍业、沈垚、许瀚等江亭饮酒，有诗。

《复庄诗问》卷十《何绍基、绍毅昆季招同沈垚、许瀚江亭饮酒》。

陶湘编《昭代名人尺牍小传续集》何绍业手书："四月初一日，江亭小集，同人为沈子敦、许印林、山东王箓友、湖北刘心农、江南俞礼初及子贞、子毅与阁下也。……请阁下作四六一篇，再缀以词及画，子敦作散体文。余从共倾此问野桥年大兄吟安。弟业顿首。"

又见《琼贻副墨·尺素集》卷二。

何绍基（1800—1874），字子贞，号东洲、猿叟，湖南道州人。道光十六年进士，咸丰初，简四川学政。曾典福建等乡试，历主山东泺源、长沙城南书院。通经史，精小学经石碑版。长于草书。有《惜道味斋经说》、《东洲诗文集》、《说文段注驳正》等。传见《东洲草堂文钞》卷首熊少牧《诰封中宪大夫翰林院编修貤封资政大夫道州何君墓志铭》、《续碑传集》卷十八林昌彝《何绍基小传》、《清史稿》卷四百八十六。

许瀚，字印林，山东日照人。道光十五年举人，官峄县教谕。卒年七十。通金石训诂之学。有《韩诗外传勘误》、《攀古小庐文》等。传见《续碑传集》卷七十九杨铎《许印林先生传》。

四月四日，与徐宝善、叶绍本、黄爵滋、黄琮、汪喜孙、陈庆镛、黄钊、孔继镀、郭仪霄、曹楙坚、许瀚、温肇江、汤鹏、鲁一同、张际亮、潘德舆、梅曾亮、蒋湘南、丁晏、姚斌桐、徐荣、王钦霖等四十多人于宣武坊城南之江亭修禊，汪喜孙出所藏宋刻王右军禊帖，装潢成卷，送藏枣花寺

中。温肇江绘《江亭展禊图》。众人各有诗文纪之。

《琼贻副墨·兰如集》卷三姚燮《江亭修禊启》:“丙申四月四日，叶筠潭、徐廉峰、黄椝卿、陈颂南、汪孟慈、黄树斋招同某某宴集江亭，仿兰亭四十二人。孟慈出所藏宋刻右军禊帖，装潢成卷，将送之古枣花寺中。温翰初绘《江亭展禊图》于其次。”

《复庄骈俪文榷》卷三《江亭修禊序》:“道光十有六年，岁惟柔兆，月次鹑首，时癸丑朔四日，吾师徐编修廉峰先生暨叶鸿胪筠潭、黄编修椝卿、陈户部颂南、黄鸿胪树斋、汪户部孟慈集同人四十有二人，会于京师宣武坊城南之江亭，继永和禊事也。惟时太空澄霁，晷景绵远，群绿向滋，禽羽道喧。骋目惟旷，引心得净。文采下上，媚润云日之色；琴尊左右，晻郁林木之气。……幸同榷拍须鉴调，言情悽以协；且傯兴于长风，斯文具在，弗贻贬于来者。”

《复庄诗问》卷十《徐编修师及叶绍本、黄爵滋两鸿胪，黄编修式琮，汪喜孙、陈庆镛两户部招同人四十二人江亭展禊赋诗，得五言二章》其二:“片石拓遗序，抚墨追昔贤。精华耀千载，讵以文字传(孟慈先生以宋拓兰亭卷后书同人诗文，藏枣花寺，故及之)。……”

黄爵滋《仙屏书屋初集》诗录卷十《江亭展禊诗》。

陈庆镛《籀经堂类稿》卷八《丙申四月四日，江亭修禊》。

黄钊《读白华草堂诗二集》卷十二(丙申)《丙申四月四日，家树斋先生暨叶筠翁两鸿胪，徐廉峰、家椝卿琮两编修，汪孟慈喜孙、陈颂南庆镛两农部招同人宴集江亭，仿兰亭四十二人之数。孟慈出所藏宋刻右军禊帖，装潢成卷，将送之古枣花寺中。温翰初绘〈江亭展禊图〉于其次，为赋二绝》。

曹楙坚《昙云阁诗集》卷五《四月四日，树斋师、叶筠潭、徐廉峰、黄椝卿前辈、汪孟慈、陈颂南招集江亭，仿兰亭四十二人。孟慈出所藏宋刻禊帖，装池成卷，将送之枣花寺中。温翰初绘〈江亭展禊图〉于其次，纪事同作》。

张际亮《思伯子堂诗集》卷二十四《丙申四月四日，叶筠潭绍本、黄树斋二鸿胪，徐廉峰、黄渠卿琮二太史，汪孟慈、陈颂南庆镛二农部招同人四十二人展禊江亭。孟慈出所藏武定兰亭，装演(潢)成卷，将送之枣花寺中。温翰初肇江农部绘〈江亭展禊图〉于其次，各有诗及文。余得二十八字》。

蒋湘南《春晖阁诗选》卷二《江亭展禊，用廉峰太史集中〈江亭饯春〉元韵，呈黄树斋爵滋、叶芸潭绍本两鸿胪，汪孟慈喜孙、陈颂南庆镛两农部，黄椝卿琮、徐廉峰两太史，丙申四月初四日也。时孟慈农部以宋本兰亭禊帖，送藏枣花寺，并绘〈展禊图〉于帖后》。

鲁一同《通父诗存之余》卷下《江亭宴集诗，三首逸其二》："丙申夏四月四日，黄树斋鸿胪、徐廉峰太史招集同人于城南江氏亭子，为展禊之会，同人赋诗。"

徐荣《怀古田舍诗节钞》卷二《四月四日，鸿胪黄树斋爵滋、叶筠潭绍本，编修徐廉峰宝善、黄椝卿琮，户部汪孟慈喜孙、陈颂南庆镛招同马止斋等四十二人江亭展禊，即送孟慈所藏宋刻兰亭入枣花寺，人各有诗。户部温翰初肇江绘图》四首其二："此亭阅人几，此会昔未闻。西山识幽约，闯然赴斜曛。我从此山来（予方游西山归），游踪生白云。迟迟碧潭雨，落落缁衣尘。"

孔继鑅《心向往斋集》卷三（丙申）《四月四日，叶筠潭绍本、黄树斋爵滋二鸿胪，陈颂南庆镛、汪孟慈喜孙二农部，徐廉峰宝善、黄理斋琮二编修招同人饮江亭，与者四十四人。是日，孟慈以所藏定武本兰亭送枣花寺中。温翰初农部肇江为之图，吴子序孝廉嘉宾文以记之》。

潘德舆《养一斋集》卷八《江亭展禊诗》："四月四日，黄树斋先生及叶筠潭少卿，汪孟慈、陈颂南两户部，徐廉峰、黄椝卿两太史招集京师城南陶然亭，仿兰亭四十二人之会。温翰初户部为《江亭展禊图》，孟慈并出所藏宋刻禊帖，送置古枣花寺，而以同人作附其后，余为古诗二章。"

梅曾亮《柏枧山房骈体文》卷下《江亭展禊序》："道光十六年四月，叶芸潭先生暨黄树斋两鸿胪，徐廉峰、黄秬卿两编修，陈颂南、汪孟慈两户部，凡是六主，各延七宾，四十八人，符群贤之数。四月三日，为展禊之举，遂登江亭以会，而书志逸兴也。……爰总众制，联为大轴，作苑本心图，附临河旧拓，藏之兰若，寺曰枣花。此则元凯沉碑于岘水，自喜其名；太傅写本于经堂，自广其集。古有行者，今无愧焉。"

丁晏《颐志斋文集》卷五《津门华梅庄诗集序》："京师为天下文人之

薮，台阁之彦，胄监之英，四方才俊，毕萃于斯。……丙申之夏，宜黄黄树斋爵滋、晋江陈颂南庆镛、歙县徐廉峰宝善、甘泉汪孟慈喜孙，仿兰亭宴集，为江亭展禊之会。吾友汤海秋鹏、王慈雨钦霖、郭羽可仪霄、黄香铁钊、许印林瀚、张亨甫际亮、姚梅伯燮、蒋子潇湘南、斌秋士桐及同乡潘四农德舆、鲁兰岑一同暨余凡四十二人，各为诗文以纪之。固一时之盛也。”

同书卷十二《〈江亭展禊图〉序》：“今天子御极之十有六年……维时仕于朝者，归安叶京卿绍本、歙徐太史宝善、甘泉汪户部喜孙、昆明黄太史宗、晋江陈户部庆镛、宜黄黄鸿胪爵滋，乃于宣武坊南之陶然亭，以四月四日招集海内文士，为展禊江亭之会。孟慈出所得宋刻禊帖并一时题咏，臧弆古枣花寺。上元温农部肇江绘图，以纪其事。僦水部之遗构，追蓬池之胜游。移书召客，评酒命俦。东箭南金之美，荟其菁英；鸿轩凤举之姿，挹其光采。匪惟国士之知，亦抑帝京之盛。晏以不才，猥与其列，谨为叙曰：……”

潘衍桐《两浙輶轩续录》卷二十一：“叶绍本，字仁甫，号筠潭，佩荪子，归安人。嘉庆辛酉进士，官至鸿胪寺卿。著《白鹤山房集》。”

《同治湖州府志》卷十一《选举表·进士二》：“国朝……（嘉庆）六年辛酉……叶绍本，详《人物》。”

同书卷七十六《人物传·文学三》：“叶绍本，字立人，号筠潭，佩荪（别有传）子。嘉庆六年进士，授翰林院编修。出为福建学政，寻授直隶通永道。历官山西布政使，入为鸿胪寺卿。绍本以文学起家，不耐吏事，酷嗜诗，无日不作，以唐人为宗。词及骈偶之文，皆斐然可观。著有《白鹤山房集》。”

《光绪归安县志》卷三十七《文苑》亦有其小传，不具录。

黄爵滋（1793—1853），字德成，号树斋，江西宜黄人。道光三年进士，授编修，迁御史，以直谏负时望。力主禁烟。官至刑部左侍郎，进《海防图表》，极言抗英之计。坐事落职。有诗名。有《黄少司寇奏疏》、《仙屏书屋诗文录》。传见《续碑传集》卷十孙衣言《光禄大夫前刑部左侍郎黄公行状》、《清史列传》卷七十三、《清史稿》卷三百七十八。

汪喜孙，字孟慈，江苏江都人。嘉庆丁卯举人，官户部主事。传见

《清史列传》卷六十八。

黄琮，云南昆明人。道光六年进士，选庶吉士，授编修，累擢兵部侍郎，以亲老乞养回籍。同治二年，回民马荣起义，诈降，入城，遇害。赠右都御史，谥文洁。传见《清史稿》卷三百九十九。

陈庆镛（1795—1858），字颂南、乾翔，福建晋江人。道光十二年进士，官户部员外郎、御史。有直声。二十六年，辞官回籍。因办团练抵御太平军，咸丰八年卒于泉州。有《籀经堂集》、《籀经堂类稿》。传见丁晏《颐志斋文钞》《朱琦、陈庆镛合传》、《续碑传集》卷十九陈棨仁《中议大夫掌陕西道监察御史候选道特赠光禄寺卿衔崇祀乡贤陈公墓志铭》、《清史稿》卷三百七十八。

孔继镕（？—1858），字宥函，山东曲阜人。直隶大兴籍，家居清河。道光十六年进士，官刑部主事，改南河同知。旋去官，居宝应。咸丰八年，在德兴阿幕府，江浦之败，死于军中。有诗名，能文章。有《心向往斋集》。传见《心向往斋集》卷首、《续碑传集》卷七十九、吴昆田《漱六山房全集》卷七《孔宥函传》、《心向往斋集》卷首冯煦《孔宥函先生传》、成孺《书孔宥函太守殉难事》、陈继聪《忠义纪文录》卷二十三《孔太仆继镕》。

曹楙坚（？—1853），字艮甫，江苏吴县人。道光十二年进士，官户部主事、湖北按察使。太平军破武昌时被杀。工诗，有《昙云阁诗集》。传见陈继聪《忠义纪文录》卷二十三《曹廉访楙坚》、《清史稿》卷四百九十。

李濬之《清画家诗史》庚下："温肇江，字道甫，号翰初，江宁人。道光壬辰进士，官户部主事。山水师石田，得苍古之致。兼善隶书，有《钟山草堂集》。"

汤鹏（1801—1844），字海秋，湖南益阳人。道光三年进士，授礼部主事，官至御史。勇于言事，以劾工部尚书宗室载铨，被黜。鸦片战争时，犹条上洋务三十事。有《浮丘子》、《海秋诗文集》等。传见梅曾亮《柏枧山房文集》卷十四《汤海秋墓志铭》（甲辰）、《续碑传集》卷二十王拯《户部江南司郎中汤君行状》、姚莹《汤海秋传》、邵懿辰《汤海秋哀辞》、《清史列传》卷七十二、《清史稿》卷四百八十六。

鲁一同（1805—1863），字通甫，一字兰岑，江苏清河人。道光十五年举人，尝佐清河知县吴棠守城御太平军。有《通甫类稿》、《邳州志》、《清河县志》等。传见《续碑传集》卷七十九、吴昆田《漱六山房全集》卷七《鲁通甫传》、汤纪尚《鲁通甫先生传》、《清史列传》卷七十三、《清史稿》卷四百八十六。

梅曾亮（1786—1856），字伯言，江苏上元人。道光三年进士，官户部郎中。师事姚鼐，专力古文。有盛名。晚年主讲扬州书院。有《柏枧山房全集》。传见《清史列传》卷七十三、《清史稿》卷四百八十六。

蒋湘南，字子潇，河南固始人。道光十五年举人，治经宗许、郑。有《十四经日记》、《七经楼文钞》、《春晖阁诗钞》等。见《碑传集补》卷五十夏寅官《蒋湘南传》。

徐荣（1792—1855），原名鉴，字铁生，汉军正黄旗人。道光十六年进士，官浙江遂昌知县。咸丰间，官至杭嘉湖道。与太平军战于渔亭，阵亡。工诗，精隶书，善画梅。有《怀古田舍诗节钞》等。传见《怀古田舍诗节钞》卷首铭岳《徐公传略》、《续碑传集》卷五十九陈继聪《徐观察传》、《清史稿》卷四百九十。

丁晏（1794—1875），字检卿、柘堂，江苏山阳人。道光元年举人，咸丰年间以在籍办团练，由内阁中书加三品衔。生平校订、著述甚多，有《毛郑诗释》、《三礼释注》、《周易述传》、《颐志斋文集》等。传见《续碑传集》卷七十四《丁晏传（〈儒林传稿〉）》、《清史稿》卷四百八十二。

黄燮清《国朝词综续编》卷十六：“姚斌桐，字秋士，襄平人。道光十六年进士，官兵部主事。有《还初堂词》一卷。”

四月九日，榜放，又下第，甚郁郁不自得。

《琼贻副墨·兰如集》卷四陈继聪《大某山人生传》：“春闱榜放，踯躅下第，甚郁郁不自得。”

《清史稿》卷十八《宣宗本纪二》：“（道光十六年四月）丁丑，赐林鸿年等一百七十二人进士及第出身有差。”

张际亮《思伯子堂诗集》卷二十四（丙申）《四月初九日，书翠岩扇子。是日揭晓》：“我今不第欲南归，君倘能归共酒卮。万里大江片明月，故应流照两人诗。”

四月，同寓诸子在壶园饯行，以诗留别徐宝善与众人。徐志恭有诗相赠。

《复庄诗问》卷十《夏夜，壶园饮饯，长歌留别编修师，并示同寓诸子，得三十五韵》。

《琼贻副墨·兰如集》卷六徐志恭《野桥仁兄世大人留都一载，舍于吾宅寄巢之东，朝夕谈论，颇相浃洽，殆心知也。春明报罢，决意南归。别绪离情，依依不舍。小窗话别，相对移时。中怀若沮，忽不自禁，执笔书此，聊作赠言，并不暇问其工拙何如矣》。

《复庄诗问》卷十《别诗》。

回途经过今河北固安、雄县、鄚州，山东平原、茌平、东阿，江苏阴平、宿迁、淮阴（清河）、瓜州、镇江、丹阳、苏州（吴门），浙江石门（桐乡西）、杭州等地，各有诗。

《复庄诗问》卷十《黄村和林溥题壁诗》、《晓发固安》、《雄县》、《赵北口》、《枣林庄》、《鄚州集，过王嫱湾》、《瀛海驿，为始皇求仙处》、《赋得大道柳八章》、《东光驿道中遇徐寿昌》、《宿平原，和鲁一同夜过德州韵》、《自金鸡店至腰站》、《茌平旅夕闻歌》、《晓发铜城驿，至东阿道中杂诗五章》、《夜度匀笼山》、《渡汶河二绝句》、《雨憩南沙河，题壁》、《独漉篇》、《车行枣花下》、《临城驿五更，冒雨至阴平，杂咏题壁四绝句》、《马兰屯二章》、《雨后出岔河野望，杂兴五章》、《食杏》、《官湖醉歌，示同行诸子》、《花炖儿谣》、《宿迁山行》、《车中对月》，卷十一《楚关五章》、《晓霁发顺河》、《纪梦》、《抵王营河口》、《渡黄河大风》、《清河》、《移风闸》、《范公湖看荷花》、《千金亭》、《三十六湖》、《界首舟中》、《泊露筋庙》、《召伯埭》、《瓜州》、《瓮堤行，泊镇江作》、《新丰水》、《丹阳》、《真疑二章》、《舟望》、《阳湖观竞渡》、《无锡》、《抵吴门》、《阿李诗三十二韵》、《企喻歌八章》、《匪逵之奥四章，赠昆山戴炳垣》、《穹窿山道士索以新诗书扇，戏为二章》、《石门舟中》、《渡钱江，憩孙家店，二绝句书壁》等均此行作。

五月五日，在汶上（今属山东）客店过端五节，有诗。

《复庄诗问》卷十《汶上客店，偕同人作，端阳》。

过东阿时，作文吊曹植（陈思王）。

《复庄骈俪文榷二编》卷二《东阿吊陈思王文》。

姚燮数过东阿，作吊文具体时间不详，姑系本年。

五月，过扬州，友人招饮平山堂。席上，邂逅伎赵玉卿，留欢十日。渡江，有诗。

《十洲春语》卷首姚燮《录〈十洲春语〉成，自题七律十六首，并杂感旧游》其五："隋家烟月木兰桡，梦忆扬州廿四桥。空傍玉钩寻翠钿，已无琼树狎红箫（江都赵玉卿居风梧阁，善吹箫。丙申之夏，友人招饮平山堂，邂逅席上，遂留作十日欢。越年重访，已无消息）。"

《复庄诗问》卷十一《扬州作八绝句》其七："平山一角尚虚堂，露叶风榛暗蜀冈。多少园亭变邱垄，游人只记有欧阳。"

同卷《渡江作歌》："今年五月南入江，晓雨连山出新沐。"

过杭州时，与叶元壁晤于行馆，略叙而别。

《琼贻副墨·兰如集》卷十三叶元壁［长亭怨］："予与野桥为倚声之交，自送北上后，寒暑互易。岁丙申，晤于武林行馆，归心匆匆，略叙而别。腊前再晤于郡东酒楼，时有定海之役。"

七月，抵家。喜家人团聚，阖门平安，有诗。

《琼贻副墨·尺素集》卷十七杨雪门书："接披手翰，知文旆于秋间安抵里门。"

董沛《四明清诗略》卷二十七："杨际春，字学伊，号雪门，慈溪人。守正子。官山东阳信知县。张小风太守撰传略：君工诗善画，与同郡马荪伯、屠同生、姚梅伯相友善。"

《复庄诗问》卷十《到家四章》其一："老亲视我久，惊我面目黧。不言汝何瘦，但言汝当饥。"其二："回首见病妻，牵儿出帷侧。……睆我身上衣，昏淡有尘色。如忘亲在前，低头手相拭。阿妹依母边，蓬妆未梳饰。谓兄行路劳，劳当暂眠息。"其三："暂眠良自佳，梦犹抱江鹜。……儿来踞床后，以手捶我足。自言读毛《诗》，近可《国风》熟。阿妹同病妻，并镜理膏沐。还看阿弟痴，颠倒检书簏。"其四："梁燕语啾唧，日暮闻叩门。亲邻知我归，具酒相寒暄。……差幸家室安，仰感皇天恩。"

七月，在宁波城北鸥槃园故池看荷花。又与叶元阶、厉志会于揽碧轩，相互品诗。有诗纪之。

《复庄诗问》卷十一《秋日，城北鸥槃园故池看荷花》："去年花开六月过，今年七月花犹多。”

同卷《揽碧轩即事，与叶十八、厉三两山人》：“湖流到门不肯绿，来照疏襟是疏竹。袖中出示别后诗，君等新诗亦成轴。各携一卷倚竹读，读未竟卷继以烛。朗吟如蝉轻作蛩，门外闻之杂歌哭。……醉须共结千丈绳，速梦东瀛系桑旭。”

作《重修显灵侯助海孔侯庙记》。

《复庄文酌》下编《重修显灵侯助海孔侯庙记》：“庙久圮，道光乙未岁，隶祠居民修扩之。越年丙申始落成，丹雘咸美，观瞻以肃。里人姚燮感旧碣之久废，恐无以著神功、昭众敬也，爰稽其始末，谨笔记之。”

厉志为姚燮画大幅丛梅题诗。

厉志《白华山人诗集》卷十六《乙丙集》《题姚梅伯画丛梅大幅》：“种梅老人住东郊，年年花开来相招。重云霰雪飞野路，耸身促步风刁骚。到门已见千树白，后溪万树窥嶆嶆。……傍立之人兀瘦骨，几几欲与梅神交。甚思托兴于绘画，及今蹉跎非一朝。君臂如石指如铁，肝腑倔强气腾骁。方当下笔意已脱，瑟瑟独向空中描。著枝著节著花蕊，心目流转情周遭。使我复来睹花树，俨披裘服蹲岩嶅。星攒绮合君才思，艺林作戏见一毫。相如文体工形似，补之墨渍挥清标。君惟用此一握笔，发为奇趣横波涛。平生颇擅郑老技，今如侏儒见长侨。作诗且题余幅上，素壁暗动新月高。”

《乙丙集》收入去、今两年之诗，《白华山人诗集》刊于本年。姚燮去年在京城，因将此事系于本年。

七月，徐炽昌来书询近况。

《琼贻副墨·尺素集》卷六徐炽昌书：“别三月矣，思慕之情，与时俱积。迩来想已早抵家门，经年别离，一旦倾怀，仰事则融融然，俯育则怡怡然，其乐也何如？无怪数千里外之故人，绝不通一纸书也。特阁下出都时，腰缠太少，计算车价，当有不敷。无论缠头之费无所取偿，即道路之谋，亦须画策。虽廿四桥边、姑苏门外，为烟花极盛之地，然床头金尽，壮士无颜，能不顾彼芳菲，呼负负耶？”

徐志恭来书询近况。

《琼贻副墨·尺素集》卷六徐志恭书：“相聚一年，如亲肺腑。……回首思维，又成春梦。……新到故乡，自多人事。青楼旧友，追续前欢，乐何如之!”

九月，杨际春来书，言及徐宝善有礼物相赠，及姚燮与京中女伎交往情况。

《琼贻副墨·尺素集》卷十七杨雪门书:“不与畅谈，于今半载矣。……前在春明，与群花畅叙幽情，颇得真趣。不知近来兴致若何?明岁祈早来，幸甚。附来贵老师廉峰先生之奉，弟当即饬纪送去。……桐仙、韶仙两函，亦遵谕亲诣送交。日后有复札，再行寄奉可耳。弟当时面道阁下依恋之情，伊等颇有遗憾于阁下之意，云:野桥今年若得中，何至南北形暌，终朝系切?终由不用功之故。此等言语，无论其由中与否，令人终觉可感。足见吾兄与伊等义重如山。关切之情，以至于此。”

陆圻有诗怀姚燮。

《复庄诗问》卷十二《陆圻过寓斋谈次，示丙申见怀五律四章，依韵奉答》。

诗后附陆圻原诗四首其一:“不是江山助，如何笔有神?重君遗世想，呼我谪仙人。心淡才偏艳，身狂性最真。杭州岁除夜，忆否买青春?”

《复庄诗问》卷三十《题陆圻〈巴西南龛石壁题诗图〉》，并附于此。

为定海总兵庄智庵七十岁作寿序。

《复庄骈俪文榷二编》卷八《寿庄智庵总戎七十序》:“于惟皇上御极道光十有六年……适定海镇智庵庄总戎七龄弧庆，仰膺昊贶，矍铄性孩。丛骈彦髦，操舞左右。掀髯命醁，笑谈勋策。……”

往定海(瀫洲)，过钱鉴堂北墅，与厉志、陈福熙等会，临别，有诗。

《复庄诗问》卷十一《自浃江抵瀫洲舟中得五绝句》、《过钱氏北墅》、《客怀诗三章，示别金广文士奎、厉山人志、陈明经福熙、茂才登熙昆季》。

《复庄骈俪文榷》卷五《〈北墅十咏诗〉序》:“钱君鉴堂于其先人墓侧相其地，构园为庐所。其去定海城之北四里许。”

冬，客慈溪，有诗。

《复庄诗问》卷十一《大风下蛟门》。

同卷《客慈溪，留示尹嘉年》:“满城湖气如冻烟，万山欲雪天难妍。

谁家梅花出墙角，含春来照孤客颜。……”

冬至日，有诗。

《复庄诗问》卷十一《长至》。

冬，作《夜坐吟》二首，述贫寒愁苦之情状。

《复庄诗问》卷十一《夜坐吟二章，示内子》其一：“寒衣在典不可赎，赤手思炊米无宿。我心如棘君首蓬，相对吞声抵悲哭。……”其二：“……吁嗟乎！出门愁别，在家愁食。但愿东风迟迟来，东风来时春草碧，又要他乡作行客。”

过谢家塘故居，作诗六首。忆少时生活，感物是人非、沧桑巨变。

《复庄诗问》卷十一《过谢家塘少时故居，感作六章》其一：“十年三易姓，门户多改易。高槐当断垣，叶尽无鸟依。初阳照霜白，庭草萎以凄。饿犬逐病猫，过牖惊黄鸡。缅怀夙所历，境在心终疑。晨昏有沧桑，风雪谁预期。”

十二月，与叶元壁晤于宁波城东酒楼。

见本年所引《琼贻副墨·兰如集》卷十三叶元壁［长亭怨］词序。

除夕祭神，有诗。

《复庄诗问》卷十一《除夕祭神》。

厉志《白华山人诗集》刊行。

厉志《白华山人诗集》卷首何绍基序：“同治九年，予游三吴，其嗣学潮为元和令，奉遗集丐为甲乙，卒业三叹。……道光庚子，版毁于兵，学潮惧先泽之就湮，重加锓木。……时同治十一年秋七月，道州何绍基叙。”

同书卷首吴德旋序：“予前既为四明三家合选诗序，而厉君骇谷复以其所著全诗视予，属为之序。……道光十六年五月，宜兴吴德旋序。”

同书卷首叶元阶序见前所引。

同书卷首陈训正《书白华山人诗集》：“镇海厉骇谷先生，清嘉、道间诗人。与镇海姚某伯同有声浙东。其诗刊于道光十六年，曰《白华山人诗集》。时先生年已五十有四，生有眚疾，至是益甚。友人慈溪叶心水元阶有别墅在郡之月湖滨，号枕湖吟舍者。先生与某伯来郡，恒集吟舍，商榷文艺。心水因为检校其诗稿，叙而刊之。都一十六卷，古今体诗八百五首，《诗说》二卷附后。版藏于家。越四年，英军内侵，陷定海，毁焉。而先生亦旋殁。洪、杨乱起，家室播迁，未遑整理先集。直至光绪九年，其嗣学潮服官三吴，始以先生遗墨重付剞劂。当时印行无多，流传未广，士林求读之而不易得。且六十年来，藏板颇受蠹霉之害，先生曾孙汝熊惧先泽之将湮，乃复排整完补，俾无缺损，又深知私家庋藏，不如公库之慎重，舁其版，赠与浙江省立图书馆，葆藏流通，以永其传。诚孝子仁孙之用心也。余与厉氏两世有连，颇悉此版之由来。题识之如此。中华民国二十五年八月，慈溪陈训正书。"

厉志还有《白华山人诗书画真迹汇编》，1922年版。

道光十七年丁酉（1837）　三十三岁

正月一日，登梓荫山，谒文帝，有诗。

《复庄诗问》卷十二《元旦登梓荫山谒文帝》。

梓荫山，在镇海城区内。

正月三日，热如初夏，有诗。

《复庄诗问》卷十二《三日如初夏，喜而成歌》。

正月六日，与刘朝元等人聚饮，有诗。

《复庄诗问》卷十二《六日夕，招同孔传诗、史伟、刘朝元、吴颋小饮，得诗二律》。

同厉志、卢派等人聚饮，有诗。

《复庄诗问》卷十二《同厉三志、卢大派酌性公总持丈室》。

董沛《四明清诗略》卷二十五："卢派，字枫伯，号卍云，镇海人。道光庚子副贡。"

《民国镇海县志》卷二十七《人物传六》："卢派，字枫伯，晚号卍云道人（城区）。道光庚子副贡，状貌魁梧，与姚燮友善。工书画，精音律，通医学，习拳术。画则花卉之外，以字法作山水。秀劲绝伦，而尤以枯木竹石为最精。书法始于颜平原外，略参各家法。后游苏州，施稻香授以梁山舟书诀，艺益精。寄居郡城，时返故居。喜释老书，博涉道藏。卒年六十余，以道装殓。书画为人争购，惟所著《书品》二十四篇行于世（陈修榆《传》）。"

《复庄诗问》卷四《答卢生派招宝山见怀韵》，并附于此。

二月，舟行至吴门。

《复庄诗问》卷十二《春江曲》："去年六月行归舟，荻芦过雨成凉秋。今年二月复行路，别眼看花增别愁。"

同卷《二更大风雨，放舟自甬江下浃口》、《白桃花二章》、《娥江道上》、《钱清江晓望》、《舟行杂诗十章》、《晓步吴江，折得城根人家墙外桃花有作》同时作。

途中，过杭州，晤叶元壁。叶元壁作［长亭怨］词。

《琼贻副墨·兰如集》卷十三叶元壁［长亭怨］："……今年春，又晤于武林，旋复别去。盖又有吴中之行。近闻未归，赋此寄之。"

在杭州时，曾寻梅。

《复庄诗问》卷十八《憩湖山春社遇雨》："去年来寻梅，泥酌听晚箫。画城初月痕，媚之新柳条。"

诗作于明年，见下文。

三月三日（上巳），在苏州，游钱氏息园，有诗。

《复庄诗问》卷十二《上巳日，过钱氏息园作》："伧也多金穷土木，改葺名园极华缛（园本依园故址，乾隆时，蒋、杨二姓先后居之。嘉庆十六年，钱参军峰改筑，即以其地为武肃王分祠）。游者讶为神仙宫，啧啧从人夸眼福。晴天上巳三月三，闾邱坊巷吾停骖。腰囊解纳扫花费（凡游园者，阍人索扫花钱少许，始纵人游览），随例入门穷讨探。……明朝春去园芳老，佳酒生刍来独吟。"

游孙氏隐啸园，有诗。

《复庄诗问》卷十二《孙氏隐啸园七章》其一："过墙淡黄柳，侧眼看春人。"其五："武子有新庙（园在虎邱山麓，本孙武子庙。其裔孙阳湖孙氏拓基建园），阖闾无故城。"

作诗寄僧达受，又为其所藏玉佛像作诗。

《复庄诗问》卷十二《寄六舟僧达受沧浪亭》、卷十三《东魏天平四年四面玉佛像诗，为僧达受作》。

蒋宝龄《墨林今话》卷十八："释达受，号六舟，海昌白马庙僧。故名家子，耽翰墨，不受禅缚。行脚半天下，名流硕彦，无不乐与交游。精鉴别古器及碑版之属，阮太傅以金石僧呼之。间写花卉，得青藤老人纵逸之致。隶篆飞白、铁笔并妙。拓手尤精绝。能具各器全形，阴阳虚实，无不逼真。尝拓古铜器二十四种，同人各缀以折枝花卉，装成巨卷。古雅绝伦，观者诧为得未曾有。储藏甚富，怀素小千文真迹，愈为稀世之珍。故又自号小绿天庵僧。一至都门，即掉头返。今主西湖净慈寺。法徒予樵，亦善山水兼篆刻，惜早卒。”

达受《小绿天庵遗诗》卷首管庭芬《南屏退叟传》：“退叟名达受，字六舟，又字秋檝，邑之石井村姚氏子。……性颖悟，每放参之暇，好读儒书。于六书章草，无不精考。学诗于焦山借庵，学画于南屏付法师松光，然杂卉以白阳为宗，画梅兼擅二树、冬心之胜。命居净慈之秘山堂，一时名流皆与订交。性尤耽于金石，凡商、周、秦、汉之彝器，皆能考古，以证其原。后阮文达公闻其名，以金石僧目之。……戊午六月十四日遂入涅槃，世腊六十有八。所著有《祖庭数典录》一卷、《六书广通》六卷、《两浙金石志补遗》四册未分卷，皆毁于寇火。今所存者，仅《白马庙志》一卷。所作纪事诗尚未定稿，故乙卯以后皆未详。至《南屏续志稿》，则不可问矣。”

李玉棻《瓯钵罗室书画过目考》附卷亦有其小传，不具录。

姚燮与达受此前已有交往，《疏影楼词》[如此江山·唐晋国公薛少保断碑研，六舟上人属赋]、[瑞鹤仙·题六舟上人《庐山行脚图》]，并附于此。

三月，厉志以《疏影楼词》邮吴德旋，征题辞。吴德旋题辞。

《琼贻副墨·兰如集》卷一吴德旋《姚野桥〈疏影楼词〉题辞》：“予旧闻姚君野桥之名于友人厉骇谷。骇谷，诗人也，而野桥以善填词有声。骇谷与陈渔珊、叶心水并称诗于四明，野桥汇选合刻之，而余尝为叙之矣。今骇谷以野桥所著《疏影楼词》邮视予，征题焉。……道光丁酉春三月。”

陆圻来访，以去年怀姚燮诗四首见示，依韵奉答。

《复庄诗问》卷十二《陆圻过寓斋谈次，示丙申见怀五律四章，依韵奉答》。

后附陆圻原作。

获交陈文述。以近作骈体文二十篇求其绳削。陈文述来书奖饰，谓“燮之所著，可于近代胡、袁、洪、彭以外，别开径畦，持西东汉至正之权，砥南北朝日下之势”。回书陈文述，又以诗赠之。

《复庄骈俪文榷》卷七《与陈云伯明府书》：“昨谒崇阶，获见君子，风骨侠树，喜元龙之无恙；修髯仙影，疑玉局之再生。盈尺瑰辞，久重文苑；惊人闳议，可补世说。不弃鄙陋，备致照临。自非少游得蒙扬州守之赏，或以德祖能知临淄之心。用是录近作骈体文二十首上亵目游，投拳曲而不惭，求匠门以绳削。伻来赐教，奖饰过情，谓燮之所著，可于近代胡、袁、洪、彭以外，别开径畦，持西东汉至正之权，砥南北朝日下之势。恧缩无地，流汗交颐。何敢，何敢！……倘渡以迷津之筏，随偓佺而上蓬瀛；或引以指南之车，免杨失之怅歧路。诸希明教，并恕狂言。”

《复庄诗问》卷十二《赠陈明府丈文述四章》。

陈文述（1771—1843），原名文杰，字云伯，又字隽甫、退庵，浙江钱塘人。嘉庆五年举人，官江苏江都、常熟等县知县。有诗名，在京师与杨芳灿齐名，时称杨、陈。有《碧城仙馆诗钞》、《颐道堂集》等。传见《碑传集补》卷四十八《陈文述传（〈杭州府志〉）》、《清史列传》卷七十三。

游五人墓、剑池、生公讲台等，各有诗。

《复庄诗问》卷十二《五人墓傍见杜鹃花》：“春色尽零落，杜鹃花自娇。”

同卷《剑池》、《生公讲台》同时作。

李育过访寓斋，以诗慰之。

《复庄诗问》卷十二《江都李育过访寓斋，缕谈近况，诗以慰之》：“……山塘春七里，开缃桃十万。”

蒋宝龄《墨林今话》卷十四：“江都李梅生育，画人物、山水、花鸟、杂品，靡所不工，著声维扬久矣。余友沈瓯史尝论之曰：‘梅生写意花卉、木石，能综各家所长。脱略高浑，下笔甚捷。有心手相和、色墨并施之妙。桂岩别驾后，当首屈一指。’一时士大夫亦相为延誉。往来南北，人争重之。”

曹楙坚《昙云阁诗集》卷四《题李梅生育〈黄垆感旧图〉》，并附于此。

欲晤潘曾绶，不果，有诗。

《复庄诗问》卷十二《雨中迟潘公子曾绶不至》。

春，识慈溪秦丰岐，为其诗作序。

董沛《四明清诗略》卷二十五："秦丰岐，字介周，号芥舟，又号荪湖，慈溪人。诸生。著有《珍琴馆寄生草》。姚复庄先生序略：道光丁酉春，客古金昌，获交同里秦君荪湖。旋以其所著诗示读，始识为词坛中能手，拔帜自树，不假藩篱。远溯微之，近抗初白。司空氏所云，妙机其微者，诗境似之。"

暮春，与金芝庭交，诗酒文宴，过从甚欢。

《琼贻副墨·浮香阁本事》卷三金芝庭题记："丁酉暮春，偕某伯同客金昌，诗酒文宴之乐，过从甚欢。"

出入秦楼楚馆。三月，识时湘文。湘文，初名素娟，字香文，改名素贞，字雪香，无锡人。道光三四年间，因江东大水，家中无以存活，被卖为婢，教以琵琶、歌舞。十四岁始入籍，至吴门，住上塘浮香阁。有心从良，委身姚燮。然姚燮无力为其赎身，"感其有效爱之引"，作《某心雪》传奇。七月七日，厉志作《湘文小传》。八月，枫江姚载之绘湘文小影，钱塘冯箕补图。命之曰《倚某图》。元和杨韫华稚云作文记其事。戈载作［浣溪纱］题《倚梅图》。

《复庄诗问》卷十二《醉书浮香阁壁二章》其一："一堤疏柳傍城斜，入夜微霜警独鸦。明瑟廉栊收水木，嫩凉衾枕梦烟花。拟裁白苎邀筝社，遥识青山对酒家。月地灯天三百舫，生愁暝雨送繁华。"其二："文杏空裁燕子梁，明荷自照画眉廊。酒醒残月愁残鬓，山抹微云认婿乡。拨泪怕翻宛转调，输心谁爇迭迷香？才情我较司勋减，倚扇矜持未敢狂？"

同卷《山塘酒楼》："频来酒鬓听吴骚，漫记啼痕满絮袍。柳外骊声喧市路，荻边鸥梦静渔舠。过筵钟急灯齐上，入幕山明月渐高。烟水漂花香不尽，美人如蝶梦魂劳。"

同卷《前有一樽酒行》、《白苎辞》、《述闻》、《扇影词三十八章》等均为出入秦楼楚馆、与女伎往来之作。

《某心雪》，亦写作《梅心雪》。作《梅沁雪》，误。手稿本，浙江图书馆藏。张宗祥抄本，宁波天一阁藏。萧山朱氏别有斋油印本，浙江大学中文系资料室藏胡士莹收藏本。手稿本封面题“姚复庄《某心雪》传奇稿本”，下注“伏跗室藏”。书名左侧题识：“复庄别有《浮香阁本事》四卷，亦为梁溪时湘文作《倚梅图卷》，一时作手多题咏之，因分类编为四卷，以好影事，署为《浮香阁本事》云。冯贞群记。”扉页署：“冷僧先生惠存，冯贞群谨赠，时甲午孟冬”，有“伏跗”朱文印钤。“伏跗”为冯贞群书斋名，冷僧为张宗祥（曾任浙江图书馆馆长）别号，甲午是1954年。卷首有冯贞群从《浮香阁本事》过录的厉志、杨韫华各所撰《湘文小传》。《浮香阁本事》四卷，收入《琼贻副墨》中。

剧存十一折，出目为：《仙因》、《酌春》、《雪怨》、《掉扇》、《望吴》、《却画》、《信许》、《扫园》、《亭讶》、《醉哄》、《留约》。第一折《仙因》副末略述大意：“做不得好的姑射神，苦守着奈何天；解不得怨的罗浮使，误打着相思结。补不得恨的时素娟，硬拆着意中人；杂不得妒的陈次香，苦冻着梅心雪。变百般的空戏法，变不出好姻缘、恶姻缘；转三世的苦轮回，猜不破前生结、来生结。谱一卷的痴本事，悟不透真中假、真中假；辨两副哑相思，辨不清雪心梅、梅心雪。”剧叙海盐书生陈鼒卿，字次香，长安落第，侨寓姑苏桐桥，与姜子年、蔡远兰等结社论文，浪荡子马春原亦来相会。时素娟游虎丘，众人争相观看，陈鼒卿注目素娟，手中之扇掉落素娟船中。鼒卿到船中取扇，互通款曲。素娟将扇还鼒卿，但扇被错换。鼒卿访得素娟居所，以换扇为名前往一晤。素娟母不准两人相见，让陈生备下三十两花粉金，三天后在马家园饯春大会时相见。两人终于相见，互吐情愫。姜子年、蔡远兰见状，决计帮助二人成就姻缘。海盐人虞陛功升任汉阳知府，赴任途中，路过姑苏，与姜子年、蔡远兰、内侄鼒卿相聚。《疏影楼词续钞》[祝英台近·时湘文倚梅图照]、[祝英台近·辛亥秋杪，客游吴下，过上塘浮香阁故址，追忆影事，记以中声，得二十有四解。春怀绮燕，秋怨哀蛩。聊存泥雪之痕，倘补水天之录]亦是记载与时湘文交往之作。

稿本《某心雪》卷首定海厉志心甫《湘文小传》：“雪香本时姓，无锡产也。道光三四年间，江东患水，居民无以存活，其家鬻于某姓为婢。某本籍中人，携至上海，教以琵琶歌曲。年十四，始入籍。初名素娟，字香文，感以素官呼之。今改名素贞，雪香其近字也。居数年，某复携至吴门，住上塘浮香阁内。今年六月（笔者按：当为三月），遇三交门客姚生。生固豪士，负才游侠。姬平时憀悄，少有驻金鞍、共年芳者，于生若将倾委焉。生为余友，余因生得见姬。姬仪体疏静，寡于言笑，与之同处绣帏罗幕，如此寂阑，虽当扬音递酌之间，皓齿依唇。为纵止腻肌搭纱，以掩映若自矜，其玉质不轻于呈露者。幼时学曲，遂有偏好，乞师多授《牡丹亭》本，每于宾席之上，唱至'如花美眷，似水流年'，辄邑邑不能作声。尝与生言流年身世，忽入帐中，许时不出。盖不欲以伤容示生也。生感其有效爱之隐，为作《某心雪》传奇以永其好。《某心雪》者，生字楳伯，用以证楳雪之因也。今生倩缋者缋姬小象，属余作传附其卷云。道光丁酉七月七日之夕。"

稿本《某心雪》卷首元和杨韫华稚云《记》："余读侯方域《李香传》，慨然念香以髫稚之年，识侯生于行旅中，委身事之，无复异志。未几，生以避难去，不复返。后人读是传者，往往有遗憾焉。予友镇海姚某伯氏，豪士也。客吴门，尝过曲院，遇时姬而悦之。时姬者，字湘文，无锡人。父母为以岁歉粥（鬻）其女为婢，初不知粥（鬻）者之为乐籍也。稍长，教之度曲弦索。令见客，姬业已无如矣，遂出见客，恒自矜重，不轻言笑。年二十矣，乃遇姚生。姬得生，自以为得所属矣，既度生匮，不能脱己籍，又以生客也，终不能为己留意，恒郁郁。恐伤生，不令生知其隐。生感其情，为作《某心雪》传奇以广其意。濒行，又倩善画者貌姬于某拊间，命之曰《倚某图》。盖谓己虽去，而心未尝去姬也。是事盖始于丁酉春三月，而图成于秋八月。于时姚生犹未行焉。余以为美人才士，遇合之奇，古来传者比比，无足甚异，独异夫生与姬，非若方域至李香，有不得已而去者。苟执是心，历久不爽，异日锢阁文囱，永焉相守，固亦意中事耳。乃于未别之先，虑夫既别之不可复聚，姚生行矣，将何以处姬？吾不能无疑于某伯云。元和杨韫华记。"

《十洲春语》卷首姚燮《录〈十洲春语〉成，自题七律十六首，并杂感旧游》其六："白纻春衫怀蒋捷，玉纱画帧怨崔徽（三句谓浮香阁本事）。"

《琼贻副墨·兰如集》卷四陈继聪《大某山人生传》："《倚某图》者，

山人所恋吴姬湘文小照也。借红粉之飘零，感青衫之憔悴。其旨深，其意亦伤矣。”

《琼贻副墨·浮香阁本事》卷三金芝庭题记：“越秋七月，梅伯先生沪渎之行，倩枫江姚君载之缋湘文小影，西湖栖霞子补图。摄影勾神，惟妙惟肖。为赋三绝题之。”

蒋宝龄《墨林今话》卷十三：“冯栖霞箕，字子扬，钱塘人，侨居吴郡。擅人物士女。其运笔构思，不泥古法，亦不落时蹊，别饶胜韵，自成一家。与人论画，尝曰：‘繁重不若清简，遒峭乃脱甜熟。’自巨幛以至小帧，靡不从心创稿，妙造自然，极丹青家能事。所居曰留云山馆，缣素积几，尽日点染。走笔请乞者，恒屦满户外，勿能遽得也。君于画友，无所不悦，而论笠人、莲谷两君，则尤深服。故亦妙于写生，山水、树石，间一为之。书学瓯香而肖其神。作五言短古，时有佳构。功力所□，他日又岂独以画名耶?”

戈载《翠微花馆词》卷十九［浣溪纱·四明姚梅伯孝廉属题雪香校书《倚梅图》］：“艳雪生香媚好春，三生石畔认词人。定应萼绿是前身。翠袖几回依竹影，瑶琴三弄证兰因。佩环偏与岁寒亲。”其二：“不是琼儿是素儿，婵娟天付与仙姿。江南春色正芳时（雪香姓时，名素娟）。携手便销无限恨，比肩同忏有情痴。一楼疏影写相思（梅伯近刊《疏影楼词》五卷）。”

春，杨铸来寓斋过访，以诗嘱姚燮删定。为其《自春堂诗后集》作序。杨铸诗赠姚燮，呼姚燮为仙子，以诗答之。

《复庄文酌》下编《杨子坚先生〈自春堂诗后集〉序》：“先生家丹徒，凭金、焦、北固三山之胜，长江数千里当其门，而又豪于酒，以写其胸襟之抑塞磊落。……燮初未识先生，丁酉春，客吴下，辱先生爱，枉顾寓楼，出其已丑以来未刻诗若干卷，属燮删定之。岂先生有敢于诸公之凋落已尽，而来问于不识途径之盲者乎？抑以先生学问为当代推重，而年又不啻倍蓰于燮，而竟虚怀殷殷者若此，先生诚不可及矣。”

《复庄诗问》卷十三《杨山人铸作〈画梅仙歌〉见赠，诗以答之》：“冰雪不作六月凉，俗心但忆桃李香。行云流水满天地，不知世事谁短长？先生呼我为仙子，知否人间春已死？春虽已死吾心生，能摄春心到吾纸。……”

后附杨铸原作：“玉虬夜饮灵潭水，喷出珠玑春满纸。骑牛吹笛煮石翁，五百年来神不死。某伯丰格如元章，醒眼如醉神洋洋。……爱梅合眼测梅理，一扫白纸花低昂。……何时放艇缥缈峰，与君一罄平生胸。”

《光绪丹徒县志》卷三十三《文苑》：“杨铸，字子坚，一字石瓢。年十三四，即熟精《文选》，解吟咏。……铸好作山泽游。家近北固，尤爱焦山幽邃清旷，与诗僧借庵为方外交，住山中最久。……故饶于赀，以好游好诗贫，其家累遇空乏，意气洒然。年五十，著有《扁舟集》、《观海集》、《石瓢仙馆集》、《山阴秋榜集》、《双峰白门集》、《金华天台集》、《晚花庵集》、《寿萱堂集》、《竹西调鹤集》、《匡庐九华集》、《听松龛集》、《冬巢集》，统名《自春堂集》，梓行海内。……年七十卒，有遗稿十余卷，未经续梓。”

夏，于葑门水亭观荷、与高敏虎丘山楼纳凉谈诗，各有诗。

《复庄诗问》卷十二《葑门水亭观荷四章》其一：“避暑陂塘晓放舟，沥田十顷足勾留。”

同卷《虎邱山楼纳凉，与高文学敏谈诗戏作》亦夏季作。

高敏，江阴人。《复庄诗问》卷首《诗评》有“江阴高铁珊明经敏云：……”《光绪江阴县志》未见其记载。

《复庄骈俪文榷二编》卷四有《高铁珊〈香象庐集〉序》。

五月，喜厉志自嘉兴来吴门，与厉志、秦芝庭泛舟虎丘，各有诗。后厉志与书姚燮，介绍其与朱绶相识。

《复庄诗问》卷十三《喜厉山人自禾中来，得诗四章》。

同卷《钱参军肇锦招同厉山人、秦比部芝庭泛舟虎邱作歌》：“在岸但有杨柳丝，在水但有荷华枝。蒸霉天气入五月，五月犹似三春时。”

《琼贻副墨·尺素集》卷一厉志书：“酉生素知足下名，《疏影楼》极其叹服，《倚梅图》已属题矣。足下可即速去访他，弟与君绣已预为道达。恐伊廿四五要到太仓去。其家在织造街后孔府司衙墨池园门首，开裁缝店，并有井，容易问也。志呈梅伯足下。”

黄燮清《国朝词综续编》卷十二：“朱绶，字仲环，号酉生，元和人。道光十一年举人。有《知止堂词录》三卷。”

《清史列传》卷七十三有其小传，不具录。

夏，作《〈崧高图〉记》。

陈继聪《蛟川先正文存》卷二十姚燮《〈崧高图〉记》："吴门申君上渔于旧肆败簏得所谓《崧高图》者，盖前明沈朗禅为其先世元渚公祝寿之卷也。公于上渔为七世伯祖，由万历壬午应顺天乡试，登贤书，旋登朱国祚癸未会榜，历官至大司马。身后赠太子少保，崇祀乡贤暨蓟镇名宦诸祠。其功业亦伟矣。是卷也，距今者已二百余年，不知其风霜几经、兵燹几阅，不蚀不坏，迁流播移以至于今日，而与其贤子孙复相遘也。……道光丁酉之夏，装既就，余获观焉，因为之记。"

此文又见《复庄文酌》下编。

作诗赠戈载。

《复庄诗问》卷十三《赠戈载》："吴下老词客，上头白发多。愧无长剑赠，奈此短箫何。到地悲黄雀，当檐袅碧萝。湘君今已悴，要汝梦湘波。"

黄燮清《国朝词综续编》卷十："戈载，字顺卿，吴县人。诸生。官国子监典簿。有《翠薇花馆词》三十九卷。"

蒋宝龄《墨林今话》卷十六："戈顺卿载，吴县诸生。词章学问，皆本诸尊甫小莲先生，具传家法，而于倚声犹得神悟。病近世词人声律舛错，韵亦未精，因与同郡朱酉生、沈闰生博考互证，倡为词学。一时以词就正者，必为严加抉摘，无少假借，人亦翕然服之。所著《词林正韵》一书，发凡一十八条，肆其辨驳，极见苦心，足为后学指南。其为功亦非细矣。旧住枫江，今迁山塘白马桥，颜其室曰校词读画之斋。素好写生，作设色花草，冶逸可喜。近则专写墨梅，疏枝繁蕊，一宗王参军法。作客袁江，声华四著，而橐常空乏，不无胥疏江湖之感。……著有《潇碧轩诗》、《翠薇花馆词》、《六十家词选》、《乐府正声》、《续绝妙好词》、《词林正韵》、《订定词律》。"

同卷："戈顺卿载，吴县诸生。……莒生旧有《湘江幽思图》册，凡余相识，咸赐题咏。顺卿作［湘江静］一阕云：……录于此，以志良友奖赏之意。"

《民国吴县志》卷六十六下《列传四》有其小传，不具录。

《疏影楼词续钞》[湘春夜月·别戈顺卿十年，酒宴重见，为谱此声]。

七月六日，周学源来书，回忆都门聚首，纸灯访友，尊酒论文之情形。询其侨寓吴门，遨游、著述，名士风流之乐。

《琼贻副墨·尺素集》卷三周学源书："野桥仁兄大人同年阁下：桐叶辞树，银河在天。每怀故人，辄赋周道。去岁返里后，曾修尺素，由杭城叶宅药铺中转寄，迟之又久。……自兹以往，鱼雁不通，忽忽一载。回忆都门聚首，纸灯访友，尊酒论文。言笑晏晏，风雨不辍。……昨接友人胡申甫来信，始悉吾兄侨寓吴门。名士风流，翩翩裙屐。买九酝之酒，泛十尺之船。坡公染翰，旁侍朝云；白傅登山，后拥樊素。遨游之乐，蔑以过兹；著述之富，又当奚似？……乞巧前一日，年愚弟周学源顿首。"

徐鼎来书，述找善书者之事。

陶湘编《昭代名人尺牍小传续集》徐鼎手书："昨日至韬庵长老处，禅关寂静，闻其无人。询之邻近，则云前日搬去，不知驻锡何所。怅怏久之，废然而返。兹复托到江萍香处，索渠书之约在明日午后去取。其人亦阊门外一善书者，决不至污尊卷，想阁下亦当首肯耳。顺问梅伯仁兄大人早安，不一一启。鼎顿首。"

《民国海宁州志稿》卷十五《艺文志十五》："徐鼎，字恭三，号庚笙。廪生。《吉金贞石诗钞》，道光庚寅、辛卯间，馆可读书斋，汇钞前人题咏金石之诗。所采颇繁富，蝇头细书，凡数册。后游闽中，转客湖北。东阳程廉访铨招之幕中，未几病卒。廉访归其丧，所著多散佚。《庚笙诗稿》，未刊。"

此书作年不详，姑系于此。

七月二十六日，读董解元《西厢记》诸宫调。

浙江图书馆藏董解元《西厢记》卷四末批："丁酉七月二十六日，胥门雨窗灯下读竟。"下有"上湖生"阳文印钤。

作诗赠刘泳之。八月三日，刘泳之和作。

《复庄诗问》卷十三《赠刘山人泳之》："……吴江落枫叶，把袂秋风前。形暌恨迟觏，神浃殊晢缘。肝胆尚中蓄，已若交吐宣。……何当共炉汞，论道罗浮颠。八景有遗录，腐稗非真诠。"

后附刘泳之和作："……今君将高驾，正复值英年。怀奇恨莫从，折麻私自怜。……苍苍三珠树，振羽息层颠。君其窥秘书，来会示丹诠。”

同诗在《琼贻副墨·兰如集》卷九题作《梅伯仁兄大人见惠篇翰，谨和元韵，非敢作报章，聊以志岁月遇合而已。时丁酉八月三日》，诗末注：“时君将有春明之行，故云。”

蒋茝生《墨林今话续编一》：“刘彦冲，名咏之，彭城人。随父居吴门，家焉。工诗文，善画山水。初从朱津里游，尽得其秘。复肆力于古，临摹各家，无不得其精蕴。泼墨作小米云山，亦滃郁可观。惜中岁遽殁。”

李濬之《清画家诗史》辛上：“刘泳之，字彦冲，原籍四川梁山人。侨寓吴门，力贫事母，不妄干人。山水抗心师古，深造自得，兼善人物花卉。有《归石斋集》。”

秋，有诗多首。

《复庄诗问》卷十三《露台坐月，有作二章》、《秋夜二章》、《秋夜宿宝莲寺，触籁成歌》、《秋感诗二章》。

过佘文植兰筍山房，有诗。

《复庄诗问》卷十三《过佘文植兰筍山房，示诗二章》。

蒋宝龄《墨林今话》卷十八：“佘佀梅文植，吴县人。诗画有嗜奇癖，吴下渲染家咸非之。尝游粤中，主李芸甫水部家。芸甫故善画，精鉴赏，储藏多宋元名迹，共相讨究。居五载，画境变而益上。凡山水、花卉、人物，出笔即古，能以拙取胜。冬心、两峰之后，未易多觏。曩于顾君梦芗处，见所画晚香玉一页，敷色古厚，直逼宋人。近返吴门，得脚疾，杜门谢客，惟二三金石交酬酢而已。”

《疏影楼词续钞》[卖花声·丁莲洲《草桥惊梦图》，为佘佀梅题]，附列于此。

访褚逢椿不遇，少憩清籁阁，有诗。

《复庄诗问》卷十三《访褚逢椿不遇，少憩清籁阁二绝》。

蒋宝龄《墨林今话》卷十七：“褚仙根逢椿，长洲诸生。其学以穷经为事，善隶书，规行矩步，不失尺寸。……诗境古淡，适如其人。生平不以画名，偶为朱酉生写《何（河）山归棹图》，寥寥数笔，辄动人丘壑间想。”

《民国吴县志》卷六十八上《列传六》："褚逢椿，字锡庚，诸生。六岁能诗，有神童之目。比长，工诗、古文辞，隶楷并浑厚秀润。幼失恃，事继母至孝。父殁，抚其弟，教养备至。行介律已甚严，而不露圭角。"

作诗赠杨韫华。又与书，请其代觅一清净之所。

《复庄诗问》卷十三《赠杨山人韫华四章》其三："大江限南北，不限君声名。未及握手谈，吾意难尔倾。吾贫为谋食，橐笔阊门城。踟躇生汗颜，何待人亵轻？不犹命同感，催此傲骨峥？……虚空缪缪风，吹动双虹青。"

《复庄骈俪文榷》卷五《与杨稚云笺》："仆流荡吴下，屈指半年。寓楼一楹，卑俛河曲。廛市亘北，冶巷交于南。晓梦正甜，蝇声四哄。朱提大贾之担，拥汗而来；翠幰贵游之车，叱门而过。鱼盐积气，溽以腥膻；酒耕百垆，沸其呶笑。獠言蛮语，杂黥面之亡徒；花笼果榼，唱绣襟之年少。聒无停晷，坐卧奚安？摊书自娱，不容终卷。逮乎日昏就夜，群趋告静，而近楼呼酒，远阁催筝。狐拥花以出帘，魔搅蝶而腾户。塞院之马，多于屯军；匝檐之镫，丽于元夕。盖又不彻晓而不止也。久思迁处，辄复恋于费简。因循屡屡，今真不可以耐矣。望足下于护龙街左右，代觅一区，不宜湫隘，亦不求旷闳。窗足以嗽笔研，庑足以安童仆，室足以容友朋。其与足下相往来，又甚近且便，斯可耳。酒酣雨过，寻珠明之竹林；钟响月来，踏弥罗之松影，则庶几还清净之耳目，以养羁旅之岁时乎？措置得纲，殷祈报我。"

黄燮清《国朝词综续编》卷十九："杨韫华，字稚云，元和人。"

蒋宝龄《墨林今话》卷十七："元和杨稚云韫华，一号迟云，仙根妹婿。天才俊逸，古文学柳柳州，诗学陶韦，皆入格。而性不耐帖括，小试辄不利，遂弃去。学画松，长帧短幅，乘兴为之。醉后自诧，以为奇。……近日兼写梅，亦颇得疏冷之趣。著有《枣花馆诗文集》。"

蒋宝龄《琴东诗选》卷一《九月十三日，自梅堰至闻川，阻风，宿吉庆寺，与王竹芗丕烈、杨稚云韫华、笑溪上人文峰夜话》，附列于此。

为韦光黻《在山草堂图》题诗。与邱泰、历志饮其在山草堂，听其女韵觉弹琴，有诗。为韵觉《琴言兰笑图》作序。

《复庄诗问》卷十二《题韦光黻〈在山草堂图〉，即赠》："晚钟一声南雁落，把臂重逢此高阁。”

同书卷十三《同邱泰、厉志饮韦君在山草堂，听其十三龄女公子韵觉弹琴》：“秋不在天地，而在秋士心。秋士之心有万籁，无所触拨斯匿沉。韦君坐我秋树阴，古屋堆绿如暗岑。……秋心静袅七弦入，弦响轻挑秋籁出。……厉君何感意昏惛，竟说明朝要还越。邱翁老矣何所思，急斟佳酒浮满卮。我亦不能饮，我亦不得归，我不必双涕垂，自觉掩掩抑抑中心悲。悲不我解将怨谁，怨其窕年娟处不识世间愁苦事，何以一弹再弄直使六合无阳回？我诗未终曲已尽，转笑吾诗似蝼蚓。黛光照酥荷影圆，霜气生衫竹飙紧。乳燕归巢四幕悬，醉看长空捎独隼。”

《复庄骈俪文榷》卷四《韦仲雅〈琴言兰笑图〉序》：“吾友韦君涟怀命其仲女韵觉执贽于吾门，并出《琴言兰笑图》卷，浼予序之。韵觉字仲雅，吴闺之翘楚也。”

蒋宝龄《墨林今话》卷十七：“邱安之，名泰，元和人。少孤贫，学画兰竹、人物以自给。后工花鸟，得南田法，与周云岩齐名。”

同卷：“韦君绣光黻……女三人。孟庄，写梅。仲雅，写兰，工琴。季慎，年甫十龄，已粗解描摹人物。鲍家三妹，不得专美于前矣。”

戈载《翠微花馆词》卷二十三［减兰·韦君绣有女曰修月，年十三四，工琴善画，以所写兰花小帧乞题］。

秋，自昆山至上海，舟中有诗，寄赠厉志、叶元阶。

《复庄诗问》卷十三《自昆山至上海，舟中得四言九章，寄厉山人暨叶山人元阶。时厉君已还四明》其一：“仰视天汉，秋云苍苍。俯听流水，秋风汤汤。”其七：“春行而南，秋行而北。”

寓水仙宫，听南汇叶叟弹琵琶，以诗赠之。

《复庄诗问》卷十三《寓水仙宫，夜半听南汇叶叟隔屋弹琵琶，诗以赠之》。

与张淡游蕊珠院，有诗。又为其兄侣云遗墨题诗。

《复庄诗问》卷十三《同张征君淡游蕊珠院，分赋诸景，仿六言七章》其一：“琪花入夜欲落，弱水经秋正寒。”

同卷《侣云先生遗墨，为张征君题。征君之兄也》。

杨逸《海上墨林》卷三《寓贤》：“张淡，字新之，号春水，吴江人。

孤贫力学，工诗，善书画，并精医。橐笔游武陵，所交皆一时才俊。嗣入汤雨生都督幕，诗画益进。晚年卜居海上，鬻艺为活。诗才敏捷，而原本性灵。……遭乱，诗文散佚，所存《风雨茅堂稿》，王庆勋梓之。"

李濬之《清画家诗史》庚上："张淡，字耕云，号春水，震泽人。贡生，工山水。初游武陵，马履泰、屠倬咸与订交。后入汤贞愍幕。晚客吴淞，以砚田自给。有《风雨茅堂稿》。"

叶炜《煮药漫抄》卷上："吴江张春水先生淡，才华渊博，家富藏书。红巾之乱，尽毁于火。作《悼书诗，并序》云：'余性好聚书，自幼至今，经史子集，俱收并蓄，分贮六厨，卷帙五千有余。一身心力，毕悴于兹。至如自著诗文，亦不下四五十本。中经当代巨公如梁山舟、齐梅麓、黄霁青、吴仲伦、汤雨生、家仲雅诸老丹黄甲乙，精校评定，除携带客中外，壬寅、癸丑，两厄寇乱，散失已多。乙卯乱定，重归上海，岂意尽为灰烬，片楮不存。放声一恸而已，哭以四律，聊纪感伤。诗曰：……'按，壬寅，道光二十二年，洋人初入内地。癸丑，咸丰三年，红巾贼小金子据上海。先生此诗成于乙卯，寻卒。后五年庚申，粤匪窜吾浙，余家所藏，亦附劫火。每读此诗，辄同浩叹。"

王韬《瀛壖杂志》卷四亦有其小传，不具录。

吴德旋《初月楼文续钞》卷四《张春水〈鸿案联吟图〉题辞》："吴江张君春水以所著《风雨茅堂诗》寄视余，且属题其《鸿案联吟图》。余旧闻春水名于粤西吕月沧郡丞，知其能诗善画而已。今读其诗，不觉钦佩之无已焉。春水食贫，而能葬其先世曾祖以下凡八丧，结庐墓侧，非赁舂庑下，徒成激亢之举者可比。……然则春水之尚贤好德，亦其琴瑟静好之风有相成者欤？"

张文虎《舒艺室杂著》乙上《张春水〈风雨茅堂稿〉序》："上海王叔彝观察以手校吴江张春水征君所为诗二卷视予，曰：'此二十年老友，不忍其泯没，子盍引其端？'往同里计介生流寓沪城，落落寡合，独征君好称其诗，题其集。予尝读而和之。久之，晤征君于郡城友人坐。未通意，草草别去。自是不复见。前年，乃闻征君死矣。……征君没，叔彝尝录其诗于《可作集》，今于征君此稿，复惓惓不置，将梓而寿之。征君诗信传矣！如叔彝之好风雅而笃友谊，岂不可与诗俱传哉？"

张鉴《冬青馆甲集》卷三《汤雨生参戎画〈鸿案联吟图〉，为张春水赋。时春水久游不归》、《冬青馆乙集》卷二《题张春水〈载酒盟鸥图〉》、《春水以〈癸未水屋图〉属题，率成一绝》，并附于此。

观童伶戏，有诗。

《复庄诗问》卷十三《猫儿戏，谓六七龄女童演剧者》。

王韬《瀛壖杂志》卷五："教坊演戏，俗呼为猫儿戏。相传扬州某女子擅场此艺，教女徒，率韶年稚齿，婴伊可怜。以小字猫儿，故得此名。"

访程庭鹭，有诗。程庭鹭欲请题词，匆匆欲行，未果。

《复庄诗问》卷十三《访程庭鹭少谭》："伯也今才子，人传三绝名。……负渠新索句（时索题《行看子》，匆匆欲行，未果），期我后时情。"

蒋宝龄《墨林今话》卷十八："程蘅乡，名庭鹭，嘉定诸生。嘉定以四先生著，李长蘅故址存焉，君因取蘅乡自号，以志向往。故其画清苍浑灏，逼近檀园。往来吴、越间，名益噪。……所著有《以恬养智斋》初、二集，云伯陈太令谓其抱鸾凤之姿，挹烟霞之气，诗情画境，一如其人。诚定论也。近辑《练水画征录》一书，尤有裨于文献。兼擅铁笔，由丁黄以溯秦汉。中年以后，忽梦前身为南屏青篛庵僧，故又号篛庵。"

九月，过嘉兴。游金陀园、真如寺，与姚鸿焘、万潮等泛舟南湖，登烟雨楼，有诗。

《复庄诗问》卷十三《金陀园》："……持螯谁作重阳会，种橘新裁禁地租。宾友豪须千载继（千载楼在禾郡城东，为宋淳化时沈中丞宴宾客处），石泉梦负一官粗（谓曹倦圃司农）。……"

同卷《同家鸿焘、万同年潮泛舟南湖，登烟雨楼》、《雨后泊鸳湖》、《真如寺》。

蒋宝龄《墨林今话》卷十五："姚莲浦鸿焘，秀水诸生。六榆明经叔子。读书之暇，究心画理。……六榆嗜古有癖，与同郡张叔未交，喜购金石书画。……莲浦耳濡目染，点笔写生，辄饶清韵，功力日上。继项氏父子而起，不难矣。"

作诗答马汾。马汾以诗卷相属，后未果。

《复庄诗问》卷十三《答马丈汾赠作》："身后文章吾辈事（丈以诗卷

相属），樽边风雨夙山因。”

陈其元《庸闲斋笔记》卷二：“嘉兴马澹于明经汾，嗜学工诗，尝谓余曰：‘诗人境地，亦各就其造诣为之。才力大者如清庙明堂，有宗庙之美、百官之富；小者则如竹篱茅舍，布置幽雅，亦自可人。吾才不高，只可小以成小而已。万不可贪多务得。譬之芦帘竹屋中，忽陈黄钟大吕一器，美则美矣，其如不称何？’先生累踬乡试，道光辛巳，会开恩榜，时室中窘甚，妻苦劝其不往。先生不可，典质簪珥而行。出闱，意得甚，日盼捷音。放榜日，伫立门首。会同里沈莲溪观察中式，报录者误入其家，邻人咸从之入，众口称贺。先生大喜，登楼易衣冠，命其妻为着靴，顾而矜之曰：‘何如？’语未毕，楼下忽呼曰：‘误矣！中举者乃沈家也。’一哄而散。先生靴犹未着竟，其妻仰而诮之曰：‘如何？’闻者无不捧腹。先生殁后数年，乃选景宁训导。”

以诗、文赠奚疑。后奚疑来书，请为其《溪楼延月册》题词。后如其请，作《溪楼延月图》与［高阳台］词。

《复庄诗问》卷十三《赠奚山人疑》。

《复庄文酌》下编《赠奚虚白山人序》：“奚老生平无异人，隐于市，人以为市侩而已矣。然登龙断望而深困，固曰：彼沄沄，我嵲嵲也。……盖先生其犹老子之龙乎？策杖而去焉，但有清风，穆然在宇，试往而泛楫于苕霅，为之聆元真子渔父之辞。”

陶湘编《昭代名人尺牍小传续集》奚疑手书：“野桥仁兄先生：侍史时接芝宇，备聆教益，名下无虚，殊深心折。尊稿容留细读。奉致《溪楼延月册》两本，特是藻鉴，如挥洒余暇，肯赐题咏，实为幸甚。专函布恳，顺候文安，不儩不庄，莲江昆仲拜此。愚弟奚疑顿首。十一月廿四日。”

来书之年不详，姑系本年。

《疏影楼词续钞》［高阳台·奚虚白居湖州城南鲍氏楼，即樊榭征君纳姬月上处也，因作《溪楼延月图》］。

杨岘《迟鸿轩文续》《奚疑别传》：“老友施均甫为奚榆楼先生传，简洁有法，然未详尽。盖先生老而鳏，又无子，独居奚荫楼，吟咏自遣，诗词稿积二三十册。……犹善画竹，近日华亭胡公寿以画竹名者也，见先生遗墨，诧曰：‘古人不可知，今人则先生而已。’……先生讳疑，字乐夫，又字子复，榆楼其晚号也。”

施补华《奚疑传》见《续碑传集》卷八十八，《光绪归安县志》卷三十七《文苑》亦有其小传，不具录。

黄燮清《国朝词综续编》卷十四：“奚疑，字虚白，号榆楼，乌程人。太学生。有《方屏樵唱》。”

杨逸《海上墨林》卷三《寓贤》：“奚疑，字虚白，又字乐夫，号榆楼，又号方屏山樵，归安人。博雅多闻，善诗词。好画竹，风枝露叶，韵趣天然。咸丰时，游沪。著有《榆荫楼集》。”

《同治湖州府志》卷七十六《人物传·文学三》：“奚疑，字虚白，归安人。居南关外知稼桥楼，前有老榆数株，因号榆楼。幼好吟咏，严元照见而异之，引与为友。由此诣益进。东南名士，率与往还，啸咏无虚日。家贫，业酒。客至，具疏笋，清谈相对。有贾耘老之风。汤贻汾镇湖州，与疑善。去任后，为绘《琴隐图》，藏归云庵中。疑所居楼即厉鹗集中所谓鲍氏溪楼也，尝绘图征诗。鹗生日，邀朋荐芷。其好事率如此。诗宗王孟，词即学厉。晚年复为墨戏，效冯可宾风竹或葡萄，俱无俗韵。年八十余卒。著有《榆荫楼诗稿》。”

朱绶《知止堂词》卷三［清平乐·苕上奚处士榆楼《芳屏山居图》］、［征招·无兴南郭门外有小楼临官道，乾隆初，钱唐厉征君纳苕姬于此。樊榭集中所云鲍氏溪楼是也。今为奚山人所居，山人绘《溪楼延月图》以存名迹。予往过西泠，曾访征君葬所并嘉庆间所创祠屋。寒烟野蔓，弥望凄凉矣］；端木国瑚《太鹤山人集》卷九《访奚虚白疑榆荫楼，即题其〈榆楼图〉》、《奚虚白寓砖楼》、《〈亭皋落木图〉，为奚虚白》，卷十《为奚虚白属题〈归云续集图〉》、《碧岩之胜在清空世界石畔，用虚白韵》、《王二樵招郭西看荷花，同奚虚白、戴铜士、高已生》、《放舟由郭西湾至夹山漾避暑，同王二樵、奚虚白、戴铜士》、《九日，奚虚白、戴铜士、高已生、钱申甫、戴香林毗山登高，分韵得九字》，卷十一《栖贤看梅花，同蒋霞竹、奚虚白、高已生、张莲民、戴铜士》、《同叶亘峰、奚虚白、戴铜士泛舟登道场山，至归云庵，观明人墨迹长卷，同赋分得彻字》，卷十二《西崦看梅，同汤雨生、寿民、奚虚白、戴铜士、钮瑶圃》、《游法华山，同汤雨生、奚虚白、戴铜士、钮苇村、瑶圃、费晓楼》、《游下山黄龙洞，同奚虚白、汪叔明、戴铜士》、《寒夜过钱山漾，怀榆楼》，卷十三《忆奚氏榆荫楼，却寄》；杨岘《迟鸿轩诗弃》卷三《题榆荫楼壁》、《榆荫老人枉过》、《对雨，忆奚榆荫老人》；张鉴《冬青馆甲集》卷三《题知稼〈草堂文游图〉，为奚榆楼索赋。知稼，本桥名》、《赠奚虚白疑》等，并附于此。

闻端木国瑚卒，以诗哭之。后为其《周易指》作跋。

《复庄诗问》卷十三《哭端木舍人二章》其二："幽燕琴酒无明月，瓯括山川有堕星（先生殁于遂安，吴榕畺经纪其身后事）。我愧延陵敦古谊，天将灵窆葬遗经（先生著《易指》既成，将底稿函石藏之太鹤山干乙峰下）。只留敝箧诗篇在（先生贻予手写诗卷，置行箧中），读与茅堂断蟪听。"

陈继聪《蛟川先正文存》卷二十姚燮《跋端木舍人〈周易指〉后》："……先生死，书不胫走天下，佥曰：奥哉！夫诚奥矣。试指卉木而难之曰：何蠢萌而擎凋也，其犹人日日作以星宵息云尔。故善疑以终身，善悟以顷三才之旨，不贰参贯之，以素始之一。燮实有信于先生也。焦京、程朱，相视于牺周之堂者久矣。"

《跋端木舍人〈周易指〉后》又见《复庄文酌》下编，题作《端木太鹤〈周易指〉书后》。

端木国瑚卒于本年九月。徐荣《怀古田舍诗节钞》卷二《挽端木舍人国瑚》："十载相思一相见，回首悲风吹石练（君卒于石练吴榕疆孝廉家）。……君不见含晖之洞高蜿蜒，待君文者七万年（含晖洞古无铭志，君以今年九月初二日来游，镌铭其上。距君卒才二十日耳，盖绝笔也）。"

此诗前第四十七、四十六首为《岁除日作》、《丁酉元旦》，后第二、六、七首为《九月二十五日，偕俞芾村秀才游含晖洞》、《十二月二十九日，王小舟、叶莱峰、俞芾村、章楚材诸秀才招饯妙高书院，口占志别》、《留别遂昌士庶诗五首，戊戌》，诗编年，《挽端木舍人国瑚》作于本年。

郎葆辰嘱写苏轼小像，系以诗。

《复庄诗问》卷十三《郎观察葆辰属写东坡小像，系以二绝句》。

蒋宝龄《墨林今话》卷十二："郎文台侍御葆辰，一号苏门，又号桃花山人，安吉人。嘉庆丁丑进士。工诗，善行楷书，尤长写生，兼白阳、青藤两家法。……及官京师，名日盛。涉笔游戏，偶寄兴于霜汀烟渚间。为郭索写照，一时叹绝。遂有郎蟹之目。画必有诗，悉寓深意。"

《同治湖州府志》卷十一《选举表·进士二》："国朝……（嘉庆）二十二年丁丑……郎葆辰，详《人物》。"

同书卷七十三《人物传·政绩三》："郎葆辰，字苏门，安吉人。嘉庆二十二年进士，授翰林院编修，转江西道御史，升工科给事中，转兵科掌印给事中，擢贵州粮储道。卒于家。……在贵州，课民种桑织布，创养育院。所至以教养为急，有郎佛之称。归里后，日与山人墨客为文酒之会。性好风雅，工诗，善书画。超纵生辣，别具旨趣。画蟹尤长，时称郎蟹。画必有诗，悉寓深意。著有《桃花山馆诗集》。"

过杭州，与罗以智、吴廷燮、高学淳、吴敬范等登吴山，饮天河馆酒楼，有诗。

《复庄诗问》卷十三《同罗以智、吴廷燮、高学淳、吴敬范登吴山还，饮天河馆酒楼二章》。

《民国杭州府志》卷一百四十六《文苑三》："高锡恩，原名学淳，字古民，仁和贡生。候选府同知。家世素封，好施予。锡恩幼即劬学，长益博习，于古尤熟，正史成诵如翻水。讲求河漕水利舆地之学，究极本末。性好诗歌，入书肆辄捆载古今人诗集，归坐一室，丹黄点勘，纵横满席。洞烛正变，独操正声，以淹雅为用，而植体忠孝，所作富至数千篇。学士胡敬最契之。吴江郭麐、钱塘张云璈皆乐就定交。杭州乱定，吴振棫、许乃钊、张应昌为九老之会，锡恩与焉。"

《国朝杭郡诗三辑》卷五十九亦有其小传，不具录。

《光绪海盐县志》卷十七《人物传》："吴廷燮，字彦宣，廪膳生。工诗词，与黄燮清、孙谋、陈作敬辈驰骋骚坛，颇负盛名。能诗之士争折节焉。其词尤脍炙人口。有《小梅花馆诗集》及词集行世。"

《国朝杭郡诗三辑》卷六十二："吴敬范，字次欧，钱塘副贡，候选光禄寺署正。次欧工于举业，所选《小题指南》色泽典丽，声调铿锵，一洗空滑浮衍之习。至今操觚家犹传习之。"

过宁波，饮叶元阶寓斋，怀厉志，有诗。

《复庄诗问》卷十三《过叶山人元阶郡寓留饮，并怀厉山人滃州》。

徐志恭来书，备悉姚燮卖文卖画苦况，劝其仍理举业，明年春闱，一战成名。

《琼贻副墨·尺素集》卷五徐志恭书："家中苦况备悉，卖文卖画，贫士生涯，而尚不失为读书人本色，弟实爱莫能助，无可如何？以兄之才，教读似非所宜，而欲以教读之外，别寻馆地，更非易事。言念及此，亦只拊膺唤奈何而已。……谋生之暇，想仍理举业，似不可任其荒落。转瞬春闱一战而霸，则仰事俯畜亦较易，不仅以登青云为吾兄喜也。"

归家十日，起行赴试，有诗。

《复庄诗问》卷十三《出门谣》："出门一年，归家十日。……奈何西北风，又欲催我行？"

除夕舟中，有诗。

《复庄诗问》卷十三《除夕舟中》。

道光十八年戊戌（1838）　三十四岁

正月一日，过萧山，舟中有诗。

《复庄诗问》卷十四《元旦萧山舟中二章》。

渡钱塘江，至杭州。泛舟西湖，饮陆氏酒楼，题诗壁上。

《复庄诗问》卷十四《渡江》。

同卷《自清波门泛舟游北湖诸胜，饮陆氏酒楼，题壁四章》其一："钱江一片东南汐，气荡吴山凤阙明。"

清波门，遗址在今杭州市内西湖边。

正月七日，与曹德馨、高学淳过魏谦升斋饮，有诗。

《复庄诗问》卷十四《同曹德馨、高学淳过魏谦升西斋，饮致爽台三章》。

后附魏谦升和作三首其一："草堂人日近，幽寂似江村。"

同诗又见《国朝杭郡诗三辑》卷八十，题作《招姚燮、曹德馨、高学淳过余西斋，饮致爽台，梅伯见赠三章，依韵和之》。

黄燮清《国朝词综续编》卷十五："魏谦升，字滋伯，号雨人，钱唐人。岁贡生，候选训导。有《翠浮阁词》。”

陈继聪《忠义纪闻录》卷二十五《魏广文谦深》：“魏谦深，字滋伯，仁和人。岁贡生，粮储副使成宪从子。……弱冠，即工诗古文词，尤善书，以高才生贡成均，授仙居训导，不就。……有《书三味斋诗文集》、《翠浮阁词稿》。……（咸丰）十年二月，贼自湖州逼省城。……明年冬，杭州再陷，君病方起，羸惫特甚，贼驱至万安桥下，死焉。”

《国朝杭郡诗三辑》卷八十亦有其小传，不具录。

《复庄骈俪文榷》卷四《魏滋伯〈花滩渔唱图〉引》、《复庄骈俪文榷二编》卷五《魏滋伯〈翠浮阁词〉序》、《疏影楼词续钞》［齐天乐·复题其《鸳湖旧梦图》，同魏滋伯韵］，不详作年，并附于此。

渡太湖，至苏州，寓胥江酒楼。正月十三日，杨韫华、蒋宝龄等来访，读《某心雪》传奇。与杨韫华、蒋宝龄等同访顾承，饮市楼。过圆妙观。夜访时湘文寓。蒋宝龄作《春夜吴门城西纪游图》，杨韫华作记。姚燮作诗纪游，后又作《〈元夕，金阊城西纪游图〉卷后序》。

《复庄诗问》卷十四《渡太湖》。

同卷《元夕，吴阊纪游诗四章》其一：“今夕何夕，何以消我天涯愁？携客买醉城南楼。巍巍中座客，三五巨海传。斟气吞虎，座中顾老年八十（醉经丈），风飒苍髯舞长戟，杨侯（稚云）蒋侯（仲篱）濡首战，巷窄难兵手为铁，褒鄂并骑军后来（丁溦庵、顾松溪）。十决十荡重围排，我观壁上心神开。醉且凭阑看明月，八门万瓦匝金碧，天作冰光地沙色。”

《复庄骈俪文榷二编》卷四《〈元夕，金阊城西纪游图〉卷后序》：“岁维戊戌，客居金昌，直上元之良夜，邀三五之佳侣，华灯夹巷，哄饮中市之酒；银蟾既升，弄珠玄都之庭。振清兴而竞豪，升城阜以枝瞩。临水高树，栖鸟两三。……隔烟晴峦，隐翠一角；回风出巷，人语过空。画楼谁家，帘影当烛？绮想忽引，卖春续醉。红袖倚瑟，泛乳鹦之玉声；飞蛾满屏，狎纤桃之媚色。拥深香而坐，冒浓露而归。娱赏云至，毫楮斯托。”

《琼贻副墨·兰如集》卷二杨韫华《〈春夜吴门城西纪游图〉记》：“是图为浮香阁主人作也。主人者，锡山女史时雪香，与三交门客姚某伯相交善。戊戌春正月，梅伯计偕入都，过吴门。余访之于胥江酒楼，昭文蒋仲篱、元和李映薇亦同来，读梅伯所著《某心雪》传奇。盖是编为雪香作，所记皆前辈事也。读竟，同出访长洲顾丈醉经，过市楼饮。值钱塘丁澄庵、长洲顾松溪亦至，遂同坐。……过圆妙观……梅伯曰：'不然，此广寒宫也，弟（第）少霓裳羽衣从空飞下，为我轻歌妙舞耳。'余笑曰：'君忆浮香阁中人耶？乘此风月，盍往访之?'梅伯欣然。……出昌门，听漏已三下，乃至。叩门，妓静香者先出迎客，止于雪香卧楼之前。……梅伯曰：'是游也，不可无图。'于是，仲篱为之图。图成，梅伯曰：'不可无记。'于是，余为之记。是（时）戊戌春正月十有三日。"

蒋宝龄《墨林今话》卷十八："长洲顾处士承，字燕谋。自幼研经，尤邃于《易》，因又号醉易。为文刊尽浮华，独存朴实。诗幽淡，得陶、韦真味。居贫佣书，以给薪水。虽晨炊不继，泊如也。晚岁栖心禅悦，爱与方外交。烟晨露晓，杖策游山水间，所至题咏。其行草书，古劲生拙。偶写梅，虽不如格，亦自有天趣。"

《民国吴县志》卷六十六下《列传四》："顾承，字燕谋，一字醉经，晚字醉易。工诗，为文宗法南宋，叙事简明，议论纯粹。精易理，嗜酒。所居薛家街，荜门卑陋。道光庚子，年八十四矣。……明年，又大雪，饥困数日，不出，卒。"

闻同年孙起元溺水卒，以诗哭悼。

《复庄诗问》卷十四《哭孙同年起元四章，舟行严滩溺水死》其一："不信竟如此，人来告我闻。但教生已苦，谁使汝能文？黯黯风吹雨，凄凄水是云。游魂无家室，飘泊与谁群?"其二："夙昔羁燕邸，相将日夕过。联车趋酒市，击节听君歌。忽握西风别，还期后事多。前言入追忆，使我壮心磨。"

《民国杭州府志》卷一百十三《选举七》："国朝举人：……（道光）十四年甲午科：……孙起元，钱塘人。"

二月，过镇江。以冯登府《勺园丛书》藏焦山。

《复庄诗问》卷十四《丹阳》、《京江晓发》，卷十六《为冯丈登府作〈焦岛藏书图〉，用其自题原韵。时丈以著述藏焦山书库中》。

冯登府《冯柳东手写杂稿》（稿本）："百年事业抵雕虫，自笑衔姜老未工。佛座敢夸文苑秘，书船真有玉川风。精神全赖江山负，椰子频看身世空。安得松寥楼阁住，粥鱼茶版约君同。"

阮亨和作题云："道光十八年二月，冯柳东同年教授宁波，托其友姚野桥孝廉以所著《勺园丛书》属藏焦山。书藏，有诗见寄，步韵相酬。"

《同治续纂扬州府志》卷十三《人物·文苑》："阮亨，字梅叔，昭勇将军之孙、文达公族弟。嘉庆二十三年副贡。幼以《蕉花曲》得名，壮年诗学日进。著有《珠湖草堂诗钞》、《瀛舟笔谈》。咸丰元年，举孝廉方正，不就。晚遭兵乱，境益坎坷，而吟兴不衰。卒年七十六。"

过扬州，为阮亨《珠湖渔隐图》题诗。过玉钩斜，作文哀隋宫人。

《复庄诗问》卷十四《扬州四章》、《〈珠湖渔隐图〉，为阮亨题》。

《复庄骈俪文榷二编》卷二《玉钩斜哀隋宫人文》："甘泉城西四里，吴公斗鸡台之下曰玉钩斜，隋宫人丛葬地也。原草不绿，野棠乱开。杜鹃天远，帝子之魂异乡；蝴蝶春短，美人之梦长夜。毓华一瞬，哀怨千秋。金粉凋于山川，烟花封为京观。用拾椒风之事，以当薤露之篇。辞曰：……"

甘泉城，在今扬州市境内。

姚燮数经扬州，作哀文具体时间不详，姑系于此。

《疏影楼词续钞》[一萼红·得阮梅叔书，倚此代答]、张鉴《冬青馆乙集》卷二《题阮梅叔先生〈珠湖渔隐图〉》、端木国瑚《太鹤山人集》卷十一《阮梅叔亨珠湖草堂》、厉同勋《重订厉廉州先生诗全集》《题阮梅叔明经亨〈珠湖渔隐图〉》，附录于此。

沿途经过今江苏高邮（盂城）、宝应（安平）、沭阳（阴平），山东汶上、旧县，河北雄县、易县等地，各有诗。

《复庄诗问》卷十四《自盂城驿至安平三绝句》、《阴平车中大风》、《东滩题壁》、《汶上县三章》、《旧县》、《岔河》、《纤红曲，听女伎双琵琶作》、《雄县》、《客中旅夕》、《易上》等均此行作。

三月九日、十二日、十五日，参加会试。

文见上引《清史稿》卷一百八《选举志三》。

三月十六日，蒋湘南来寓舍观画梅册。

《琼贻副墨·二石〈花棂画梅〉题跋》蒋湘南题款："三月十六日试竣，过访某伯邸舍，得观此册。"

与潘德舆、张际亮、孔继鑅、鲁一同、汤鹏等创诗社，每旬三四集。

陈继聪《蛟川先正文存》卷二十姚燮《送张亨甫还建宁序》："越戊

戌，复遇于宣武门林吏部宅。孔宥函刑部继鑅与比居，创诗社。时潘四农解元德舆、汤海秋郎中鹏、鲁兰岑孝廉一同咸在京，每旬必三四集，集必赋诗。命一题，诸君皆抱膝据胡床，默坐摇首，作咿唔声。而君辄科头拈髭，鹄立檐柱下，目炯炯望长天，侍娈子执壶，引巨觥六七，竭至醉。不俄倾，迅笔疾书累尺幅，似拉杂多穷愁言。读之，其气浩瀚，其节顿挫。太行奇云，下搏海水，为古伤心人之言。至是，始异君。然究不知君肺腑间之格格不可吐者，终焉奈何?”

以诗嘱潘德舆作序。又与其夜坐联诗。

潘德舆《养一斋集》卷十八《姚梅伯诗序》：“戊戌春，遇之都下，复观其近作，谓之曰：‘子之诗近矣，不求工矣。夫诗有百病而莫病于求工，何也？求工则必非山海可知也。’梅伯遂属余序。余笑曰：‘余之序，不能极称子之工，而转以子之不求工为进。子能甘之子之诗，将必不工矣。子能甘终身之诗之不工，子之诗乃真进，而子之人其可以为山海无疑矣。’梅伯曰：‘有是哉！请缉其言，以要诸异日。’”

同书卷八（戊戌）《与梅伯夜坐联句》：“姚生骑虬来海东，凤楼别君今又逢。楼前杨柳青葱茏，八方车马如游龙。谁哉文采天下雄，探蹑星海摇元穹。……尘沙四飒天朦胧，与君垂帘抚丝桐。……荡涤烦秽和天衷，瑶台宴散琴曲终。沧波回首心忡忡，淮南浙东千万峰。相思相望春历冬，今昔何夕曲室中。宫商悦豫调笙钟，看我秃鬓如霜松。犹能痛吸琉璃钟，闻道碧桃花正浓。摄衣共御神山风，莫乞丹砂为葛洪。道成自作东王公，九垓万禩游无穷。”

潘德舆与蒋湘南言《疏影楼词》出入玉田（张炎）、白石（姜夔）间，词余与玉茗堂（汤显祖）相伯仲。

《琼贻副墨·二石〈花桹画梅〉题跋》蒋湘南题款：“道光戊戌试春官，与梅伯相见于风檐中。时山阳潘德舆四农亦同邻铺也，四农为言梅伯《疏影楼词》，出入玉田、白石间，词余直与玉茗堂相伯仲。”

三月，与潘德舆、张际亮、孔继鑅、江开、沈肇熙、吴昆田、鲁一同等饮城南酒肆饯春，有诗。

《复庄诗问》卷十四《潘丈德舆招同孔继鑅、江开、沈肇熙、吴大田、张际亮、鲁一同饮城南酒肆，饯春》：“一年春又尽，明日事难知。良会此萍梗，深心共酒卮。情来不辞醉，欢在即缘悲。城角垂杨树，为谁绿满枝？”

吴昆田（1808—1882），原名大田，字云圃，号稼轩，江苏清河人。道光十四年举人，由内阁中书官至刑部员外郎。晚年家居，太平军攻清河时，组织团练，防守本地。有《漱六山房全集》。传见《碑传集补》卷十一高延第《刑部员外郎吴君稼轩墓志铭》、黄云鹄《吴稼轩墓表》、《清史稿》卷四百八十六。

为江开《深山射虎图》题诗，又为其作《镜心词》诗。

《复庄诗问》卷十四《题江开〈深山射虎图〉》、《镜心词，为江开作》。

李濬之《清画家诗史》庚下：“江开，字龙门，安徽庐江人。道光乙未举人，官陕西紫阳知县。性卓荦，善技击，诗文书画，靡弗精绝。有《浩然堂集》。”

潘德舆《养一斋集》卷十八《江龙门诗序》：“道光辛卯、壬辰间，余客都下，喜与四方之士论诗。每谓诗之风旨，必以淡泊静正为基本，而后发抒其才气，不流于淫靡纵诞，为人心忧。庐江江龙门独韪余言。后二年冬，复相遇都下，交益亲。其为人神峰挺迈，不可一世。顾笃好余文字，尽出其旧作属审正。余思古伟人之著见于世，盖皆不以诗。龙门年壮气盛，方切究当世，务思拯民疾苦，副国家取士之意，尝手挽薄笨车，走二千余里来京师，又时与勇夫材官习刀矢技击，求史册中名将训练攻守之法，深疾文士秀羸，偏于铅椠无实用，然则龙门何必诗也？然龙门以盛年举京兆，行登著作，选诗亦其和声，鸣盛之一端。而龙门之诗，又实蕲合乎雅音，不妄逞其才气，亦乌得而无传也？去年冬，龙门挟姬人遍游杭之西湖诸山，归舟过采石，摄衣登，大风起丛薄，姬疑有虎，龙门抚剑长啸，岩谷震动。其诗剧豪宕可喜，然余尤爱龙门言少读书龙眠山中，积雪霁月，万籁岑寂，诸峰皎然，肺腑空洁无一物，尝语龙门：‘此吾心至静之体，亦诗之高境也。’序龙门诗，复慨想久之。”

三月三十日夜，与潘德舆、孔继镤、鲁一同等联诗。

孔继镤《心向往斋集》卷四（戊戌）《三月晦夜，与四农师、梅伯、通父联句》：“春光尔莫逝，我意尚低徊（四农师）。相对依孤烛，谁能任浅杯（宥函）？车尘连殢柳，郊雨盼迎梅（梅伯）。尺五城南地，空群冀北才（通父）。敢因降明诏，试与向蓬莱（师）。云马霄舒辔，松虬栋选材（宥）。袖长夸妙舞，花好仗深栽（梅）。直道诸公在，狂澜一柱回（通）。独临溟渤望，若有凤鸾来（师）。感默灵斯赞，机潜运所开（宥）。穷通犹末耳，去住信悠哉（梅）。远想燕昭馆，羞登郭隗台（通）。纵横前世误，纲纪寸心该（师）。耿耿悬澄月，荒荒扫积霾（宥）。清欢敦万古，祥耀转三台（梅）。道大神枢洽，声宏景物恢（通）。丹楼瞻耸出，青馆喜追陪（师）。醉兴明州贺（梅伯，宁波人），相思楚苑枚（宥）。梦犹依水石，气蚤郁云雷（梅）。人海阛阓集，天风浩浩催（通）。颓龄偕奋迅，真息葆婴孩（师）。骚雅须扶树，灵修几溯洄（宥）。此间多健者，有愿托良媒（梅）。漏转窗鸡动，凭阑看斗魁（通）。"

周学濬来书，询其会试与《某心雪》传奇登场之事。

《琼贻副墨·尺素集》卷三周学濬书："足下名满长安，名公巨卿，群思罗致，榜花一放，伫听得人之庆，非但为足下贺而已也。琴歌酒赋，豪情定复不渝。《梅心雪》已付雏伶登场否？"

《同治湖州府志》卷十三《选举表·举人二》："国朝……（道光）二十年庚子恩科……周学濬，学濂弟，学源兄，字深甫，甲辰榜眼，御史。"

同书卷十一《选举表·进士二》："国朝……（道光）二十四年甲辰……周学濬，庚子举人，榜眼，编修、御史。"

《复庄骈俪文榷》卷五《周缦云〈茗边填词图〉序》，不详作年，并附于此。缦云，周学濬字。

四月，榜放，又下第。会试同考官季芝昌赏其文，本已入彀，以浙卷多抽去。曾专诚造访，不值，与之书，惋惜，慰之。且以"国士"誉之。姚燮诗赠季芝昌，"升云复飘堕，窅旷仍重渊"谓其取而又弃之遭遇。

《琼贻副墨·兰如集》卷四陈继聪《大某山人生传》："（戊戌会试）榜放，已入彀矣，以浙卷多抽去。"

《琼贻副墨·尺素集》卷六季芝昌书："既得复矣，想迟早亦有定数，旷达人当不以此介怀也。落鉴群公，咸久契盛名，递相惋惜，然卒无补于事。尊卷适在敝房，而以针芥之投，靦居师谊，殆亦前缘。撤闱后，晤贵乡亲莲叔同年，始知寓所，于今晨专诚造访不值，午前还宅，方知彼此相左，怅也何如！”

《清史稿》卷十八《宣宗本纪二》：“（道光十八年四月）丙寅，赐钮福保等一百九十四人进士及第出身有差。”

《复庄诗问》卷十四《呈季侍读师芝昌四章》其一：“托知始文字，性命遂相缘。真灵契一息，讵在荣辱间。木公扬云旂，招我瀛峤颠。自愧食烟火，骨俗难为仙。升云复飘堕，窅旷仍重渊。卑贱苦难报，贻情益之愆。”其三：“道尊布衣贵，学重功名轻。誉之国士目，期以千秋程。穷途得殊爱，意气胡不平？……”其三：“长安春已残，高城满飘絮。吾亦安所为，明当别公去。……”

季芝昌（1791—1861），字云书，号仙九，江苏江阴人。道光十二年进士，授编修，历内阁学士、礼部侍郎、仓场侍郎。二十九年，命在军机大臣上行走。咸丰元年，出为闽浙总督。次年，兼署福州将军。三年，以病乞归。光绪时，追谥文敏。传见《续碑传集》卷十五曾国藩《季公墓志铭》。

《续碑传集》卷十五曾国藩《季公墓志铭》：“旋又以大考翰詹，列高等，简授山东学政。任满还京，充戊戌会试同考官。”

《光绪江阴县志》卷十七《人物·政绩》亦有其小传，不具录。

四月十日夜，同李宗沆、厉恩官坐城西徐氏寓园，有诗。

《复庄诗问》卷十四《四月十夕，同李宗沆、厉恩官坐城西徐氏寓园作》。

厉同勋《重订厉廉州先生诗全集》《挽李梦湘孝廉宗沆》，并附于此。

孔继铼有诗相赠，以诗答之。孔继铼又为姚燮画蝉题诗。

《复庄诗问》卷十四《书孔继铼诗后三章》其二：“识君已三载，今始读君诗。良友若新获，平生惭未知。能文虽末务，堕法实兹持。一翮天无岸，吾安限所之。”

孔继铼《心向往斋集》卷首同诗末题：“宥函尊兄大集，梅伯弟姚燮拜题。”

同书卷四（戊戌）《赠姚梅伯孝廉燮四首》其一：“三载不见君，见君骨仍瘦。”

同卷（戊戌）《为梅伯题画蝉》。

与何绍业饮右安门酒肆，醉感，书壁四首。

《复庄诗问》卷十四《饮右安门酒肆，同何绍毅醉感，书壁四章》。

诗中“绍毅”当为绍业之误。

与汤鹏过从甚密。汤鹏以诗赠姚燮，诗以答之。为其《浮秋子》作序。

《复庄骈俪文榷二编》卷四《扬州寄汤海秋郎中书》：“是时，仆与足下亦数数于彼过从。朝看珠市之花，莫沽天桥之酒。狂不受中贵络，醉不辟巡尉呵。虽身世多毰毸，而友朋之乐，亦至矣。此直六七年事耳。”

书作于道光二十四年甲辰。

《复庄诗问》卷十四《答汤农部鹏三章》其一：“君年已四十，盛名满天下。奇文兀胸郁，孤造鲜旁假。星海泄天流，万里地中泻。摩荡日月色，元气极苍赭。京门三月晚，佛楼建文社。西山如剑锷，灼灼照杯斝。凭阑吐长气，浩然去平野。昂首见神骏，金台欲无马。息情通动止，道和归婞雅。卓荦眼前得，生平意中寡。”

诗后附汤鹏赠作五章其一：“海堧有一士，其貌窘且单。衣无氍毹温，柈无五味餐。兀然发长啸，心苦涕泪繁。岂不惜涕泪，其如吾道艰？凤凰矜五色，下笑燕雀顽。燕雀长饱暖，凤凰常饥寒。”其五：“借问客何为，欲语吞其生。古人不可作，今人莽纵横。一步十崎岖，尤患靡有程。长念追风骥，勿若出谷莺。追风易蹶蹄，出谷但和鸣。千秋万岁后，谁能寒我盟？”

同诗在汤鹏《海秋诗集》卷十，题作《赠姚梅伯孝廉五章》。

《复庄骈俪文榷》卷四《〈浮秋子〉序》：“汤君诗盈尺，久县于国门，文不胫已走于天下，而是编缄厨秘司，非相与同研摩者，不轻示。尝从臾其付手民，则曰：‘未也，有待也。’岂敬礼之文，尚俟乎陈思论定，抑刘昼之赋，殊畏乎魏收抵诃？或复将为汲冢之深藏，以免曹瞒之谤忌耶？彼读君之诗与文者，佥曰伟才、伟才也，是又握寸梃以杵九夏之钟、戴尺笠一括大圜之纬者。”

作序时间不详，姑系本年。

《琼贻副墨·兰如集》卷四陈继聪《大某山人生传》：“汤户部海秋，楚之伟人也。虬髯绕颊，目光闪闪如岩下电。抵掌谭史，气盖一世。至是见山人，大悦，自恨相得晚，赠诗订交。气谊之投，无异元美之于于鳞。”

四月，与鲁一同、潘德舆、汤鹏、张际亮、吴昆田等游尺五庄（小有余芳亭）。

《复庄诗问》卷十四《尺五庄即事诗十二章》其八："张子伤心客（亨甫），无端涕泗流。……玉茗官如吏（海秋），黄门鬓已秋（四农）。风流看若许，吾亦且归休。"其九："文举无庸骨（宥函），延陵正俊年（稼轩）。亦有崟崎者，淮南一鲁侯（兰岑）。"其十二："七人生异国，后会料参差。天地得今日，吾难任酒卮。垂杨萦客眼，苦念戏芳时。上马入城去，宵当一梦之。"

鲁一同《通父诗存之余》卷下《戊戌四月，同潘四农、汤海秋、张亨甫、姚梅伯游小有余芳亭子，即席用梅伯韵》。

《复庄诗问》卷十四《书鲁一同诗后三章》，附录于此。

鲁一同《通父诗存之余》卷下《尺五山庄》。

伊湄以诗见赠，以诗题其集。又为其妻图伯特氏作墓表。

《复庄诗问》卷十四《答长白伊湄见赠，即题其集》。

陈继聪《蛟川先正文存》卷二十姚燮《图伯特氏孺人墓表》："顺天乡榜生伊湄，字曰猗君，君配孺人氏曰图伯特，字曰问琴，系蒙古。曰二十有九岁，以疾殒。……庚寅秋九月，氏卒，生哭之哀。宜哉！越数年，将殡于郊，呜咽谓燮曰：'吾妻有遗言，事亲顺，率下恤，友邻仁，为妇恒。德不足传。求能文者，传吾逸事。使后世比我于梁鸿妻、郭汾阳女，斯足矣！'……因次其状丹诸石，异日生得志，荣及氏，封必有史窥铭于幽者。姑阙焉。"

此文又见《复庄文酌》下编，题作《图伯特氏孺人墓石》。作年不详，姑系本年。《疏影楼词续钞》[唐多令·《秋深忆梦图》，长白伊猗君悼亡作也]、张际亮《思伯子堂诗集》卷二十七（戊戌）《伊猗君湄孝廉出示近诗，且属为题词，因作》，并附于此。

与张际亮饮城南酒肆，有诗。

《复庄诗问》卷十四《城南酒肆，和张际亮》。

张际亮《思伯子堂诗集》卷二十七（戊戌）未收入原作。

与黄爵滋、朱绶、丁晏、张际亮、江开、许瀚、蒋湘南、温训、鲁一同饮江亭，醉后有诗。

《复庄诗问》卷十四《黄大鸿胪爵滋招同朱绶、丁晏、张际亮、严宗望、江开、杨希龄、许瀚、蒋湘南、温训、鲁一同饮江亭，醉后成歌》。

作诗赠黄玉阶，为其藏东坡元符研拓本题词，作［高阳台］。

《复庄诗问》卷十四《赠黄比部玉阶二章》其一："丁卯诗窗似水侵（时同在许光禄丈乃济席上），涪翁酒户作山深。疏花小竹含烟语，弛带宽衣出佩音。照事灵怀能彻底，论人高见不趋今。如何托迹为郎吏，我惜微官屈尔任。"

《疏影楼词续钞》［高阳台·为黄蓉石比部题东坡元符研拓本］。

《同治番禺县志》卷四十八《列传十七》："黄玉阶，字季升，捕属人。道光壬辰举人，丙申进士，官刑部主事。以母老乞养南归，年四十一卒。著有《韵陀山房诗文集》八卷、《萱苏室词钞》一卷、《游仙唱和词》一卷。玉阶少温雅，早有声庠序。尝读邝露《赤雅》，作诗三十三首。沉雄顿挫，绮丽缠绵。为时传诵。工骈体。尝以南城曾燠所选《骈体正宗》尚多遗略，乃广搜博采，撷其精者以为续编。又以粤东词学颇少专家，约诸词人于学海堂创为词社，选题校艺，排月举行。又尝议重修城南大忠祠，明南园前后十先生旧社也。惜事未果而卒。"

梁绍壬《两般秋雨庵随笔》卷五《黄蓉石》："番禺黄蓉石孝廉玉阶，弱冠即有声庠序，四方名士多与之游。道光壬辰举于乡，先君分校所得士也。貌温雅，工诗古文词。所著《蓉石诗钞》，仅窥四卷，非全豹也。录其《读邝湛若赤雅有怀三十三首》之六云：……沉雄顿挫，绮丽芊绵，洵南中之秀也。"

龚自珍《己亥杂诗》其一百二十五《别黄蓉石比部玉阶。蓉石，番禺人》，叶名沣《敦夙好斋诗初编》卷三（己亥正月至庚子三月）《城南集三》《题〈明人诗社图卷〉并序，番禺黄蓉石刑部玉阶所藏》、《陈颂南庆镛、黄蓉石玉阶两君招饮香山别墅》、《黄蓉石过谈》，徐荣《怀古田舍诗节钞》卷二《六月七日大雨，邀同马止斋大令福安、黄蓉石比部同年玉阶石头酒肆小饮》等，并附于此。

送张际亮之楚中，与同人饯于右安门之郊尺五庄，有诗。

陈继聪《蛟川先正文存》卷二十姚燮《送张亨甫还建宁序》："未几下第，轻车短衣过余寓，执手呜咽曰：'梅伯善自爱，吾别矣！'因固挽驾，率同人饯于右安门之郊尺五庄。是日，大雷雨初霁，庄之池荷篱枣、凫鸥燕雀沓飒啁唧，与君长歌短啸，相促迫为秋声。举座皆置酒泪下，君首唱《留别诗》，得五十六言。诸君争和，书酒家壁几满。尽醉始散归。明晨造君寓，楗门下幕，无应者。司阍氏曰：'车已可至卢沟矣。'未及送君。"

《复庄诗问》卷十四《送张际亮之楚中》。

孙衣言诗赠张际亮，兼呈姚燮。后以诗送姚燮归镇海。

孙衣言《逊学斋诗钞》卷七《送张亨甫，兼呈姚梅伯燮三首》其三："我爱上湖子，梅花太瘦生。萧条逼桂玉，意气独纵横。酣饮随狂放，歌诗服老成。如何风雨晓，轻作别离声。"

同卷《送梅伯归镇海》："与君相遇晚，何乃别离轻。贫贱难为友，苍茫又送行。鸣虫争夏景，疏树得秋声。我有阳关唱，鹍弦恐不平。"

二诗中有《登陶然亭》、《客邸坐月》，前诗前第五首《嘉禾舟中二首，戊戌》，后诗后第一首《人日，汪郎中孟慈招同黄鸿胪、李禾叔、陈秋谷饯东使李秋斋时在于蒹葭阁，用秋斋韵，以送其行二首，己亥》，诗编年，二诗作于本年。

孙衣言（1814—1894），字劭闻，号琴西，浙江瑞安人。道光三十年进士，授编修，光绪间，官至太仆寺卿。以疾乞归。搜辑乡邦文献，刻《永嘉丛书》，筑玉海楼以藏书。有《逊学斋诗文钞》等。传见《碑传集补》卷七姚永朴《孙太仆家传》。

与汤鹏、张际亮、鲁一同、吴昆田、孔继镤等饮尺五山庄，饯别潘德舆。

《复庄诗问》卷十四《送潘君之安徽作宰二章》其一："不信文章艰一第，误君经济又三年。荡胸纵有须弥海，搔首难凭莽荡天。与共蓟门今日尽，相逢陌上后期悬。逡巡我尚迟还海，舍我先行为我怜。"

后附潘德舆答作三首其二："南宫画烛春如梦，北道旗亭泪满衿。江海风潮千万里，都来此地作离声。"

潘德舆《养一斋集》卷十（戊戌）《别梅伯》二首其二："墨绶铜章招我辈（梅伯来诗讯余作宰事），石田茅屋恋诗人。君知怀葛陶元亮，只戴东篱漉酒巾。"

同卷（戊戌）《海秋招同亨甫，梅伯，通甫，孔、吴二生饮尺五山庄，留诗与海秋别》。

汤鹏《海秋诗集》卷十九《送潘四农、张亨甫、鲁兰岑、温伊初、江龙门、姚梅伯、刘子骏、杨杏农、廖月槎下第出都》。

接家书，寄回书，有诗。

《复庄诗问》卷十四《寄家书》："亲老膝无侍，念子心每弛。偶得远道书，食息聊慰怡。一月书两函，所慰亦已稀。慨余在客中，愁病恒缘依。委云起居好，所告能毋欺。又恐据实陈，徒使深忧疑。踌躇方寸中，往往难措词。昨日乡书来，乡书亲所贻。上言春雨多，田禾茂方滋。海城十万户，秋获当有期。中言家室安，弟妹仍好嬉。南巷观社灯，吾健孙童携。下言墙东园，种苋还种葵。闲时课僮灌，新绿颇离披。寻常语琐屑，并不及寒饥。虽不及寒饥，梦寐吾廑之。去腊吾出门，事事手所治。被身丝与布，下饭盐与荠。五世儒素风，俭朴诚适宜。所忧瓮中粟，储仅三月炊。届今月阅五，区区终何裨。纵堪亲朋谋，在昔索已疲。念此怆我怀，焉忍甘粥糜。寄书复寄书，寄书增郁伊。居者苦莫食，行者苦莫归。悔以侥幸心，酿为轻别离。可怜孤泪痕，渍枕成流澌。眼中各谋已，道路当告谁？远望南西门，好柳青垂垂。好云暗相弄，好风自来吹。如见钓鱼矶，落日沧江湄。此书达当早，我归再难迟。寄书亦已寄，我归仍无期。"

以诗赠别黄爵滋。

《复庄诗问》卷十四《赠别黄鸿胪三十二韵》："先生乃长者，阳和在眉宇。拂拂如欲动，依依妙无语。神静涤矜躁，意淡接邃古。探其文章源，道义实根府。吾师壶园徐，棱锷鲜可与。论人及近今，倾心每私予。忆昔祓江亭，衣冠九州聚。澄绿泛危色，西山过春雨。灵鹤排天阊，仙衣上飙举。始幸巢父孔，得识少陵杜。高筵欢未终，纷纷堕林羽。余亦被时弃，逡巡下江渚。常登江上城，北望念鸿侣。沙烟千里阔，秋色接荆楚。良会古难继，何况异乡土。今年三月晚，朔气缓春煦。城阴似荒雪，郊色闭禾黍。盘涡一转萍，复此对尊俎。颇愿永遇乐，何计昔离苦。庶几叩堂奥，引烛牖愚鲁。天长日安系，愿在势偏阻。朱光耀鹑首，六合昌炎暑。明日出蓟门，踯躅向榛莽。纵以三载约，疾若箭离弩。但恐郁勃气，仍难知者吐。……脉脉在天地，悠悠信安许？"

后附黄爵滋《送别》："徐陵有高弟，抑塞等王郎。才调工三影，骚情蕴九章。云开沧海阔，花落月湖凉。挥手明朝别，何年再举觞。"

同诗在黄爵滋《仙屏书屋初集》诗录卷十二，字句稍有不同。题作

《戊戌长夏怀人诗二十四首》其十三《姚梅伯孝廉燮》："徐陵有高弟（谓廉峰前辈），抑塞比王郎。才调工三影，骚情蕴九章。云飞海门际，花落月湖旁。贪写蛾眉样，终非时事妆。"

孔继鑅以诗送别，诗以答之。

《复庄诗问》卷十四《答孔比部赠别诗四章韵》其一："于事无可担，肩力听其瘦。但嫌毻毵归，未改面目旧。孔君相爱深，两腑早通究。煦为无形春，不假瓮中酎。托土同藉根，松槿漫争寿。惟有若木枝，孑焉外群构。谢君折赠予，以鞭牛马走。"

后附孔继鑅赠作四首其一："三载不见君，见君骨仍瘦。形体消岁年，岂独裳衣旧？往岁人中聚，中情两未究。今与结绸缪，君味真醇酎。万物日动摇，谁似太行寿？开门揖太行，苍翠自天构。尔我复何为，憔悴尘中走。"

孔继鑅《心向往斋集》卷四（戊戌）《送梅伯》："百岁几师友？风花高下飞。眼前惟汝共，何事亦东归？云物有余态，斯人长苦饥。都门万杨柳，垂首为依依。"

闰四月二十九日，徐宝善卒。闻讯，以诗哭悼。

《复庄骈俪文榷》卷四《〈过庭录〉序》："吾师歙县徐廉峰先生官翰林时，其哲嗣志道孟卿、志恭少峰昆季随侍读书于京邸。先生退食暇，躬严督责，以身示型。二君退而笔之简，曰《过庭录》。柳玭之书，韦贤之经，不是过也。燮谨为校录副编，而序其略。……岁戊戌，命襄校礼闱，先生病辞。命未赴而卒。……死生暌隔，梦寐唏嘘。拜启遗文，曷禁涕泗。聊师郎世业之编，与充褚无量之校雠。绪以枝分，章以节次。诵后言以膺明训，可当崔子之铭；振钧徽以翊熙朝，慎守范家之砚。而先生之学行，亦于是录可见其凡已。"

《复庄诗问》卷十四《哭徐编修师，得短言二十八章。拉杂写哀，不能成篇幅也，又何暇于文》其四："昨命我入室，扶床尚能起。对我无一言，但有泪弥弥。"其十七："我裳敝兮，夫子释之；我名卑兮，夫子立之；我容悴兮，夫子拭之。"其十八："我何贤兮，而蒙爱之；私慰夫子之爱兮，而已无其时。"

《琼贻副墨·兰如集》卷四陈继聪《大某山人生传》："至则壶园零落，

编修死矣，山人做短言二十余章，哭之极哀。尝曰：‘吾于徐师，不但感恩，且知己。今而后，天涯茫茫，谁物色海滨下士？’”

《复庄诗问》卷首《诗评》：“昆明赵蓉舫侍郎光云：……君为余友徐廉峰同年所取士，读集中《哭廉峰诗》，一字一泪，何沉痛乃尔也。吾友仙去，倏已十年。诵君诗，为黯然者久之。”

《续碑传集》卷十八彭邦畴《翰林院编修前山西道监察御史廉峰徐君墓志铭》：“殁之前三月，奉命分校礼闱，时虽已卧病，犹可力疾从事，君恐精力少差，或致屈抑，毅然以病辞免。盖生平遇事之不苟如此。……君以乾隆庚戌五月十五日子时生，以道光戊戌闰四月二十九日殁。”

大挑由国子监誊录即选知县，不赴。

《复庄骈俪文榷二编》卷末附蒋敦复《例授文林郎即选知县姚君墓志铭》：“十年不字，名在公卿；三荐未售，犊补外吏。戊戌，由誊录即补知县。君于是鹿鸣罢赋，豹隐自居；不为鹏抟，宁甘鸿冥。”

《民国象山县志》卷二十六：“姚燮……挑取国子监誊录。”

此事不详何年，姑系本年。

《清史稿》卷一百十《选举志五》：“任官之法，文选吏部主之，武选兵部主之。……内阁中书、国子监学正、学录、知县、学正，由举人考授及大挑拣选。……选班首重科目正途。……谋疏通之法，始定大挑制。大挑六年一举行，三科以上举人与焉。钦派王大臣司其事，十取其五。一等二人用知县，二等三人用学正、教谕。用知县者，得借补府经历直隶州州同、州判、县丞、盐库大使。用学正、教谕者，得借补训导。”

离京南行，得《南辕杂诗》一百八首。

《复庄诗问》卷十五《南辕杂诗一百八章》其三十八：“三月粮艘来，四月南河浔。帆樯拥如荠，人语喧吴音。五月尚难达，浅阻宁始今。”其六十八：“我出自寒腊，江上风雪飞。所望不可求，入夏吾当归。四月野麦熟，五月田瓜肥。驰驱尚中道，归已愆其期。”其一百二：“及今已六月，莲叶当亭亭。”其一百八：“今我当渡河，直上淮南舟。”

泊舟淮安，与丁晏同登城西酒楼，赠诗。由宝应至高邮，闻江开客淮上未归，有诗寄赠。

《复庄诗问》卷十六《泊舟淮安，访丁孝廉晏，同登城西酒楼赋赠》：

“虚庭敛荷叶，积雨生凉秋。”

同卷《宝应至高邮舟中六绝句》其一：“次第吾乡秋稻熟，贺公湖上看黄花。”

同卷《闻江开客淮上未归，寄五律三章》其一：“西风近崚厉，劝尔且归休。”

诗寄叶元阶。

《复庄诗问》卷十六《寄叶十八茂才二章》其一：“君体素孱弱，还遭家难频。抱书淹乡里，壮志挫嶙峋。大道荆榛满，空山猿鸟驯。相期坚闭户，纪载重天民。”其二：“郡斋读书处，夙昔共湖山。昨夕梦相傍，孤灯若尔闲。月明天自阔，荷尽雁当还。忆否飘零客，轮蹄尚朔关。”

过扬州，与谢增饮虹桥酒市，游平山堂、桃花庵、云山阁等，有诗。

《复庄诗问》卷十六《同谢同年增自小东门买舟，由小秦淮至虹桥酒市小饮，游平山堂、桃花庵、云山阁诸胜，薄莫始归，得诗六章》。

《同治续纂扬州府志》卷七《选举志》：“（进士）……庚戌陆增祥榜，谢增，仪征人，探花。”

《道光重修仪征县志》卷二十八《选举志》：“（进士）三十年庚戌，陆增祥榜，谢增，一甲第三名，字梦渔，现官翰林院编修。”

六月，过杭州，遇曹德馨，与谈蜀人熊士鸿，以渡江仓促，不能相访为憾，心向往之。

《复庄诗问》卷十六《赠熊丈上鸿》：“今年下第出燕市，到杭六月逢曹生（谓孟明）。为言巴蜀有儒硕，手挥千古神峥峥。近栖邻寺避喧迹，箕踞斗室书为城。渡江仓卒不能访，面虽未觌心早倾。……”

六月，到家。与书叶元壁，悼叶元址卒。叶元壁作［买陂塘］词寄姚燮。

《琼贻副墨·兰如集》卷十三叶元壁［买陂塘］：“野桥于六月间自都门归，书来询近状，兼吊二兄兰士，又道其座师徐廉峰太史亦归道山。秋风一起，当命驾与予作痛谈也。忆野桥在予家下榻数载，与予兄弟角诗斗酒，相得甚欢。其初北上时，犹与二兄话别，今不得意复归，而予辄抱脊令之悲，转瞬间便有人琴之感，如魏文帝云：既痛逝者，行自念也。触绪赠（增）酸，谱此以寄野桥。”

七月，往慈溪，与厉志下榻叶元阶家。相与往来，作浃旬之谈。出《倚某

图》卷，道其遇湘文颠末。未几，有嘉兴（禾中）之行。叶元壁作［迈陂塘］词赠别。

《琼贻副墨·浮香阁本事》卷四叶元壁［迈陂塘］："野桥自北上后，相接甚疏。间有遇合，仓卒未尽所怀。岁戊戌七月廿五日，自交门过访，琴尊镫榻，相与谈数年之离索。未几，又有禾中之行。离踪如此，未免黯然。酒酣，出《倚某图》卷，道其遇湘文颠末，因感其意，又作《某心雪》传奇，聊寄心曲。噫！夫人萍蓬漂泊，感慨生平，往往寓笔墨于绮罗金粉，以抒其郁结之抱。外之者或非之，殆可与知者道耳。临行，索长短句，遂倚其寄情［迈陂塘］调，兼以赠别。"

《琼贻副墨·兰如集》卷十三叶元壁［霓裳中序第一］："予春间自痛二兄兰士以来，心绪恶劣，终日为之邑邑。秋季，野桥、骇谷下榻从兄心水家，相与往来，作浃旬之谈，愁怀与解。今将别，风景萧瑟，又触感无尽矣。"

过叶元址二茗草堂，以诗悼之。

《复庄诗问》卷十六《过二茗草堂，追悼叶上舍元址，得诗五章》其一："秋花在庭，念子颜色。"

为叶元垚《听秋吟馆图》题诗。

《复庄诗问》卷十六《为叶生元垚题〈听秋吟馆图〉二章》。

与冯登府往来。为其《焦岛藏书图》、《拜竹龛诗稿》题诗。

《复庄诗问》卷十六《为冯丈登府作〈焦岛藏书图〉，用其自题原韵。时丈以著述藏焦山书库中》、《再叠前韵，题冯丈〈拜竹龛诗稿〉》、《过冯丈夜话，三叠前韵》。

作诗寄阮亨。

《复庄诗问》卷十六《寄阮明经亨，叠前韵》。

秋，往嘉兴乞食，留别冯登府，渡钱塘江，均有诗。

《复庄诗问》卷十六《时有禾中之行，四叠前韵留别》："未许闲居效蛰虫，石华袖短舞难工。天将岁月驱寒饿，人各关河听雨风。剩有南湖诗卷在，却愁北海酒尊空。垞南十亩琅玕竹，谁与移船听月同？"

同卷《渡钱江》："隐隐山城晓翠开，西风横汉雁刚来。无端去作江南客，行过西泠首重回。"

过杭州，与曹德馨、万后丞访辨利院，观所藏宋元以来名人画大士应真像二百余轴，记之以诗。

《复庄诗问》卷十六《同曹德馨、万后丞过辨利院，观所藏宋元以来名人画大士应真像二百余轴，记之以诗》：“万树旃檀香，经秋不蚀气。……采壁烟藻光，黄泉梦同逝（吴树虚记云：图像聚自石仓吴氏，后人不能守，入于王氏质库。适王茨檐馆王氏，以修脯资赎之。及见圣因寺贯休画大士象，拜请梁编修葮林、杭编修堇浦作缘于圣因寺。后同诸像归入院中，并续购名像附藏，得六十余轴）。……继起梁与杭，湖山践明誓。……”

董沛《四明清诗略》卷二十六：“万后丞，字乃邻，号个亭，鄞人。《鄞县志》：后丞能诗，善画竹，兼工翎毛。”

与高学沅、高学淳、曹德馨、罗以智、万后丞等泛舟西湖，有诗。

《复庄诗问》卷十六《高学沅、学淳昆季招同曹德馨、罗以智、吴敬范、万后丞泛湖》：“长飙扫叶出万壑，西壁明晖画楼阁。天地将为栗烈寒，逢此良朋胡不乐。……红霞半指北冈塔，青笋一握南屏台。……病驹过坂谁来靰，明朝要与诸君离。六朝杨柳尽髡秃，何由赠我春风枝？”

《国朝杭郡诗三辑》卷五十七：“高学沅，字高甫，号小垞，号且兰，又号伯荪，凤台子。仁和人。道光丁酉举人，官内阁中书。有《不秋草庐诗集》。”

十月二日，与张熊等二十二人在嘉兴南湖（鸳鸯湖）上水流云在轩作饯秋曲宴，有诗。

《复庄诗问》卷十六《十月初二日，鸳鸯湖上水流云在轩作饯秋曲宴，张熊、万潮、家吉祥均在座，集者二十二人》。

王韬《瀛堧杂志》卷四：“张子祥熊，秀水人，自号鸳湖外史。工花卉，生气郁勃，溢于毫端。纵逸如周服卿，古媚似王忘庵。屏山巨幅以寻丈计者，愈见力量。兼作人物山水，亦古雅绝俗。家有银藤花馆，位置精雅，四壁不著纤尘。喜填词，犹擅小令，并谙音律，尝引喉度曲，抑扬宛转，曲尽其妙。虽老乐工，自叹弗如。……乱后，挈家作寓公，有终焉之志。”

朱熊与书姚燮，转达马汾选诗之托。

马汾《晋游草》（稿本）下署：“嘉兴县人马汾，号淡于，岁贡生。”

卷末附手书："戊戌十二月三日，冒雪至淡翁处，携诗一卷，并手录数首于后耳。淡翁向弟磕头代达，望于卷中可选者刊入为感。梅伯先生如晤。弟熊顿首记。"

蒋茝生《墨林今话续编一》："秀水朱梦泉熊，字吉甫。奉母至孝，尝为《寿萱图》以志庆。性耽书画，少长，与张叔未、文后山、殷云楼诸耆硕游。花卉顿悟上乘。用笔爽健，可与奚蒙老颉颃。同辈中晓庭、子祥皆推服其能。尤精篆刻，竹石瓷铜，偶一奏刀，无不苍秀得古法。"

李玉棻《瓯钵罗室书画过目考》卷四："朱熊，字梦泉，号吉甫，秀水人。工花卉，时与张子祥、任渭长称沪上三熊。吴子复太守藏有设色花卉册，颇悟上乘。弟偁，字梦庐，得其法。余家藏有设色花卉大屏四帧，亦浓湛可观。"

客嘉兴，与黄安涛、黄若济、郭凤等人往来密切。

《复庄诗问》卷首《诗评》："嘉兴冯柳东广文登府云：……近游吾禾，黄霁清太守、子未大使、郭丹叔布衣，送抱推襟，钦迟备至。诸君皆与余交，非虚美也。"

同书卷十六《赠熊丈士鸿》："……谋生一砚计苦拙，旋复辞亲客西浙。涪翁招我来南园，聊慰羁栖得欢悦。……"

黄燮清《国朝词综续编》卷六："黄安涛，字霁清，晚号葵衣老人，嘉善人。嘉庆十四年进士，官至潮州府知府。有《绿笺词钞》。"

潘衍桐《两浙輶轩续录》卷二十六："黄安涛，字凝舆，号霁青，嘉善人。嘉庆己巳二甲一名进士，官广东潮州知府。著《诗娱室诗集》二十四卷、《息耕草堂诗》十六卷。"

《光绪重修嘉善县志》卷十九《宦业》："黄安涛，字宁舆，号霁清，嘉庆十四年传胪，授编修。丙子，典贵州试，充文渊阁校理、国史馆提调，与修《一统志·文苑传》。寻除广信知府，丁艰服阕，补高州守。……调繁潮州。……署□潮嘉道，被议，改简，遂归。与诸文士诗酒往还，主鸳湖书院讲习。卒年七十一。著有《真有益斋文集》、《诗娱室》、《息耕草堂》等诗集，《说经中义》、《权济录》、《绿笺词钞》、《昭代词选》、《岭南从政录》、《贤己编》。"

《光绪嘉兴府志》卷五十四《嘉善列传》亦有黄安涛小传，不具录。

《复庄骈俪文榷》卷四《黄霁青太守〈绿笺词〉序》、《疏影楼词续钞》[水龙吟·《野舫填词图》，为霁青丈题]，不详作年，并附于此。

黄燮清《倚晴楼诗集》卷五《寿霁青叔七十初度，丙午》、卷六（戊申）《七月二十九日，得霁青叔讣音，感念畴昔，不能无词，赋此代哭》，并附于此。

黄安涛《真有益斋文编》卷九《亡弟子未传》："亡弟子未，名若济，子未其字也。朝议府君次子，由国子监生入赀，注布政司经历衔。……先府君善医，诊治无富贵贫贱，皆为殚心立案。子未自少侍侧，耳目濡染，并究各家方书，朗诵默识，逾三十而学成。……竟尔溘然，则抵家仅三月，实道光壬寅三月四日也，年六十有一。……所著《百药山房诗集》已梓行，续集及所钞书尚俟续刻。"

《光绪重修嘉善县志》卷二十四《文苑》："黄若济，字子未，国子生，入赀得布政司经历衔。年十三，五经成诵，不乐为制举文，专嗜韵语，别有会心。……又精岐黄术。著有《百药山房集》。……子稻孙，字秋谷，诸生。杞孙，有传。"

《光绪嘉兴府志》卷五十四《嘉善列传》亦有黄若济小传，不具录。

阮亨《瀛舟笔谈》卷十："郭频迦麐移家嘉善，与黄退庵恺钧游最密，言其灌园郊居，怡然自得。尝以诗呈于予兄之前。退庵二子霁青安涛、思未芳济皆能诗，亦各以所著来予兄，取其佳篇名句为之标置，题曰嘉善三黄诗。"

《光绪重修嘉善县志》卷二十五《侨寓》："郭凤，字丹叔，成童受经。未毕，家贫，服贾，昏夜堕水几死。母怜之，令复理故业。好为诗，时有性灵语。兄麐出游归，每就删削。花晨雪夕，宾侣不至，或命酒相对，此唱彼和，辄至夜分，忻然不知明日之无炊也。晚年为童子师，藉以自给。后麐十年卒。著有《山礬书屋初、二集》行世。"

冬，与黄若济、潘眉等聚于黄安涛息耕草堂。为黄安涛藏吴仲圭《祭画图》、《驿骑传诗图》题诗。黄安涛亦有赠姚燮诗。过郭麐灵芬馆，追吊之，作［琐窗寒］词。

《复庄诗问》卷十六《息耕草堂冬日即事杂诗五章，与黄太守丈安涛》其五："坛坫巍巍东阁开，群公联袂肯偕来。乌尤郭璞九仙骨（郭丹叔丈凤），花县潘安六代才（潘寿生丈眉）。惭愧贱名留短碣（丈于草堂立题名碑），风流耆宿感蒿莱（谓郭频伽先生麐）。归帆明日钱江梦，定挈灵猿倚石台。”

同卷《梅花庵祭画歌。黄太守得梅花道人吴仲圭画山水长卷，祭之其墓，作〈祭画图〉，余为歌之》、《〈驿骑传诗图〉，为黄太守丈题》。

黄安涛《息耕草堂诗集》卷十（起戊戌七月，尽十二月）《赠姚梅伯孝廉燮》：“听君落笔有飞声，目下词锋孰与争？敌骑骁腾思退舍，雄峰慑伏敢先鸣。漫将长吉奚囊制，误认都官算袋盛。若使王郎生对垒（谓笠舫），不知谁筑受降城？”

同卷（起戊戌七月，尽十二月）《仲冬望日，招梅伯小饮驯鹿庄，同集者为丹叔丈及舍弟子未。席间雨作，以赏雨茅屋分韵，得雨字》。

同卷（起戊戌七月，尽十二月）《画梅歌，为姚梅伯孝廉赋》：“……一枝一枝复一枝，笔力斩绝生新奇。华光老去煮石死（煮石山农，王冕自号），问君何以能尔为？手出一卷示我读，心有独得谁知之（姚梅伯著有《画梅心语》）？凡使画梅亦娟好，只办箧中多画稿。为君解将造化师，不是描摹是挥扫。我不解画理则谙，画禅合与君同参。谓予不信更谁质，来朝试问梅花庵（梅花庵，在嘉善城中，即吴仲圭墓地）。”

《光绪重修嘉善县志》卷二十五《侨寓》：“潘眉，字稚安，号寿生，吴江廪贡生。世居芦墟镇。工诗文，师事同里郭麐。及长，兼通史学。迁居魏塘。时郭氏先移家于此，眉居相近，师而兼友，学益进。家贫，客游江右、大梁、闽、浙间，前后凡十余年，而于粤东寄迹最久。当路知其才，聘修《高州府志》。在潮州，主讲黄冈书院五六载，年老归，犹嗜书忘倦。道光辛丑卒，年七十二。著有《〈三国志〉考证》八卷行世，《小遂初堂诗稿》八卷、《文钞》三卷、《说文解字》二卷、笔记数种，藏于家。”

同卷《侨寓》：“郭麐，字祥伯，号频伽，吴江附监生。右眉全白，风标秀异。博学工诗文。……乾隆乙卯赴北闱，法时凡学士先施纳交。报罢归，绝意仕进，为诸侯宾客以老。嘉庆戊午，与弟凤侨居嘉善。著有《灵芬馆诗文集》、《词集》、《诗话》、《金石例补》、《江行日记》、《樗园消夏录》、《爨余丛话》行世。又辑《唐文粹补遗》二十六卷，金勇刻之扬州。”

王韬《瀛壖杂志》卷四亦有其小传，不具录。

《疏影楼词续钞》[琐窗寒·过灵芬馆，追吊频迦先生，用山中白云悼王碧山词韵]。

黄安涛《真有益斋文编》卷七《息耕草堂记》："予典郡自潮州归，年五十有七矣。朝议公久捐馆舍，太恭人又弃养，乃陈牒以病免。家居所居魏家巷舍南，隔一水，有隙地六七亩许，明季职方司主事彦林钱公仿村故址也。园久废，剪剔污秽，除治瓦砾，驾桥以通之。结屋九间，中三楹为堂，颜之曰息耕。"

饮黄安涛诗娱室，醉后登梅巘，以箫伴奏，歌《水仙三弄》，作[长亭怨慢]词。

《疏影楼词续钞》[长亭怨慢·月夜饮诗娱室，醉后登梅巘，倚湘奴，歌《水仙三弄》，与霁青丈同作]。

为黄若济《湘桥钓师图》题诗。临别，有诗赠之。黄若济亦有《送别诗》。

《复庄诗问》卷十六、《〈湘桥钓师图〉，为黄大使若济题》。

同卷《赠别黄大使四章，即题其〈百药山房诗卷〉》其二："不作媚世想，乃为千秋人。雕文尚皮傅，先已汩其真。闻君素劬学，奇字穷汉秦。壮复纵游辔，河岳相主宾。撷华敛龙象，指爪吾安驯。天门不可叩，荒荒自油云。"

后附黄若济《送别诗》其一："读君诗百回，一读辄胆落。洪炉烈焰腾，霜雪忽回薄。"其三："我兄善择友，半多嵇阮交。见子所为文，久思结同袍。今直泛鸳水，居然叩蓬蒿。精采固奕奕，词源更滔滔。"其四："款留宿南园，对垒诗城高。间骑出挑战，苦无赫连刀。缓兵得奇计，一醉方陶陶。"

黄安涛《真有益斋文编》卷七《百药山房记》："仲氏子未当驹齿而岐嶷……比长，而迹隐壶中，方悬肘后……乃于所居山房，署书百药者……"

诗赠黄若济子黄杞孙，黄杞孙答诗。为黄杞孙《晋卿小草》题词。

《复庄诗问》卷十六《赠黄茂才杞孙》："南园静夜张华筵，寒月在户云娟娟。严霜压屋烛光短，勉尽三爵生微暄。斯时座客斗毫论，君独简默无烦言。诘朝过我证所学，摆除客气王蹄筌。……论年于我愧兄事，幸恕狂论无相愆。……明朝湖上别君去，或凭飞雁书能来。人生树立各自勉，无令鬓发成颓衰。"

黄杞孙《晋卿小草》卷首题："尊作气韵清超，词划俊逸，含情必蓄，结响惟灵，如孤鹤摩霄，晴鸾展谷，殊不变人尘障也。目前先可读摩诘、嘉州两家诗，以导其流，再进而追李、杜、鲍、谢，其所造更当何如耶？匆匆之下，不能细加校勘，上献一翰，实负盛意。后会不远，诸惟珍爱。丹秋吾弟大人足下。梅伯姚燮拜读。"

《晋卿小草》封面题识："□（道）光十八年（戊戌）、廿年（庚子）、廿一年（辛丑）。"

黄杞孙《诵芬书屋小稿》四种（稿本）《晋卿小草》《答四明姚梅伯孝廉燮》（戊戌）："草堂例有宾筵开，南金东箭郡公来。小子从旁得亲睹，词坛树帜皆邹枚。裼裘复来一奇士，翩翩鸾凤非凡胎。谛其所学不可测，荒荒六合胸中该。摩天巨刃及词翰，枕葄汉魏罗琼瑰。俯首一览众山小，太华千仞增崔嵬。培塿惟恐不可接，末座岂知青睐及。床下拜倒作师资，小草区区承俛拾。示我一篇励所学，蚕茧待汤得资给。人生随在有余师，谁得握手加亲昵？先生不朽千秋名，愿乞余论成求实。"

黄安涛《真有益斋文编》卷九《亡弟子未传》："子二：稻孙、杞孙。"

《光绪重修嘉善县志》卷二十四《文苑》："黄杞孙，字丹秋，号泰甫，邑增生。游颖悟，成童时已能代伯父安涛笔墨，故安涛于犹子中最爱重之。长工诗古文词，善书法，逼近松雪，兼精篆刻。……咸丰庚申，避寇沪上，犹应松江守李铭皖之聘。未几，大兵进剿，随同傅邑侯斯怿克复邑城，保举训导。著有《诵芬书屋》、《味谭室诗稿》，待梓。"

访潘眉，有诗。

《复庄诗问》卷十六《赠潘丈眉二章》其一："残雪城闉路，来寻处士家。门幽驯暗雀，庭暖舞高花。斗室罗元象，空山老赤骅。读书师古哲，晚岁健弥加。"

遇熊士鸿，以诗赠之。

《复庄诗问》卷十六《赠熊丈士鸿》："……沙烟过海云午低，欲雪不雪千鸦飞。残年异地合杯酒，琴瑟并坐泠泠挥。当时可见不得见，意外忽遇缘亦奇。示余著作卷盈尺，子髓经腴史膏液。……出门分手即万里，瞬息欢筵意难舍。寒流一棹吾将行，荒鸿尚自迟南征。衾灯夕廨君听雨，我舟江上愁风声。纵有心迹挂白日，各无根蒂怜浮萍。西湖三月杨柳青，桃花满市多啼莺。倘来共醉宋家酒，与君携手登南屏。”

厉志与书杨星曜，为之绍介姚燮。

《琼贻副墨·兰如集》卷一杨星曜《姚梅伯孝廉〈诗问〉序》：“语石生客蛟门之明年，时戊戌岁也，东海厉生致书云：邑有姚孝廉某伯者，诗人也，盍往见之？时将岁暮，某伯游嘉湖未归。”

《国朝杭郡诗三辑》卷五十八：“杨星曜，字西明，钱塘诸生。有《小峨眉山馆诗稿》。西明居湖墅之卖鱼桥，尝得一石，高尺许，质白而坚润，有峰二十四。识者曰：‘此蜀产也，名雪精石。峨眉之积雪凝结而成者。’西明宝之，名之曰小峨眉。名其斋并名其集。”

梁绍壬《两般秋雨庵随笔》卷六《小峨眉》：“钱唐杨西明星耀于市购得一石，高尺有半，径倍之。质白而润且坚，起二十四峰，形如束笋，邱壑毕具。识者曰：‘此蜀产雪精石也。盖峨眉之积雪凝结而成，因名之曰小峨眉。’杨君有诗《答王淑亭》云：‘我欲游五岳，欲去不去心忡忡。……石兮、石兮，吾将与汝成始终。’诗颇恣横。”

逢方絜。十二月一日，出观《浮香阁本事》，方絜题识，并有诗送姚燮归里。有屏卷等物赠方絜。后方絜来书，祈姚燮为人题诗。

《复庄诗问》卷十六《逢方山人絜》：“一霎五年别，相逢逆旅中。岁阑迫风雪，明日又西东。千里君孤雁，大江吾去篷。桃花开湖上，愿约酒尊同。”

《琼贻副墨·浮香阁本事》卷一文跋附题卷额及诸家观款方絜观款：“梅伯我师，相别五载，忽遇于禾中之小云东仙馆。出观此卷，满目琳琅，目不暇给，爰识数语。时戊戌十二月朔日，苕溪方絜。”

潘衍桐《两浙輶轩续录》卷三十八方絜《送姚梅伯归甬上》：“湖海同为客，相逢各爱才。论交怀管鲍，作赋羡邹枚。江树连天远，兰舟带雨开。滔滔此流水，送客几时回。”

陶湘编《昭代名人尺牍小传续集》方絜书：“屏卷各件领到，谢谢。臂阁已完，呈鉴。竹既不佳，刻亦无聊，姑存之。俟明春最作可也。《〈纪游图〉小序》录出二纸，承谕分题，幸希费神。容当另报。又《梅月知心图》系永嘉曾次石裔云转求题咏，兴到时，如意一挥足矣。短晷催人，风雪泥道，不及趋送行旌，泐此顺候旅祉，不备。梅伯先生知己阁下。小弟方絜顿首。附石印一方。”

书云“短晷催人，风雪泥道，不及趋送”，当是指此次相会。方絜明年已卒（见本谱明年），因将方絜来书系于本年。

十二月八日，高敏来书，盼姚燮努力刻成江浙文人诗选集。

《琼贻副墨·尺素集》卷二十三高敏书：“顷得刘彦兄札，悉阁下选刻同人诗集，雀跃者久之。此事果能玉成，不但江浙文人增一光宠，而大名炳耀寰区，昭垂千古矣。……戊戌腊八日。”

为慈溪冯汝震作传。

《复庄骈俪文榷二编》卷七《赠中宪大夫冯君家传》：“赠中宪大夫议叙布政司经历、钦加同知衔冯君讳汝震，字辰雨，一字小江，系出唐忠安公旦后，世为浙江慈溪人。……其生年在嘉庆丁卯九月，日亦丁卯。卒在道光戊戌十月，日亦戊戌。春秋三十有二。”

编成《画梅心语》。

《画梅心语》卷首：“大楳山民《画梅心语》，复庄先生□□□□□□平著作等身，昔其诗文诸□□□□□□人口矣。昔年余曾刻其骈文二集，□□□读先生文者，皆以先睹为快，几至纸贵洛阳。今晋伯复以此册见贻，披阅数过，其悟意造微、传神独得处，实能发千古画楳之密。它日当付之梓人，以传后学耳。石屏山房灯下记。晋伯名景皋，先生长子也。亦工画楳，固无虎儿之于海岳矣。　　又记。”

共九十七条。浙江图书馆藏。

如其一：“画梅以清为尚，余第其品为八焉。清古、清远为尚，清矫、清峭次之，清健、清秀、清润、清丽又次之。太华仙群，斓彩镛骨，清古也；空山无人，流水自鸣，清远也；玉龙天半，朱霞四垂，清矫也；巫峰削翠，春钩掣青，清峭也；神弩忽张，孤隼堕翮，清健也；夕阳篱落，山霭晚清，清秀也；春云带雨，摇曳生波，清润也；美人晓妆，倚奁欲语，清丽也。下笔者先宜枯坐十日，想此神境。”

其四：“作枝宜圆，全在下笔偏正处取势。用锋稍侧，则枝形成片矣。至于向背偃仰，贴花处更宜留神。”

编成《画梅心语》具体时间不详，黄安涛本年作《画梅歌，为姚梅伯孝廉赋》自注云“姚梅伯著有《画梅心语》”，则说明本年《画梅心语》已成。姑将编成《画梅心语》系于本年。

岁除，自校一年所作诗。

《复庄诗问》卷十六《岁除日，自校一年所作诗，戏题三章》其二："愿以炉中火，拉杂摧烧之。转念一寸蚕，尚知爱其丝。天生吾面目，肖者知有谁。何况最灵心，岂无独得思。独得问何在，自问还然疑。胡为古大家，犹难空所师。"

道光十九年己亥（1839）　三十五岁

正月，与杨星曜相见。为其作题画诗，后又为其集作序。

《琼贻副墨·兰如集》卷一杨星曜《姚梅伯孝廉〈诗问〉序》："……明年正月，居停黄笠艭明府偕某伯至，始见之。"

《复庄诗问》卷十七《王湘州画〈灵石旅舍图〉，为杨星曜题》。

《复庄骈俪文榷二编》卷四《杨西明〈小峨嵋山馆集〉序》，作年不详，并附于此。

《光绪善化县志》卷二十四《人物》："黄维同，号笠艭，究心经学，工诗古文词。主讲沈阳，士风丕变。中道光乙酉举人，壬辰进士，官浙江宣平等县。兴利除弊，卓著政声。任定海，外夷惮服，边徼安堵。任浦江，值大旱，仿古荒政法，平粜请赈，全活数万。……以老乞归，家无余财。一室图书，怡然自得。著有《蟾园诗文》、《制艺》。"

《民国镇海县志》卷十六《职官表上》："（知县）黄维同，湖南善化进士，（道光）十七年任。"

三月二日，张振夔读姚燮近诗后，作跋。姚燮后为其《补绽图》作序。

《琼贻副墨·兰如集》卷二张振夔《书梅伯近诗卷后》："梅伯风流跌宕，仆耳之久矣。窃以为杨用修、康对山一流人。……有鞭鸾笞凤之才，而不免鸱鸮腐鼠之吓。宜乎穷愁埋忧，且借群花以自悦也。……道光己亥三月二日，朴堂夔读毕谨题。"

《复庄骈俪文榷》卷七《张广文妻项孺人〈补绽图〉序》："永嘉张朴堂先生，以《补绽图》索余序，盖为其妻项孺人作也。"

作序时间不详，姑系于此。

潘衍桐《两浙辅轩续录》卷二十八："张振夔，字庆安，号磐庵，永嘉人。嘉庆戊寅举人，官镇海教谕。著《介轩诗钞》。”

《民国镇海县志》卷二十一《名宦》：“张振夔，字磐庵，乐清人。高才博学，工诗古文词。道光间由举人为邑教谕。……后以屡持正议，与有司忤，浩然乞归。”

春，怀都门故人，有诗。又有春日即事诗多首。

《复庄诗问》卷十七《春始偶述三章》其二：“家无负郭田，尚有庋阁书。经岁积课程，捡卷量盈虚。唾弃喜不拾，积习惧难除。偶览晓光动，如见春笑舒。天弢静涵养，志士归蓄储。莫结同尘人，妄求大隗居。”

同卷《对酒抒怀，简都门故人八章》、《春阴独居，即事五章》。

画巨幅梅花，七日而成。

《复庄诗问》卷十七《合丈八笺四纸，画一巨梅，七日而成》：“前身结屋罗浮隈，大梅先生胸有梅。胸中梅花第一树，结雪为骨冰为胎。出山喜遘玉堂客，人劫惧染萧州埃。……尔魂定去华岳顶，莲舟太乙同因依。啼饥怨冻满天下，被尔煦妪无穷期。否则守尔寒瘦态，屈体仍作空山魁。荫我前身旧住屋，如柏荫我今屋楣。屋中丹炉尚无恙，向平累毕吾当归。”

主讲镇海鲲池书院。识陈继序，相与谈文论艺。

《复庄文录》卷六《陈东于文学传》：“道光岁己亥，我主讲邑之鲲池书院，时未与君家联婚媾，先识君。过余谭文艺，旬日则五六至。至则命酒，盱衡上下，其意气似不可一世。”

转引自赵坚《姚燮年谱》第127页。

据上文，陈继序，字东于，一字癯仙，号瘦人，镇海人。道光二十一年辛丑八月二十六日，死于英军入侵之乱。“联婚媾”指继序弟继揆后为燮妹婿。

寒食，有诗。

《复庄诗问》卷十七《寒食》：“骚客穷栖多暇绪，闭门横瑟谱潇湘。”

扫祖父墓，有诗。

《复庄诗问》卷十七《展墓》：“旅食频年昨始归，劣孙犹是布为衣。一尊浅酒含深泪，万麦高原动茂晖。笑貌难凭三世远，江山已阅百年非。纸钱灰冷知何着，去逐风中断燕飞。”

以诗寄慰叶元阶病中，复，又有书与之，谈己之近况。

《复庄诗问》卷十七《寄叶十八病中》："劝尔好将息，心毋恋短春。纵他花挂眼，耐得酒辞唇。浅梦水村隔，吾怀诗卷亲。出江峰瘦削，愁与对吟身。"

《复庄骈俪文榷》卷六《与叶仲兰书》："……家累牵率，若绁系囚，谁来投卖文之钱，难复书乞米之帖。幸获升斗，全家笑颜；或绝炊烟，邻子避匿。……如足下者，今之孟尝，则又仆之鲍叔也。屡蒙曲慰，用是直陈。霉暑交蒸，诸希善卫。"

据文，书当作于夏季。叶元阶本年十二月卒（见下文），因将作书时间系于本年。

次子景夔生。

《复庄诗问》卷二十一《妇病自春晚始剧，至六月四日，竟不复生……》："大儿年十五，小者两周岁。"

诗作于后年，景夔当生于本年上半年。

夏，里居，诗寄厉志、阮训、叶元阶、张振夔、卢派等。

《复庄诗问》卷十七《夏日里居，寄厉山人志、阮明经训、叶茂才元阶，并示张广文振夔、卢明经派，得二十六韵》。

为朱熊《花草合幅》题诗。朱熊来书，述寿屏画就。

《复庄诗问》卷十七《〈花草合幅〉，为朱熊题》。

陶湘编《昭代名人尺牍小传续集》朱熊手书："梅伯尊兄大人阁下：久未走府，得想殊甚。前奉手稿，领悉一切。委画寿屏，因俗冗碌碌，是以稽迟。歉甚、歉甚。前已草草涂就，不足当大雅鉴赏，可愧之至，祈哂正之。日上稍暇，即去一聆麈教也。顺请著安，不一一。愚小弟朱熊顿首。十二日舟泊冲。"

朱熊来书年月不详，姑系本年。

为章黻《西溪梅竹山庄图》题诗。

《复庄诗问》卷十七《题章广文黻〈西溪梅竹山庄图〉二章》。

黄燮清《国朝词综续编》卷六："章黻，字次白，钱塘人。嘉庆十五年优贡，官松阳教谕。"

《国朝杭郡诗三辑》卷三十："章黼，字次白，号息翁，坤子，仁和人。嘉庆庚午优贡，官松阳教谕。有《梅竹山房诗钞》。”

秋日闲居，有诗。

《复庄诗问》卷十八《秋日闲居，杂诗三章》其三：“秋深露如雨，瓦楞微有声。”

八月，居杭。憩湖山春社，遇雨，有诗。

《复庄诗问》卷十八《憩湖山春社遇雨》：“今年秋已中，旧柳瘦将凋。……空钟催雨来，渐过苏堤桥。……”

同卷《〈溪涧绝游图〉，为仲湘题》：“今年八月住湖上，曾向山南策马回。”

与厉志、叶元阶游理安寺，憩松颠阁，有诗。

《复庄诗问》卷十八《游理安寺，憩松颠阁三章，同厉志、叶元阶作》。

与厉志、罗以智、苏惇元、叶元阶游七宝山，登大观台，有诗。

《复庄诗问》卷十八《同厉志、罗以智、苏惇元、叶元阶游七宝山，登大观台作三章》。

与阮福瀚游北山，有诗。

《复庄诗问》卷十八《同阮二十二茂才福瀚游北山》。

与曹德馨、苏惇元登超然台，过云居寺，有诗。

《复庄诗问》卷十八《登超然台，还过云居寺，同曹德馨、苏惇元》。

与厉志游凤山门、凤麓庵、万善寺、静修庵诸胜，有诗。

《复庄诗问》卷十八《同厉山人出凤山门，憩栖霞小筑，复自凤麓庵后山游万善寺、静修庵诸胜》。

游甃庵、漪园、长丰山庄、石屋洞、水乐洞、满觉垄、虎跑泉、六和塔、云栖、小蓬莱、瑞云庵、拂尘庵、清平山、万松岭、石屋岭、烟霞洞、凤凰岭、龙井、吴山金龙阁等，并有诗。

《复庄诗问》卷十八《甃庵》、《漪园》、《朱舍人俊招同人饮溯上长丰山庄二章》、《石屋洞》、《水乐洞》、《满觉垄看桂花》、《虎跑泉》、《登六和塔》、《江舟观月》、《云栖》、《小蓬莱》、《瑞云庵》、《长丰山庄壁上画梅，作歌示朱舍人》、《拂尘庵》、《清平山》、《自万松岭至石屋岭三章》、《烟霞洞二章》、《由风篁（凤凰）岭入龙井》、《吴山金龙阁观礼斗》。

叶元阶来书，告知找誊录一事，赠以钱物，助其赴试。

陶湘编《昭代名人尺牍小传续集》叶元阶手书："前蒙文驾辱临，盘飧市远，不得尽东道之谊，甚歉。迩想藕花香里，人到杭州，六桥、三竺间，不知又添几许佳话也。弟蝴蝶生涯，被花绊住，西泠风月，让与词人。当俟足下辈入矮屋时，独携壶中物，在江上画船，听［月儿高］，武拍［满江红］数声，此夕风流趣味，舍我其谁？呵、呵。誊录一事，未知办妥否？弟处现有一人，字不甚佳，却也妥置，计纸笔费洋六元。倘合式，可专遣人到郡寓定实。前弟有洋念（廿）五元，交付秋涛兄，以一半为足下路费，谅已收纳。试事在即，当摩拳擦掌，决一胜负，慎勿丁鞋巷羊市街为恋。新凉骤至，残暑未消，诸维珍重。临颖无任神驰，草草布达，预贺文祺，统希元鉴不戬，也桥大兄大人解元。心水弟叶元阶顿首。"

叶元阶本年十二月卒（见下文），书云"新凉骤至，残暑未消"，姚燮夏末秋初在杭州，时间较合者，惟有本年。因将叶元阶来书系于本年。

作诗赠张廷济。

《复庄诗问》卷十八《赠张丈廷济》。

张廷济，字叔未，浙江嘉兴人。嘉庆三年举人，屡试不中，遂结庐高隐，以图书金石自娱。有《桂馨堂集》。传见《清史列传》卷七十三。

《光绪嘉兴府志》卷四十七《选举四》："（举人）嘉庆三年戊午，张廷济，解元。"

《光绪嘉兴县志》卷十九《选举二》："（举人）嘉庆朝，张廷济，解元。"

张廷济生于乾隆三十三年戊子（1768），卒于道光二十八年戊申（1848）。张廷济《桂馨堂集·顺安诗草》卷首《〈顺安诗草〉自序》："今年八十，汰去强半，聊复编此。……道光二十七年丁未七月廿三日，眉寿老人张廷济。"

张廷济《桂馨堂集·顺安诗草》卷末："呜呼，痛哉！吾父自丙午春季猝遭先兄（名邦梁，字南桥，年四十三）之变，心力顿衰。去年六月，偶染微疴，积而成剧，药医罔效，祈祷无灵，至今年正月十九日，竟尔弃养。……道光二十八年戊申十月，男庆荣泣血谨识。"

张鉴《冬青馆甲集》卷三《题张广文叔未廷济〈清议阁图〉》、《温稼生访叔未广文于新篁里，因于竹田深处煮笋饷之，归作〈竹田煮笋图〉纪游，为书三首》，黄安涛《慰托集》卷十五汪继熊《张叔未解元廷济过访奉赠》，并附于此。

秋，晤费丹旭于杭州。费丹旭为姚燮作《忏绮图》，吴门黄同叔题诗。姚燮后作《〈忏绮图〉书后》。

《琼贻副墨·〈忏绮图〉卷题辞》识语："己亥秋日，晤茗上费君晓楼于武林。君为余作《忏绮图》卷，肖余貌。坐团蒲执事者凡十二人，皆妙婧。装璜既就，同人多题咏焉。吴门黄君同叔为书帧首，并系以句云：'香消月冷溯兰因，罗绮丛中晤此身。我欲与君同忏悔，欢如坠雨梦如尘。'"

《复庄骈俪文榷》卷七《〈忏绮图〉书后》："子茗费居士为余作图，余本泡影，而图泡图影，则又泡中泡、影中影也。"

杨岘《迟鸿轩所见书画录》卷三："费丹旭，字子苕，号晓楼，晚号偶翁，又号环溪生，浙江乌程人。庠生。工士女，推改琦后继起。著《依旧草堂诗》。"

《同治湖州府志》卷八十《人物传·艺术》："费丹旭，字子苕，号晓楼，乌程人。天姿颖异，幼即工画美人。稍长，更精。写照如镜取影，能曲肖其神情。有《依旧草堂诗》。"

杨逸《海上墨林》卷三《寓贤》："费丹旭，字子苕，号晓楼，乌程人。工写照，尤精仕女，旁及山水花卉，一以轻清雅淡之笔出之。道、咸间，寓沪甚久。"

李濬之《清画家诗史》辛上、《光绪乌程县志》卷十八《人物七》亦有其小传，不具录。

魏明扬《姚燮研究》据王韬《瀛堧杂志》卷五载文认为："有两幅《忏绮图》，一为费丹旭为姚燮作，一为姚燮自作。"（未刊稿，第46页）误。实际只有费丹旭所作，不存在姚燮自作《忏绮图》。王韬《瀛堧杂志》卷五云"梅伯绘《忏绮图》成，嘱茸城胡公寿题诗"，非指姚燮自绘《忏绮图》成，而是姚燮拿费丹旭绘成之《忏绮图》，请人题诗。王韬《瀛堧杂志》卷五此段全文见本谱咸丰二年所引。

为宁波处士万后贤作墓碣文。

《复庄骈俪文榷》卷八《处士万君墓碣》："（宁波）处士遵美君讳后

贤，一字石君。……时燮以远游，不获视敛山阳。范子空委张劭之书，黄门卫君迟来束皙之吊。爰次行谊，丹诸尺碣。山移川逝，俾君无灭。君生嘉庆四年己未三月，卒道光十九年三月。”

秋，在苏州。与杨韫华、万后丞泛舟虎丘山塘。又于浮香阁雨夜听歌，作诗示万后丞。

《复庄诗问》卷十八《秋日，同杨大韫华、万六后丞泛舟虎邱山塘》、《浮香阁雨夜听歌，示万六》。

返里。舟行吴江、莺湖，登平波台，和壁上诗。

《复庄诗问》卷十八《塘上行》、《雨中泊吴江，过沈荣湖上草堂饮》、《偕同人登莺湖平波台，和壁间韵》等均回程作。

蒋宝龄《墨林今话》卷十八：“沈石芗荣，号瓯史，元和人。父竹村翁素善六法，好收藏。君生而颖异，幼即悟写生诀，旁及士女人物，虫蝶杂品。……山水师文五峰、董香光，亦有冷韵。然非时眼所喜。余尤爱其风兰露蕙，跌宕有致，极似文待诏云。”

盛叔清辑《清代画史增编》卷二十九：“沈荣，字石芗，元和人。工花卉山水，皆清逸，间冷绝，去尘俗，非时眼所喜。亦工小照及人物士女。”

莺湖，莺脰湖，在今江苏吴江县南平望镇东南。

九月，泊舟平望，同唐寿萼、翁雒等谈饮。唐寿萼以诗赠别，姚燮答诗二首。

《复庄诗问》卷十八《泊舟平望，同赵筠、唐寿萼、翁雒谈酌竟日，留赠》、《答唐山人寿萼见赠诗原韵二章》。

附震泽唐寿萼子山原作二首其二：“去岁画驴券，明年上春官。劳人事行役，获此相见欢。……山寻虎阜峻，湖泛莺脰宽。莺湖界吴越，三匝归飞翰。残月虚幌回，暮雨孤篷寒。岂不念霜露，百虫俱墐垣。临歧一尊酒，挥手湖之干。东流溯沧海，西笑怀长安。”

《琼贻副墨·兰如集》卷七唐寿萼《己亥九月，梅伯先生见过，同人集饮心精微馆，赋此录别。越三月嘉平九日，值公车北上，道出禾中，相见旅次，呵冻书此就正》。

黄燮清《国朝词综续编》卷十七：“唐寿萼，字蔼伯，吴江人。有

《绿倚楼倚声》。”

同书卷十四：“翁雒，字穆仲，号小海，吴江人。”

蒋宝龄《墨林今话》卷十五：“翁小海雒，字穆仲，吴江人。海琛征君次子。画有夙慧，人物、花鸟、写真，入手即妙。于书靡不浏览，所至倾其老辈，时年未弱冠也。性坦率简傲，与人接，意有不可，辄矢口，弗顾忌讳。或诙谐，其词而出，听者反为解颜。然贵介子弟，因之多不敢昵就，相与引退。君故落落然自若也。君于画学，专尚能事。中年后，人物、写真悉弃去，独于花卉、禽虫、水族加意下笔，生动纤悉具肖。其艺遂臻绝品。跋语、小诗亦复简约超俊，异于庸手。近又作论画绝句数十首，始国初至今，多附佚事。闻其稿犹未定，他日付梓，不可与惕甫、蘧翁论书绝句并传耶？”

九月十七日，过梅堰，王之佐以新刻吴中两布衣陆鼎、顾承集见贻，舟中读毕，题诗。结识之佐弟王棠，王棠有诗相赠。

《复庄诗问》卷十八《梅堰过王征君之佐，以新刻吴中两布衣集见贻，舟中读竟题后。两布衣者，陆铁箫丈鼎、顾醉经丈承。集为海昌蒋氏所刻，朱君绶序其端》。

《复庄文酌》下编《王台叔〈蕉雪庵遗集〉序》：“己亥秋，余过王研农征君于梅堰，得与其弟台叔交。叔颀身玉立，议论若风起。索其诗卷读之，闲远而绵邈，可隶品青邱、云林间。酒酣辄挥管，投余诗五十六言。仓卒未之报，惟与握手订后期。既别，仅一再通音问，而台叔之讣至矣。夫修短有数，百年无所闻，与蜉蝣等耳。死何足为台叔悲？苟文有可传，而竟令其不传，吾悲台叔之终死矣。”

《琼贻副墨·兰如集》卷十二王棠《己亥九月十七日，梅伯尊兄先生枉过草堂，率赋一律奉赠》，诗末注：“时偕万君乃邻同游吴门。”

梅堰，在今江苏吴江县西南。

蒋宝龄《墨林今话》卷十六：“王研农征君之佐，震泽梅堰里人。道光初元，举孝廉方正制科。博雅好客，一时诸名士无不识之。工吟咏，著有《青来草堂稿》。画兰，其寄兴也。癸未水灾，脱粟赈济。不避艰险，多所全活。余为写十二图，并系乐府十二章以纪。大江南北题咏殆遍。复得岳忠武王玉印，葺室贮之，到处征题汇梓。汇水宝印两集。可谓风雅好事矣。”

张鉴《冬青馆甲集》卷三《种竹歌，为王研农赋》，《冬青馆乙集》卷二《〈水灾纪事册〉，为王研农索赋》、《研农以蒋子延令子仲篱画见示，题句奉怀》，卷八《研农王征士小像赞》，并附于此。

李濬之《清画家诗史》庚上：“王棠，字咏之，一字台叔，震泽人。工水墨写生，古韵出尘。有《蕉雪庵稿》。”

蒋宝龄《墨林今话》卷十五有其小传，不具录。

过塘栖，舟中持螯独酌至醉，有诗。

《复庄诗问》卷十八《塘栖舟中，持螯独酌至醉》。

塘栖，在今浙江杭州余杭西北。

十月，到家。

《复庄诗问》卷十八《入门二章》其一：“初秋出门晴，初冬入门雨。可怜饥寒离，偶得贫贱聚。暗壁搜海阴，积苔遍阶户。尚疑江篷栖，眉低不能举。颓墙霜后葵，憔悴叶皆俯。似我袖尘厚，綷綷重难舞。刺面西北风，黄雀噤檐语。瘦子看敝襦，病妻向空釜。剩橐金无多，寸心费营处。恐有索债人，先来告愁苦。”

拟作消寒会，未果，答张振夔诗二首。

《复庄诗问》卷十八《拟作消寒会不果，答张广文振夔示作二章》其一：“星椒遗社几敦槃，使我从君抚卷叹。风雅文章偏地少，山川雨雪旧毡寒。江头佳树飘摇尽，海角闲云寂寞看。在抱朱弦疏越瑟，只除湘女解抽弹。”

附永嘉张振夔朴堂原作二首其一：“曾对黄花醉午筵，重逢忽忽腊梅天。秋风乍试莼鲈味，夜雪才回书画船。毛颖生涯无定价，语儿情景只虚缘。归来未检囊中句，射雉翻争一笑怜。”

十一月，起程，赴明年会试。

《复庄诗问》卷十八《入门复出门三十六韵》：“入门复出门，鬌发苦长迈。譬如饥巢乌，安能避矰铩。……弱妇持怆心，敛襟短篝背。讵能迟回留，而须手搴带。吾郡连粤闽，西夷近侵界。信无不测虞，犯我蛟虎隘。奈闻中路艰，川梁入凌厉。往往胠箧流，布刃扰商侩。吾装余破书，不及升斗稗。既恐芒刺投，奚忘履霜戒。今朝行脱然，谁复制烦痗。目避枯柳梢，畏视海云雰。踢踏托乾坤，升沉付蓍蔡。苍茫余孑形，高城阻丛荟。且抒击楫歌，一试破浪快。”

同书卷十九《人日，招同杨韫华、蒋宝龄、杨淦、刘泳之、江信、陈佐钧饮寓斋席上作》：“去年仲冬始出门，笠雪篷霜苦行役。”

诗作于明年，见本谱明年。

冬，过杭州。诣王双双殡所，有诗。

《复庄诗问》卷十八《诣女郎王双双殡词。双双，武林王氏女，工琵琶，称浙西第二手。乙未五月，以病亡，年仅十四。附于乩，自谓瑶天仙乐使者宝饼仙子后身。里人于其殡所卜休咎，多奇验。因以香火神事之。己亥冬日，过其地，感而有诗》。

过海宁，有诗。

《复庄诗问》卷十八《海昌陈氏园林五章》、《长安镇晓发》为此行作。

海昌，今浙江海宁市南盐官镇。

十二月九日，过嘉兴，遇唐寿萼。唐寿萼以九月赠别诗呈姚燮就正。

见本年九月引《琼贻副墨·兰如集》卷七唐寿萼诗题。

客黄安涛南园，有诗赠答。

《复庄诗问》卷十八《重客南园即事，呈黄丈安涛三章》其三：“天地岁方宴，万动皆蛰藏。羁人去乡里，飘泊知何良。殷然忆吾友，鼓楫来魏塘。入门各忻喜，脱略删故常。如向幽昧中，忽睹明月光。为我洗尘色，揽袂倾酒浆。盎盎溢和煦，坐令寒威忘。空庭偃荒草，积已盈寸霜。犹有海上鸿，未息空中翔。穷年遇萧瑟，得欢且尽觞。”

同卷《再答黄丈见示韵》。

附嘉善黄安涛霁青原作：“月共故人来，柴门向晚开。呼僮先下榻，携手重登台。记否吹箫夜，依然入画梅。经年话相忆，冷拨地炉灰。”

同卷《〈炙砚图〉，为黄太守丈题》。

舟行江上，作诗哀徐开业、郑照、方絜、叶元阶四人卒。

《复庄诗问》卷十八《江上四哀诗》。分别是《徐同年开业》、《郑茂才照》、《方山人絜》、《叶山人元阶》。

其四：“叶君乎仲兰，果以忧郁死。平生千载期，一朝成逝水。……迩闻君病剧，吾已客千里。谁知慰问书，竟作墓前诔。意外得凶讣，有泪不能弭。黯绝一寸心，若堕九渊底。惨尔兄弟殂，茕茕各无子。大祧悬千钧，危哉一发恃。可怜伯道贤，遽等若敖鬼。身后余遗文，茫茫付谁氏？遥知湖上楼，败叶飘故纸。咄嗟眼中人，存者尚有几。降殃必及善，天道或未尔。岂我叶仲兰，竟以忧郁死。”

叶元阶卒于本年十二月十八日，诗当作于闻叶元阶卒讯后。《复庄骈俪文榷》卷八《叶仲兰文学诔》：“维道光十有九年己亥十二月十有八日，慈溪文学生叶君仲兰卒，年三十有六岁。其友人姚燮远之京，不获询疾视含殓，负我仲兰矣。呜呼哀哉！……忆昨天风戒寒，江桡待发，高楼杯酒，苦更漏之不长；出门判艺，尚回头之频顾。相期束箧，共匿深山。讵料斯言竟成千古，金锃尘掩，琼林霜摧，君魂九升，吾哀七聚。钟期逝矣，忍复鼓高山之琴；张劭归时，倘及执西门之绋。用抒悁邑，待铭旌幡。”

潘衍桐《两浙輶轩续录》卷三十四：“徐开业，原名兆庠，字晴江，海宁人。道光甲午举人，觉罗官学教习。著《赋雨书堂诗草》。钱太吉曰：晴江才名与陈莱卿、俞霞轩相伯仲，醇谨和厚亦相似。得举后，留京师数年，仪征相国延课其孙，时助编校。戊戌下第南归，逾年卒。”

《民国杭州府志》卷一百十三《选举七》：“国朝举人：……（道光）十四年甲午科：……徐开业，海宁人，宗学教习。”

至苏州。访朱绶于墨池园，朱绶带病相会。期以明年二月会于都中。读其《知止堂诗》，题诗赠朱绶。

《复庄骈俪文榷》卷八《朱仲洁孝廉诔》：“客岁之莫，道经吴门，访君于墨池园。君方患喉痹，闻余至，掩裘扶掖而出。絮屑旧怀，证考近业，隽味洽茗，恬息袅香，恐使君劳，未敢尽晷。时黄叶过窗，书帙风卷，庭树之下，冻鸡唼莎。荒率之象若写。君臞峙躇，挽衣恋恋。吾别，君则曰：‘子行及都，为我问讯诸故人。吾疾稍瘥，亦将束装就道。二月之杪，当觅我于宣武门之邸。行与子揽结朋辈，浣拂尘滓，系马芦沟之柳，对酒江亭之山，会有期也。’……君名绶，字仲环，一字酉生，仲洁其晚号也。”

《复庄诗问》卷十八《赠朱绶，即题其〈知止堂诗卷〉》：“性情作经元气纬，玉在丰年足名贵。天池渟碧无滥流，地下河淮自烟沸。忆昔读君少时作，矫翅凌风已不弱。理亦有范才辄驰，情即相倾意犹薄。闻君十载始识君，燕台春褉天无氛。通名座上了一揖，后来离合同游云。雪晴大江孤榜下，解襆吴门正年蜡。茅堂清晓寻寒梅，干影池心兀凌跨。新诗七卷携归读，夜半霜飙逼帘烛。始愁难竟继恐尽，神为提撕气为束。声名于世多渺茫，口碑笔史成滥觞。吁伊雕羽藉喧吓，山鸡野翠称鸾皇。知君已晚我诚过，灵豹讵必皆雾藏。笔非铸铁何劲直，不御铅华倍明媔。翻腾浩荡中竽籁，探取零星尽肝鬲。千秋巨制若林立，径弗相违貌无窈。长言不足还永叹，喜披荆棘搴崇兰。投珠尘网色黯惨，控骝窄巷行蹣跚。便推再世得李杜，岂真重尔将名山。淫丝疲竹哄城市，瓠巴不见琴毋弹。”

董国华以诗相赠，依韵酬答。

《复庄诗问》卷十八《董观察丈国华以余卷中答黄广文钊韵作诗见贻，依韵酬之》：“末学愧谫陋，敢于声名争。沉湎六义中，聊用抒平生。太华玉掌寒，莲露高风倾。到地香霏霏，散作春烟轻。援此喻公诗，元素相炼烹。始知白战手，能挥蛮触兵。余诗免唾拾，亦愿刊凡英。……永固铁围山，无坏金墉城。共持混沌帚，快扫乾坤冥。”

附吴县董国华琴南原作：“斯文系元运，得失千古争。高怀物表蕴，太音弦外生。……姚君起浙右，诗法雄心兵。孤立具神勇，坚阵排群英。……春明揽景辔，濯濯王途行。将赓阿阁凤，先掣碧海鲸。昌黎得修绠，文房筑长城。庶几巨刃扬，白日开青冥。”

《民国吴县志》卷十三《选举表五》：“（进士，嘉庆十三年戊辰）董国华荣若，庶吉士，授编修，以御史出知莱州、广南、昭通诸府，升广东雷琼道。有传。”

同书卷六十六下《列传四》：“董国华，字荣若，嘉庆戊辰进士，选庶吉士，授编修，以御史出知山东莱州府，官至广东雷琼兵备道。……归田后，购得慕家花园，种花缀石，优游十年。道光庚戌，重游泮宫。卒年七十有八。”

作诗赠刘泳之。

《复庄诗问》卷十八《与刘山人泳之五章》。

除夕，吴门度岁，有诗。

《复庄诗问》卷十八《吴门度岁》。

道光二十年庚子（1840）　三十六岁

正月一日，登弥罗阁，有诗。

《复庄诗问》卷十九《元旦登弥罗阁》。

正月七日，与杨韫华、蒋宝龄、刘泳之、陈佐钧等饮寓斋，有诗。

《复庄诗问》卷十九《人日，招同杨韫华、蒋宝龄、杨淦、刘泳之、江信、陈佐钧饮寓斋席上作》："诸君各故乡，而我独为客。招饮喜不辞，相劳慰孤寂。……去年仲冬始出门，笠雪篷霜苦行役。草堂素壁诗笺旧，瘦月寒梅梦江国。差欣异地良朋聚，容易筵残转凄恻。哀乐丁年付短歌，天地辛槃几兹席。湖山日霁气清佳，更约苏台试红屐。"

正月十三日，与蒋宝龄及其子茝生、陈佐钧等游邓尉山。三人送行至无锡，同游惠山。舟次，为茝生《湘江幽思图》题［浪淘沙］词。临别，陈佐钧作《梁溪话别图》，姚燮作叙，又作诗《别陈佐钧》。

《复庄诗问》卷十九《邓尉纪游诗八章》其一："群山少寒态，霁绿出新染。……啸傲携吟朋（时与蒋琴东父子、陈子香邻同游），次第入深崦。"

蒋宝龄《琴东诗选》卷四《正月十三日，同镇海姚梅伯孝廉燮、陈桂轩钧佐探梅邓尉，夜宿还元阁》："古松阴里路，到及晚钟前。寺迥月迟上，山寒春未妍。旧游真似梦，一宿讵非缘。坏壁题名失，争禁十七年。"

蒋宝龄《墨林今话》卷十八："庚子春正，君自吴门北上，余挈茝生送之梁溪，同游邓尉、惠山而返。舟次曾为茝生题［湘江幽思图·浪淘沙］一阕云：'诗梦抱兰衾，水气沉沉，蛾眉月小挂篁阴，淡沱香痕秋一剪，人语烟心。　画桨几时寻？极浦天深。宓妃含睐弄幽禽。唱到水云缥缈曲，玉籁吹琴。'"

《疏影楼词续钞》［柳梢青·《邓尉探梅图》］、［浪淘沙·题蒋仲篱《湘江幽怨图》］。

蒋瑞藻《小说考证》卷八："《褪红衫》第一百五十一：镇海姚野桥燮，字梅伯，甲午举人。工画，善墨梅。白描人物，写意花卉，亦尽人古法。庚子春正，君自吴门北上，余挈茝生送之梁溪，同游邓尉、惠山而返。舟次曾为茝生［题《湘江幽思图》·浪淘沙］一阕云：'诗梦抱兰衾，水气沉沉。蛾眉月小挂篁阴，淡沱湘痕秋一剪，人语烟心。　　画桨几时寻？极浦天深。宓妃含眛弄幽禽。唱到水云缥缈曲，玉籁吹琴。’著有《疏影楼词》八卷。兼善音律，有《褪红衫》、《梅沁雪》传奇两种（《墨林今话》）。”

《复庄诗问》卷十九《别陈佐钧》：“北风打头我难北，且送君归南向行。君行不行亦何恋，移舟来傍吾舟停。斯时雪霁月满城，万木齐拍冰花倾。疏篷坐封烛光短，萧萧汹汹多危声。危声掩抑出更鼓，三更咚咚夜停午。沉沉四鼓君未行，脉脉中情若难吐。当前相感犹至斯，别后相思定何许。春灯买醉阊门楼，君饮不辞十百瓯。直令意气抗幽朔，下视屠侩真吚吰。竭来寻春邓尉路，静撚梅花琢幽句。偶言萍水有离合，转复低徊感身世。我向吴门十日住，冷邸劳君日三顾。忽乘风雨梁溪游，更得五日同扁舟。颇愿日日共兹乐，我非江水君非鸥。君行且行吾弗留，努力精彩崇前修。我舟待发君已远，行谁送我江上头？君行南去我行北，眼看长江千里流。”

《复庄骈俪文榷》卷八《陈处士诔》：“陈君香邻名佐钧，一字桂轩，长洲人也。……余客吴门，君以兄事余。日必过从，事必分任。届乎庚子春始，余将入都，过君。君冒大风雪送余，舟达梁溪，岸更维缆，作三日留。晨沽市楼之酒，夜剪江蓬之烛。劝饮视眠，百致款曲。凄咽叙别，若不胜怀，作《梁溪话别图》纪事，余为叙之。不逾年而君死。”

邓尉，山名，又名表墓山，在今江苏吴县西。

蒋宝龄《琴东诗选》卷三《重阳后二日，汤雨生都督贻汾自武林来守风闻川，余偕儋石、曦伯、春水暨儿子茝生往谒，舟次，曦伯置酒于鱼计庵雅集，同作》，卷四《三月朔日，家伯生丈因培招同儿子茝生泛湖，由苏文忠公祠观桃花，至金沙港花神庙诸处，嫣红乍吐，春事正佳。日午移舟，诣陆氏酒楼快饮，抵暮始归。率成长篇纪之》、《八月廿九日，伯孙载酒招同戴醇士熙暨令弟古民、儿子茝生游三潭，憩净慈，还饮舟中，即席有作》、《题茝儿所拓飞来峰下孙雪居题名，赠曦伯》，并附于此。

在苏州时，与陈佐钧、郭季虎游虎丘，过真娘墓，作文吊之。

《复庄骈俪文榷二编》卷二《虎丘吊真娘墓文》：“虎丘故佳丽地。……日者偕陈君桂轩、郭君季虎游。三（注：疑当为二）君曰：‘明当具名花、佳酒酹奠其下，子曷为之文？’羌无故实，因综昔近诸贤吊墓之作，掇其语，以为辞曰：……”

过无锡，逢徐炽昌。十五日夜，与蒋宝龄、徐炽昌、陈佐钧泛舟梁溪，赏月，有诗。作［飞雪满群山］词。

《复庄诗问》卷十九《锡山逢徐炽昌》、《梁溪杂诗三绝句》、《元夜，步月锡城感作二章》。

同书卷二十八《庚子元夕雪，月夜同蒋宝龄、徐炽昌、陈佐钧买李三儿船泛舟梁溪。……》。

《疏影楼词续钞》［飞雪满群山·雪夜泊舟梁溪，晨起填词解，即留别蒋琴东、仲篱乔梓，并徐子久、陈香邻］。

过毗陵（今江苏常州），于驿壁题［南浦］词。

《疏影楼词续钞》［南浦·毗陵驿题壁］：“双燕蹴帘飞……送欢迎恼，梦断已三年。”

二月，过江阴、镇江（京口），至瓜州，作［湘江静］词。

《复庄诗问》卷十九《小青洋至大青洋舟中四言四章》、《江阴杂诗四章》、《京口二章》、《江行五章》、《梦醒杂述四绝句》、《登城南佛阁》。

《梦醒杂述四绝句》其四：“二月横塘花事近，碧桃纤瘦牡丹肥。春风待尔传幽怨，莫到开时尚未归（时蒋琴东乔梓尚客梁溪）。”

《疏影楼词续钞》［湘江静·五更发京口，至瓜州作］。

过扬州，作诗赠许鲲。与厉云官、许鲲等东园看梅，还道谒史可法墓。次日，集厉云官寓斋，有诗。

《复庄诗问》卷十九《酬许同年鲲见赠韵四章》、《同厉云官、李宗沆、许鲲东园看梅，还道谒史阁部墓》、《次日，雨中同人集厉君寓斋叠前韵》。

《同治续纂江宁府志》卷十二《科贡表》：“（举人，道光十四年）许鲲，改名宗衡。”同卷：“（进士）咸丰二年壬子恩科，许宗衡，原名鲲。”

同书卷十四《人物》：“许宗衡，字海秋，上元人。居扬州，少孤。母孙能书善画，兼晓音律。宗衡学业得于母教居多。咸丰壬子成进士，已，由庶常改中书，稍迁起居注主事。宗衡淡于仕进，喜诗古文词，而性颇简傲，所心契山阳鲁一同、蕲州黄云鹄数人而已。为文不主故常，而大致劲畅于魏叔子为近。……所著《玉井山馆文集》及诗若诗余若干卷，并行于世。”

史可法（1602—1645），字宪之、道邻，河南祥符人，顺天大兴籍。崇祯元年进士，历官西安府推官、户部主事、员外郎、郎中等。崇祯十七年，崇祯自杀，福王立，拜礼部尚书兼东阁大学士，旋被排挤，以兵部尚书武英殿大学士出镇扬州。清兵南下，扬州城破，自刎未死，被执不屈死。逾年，扬州人葬袍笏于梅花岭。谥忠靖，清乾隆改忠正。有《史忠正集》。传见《明史》卷二百七十四。

和麟庆丙申六月《焦山放鼋诗》。

《复庄诗问》卷十九《和河帅麟庆丙申六月焦山放鼋诗》。

麟庆（1791—1846），完颜氏，字伯余、见亭，满洲镶黄旗人。嘉庆十四年进士，授内阁中书，迁兵部主事，改中允。道光间，历官安徽徽州、颍州知府，河南开归陈许道，河南按察使，贵州布政使，湖北巡抚，江南河道总督。后以河决革职。旋再起，官四品京堂。有《黄运河口古今图说》、《河工器具图说》、《凝香室集》。传见《续碑传集》卷三十三宗稷辰《前江南河道总督完颜公墓志铭》。

饮阮亨珠湖草堂，登文选楼，作诗呈阮元。为阮亨《雷塘话雨图卷》作跋。

《复庄诗问》卷十九《饮阮明经丈亨珠湖草堂，雨霁，登文选楼，兼呈相国，再叠前韵》：“林光破霁吹虚绿，新燕如簧语晨缛。冠裳十日苦酬应，忽置闲身向空谷。梅翁风格超瀛鹤，上座指挥如意竹。一门俊彦迈江左，各抱兰矜静涵蓄（并晤少梅、华甫、鲁卿诸君）。余心荡若秋郊马，骋入悬崖得收束。晋公勋业耀天地，绿野承恩遂初服。安闲一几陈炉碗，俯仰三朝论耆宿。藐蒙奖誉及贱子，倘在车軨愿为毂。……此去车随京国雁，应有书传大江鹭。垂杨不与相思系，邗水春风阻和穆。”

《复庄骈俪文榷》卷四《阮梅叔〈雷塘话雨图卷〉跋》：“墨卿伊太守以管涔名宿，印绶江右，五马所驻，召杜诵焉。焦里堂先生洁铭孝然，潜志牺周，郁乎虎观之儒，为下士矜式之。二公者，风流远矣。读遗书，记轶事，心每契之。梅叔明经丈于二公为莫逆交。是图之作，盖纪乙亥五月事也，去今者二十有六年，而吾丈亦颓然将耄矣。……芳蘅在流，逝不可掇；斜日冉冉，柳丝拂弦。泚笔题此，未免增友朋之感，为唏嘘者久之。

时庚子春，泊舟于维扬之郭。”

阮元（1764—1849），字伯元，号芸台，仪真（今属江苏）人。乾隆五十四年进士，授编修。道光间，官至体仁阁大学士，加太傅。卒谥文达。生平著述甚富，工书。校刊《十三经注疏》等，汇刻《学海堂经解》等，著有《揅经室集》等。传见《续碑传集》卷三刘毓崧《阮文达公传》、李元度《阮文达公传事略》、《清史列传》卷三十六、《清史稿》卷三百六十四。

湘奴箫自裂，作诗惜之。

《复庄诗问》卷十九《己丑秋，余得佳竹，制为箫，字曰湘奴。十余年来，尝左右焉，忽自裂，诗以惜之》。

二月，沿途经过今江苏宿迁、铜山等地，与同年钱廷薰同行，有诗。

《复庄诗问》卷十九《舟次》、《下相》、《宿北观河》、《自汴塘至小山子，同钱同年廷薰作四章》、《南沙河题壁四章，叠前韵示钱同年》。

《自汴塘至小山子，同钱同年廷薰作四章》其四：“大挑天半媚云旗，二月柔条动绿枝。”诗末自注：“大挑，山名。”

下相，在今江苏宿迁市西南。汴塘，在今江苏铜山县东北。

姚燮乡举同年仁和人钱姓者有二：一为钱衔，一为钱璪。《民国杭州府志》卷一百十三《选举七》：“（国朝举人，道光）十四年甲午……钱衔，仁和人，会稽教谕。……钱璪，甲辰进士。”

同书卷一百十一《选举五》：“（国朝进士，道光）二十四年甲辰孙毓溎榜……钱璪，仁和人，广平同知。”

据杨廷福、杨同甫《清人室名别称字号索引》，钱廷薰，原名钱衔，字品阶，号秋岘、岘园，室名见山楼。上海古籍出版社 1988 年版，第 1708 页。

沿途经过今山东峄县、汶阳、东平、旧县、德州等地，有诗。

《复庄诗问》卷十九《峄山》、《汶阳夜发》、《大风，坐独轮车，逾东平山，自王古店进句龙，抵旧县，得诗六章》（同作，仁和钱廷薰秋岘）、《德州大风，渡河至留智庙下车，成歌》。

沿途经过今河北河间、赵北、固安等地，有诗。

《复庄诗问》卷十九《河间怀古》、《南楚黄生索赠》、《旅夕感怀七章》、《赵北词三章》、《宫井营晓憩》、《曲沟题壁，和张际亮韵二绝句》、《固安车中梦叶元阶》、《榆垡》、《黄村》。

曲沟，在固安附近。《曲沟题壁，和张际亮韵二绝句》其一："曲沟斜日送征鞍，天际高城出固安。"

过固安时，时仍二月。梦叶元阶，有诗。

《复庄诗问》卷十九《固安车中梦叶元阶》："临安城中散筵席，谁道生离成死别？固安城中一杯酒，醉里生魂梦死友。朔风白昼吹烟霾，日光满地愁不开。千里百里冻春色，君魂黯黯何从来。湖西揽碧多芳草，握手分明致怀抱。天姿玉朗颐丰润，不似年时色枯槁。忽作惨淡容，若言死愁苦。手指箧中编，涔涔泪如雨。耳根无尽凄凉语，梦醒瞢腾索何许。无端万绪愁丝乱，寸寸纠纠向心腑。每得新诗辄相忆，眼底何由更寻汝。吁嗟乎！君死未及七十日，我行已客三千程。南来一一穿云雁，都是君边恸哭声。"

抵京。寓崇文门试邸，春感有诗。

《复庄诗问》卷十九《都门春感杂诗二十章，寓崇文门试邸作》。

崇文门，北京城东南方城门之一，今不存。

游城东废园、黑窑厂，饮天桥酒楼，均有诗。

《复庄诗问》卷十九《城东废园四章》、《黑窑厂题壁》、《偕同人饮天桥酒楼醉歌》、《越日，再过天桥酒楼独饮》。

黑窑厂，在今北京市宣武区。原是一座土山，因所成制品色皆灰黑，有别于其他彩釉、琉璃，故叫黑窑。明永乐帝在北京建造宫殿，修筑城墙时，工部衙门设立了五个制造砖瓦的窑厂，黑窑厂就是其中之一。

天桥，在今北京市前门外。

与同邑张锡路同邸住，订交。

《蛟川诗系》卷二十一："张知县锡路，字载常，号半江。圜桥先生家子也。中嘉庆己卯科本省举人，至道光丙戌科成进士。归里后，忽不自乐，弃家远遁至粤东罗浮山道观，投某炼师座下为全真装，不复作出山想矣。观固富于田产，后多为土豪所占。匿讼官累年月，卒无与断理者。君既在观数年，遂主持观事。适君之座师伍公长华节钺下粤中，君为陈土豪匿田状。伍公为如籍追还之，而促君改装赴都，谒吏部选。遂分发四川，为洪雅县令。既就任，一以廉能清简御下。有循吏声。然其枕席烟霞者已八载于兹矣。方君在罗浮时，改号霞泉。出山后仍之，若不忘翠羽梅花，师雄清梦也。庚子春，余以赴春明试，在都中。适君以外艰服阕，赴部，与君同邸住，始订交。君步履翔闲，清颀如鹤立。终日焚香，手一卷，不屑轻车逐尘土行间。尝举《道藏》四洞家言就质君，笑曰：'自老庄关列诸家外，皆杜光庭辈搆空以欺世者，若内外丹元奥，岂笔墨所能曲传？至一切经忏科仪，鄙陋不堪者十居七八。不过拾释门之余唾而已。'其言如此，诚有深得乎此中三昧者。旋以疾卒于邸。殆应灵霄之招，而归仙吏旧班欤？"

怀念季芝昌、黄爵滋、张际亮、汪喜孙、黄钊、黄玉阶、汤鹏、李育、温文禾、江开、潘德舆、孔继鑅、丁晏、鲁一同、郭仪霄、陈墉、徐志导、徐志恭、朱绶等师友，有诗。

《复庄诗问》卷二十《春夜都门怀人诗十七章》其二："吾师近在浙，袖笔图黄骊（季仙九阁学师时视学浙中）。"其三："仗节驰八闽，觊之帝心暇（黄树斋侍郎爵滋奉使之闽中）。……须过松寥居（张亨甫孝廉际亮），一驻九峰马。松寥如仲宣，依人客澎厦（近闻亨甫客台湾）。"其四："似惨画虚诺，去作河上官（汪孟慈户部喜孙以郎官试用河工，近在济宁）。"其五："粤中有二黄（黄香铁广文钊、黄蓉石比部玉阶），騧骊竟天秀。"其六："美人在巴陵（汤海秋户部鹏以奉讳还益阳），瘴猿影同孑。"其七："纨扇江都山（李梅生山人育），玉叉春浦树（吴春浦贰尹錞）。……更思温仲舒（温稼生孝廉文禾工画山水），凤采濯秋簵。"其八："咄咄江生才（江龙门孝廉开），辨舌今仪、秦。"其九："安仁长已矣（谓潘彦甫解元德舆），魂远歌空招。胡尔方盛年，匿面甘蓬蒿（孔宥函比部继鑅已谢官归，丁俭卿孝廉晏、鲁通甫孝廉一同均不赴试）。"其十："胡我余庵翁，挂冠竟还越（族兄余庵给谏庆元已辞官还萧山）。"其十一："蒙面渡芦沟，恐有留者过（郭羽可舍人仪霄已还永丰）。"其十二："近闻出匣刀，脔割与时当（陈芗伯大令墉作宰肃州）。"其十三："绝地少阳春，君发应早霜（周篆村侍御铭恩以事戍塞外）。"其十四："闻其为霖心，已先云气到（闻徐孟卿上舍志导、少峰上舍志恭昆季近日可到都）。"其十五："大材屈卑吏，壮志沉簿书（洪子香理问金桂时官吴中）。"其十六：

"其辞若相谢，其意良疚伤（春初，朱酉生孝廉绶约余到京十日后当相见，今书来言苦病，未果)。"

汪全泰来访，索示新词，答之以诗。

《复庄诗问》卷二十《汪郎中全泰见过，索示新词，答之以诗》。

与蒋湘南、洪齮孙等集吴葆晋寓斋，有诗。为其《闰九颂芬图》题词，作[百字令]。

《复庄诗问》卷二十《同蒋湘南、叶世圻、洪齮孙小集吴侍读葆晋寓斋三章》。

《疏影楼词续钞》[百字令·题吴红生侍读《闰九颂芬图》，用卷中程春海侍郎丈韵]。

吴葆晋（？一1860年)，字信人，固始人。道光七年进士，累迁内阁侍读，京察一等记名，以道府用，授苏州知府，寻改知扬州。《同治续纂扬州府志》卷六《秩官》："扬州府知府：……吴葆晋，固始人，进士，（嘉庆）二十五年任，二十九年再任。"

端木国瑚《太鹤山人集》卷十三《九日，吴红生宝晋出壬辰闰九月展重阳卷次，其大父官湖北廉使，丙子闰九月诗韵》，并附于此。

张际亮、徐志道、徐志恭先后来京，喜而有诗。与张际亮往来频仍，有感于友朋聚首之艰，形影相吊，聊复唱和，以遣旅苦。

《复庄诗问》卷二十《喜张际亮，徐志道、志恭昆季先后至都》。

陈继聪《蛟川先正文存》卷二十姚燮《送张亨甫还建宁序》："别二年之京，复遇君，而意气已颓然矣。时孔刑部以解组还淮上，汤郎中以奉讳归益阳，鲁子不来，而潘公云逝。虽有新知，不如故人。兴言及此，每与君辍食拊膺，涕泣如雨。邸第鳞栉，冠盖阗阗，谁所适从？为感于友朋聚首之艰，往来频仍，不自牢惜。疏星零落，惟吾与君形影相吊，耿耿而已。聊复倡和，以遣旅苦。"

三月九日、十二日、十五日，参加会试。

见上引《清史稿》卷一百八《选举志三》文。

王先谦《东华续录·道光三十七》："（道光十八年）八月己卯，以二十一年六旬万寿，诏开恩科。于二十年八月举行乡试，二十一年三月举行会试。其乡、会试正科先一年举行。"

黄安涛有诗寄怀。

黄安涛《息耕草堂诗集》卷十三（起庚子正月，尽六月）《寄怀春闱应试诸子四首》，分别是《镇海姚燮》、《平湖卜葆钤》、《仁和相清》、《海盐家宪清》。

三月，结识叶名沣。叶名沣为姚燮画梅题诗。后为其《城南集》作序。

叶名沣《敦夙好斋诗初编》卷三（己亥正月至庚子三月）《城南集三》《与姚梅伯》："三十年华叹倦游，相逢聊复醉高楼。眼中剩得残春景，疏柳飞花满御沟。"

同卷《题姚楳伯燮画梅》。

《复庄骈俪文榷》卷六《叶润臣舍人〈城南集〉序》："润臣叶君竺厚内行，油然粹然。……润臣之诗，特性情之余也。"

作序时间不详，姑系本年。

叶名沣（1812—1859），字翰源、润臣，湖北汉阳人。叶名琛弟。道光十七年举人，官内阁侍读。博学，工诗。有《敦夙好斋诗全集》、《桥西杂记》。传见《敦夙好斋诗续编》卷首、《碑传集补》卷五十朱琦《叶中宪君传》、《续碑传集》卷七十九张星鉴《怀旧集》。

与潘曾莹过崇效寺看牡丹，有诗。为其《藤花馆填词图》、妻陆琇卿《写兰图》题辞。

《复庄诗问》卷二十《同潘同年曾莹过崇效寺看牡丹》。

《复庄骈俪文榷》卷八《潘星斋〈藤花馆填词图〉题辞》："秦七不还，黄九云逝。讽厥妍词，匙所俦已。相期置酒，招我按篴。鬲指可谱，娈尾漫歌。寂寂画阴，去日曾到。濛濛绿隙，今春又归。附言图左，以申后约。"

同书卷六《鸥波馆〈写兰图〉题辞》："吾友潘星斋同年，苏台公子，席胄相门，河阳隽才，蜚声洛下。……夫人陆琇卿，孕才邯郸，吹秀渤海。绣佛卢媚，肖彼静专；续史班昭，颀其猗淑。厌饰铅黛，好弄丹青。斯风匹萃于一门，才调称夫双绝矣。乃开秘馆，颜曰鸥波。……是图之作，固不仅写良婉而传宾敬已也。结之并蒂，如读璇闺本事之诗；绾以同心，愿补画苑小名之录。"

为二图题辞时间不详，并附于此。

戈载《翠微花馆词》卷十五［法曲第二·辛卯春日，潘星斋归自都中，以《鹦鹉帘栊》词见赠，并属题《藤花馆填词图》，因谱此解。……］，并附于此。

三月，与沈照、吴昆田等游万柳堂，书诗壁上。

《复庄诗问》卷二十《同毛松龄、沈肇熙、吴大田游万柳堂书壁》："三月春归人未归，春归不去留何为?"

万柳堂旧址位于崇文区广渠门内。元代右丞廉希宪在右安门外草桥建别墅名万柳堂，清初大学士冯溥慕其名，在广渠门内建别墅，亦取名万柳堂。

叶名沣《敦夙好斋诗初编》卷三（己亥正月至庚子三月）《城南集三》《万柳堂二首，并序》："万柳堂在广渠门内东南隅，益都冯相国溥别业也，一名亦园，后归石侍郎文柱，舍僧为拈花寺。康熙朝开博学鸿词科，待诏者时文宴于此。相国实为之倡。相国致仕归，诸名流于此饯行。其为诗歌甚富。厥后渐就荒圮。嘉庆辛未，泰州朱野云布衣鹤年募资新之。未三十载，又将鞠为茂草矣。"

三月二十九日，与孔宪彝、梅曾亮、朱琦、潘曾莹、潘曾绶、黄宪清、张际亮、陈丙绶、秦缃业等十三人饮右安门之郊尺五庄饯春。诸人各有诗。姚燮作《尺五庄饯春图》，并为文记其事。

《复庄诗问》卷二十《孔宪彝招同梅曾亮、朱琦、潘曾莹、曾绶、黄宪清、张际亮、许乃常、张敦瞿、陈丙绶、秦缃业、黄秩林饮尺五庄饯春》。

《复庄骈俪文榷二编》卷五《〈尺五庄饯春图〉记》："爰思饯春，期我于右安门之郊，日至而麇集相觞咏也。……诸君诗成，命余作图而纪其略。时道光二十年庚子，惟莫之春二十有九日，同集者凡十有三人。期而不至者，凡五人。"

秦缃业《虹桥老屋遗稿》诗卷三《李黼堂方伯招集凤林寺看芍药》："尊前枨触春明梦，四十年来又饯春（道光庚子，在京师尺五庄饯春，同人俱有诗，并绘图纪事。今失之矣）。"

同书文卷二《心庵诗存序》："道光己亥、庚子间，余游京师，于稠人中识江宁何君青耜，且间读其诗，得唐贤三昧，于新城尚书为近。余叹服之。其时遭际隆平，朝野无事，则有叶筠潭、徐廉峰、黄树斋诸先生提倡风雅，奖借后进。每于春秋佳日，宴集一时名士于江亭，赋诗缀文，动盈卷轴，流布海寓。余亦偶厕其列。而上元梅伯言、马湘帆，建宁张亨甫，益阳汤海秋，汉阳叶润臣，镇海姚梅伯，曲阜孔绣山，临桂朱伯韩，代州冯鲁川，吴县潘星斋、绂庭及青耜诸君子恒与焉，诸君子大半习于余。”

梅曾亮《柏枧山房诗集》卷六《孔绣山、秦淡如招饮于饮尺五庄，会者十三人，即时作》（庚子）。

曹楙坚《昙云阁诗集》卷七《题孔绣山孝廉宪彝〈尺五庄饯春图〉》。

黄燮清《倚晴楼诗续集》卷二《淡如〈尺五庄饯春图册〉属补题句》：“道光庚子三月廿九日，淡如与孔绣山孝廉宪彝招邀花之寺，燕集尺五庄。同座者为梅伯言郎中曾亮、朱伯韩编修琦、张亨甫际亮、姚梅伯燮、张海门敦瞿三孝廉、潘星斋学正曾莹、绂庭明经曾绶、许季眉茂才乃常、陈秋谷明经丙绶、黄子干公子秩林，宾主十三人。极一时觞咏之盛。当时绘图纪事，积诗成册。”

孔宪彝《对岳楼诗续录》卷一《尺五庄饯春雅集》：“……初至郭西寺，画卷题成客未至（同秦淡如至崇效寺观《红杏青松图》，待诸君未至）。……宣城先生清且高（梅伯言农部），松寥山人豪更豪（张亨甫孝廉）。之江五客尽清彦（姚梅伯、张海门、黄韵珊三孝廉，许季眉茂才，陈秋谷明经），粤西一子真词曹（朱濂甫编修）。萦阳公子美风采，有弟竞爽持风骚（潘星斋学正、绂庭明经）。黄二翩翩更年少，师门群秀推英髦（黄子干上舍）。……”

同卷《三月廿九日病起，偶忆去岁是日在都门尺五庄作饯春之会，感赋，寄诸同人》。

李濬之《清画家诗史》庚下：“孔宪彝，字叙仲，号绣山，一号绣珊，山东曲阜人。道光丁酉举人，官内阁中书。工诗画篆刻。有《对岳楼诗录》。”

朱琦，字伯韩，广西桂林人。道光辛卯举人，乙未进士，官编修，改官御史。咸丰十一年，总理杭州团练局，太平军围城，殉难。有《怡志堂集》。传见《续碑传集》卷七十九方宗诚《朱伯韩先生传》、《清史稿》卷三百七十八。

秦缃业（1813—1883），字应华，号淡如，江苏无锡人。秦瀛子。道光间副贡生，屡试不中。后为浙江候补道，托病而归，旋卒。善诗文。有《虹桥老屋集》。传见《碑传集补》卷十七孙衣言《秦君淡如墓志铭》。

黄燮清《国朝词综续编》卷十四："秦缃业，字应华，号淡如，无锡人。副贡。有《微云龛词录》三卷。"

《同治湖州府志》卷七十六《人物传·文学三》："陈丙绶，改名长孺，字秋谷，归安人。道光十七年拔贡生。工诗，兼善词曲，客京师十年，不遇而归。诗近温、李，词有草窗遗韵。风流婉丽，如其人之性情。善诙谐，见后生有一善，辄揄扬不置。家甚贫，然爱古成癖，以书画自娱。见有名氏之翳如者，必遍索群籍，掇其遗事以为快。著有《偕隐堂集》、《画溪渔唱》。同治元年，死于难。"

小传又见陈继聪《忠义纪闻录》卷二十八《陈明经丙绶》、《光绪归安县志》卷三十七《文苑》，不具录。

为陈丙绶《万柳堂怀古图》作序。

《复庄骈俪文榷》卷六《〈万柳堂怀古图〉序》："万柳堂者，庾野云经创于前，冯临朐纬业于后。……陈君秋谷明经以恻惐之思，抒勃抑之胸，侧耳孤蝉，高秋晚洁。……乃属潘子星斋为之图，而高君已生序其略，披缣三复，余亦有辞焉。"

作序时间不详，姑系本年。

《疏影楼词续钞》[清平乐·陈秋谷《苹香水阁填词图》]、[浪淘沙·《画溪渔父图》，为秋谷题]、[南乡子·《西溪梦忆图》，为秋谷题]，附列于此。

为孔宪彝妻朱葆英《小莲花室学隶图》作跋。

《复庄骈俪文榷》卷四《朱葆英女士〈小莲花室学隶图〉跋》："葆英女士，虹舫朱宗伯之贤媛、绣山孔孝廉之淑偶。……柿叶高下，画满爪钗之痕；绣帖零星，写遍金石之谱。则是图其左券云。"

作跋时间不详，姑系本年。

四月，榜发，又下第。张际亮亦不中。

《清史稿》卷十八《宣宗本纪二》："（道光二十年四月）乙酉，赐李承霖等一百八十人进士及第出身有差。"

《复庄骈俪文榷》卷八《朱仲洁孝廉诔》："是年四月，礼闱榜发，余复被黜。"

陈继聪《蛟川先正文存》卷二十姚燮《送张亨甫还建宁序》："揭晓，又与君下第，拟留京。"

四月二十七日，与蒋湘南等集江亭，醉后次蒋湘南原韵四首书壁。

《复庄诗问》卷二十《四月二十七日，同蒋同年湘南、沈鹾尹松之、陈明经凤孙小集江亭，醉后次蒋君原韵四章书壁》。

附蒋湘南原作四首其一："云萍小聚一亭高，风卷苍蒹起怒涛。胜会难忘黄叔度（黄树斋侍郎屡邀集此亭），新诗宜付薛阳陶。花当倦后歌犹荡，酒到酣时笛亦豪。更喜西山来入座，分青此日为吾曹。"

陈佐钧书来，报朱绶讣。作诔文哭悼之。

《复庄骈俪文榷》卷八《朱仲洁孝廉诔》："朱君仲洁以道光二十年庚子二月二十三日卒于家。……是年四月，礼闱榜发，余复被黜，短羽莫振，捆箧待归，而友人陈君香邻书来，闻以君讣。既遭薛居正之不第，复痛王子敬之遽亡。……前言之犹在心，摇兀而莫持。不亦哀哉！"

戈载《翠微花馆词》卷二十四［长相思慢（刘水村体）·闻朱酉生孝廉于二月二十三日化去，犹忆岁尾年头，在高芾堂、董琴涵两观察家消寒，诗酒时相过从。……］、卷二十五［忆旧游·感旧词五首］其五［朱酉生］，并附于此。

五月，送叶名沣往代州省母，以诗留别。

《复庄诗问》卷二十《送叶舍人名沣之雁门省母二章，即次留别韵》其一："桐枝高未秋，先有啼秋鸟。鸟啼高枝寒，在客闻何娱？君动将母思，别我长安都。落梦中条山，天界分蒲姑。桑乾不过代，隘壁青千纡。采兰堪慰心，敢怨筋力劬。望云隔沧海，所愿吾岂殊。奈何孑影怜，尚此风尘途。"

附汉阳叶名沣润臣原作其一："跪乳乃有羝，反哺亦有鸟。万族互荣灭，骨肉真欢娱。遥遥西北天，历历代赵都。秣我紫骝马，负我金仆姑。兹行讵不壮，游子心郁纡。山川阴温凊，常念我生劬。故人各无语，但觉颜色殊。再拜谢故人，黾勉即长途。"

叶名沣《敦夙好斋诗初编》卷四（庚子五月至辛丑闰三月）《雁门集》

《将之代州省母，留别同人二章》。

附姚燮和韵。

六月，送张际亮返里赴母丧，作别序。

陈继聪《蛟川先正文存》卷二十姚燮《送张亨甫还建宁序》："道光庚子夏六月，张君亨甫以母讣，将还建安，余感君之爱我之深也，不能无言以相送，因述夫君之生平遭际，与吾二人之聚散离合以至于今日者，已不自知其辞之费，而相与迂回往复于无尽也。……越六月，而君太夫人讣适至。君毁容跣足，擗踊号啕，再拜稽颡，而语余曰：'亮之负风雪，历危险，穷年奔走，漂摇异乡，迄今垂三十年。谁为荆州而令公者，虽不冻馁，讵不怨苦？骥足茶矣，犹恋恋于杇栈之豆，亦徒以有老母在也。今已矣，生而存不能侍，死而殓不能视，罪可言乎？布粟可逸，山丘可归，行当逝矣，决不甘复为此故态矣。茫茫苍苍，谁与告者？向殆以亮为妄人乎？'始知君之摧恻愤懑、郁焉不可伸其心，以白于世，而寄之于诗者之有自也。君行矣，慎自节哀，予复何言？特以君具少陵、昌黎之才，挟长沙、江都之志，竟兼步兵、侍中之遇，而欲投老于灵鹫、龙湖之乡，令君若斯，夫亦谁之过也？亦无容摧恻愤懑以求白于世矣。日月在天，会且有期。慎自节哀，以勉千古，予复何言？"

六月，闻定海陷于英军，束装南返，有诗。

《复庄诗问》卷二十《闻定海警，感作三章》其三："催友同束装，相谋急南返。梦昨乡里归，愁云刺心眼。病鸟将众雏，翼捐未能翪。饥饿信不辞，但求丧乱免。大浃森南关，蛟龙设天键。自古称岩疆，未遭杀戮殄。庶赖苍昊仁，得延片时喘。所悲食肉流，当事半庸愞。更遭挫衅余，周防亮难善。似见风灯中，巡军夜徒跣。此行沙路长，难追白日短。安得身为鸿，力借朔风满。"

黄安涛《真有益斋文编》卷十《定海三镇死事纪略》："定海自道光二十年六月陷于英夷，贼既退，流亡稍稍旋集，升县为厅，改设同知，驻兵守之。"

蒋湘南等饯于城西酒垆，有诗留别。蒋湘南、潘曾莹有重赆相赠。

《琼贻副墨·兰如集》卷四陈继聪《大某山人生传》："海上大乱，山人淹滞京国，闻变买车南返。"

《复庄诗问》卷二十《蒋、熊二君同钱生、恽生饯余城西酒垆，醉歌留别》。

同卷《泊绍城，寄蒋湘南、潘曾莹两同年都中》："珍重故人临别赠（仓卒闻警，苦不得归，二君各赠重贶），而今已许慰江鸥。"

沿途经过今河北任丘，山东恩县、东昌、济宁、鲁桥、挂剑台、朱姬庄等地，有诗。

《复庄诗问》卷二十《任邱雨后作》、《归途杂占九绝句》、《铃骑》、《恩县秋感四章》、《羸马篇》、《大野三章》、《东昌》、《北沙湾》、《济宁》、《鲁桥行》、《过挂剑台故址》、《晓泊朱姬庄》。

《鲁桥行》："奔流百道兖，东灌泗尾睢。……山东苦水浙苦兵，客愁家难何时平？愿挹此水洗兵甲，顿还陆海俱澄清。"

挂剑台，相传春秋吴季札挂剑处，一在今山东东阿县西南，一在今江苏泗洪县东。

朱姬庄，在今山东省微山县韩庄镇附近。

过淮南，抵吴门，泊舟胥门，蔡学洲、陈佐钧过慰，有诗。

《复庄诗问》卷二十《淮南秋夜》、《杂诗四章》、《风飂飂辞四章》、《自扬庄渡河下淮，船抵吴门，道中即事写怀六章》、《泊舟胥门，蔡学洲、陈佐钧过慰》。

淮南，淮安府南，今江苏淮阴市南、扬州市北一带。

胥门，在今江苏苏州市西万年桥南。

舟泊绍兴，诗寄蒋湘南、潘曾莹。

《复庄诗问》卷二十《泊绍城，寄蒋湘南、潘曾莹两同年都中》："纷纷落叶蔽烽楼，寂寂孤灯住越州。"

八月，孙衣言有诗寄怀。

孙衣言《逊学斋诗钞》卷七《姚野桥画梅》："我昔西湖放棹行，孤山晴雪万花明。三年京洛黄尘市，愁绝诗人画里情。"

同卷《怀人十首，八月十四夜，闱中作》其九："到手金杯不复愁，更吹玉笛向瀚洲。盘山亦有梅花屋，明月长安尚浪游。姚梅伯。"

二诗相连，前诗前第三首《送孔绣山还曲阜，庚子》，后诗后第五首《过什刹海，辛丑》，诗编年，二诗作于本年姚燮归家前。

八月，抵家。

《复庄诗问》卷二十《当解剑歌七章，还家后作》其二："到门见稚子，稚子还娇痴。喜我远道来，急呼牵我衣。升堂拜老亲，老亲苦憔悴。喜我远道来，含笑抚我背。入室觅病妻，病妻竟凋瘦。喜我远道来，下床挽我袖。阿妹从我后，阿弟趋我前。喜我远道来，环坐听我言。"其四："家人顾我言，六月避乱昨始归。门庭复整扫，典琴鬻画供三炊。归来未十日，尔亦失意都中回（六月，定城陷，家人俱避乱江北后倪村妹氏庄）。"

同书卷二十一《席上醉歌赠妓》："去年八月还海城，流櫰过海方用兵。"

此诗在《十洲春语·选韵》中题作《饮玉立词龛，醉歌赠润卿》。

秋，以黄安涛书贻舒恭受，并以己之词与水墨花卉赠之。舒恭受惊为艺林翘楚。

《复庄诗问》卷首《诗评》："庐陵舒厚庵司马恭受云：……某伯于庚子夏以魏唐黄霁青太守书见余于鄞，承赠所刻诗余并水墨花卉，风雅道深，即惊为艺林翘楚。然但知其能诗，尚未得读其诗也。"

《光绪慈溪县志》卷十六《职官上·县令》："舒恭受，字垕庵，江西靖安人。道光壬午进士。道光十九年以鄞县知县兼理。"

《同治靖安县志》卷八《选举》："（进士）……道光二年壬午，恩科戴兰芬榜，舒恭受，字载余，一字再萸，懋官子。嘉庆庚辰会试中式，本科补应殿试，二甲二十八名，翰林院庶吉士，改授浙江西安县知县，调嘉善、鄞县知县，升石浦厅同知。军功，赏戴花翎，署宁波府知府。"

同书卷十《人物》："舒恭受，字再萸，号垕庵，石马都人。少勤学，有大志，每以上述祖德、下安民生为念。嘉庆丙子举于乡，庚辰成进士，壬午补应殿试，钦点翰林院庶吉士。癸未散馆，选浙江衢州府西安县，任满，署嘉善县，调补鄞县。以功保升石浦同知，赏戴花翎，署宁波府知府，并摄定海县事，兼办粮台，随营效力，督办监造炮船事务。终于浙。"

姚燮在京城起程已是六月，抵家八月，舒恭受云在鄞县（今浙江宁波）二人夏天相见，当为误记。

秋，与冯登府饮月湖寓楼，有诗。冯登府又与书姚燮，介绍与魏源相叙。九月，冯登府为《燕台本事录》题辞。

《复庄诗问》卷二十《同冯广文登府饮月湖寓楼》。

《琼贻副墨·尺素集》卷五冯登府书："秋雨泥泞，未刻走晤。……昨中州魏默深在此，特观兵而来，亦奇士也。暇当奉邀一叙。"

冯登府《勺园续集》（庚子）《九日感事，同魏默深源》、《秋晚对菊偕魏默深孝廉》。

《复庄骈俪文榷》卷四《〈燕台本事录〉序》："东海生匿志侘傺，栖心蕰没……以寓之不尽，剪削腻侈，厕诸谰言，然终何益于谍谍耶？蒙不佞罔置喙焉？润色苇籥，衷例归踶，聊缘赏以遣怀，夫何问乎吾谅与吾诽？"

《琼贻副墨·兰如集》卷一《〈燕台本事录〉题辞》冯登府题辞："绰墩一声，睇眄万目。露白霜浓，灺红酒绿。贺老西宫，龟年南国。腰鼓状元，灯谜部目。髡于其间，醉魂迷魄。伶官天下，帝城景物。选色广扬，燕台之续。道光庚子九月，江南老柳题于四明军营之止戈堂。"

魏源（1794—1857），字默深，又字墨声、汉士，湖南邵阳人。道光二年举人，会试落第，纳赀为内阁中书。二十五年始成进士，官高邮知州。治学以经世致用为宗旨，与龚自珍齐名。鸦片战争后，作《海国图志》，倡"师夷长技以制夷"说。晚年弃官，潜心著述。有《古微堂诗文集》、《圣武记》、《元史新编》、《老子本义》等。传见《碑传集补》卷二十四姚永朴《魏默深先生传》、《同治续纂扬州府志》卷八《宦迹》、《清史稿》卷四百八十六。

闻蒋宝龄卒，作诔文哭悼之。

《复庄骈俪文榷》卷六《蒋琴东山人诔》："年六十有二，痛长君之亡而病，病九月而卒。未遂隐居之愿，仅存破箧之书。呜呼哀哉！君讳宝龄，字子延，一字霞竹，江南常熟人也。十年旧朋，一朝永诀，闻讣之下，能不涕零？乃为之诔。"

蒋宝龄《琴东诗选》卷首于源序："昭文蒋子延丈以诗画游江湖间。……庚子夏，丈归道山。……道光壬寅九月朔日，秀水于源。"

过南郊，观赤秃儿舞铁杆枪，有诗。

《复庄诗问》卷二十《过南郊，观赤秃儿舞铁杆枪歌》："九月西风金气辣，空场乱草带沙拔。左手障面右扪发，日暮郊行意萧瑟。风头一转雷鼓戛，银电光中落飞鹘。飞鹘落地不到地，翅若冰轮旋搰搰。我生从未逢此奇，心得迟回目先刮。廿年读史夸贯通，谁料依然守昏瞎。东吴短人称赤秃，十九从军充走卒。瘦躯三尺悍兀兀，铁杆枪持六尺八。青带齐眉束黄帓，揎袖缠肱解宽褐。……岂尔无名老埋阏，他年凯定告天子。上将麒麟署勋烈，尔返田园种葵葛。”

返里后，狥雄心于柔媚，寻春青楼翠阁间。秋，过翠芸阁，与姬王绣林往来欢密，矜赏委曲。字之曰语香，并以花解楼颜其室。为作《花解楼本事诗》四首、《本事后诗》十二首。

《琼贻副墨·兰如集》卷四陈继聪《大某先生生传》：“至家敝庐虽存，而寇深矣。思欲献策军门，世无梅霖，谁知文长？不得已，狥雄心于柔媚，遂寻春青楼翠阁间。”

《十洲春语》下《捃余》：“庚、辛之交，海氛未靖，民鲜乐业。关事戒严，粉白黛绿之流，翻盛于昔时。有珥貂从军者，旁午之暇，更衣买歌。黄金挥霍，易同转饷。尝有诗寄慨云：‘毡帛连江拥甲游，胭脂满地泼春愁。谁怜风雨屯军苦，绿酒红灯自画楼。’”

《十洲春语》下《捃余》：“王绣林，行二，郡之东鄮人。少失抚育，无所归。依文香为姊，故以王姓之。余字之曰语香，并以花解楼颜其室。今年方十四岁也。忆丙申夏杪，始见姬时，姬仅九岁，蓬头赤臂，司茗炊，为灶下婢。因语文香曰：‘此雏凤也，当以销金笼养护之。’每过翠芸阁，必招姬相左右。侍栉挥纨，事事称意。或有时投怀娇泥，若深知余之怜且爱者。庚子秋，重过阁中，则居然歌能贯篴，态可荡帏。如玉之出于泥沙，光采倍越。由是往来渐与欢密，矜赏委曲，不自知逾于恒情。颇思为量珠之聘，因作《花解楼本事诗》四首云：……《本事后诗》十二首云：……呜呼！姬果慧似婉卿，必感张正字为知己，为之涔涔然泪下者。”

十月，镇海知县黄维同招寓郡城月湖，恤以资斧，有诗寄怀。

《复庄诗问》卷二十《冬日月湖寓楼写怀，呈黄明府维同一百韵》：“郁勃小子怀，敢辞罄情述。今秋闻乱归，梦寐警荒蒺。兼程循长河，健夫挽绳繂。仓皇淮徐间，调兵帅符密。薄日摇岸旗，军行戒私逮。同天昧死生，谁当保家室。及归喜幸存，重依老亲膝。顿令懑气除，一发笑声咥。耳摄城根涛，助之暴风颸。接地砂砾翻，摧折到榛桦。炯目跪絮衾，及晓倍森冽。单寒怜病妻，尚御嫁时袓。拟贷邻家钱，十家已逃七。遍谒亲党门，清辰至昏戌。彼皆艰自生，实非吝赒恤。免从南市炉，脱襦换饧饽。怜彼童无知，娇犹索榴栗。慰诱恐不工，奚忍恶声叱。……吾贫信所必，因忧十月霜。朔气紧㩳慄，弃棉错敝襕。横篝促缝绖，蓄盎鲜米盐。终穷御冬术，焉有骀荡风，潜吹向蓬荜。而公知我归，郡书夜传驲。于我身及家，覙缕具明悉。辄生何技能，劳公降词恤。遽令原宪厨，获充元亮秫。招我栖郡邮，命我理缃帙。郡邮楼面湖，高城抱嵳崒。……我醉当其中，独歌乱筝瑟。歌角厉龁龁，歌商凄唧唧。……惟公知我心，劝我弗摧崪。繄公宰吾邑，立政尚清谧。百冗综绪端，繁丝得梳栉。宜俾积弊除，昭昭著画一。……公去除肉芝，我行饵龙术。后期昆仑颠，荣光看河出。”

十一月，叶金舻为《燕台本事录》作题辞。

《琼贻副墨·兰如集》卷一《〈燕台本事录〉题辞》叶金舻题辞署："庚子长至前一日，碧天使者题。”

十一月十五日，见梅花初开。月末，梅花盛开，还镇海，有诗。

《复庄诗问》卷二十《探寓邻墙角梅十日，至十一月望晓，忽见一朵，歌以赏之》、《月杪，梅花盛开，主人置酒花下，见余还镇海，席上索诗，续作此歌》。

除日饮酒，有诗。

《复庄诗问》卷二十《除日，饮酒作》。

道光二十一年辛丑（1841）　三十七岁

正月九日，与张振夔等饮大梅山馆，有诗。

《复庄诗问》卷二十一《正月九日，招同张广文振夔、曹丈锦、袁应锡、史伟、倪鋐饮大梅山馆，和张丈作四首》。

正月，闻虎门（今属广东）陷于英军，有诗。

《复庄诗问》卷二十一《闻粤警四章》其二："锦钺龙臣驻五羊，敢驱群兽恣披猖。量天有尺传胥氏，拦火无帆御佛郎。早置浮梁通采石，何来飞骑度陈仓。义安自古称区要，赖有屏山锁凤皇。”

《清史稿》卷十九《宣宗本纪三》："（道光）二十一年春正月己丑，英人寇广东虎门，副将陈连陞及其子举鹏死之。庚寅，以奕山为御前大臣。辛卯，琦善以虎门陷，下部严议，褫提督关天培顶戴。命奕山为靖逆将军，隆文、杨芳为参赞大臣，督办广东海防。”

正月十五日，赏月，有诗。

《复庄诗问》卷二十一《元夜》：“吾生回首几元夕，半在他乡作行客。今宵明月乡园看，负此良宵亦堪惜。檐花不开庭树羃，瓦脊初霜似烟白。月光依依来照人，先照墙头远山碧。远山在墙江绕城，登城望江江水清。江风不动媚山色，城头树色相回萦。城头惟听老鸦语，江上但有孤鸿声。孤鸿一声江月午，戍卒连营打严鼓。千家万家早键户，那有华灯竞歌舞。相看月色转凄瘦，照我归来亦清苦。归来且酌清尊酒，寿我高堂列儿妇。不知凉露飘巾帻，乍溢余辉入窗牖。人生离合难自期，眼前之乐谁能移。试看海上流亡客，几辈团员封酒卮。”

与洪璇枢同视罗璋病，买舟还寓，舟中有诗。

《复庄诗问》卷二十一《同洪孝廉璇枢自彭山抵黄山渡，视罗通守璋病。越日，买舟从杨墅村还郡寓，舟中得诗三章》。

董沛《四明清诗略》卷二十二：“洪璇枢，字篆韩，号筱乡，鄞人。起泰弟。道光壬辰举人。《鄞县志》：璇枢绩学敦行，为乡里宗。邑人多师事之。”

《复庄诗问》卷二十一《过罗通守寓馆，谈次有作三章》、《喜罗通守来郡养疾》，《复庄骈俪文榷》卷六《书罗实庵通守〈春江放棹图〉后》，并附于此。

去秋至今春，往来酒楼歌馆间。与王绣林（花解楼）、王素芳（玉立龛）尤善。有赠王素芳诗多首。作《十洲春语》。正月十六日，竹林小浣为作序。

《十洲春语》卷首序一：“二石生负不羁才，足迹半天下，及闻海上英圭黎之警，自都门落拓归，侨居于郡城，思展所蕴经济，遇不获。憔悴抑郁，几若天地中此身无可位置。于是，往来踯躅于酒旗歌板间，冀有所物色，以倾吐其情。时则有玉立龛其人者，生以为如秋士之隐于岩穴，当拔之以著其才也；有花解楼其人者，生以为如稚秀之厕于错薪，当扶之以成其才也。外此争妍竞媚，即一名一技之长，亦不忍令其湮没不彰，如怀才者之无由自见。因之酣酒之余，歌继以哭，用其变化离合、曲折迂回之情，以寄于毫楮，则亦古作者之遗意也。而犹以荡志靡心相诬者，庸讵知生之隐忧内积，无以导泄悲怨思慕，而特即可与悲怨、可与思慕者，以导泄之，且惟恐其如己之憔悴抑郁，终若无所位置于天地，而莫由一倾吐其情。生之用情，固如是之苦也，而彼以为荡志靡心，直以诬古人者诬生矣。"

同书上《品艳》："第一品，花之史，玉立词龛王素芳……字润卿。"

同书中《选韵》，录姚燮《饮玉立词龛，醉歌赠润卿》、《再赠润卿五首》、《寄怀润卿，集西溪吴门画舫录句》四首、《灵蕤篇，赠金缕杜孅卿》、《评花小诗百一首》。

同书下《掯余》："玉立龛主解情而复号言情，与之论古今离合悲欢事，辄倾听忘倦，笑涕相杂。兼工书，通文艺。以是名流时彦辈吟社之宴，多乐就之。投赠诸什，皆默识成诵。……背人拥髻，婉转微吟，每若不自胜其意者。或拟诸枇杷门下之薛。……拟为玉立龛主人作《清课十二图册》，并拉同人拈题分咏，缘乏绘真好手，事遂中辍。十二事者，听雨、倚月、抚帖、哦时、理弦、捩笛、煮药、试香、灌花、调雀、拥被、整鬟也。姬复索余为《梅聘海棠图》寄意，因援恨不同时之说，谢之。"

《疏影楼词续钞》[浪淘沙·题王润卿《水仙画册》]，附列于此。

《十洲春语》卷首序一："……生之不遇于世，而犹即是以用其变化离合、曲折迂回之情，则异时见遇于世，而所以用其变化离合、曲折迂回之情者，当又何如耶？然则生之用情于世，以致其悲怨思慕，诚不可以荡志靡心诬之。盖发乎情，止乎义，一如《离骚》、《九歌》、《古诗十九首》，为不失乎风诗之教也。道光辛丑岁王门月既望，竹林小浣序于碧珊瑚斋。"

十洲为宁波月湖胜景。《雍正宁波府志》卷三十四："月湖十洲，府治西南一里许。宋元祐癸酉，太守刘珵因月湖之旧而疏浚之，复仍其积土，广为十洲，随景命名曰花屿、曰竹屿、曰烟屿、曰芳草洲、曰芙蓉洲、曰菊花洲、曰柳汀、曰雪汀、曰月岛、曰松岛。"

《十洲春语》三卷，上《品艳》，中《选韵》，下《掯余》。

二月十五日（百花生日），厉志为姚燮《迟忏集》题词。

《琼贻副墨·兰如集》卷一厉志《〈迟忏集〉题词》："梅伯诗意深才

大，衷情绮旎，疏音袭人。其擅胜者也。今读《迟忏集》诗，如听乐志古器，适怨清和，绪理纷引，几令人不能骤时通晓。……辛丑百花生日，东海厉志漫题。”

三月三日，厉志为《十洲春语》作序。此后，姚燮、冯登府作后序，万后丞、竹溯、琼因等题诗词，姚燮亦有题诗。

《十洲春语》卷首序四：“余于二月中旬自郡城东徙居西郭来观亭左偏。……今晨初霁，予方畚掘拥土，周匝樊槿，啄啄然闻有叩柴荆者。启视之，乃三交门二石生，袖出书一卷，题曰《十洲春语》。所载皆名姝艳质，略经点染，则极服妙。其浓纤短长，描写尽致。每一人系一花名，详加评语，理澈意芬。……二石生负轮困大材，不求所用，顾旁溢侧发，滥施绮缋。予若为生深惜之。虽然，天地之产，不一类也。一名一物，凡有钟灵秀者，当歌以像之，文以纪之。而况灼乎如华、温乎如云、秀其外、惠其中、超越世俗之丽娟也？然则有生是书，十洲之地，增胜为不浅矣。书既成，生当惠我一编，坐读于堂舍之下，如入众香国，晤鸾姬凤妃已，一大快事也哉。辛丑三月三日，白华山人书。”

《十洲春语》卷末《后序》：“越辛之春，诸君以应承平之选，复计偕北行，渡钱塘，逾京口，入淮达河，登车行齐、鲁，抵上京。东箭南金，英尘俊轨，辐辏于棘门之下，射策献赋，弹冠于于。昔之交游，多有齐彎群龙、金闺注字者。生尝上书者四，频遭摈斥，诬枉于离疏，矧兹处危，忧及家室，将安元迹于冥寂，薮窜而泽居，敢幸冀以表擢之荣，下逮于窘蠢？呜呼！既不能如介子、定远辈投笔立功、勒铭燕然，以博取斗大悬肘之印，又不能厕班、马之流，琼怀烟翔，结绶金马，以文章润色乎鸿业。读书三十年，终与驽蹇瓦砾为等。咄嗟兮奈何？出门远望，云日在天，迈心孤行，一往无涘。其甘颓弃以自放耶？而以牢骚落度之意，一寄诸幽馨顽艳之中，亦犹屈、贾之苦心，而嵇、阮之末计也。俯首听呵，诚何免矣。”

此文未署名，从行文上看，应为姚燮作。

《十洲春语》卷末《后序》：“二石生以玉台之才，享洞箫之福，都门下第，闻变南归。既袝故邱，迹同逋骇。悼彼美之失志，慨才士之不遇。猿啼鹤唳，时复一呻。爱树愁花，倏闻短叹。兼以潘岳室庐之戚，杜陵干戈之感；恨难补于坤灵，悲益增其坎壈。遂乃削笔名山，涤砚东海，破涕为笑，言愁欲愁，闲情慧业，厘兹品目。足使越女吴侬，争传侍儿之录；花汀柳屿，竞长秋娘之价。就李亭长书于十二客者之巢。”

此文又见《琼贻副墨·兰如集》卷三，署名冯登府。

董沛《四明清诗略》卷二十六万后丞《题二石生〈十洲春语〉》（三首）。

《十洲春语》卷首竹溯《题〈十洲春语〉》诗五首，卍舲《题〈十洲春语〉》诗三首，琼因［沁园春］、《分题〈十洲春语〉三卷》诗三首，晚香生《分题〈十洲春语〉三卷》诗二首，味榄生《分题〈十洲春语〉三卷》诗一首，杜洲生［高阳台·湖上藻香楼读二石生《十洲春语》感作，并志听娄小馆旧事］，铁头陀［金缕曲·甬上遇二石生，读其新编《十洲春语》，感题即赠］，冶仙《题〈十洲春语〉，集捧花生〈秦淮画舫录〉句》诗八首，云湖樵客［壶中天·书《十洲春语》后］、题诗四首，灵蕤馆主《题〈十洲春语〉，集徐钪本事诗句》诗十二首，姚燮《录〈十洲春语〉成，自题七律十六首，并杂感旧游》。

《十洲春语》，《香艳丛书》十五集卷三，人民文学出版社1992年版。

三月之前，《十洲春语》当完成大半，《捃余》所载之事有在此后者，当为后补成。

春，作诗答冯登府。秋，亦有诗寄冯登府。

《复庄诗问》卷二十一《答冯广文社日招饮韵》：“大湖柳初绿，莺语试朝暾。”

附嘉兴冯登府柳东原作：“林间收积雨，月额见晴暾。水驿春归柳，斜阳雪在门。海禽来有信，巢燕语初温。社酒谙方法，相邀醉一尊。”

《复庄诗问》卷二十一《寄冯广文》：“黄叶不成秋，乱峰都在楼。独居惟有哭，遗想况难求。暗雨凄城角，惊飙堕渚鸥。谁怜数茎白，近已上吾头。”

三月末，与人于寒松亭作饯春会。席间，征锦凤、咏仙二戏班演剧，招王素芳、素卿、孙爱月、柴润、杨眉史、杜孋卿、沈桂、王问卿、语香，并流妓舒柴云、小斌、李月娥、王巧林、钱桂珠入座，极一时声妓之乐。

《十洲春语》卷首姚燮《录〈十洲春语〉成，自题七律十六首，并杂感旧游》其十四："共乘西土无遮会，来送东君欲去时（三月杪，偕同人于寒松亭作饯春会，征锦凤、咏仙二部演剧，并招王素芳、素卿、孙爱月、柴润、杨眉史、杜孎卿、沈桂、王问卿、语香，并流妓舒柴云、小斌、李月娥、王巧林、钱桂珠入座，极一时声妓之乐）。"

此年又有进士试，姚燮未赴。

《清史稿》卷十九《宣宗本纪三》："（道光二十一年四月甲辰）赐龙启瑞等二百二人进士及第出身有差。"

往镇海金鸡山扫祖父墓。

《复庄诗问》卷二十一《登金鸡山，展先大父墓，呈林参戎亮光，时参戎驻防山上》："先灵窀穸之所邱，十年待树无松楸。两峰夹有白云气，风不过峡吾何愁。太平食德守遗训，读书未服耕田牛。愧循故事具鸡黍，持畚来扫山花幽。山花红凋春亦秋，蛟龙出关云不留。……别公别墓各一揖，逡巡觅棹西崖陬。过江倚树送遥眄，祥烟水末青蚴蟉。"

立夏日，钱塘小巢居阁主为《十洲春语》作序。

《十洲春语》卷首序二："噫！枇杷门巷，燕认新巢；杨柳楼台，莺歌别院。年华易逝，春色无多。凡所选次，得廿六品。相逢他日，欲话三生。合与斯编，并传千古。道光辛丑立夏日，钱塘小巢居阁主识于四明旅次。"

检录叶元阶遗稿，有诗。

《复庄诗问》卷二十一《检录叶山人元阶遗稿》："刻烛豪情已换初，风天夜校蠹残书。梦长易竭湔衣泪，息短难凭借力嘘。遗札去年成死别，漂魂乱国感荒庐。月窗瘦响三竿竹，依约琴边听珮琚。"

妻吴氏病重。六月四日，病逝，急归镇海，以诗哭悼。以夷警日急，冒雨送吴氏柩暂厝江北张乾碶。

《复庄诗问》卷二十一《郡寓闻内子病剧》。

同卷《妇病自春晚始剧，至六月四日，竟不复生。感触所缘，记以哀响，都得二十三章，焚之榇前，以代哀诔》其六："汝出延陵吴，少为贫家女。身手知好娴，议聘遂汝娶。"其十一："大儿年十五，小者两周岁。使为无母儿，于汝亦何慰。"其十三："痛汝无父母，但有弱弟亲。"其十四："有弟妇未娶，汝死谁奉亲？况益亲力劳，遗之襁褓孙。两孙各待哺，我又多出门。”其十六：“决绝复决绝，舌结无能辞。我手揽汝腕，汝手搴我衣。仰面视翁姑，低面视两儿。有泪但盈眥，流短不到颐。咄嗟斯何时，而我斯何为？有汤沸我心，有雪沃我肌。雪已冰汝心，汤不沃汝肌。决绝复决绝，在目昏拉摧。在灯无炷光，在炉无爇灰。在室恸哭声，不知谁悲谁。白日沉海西，既逝何从追。”其二十：“昔有爱女先汝死，十年近态当益娇。”其二十一：“不哭难强支，一瞬十八年。”其二十三：“泻此长江流，终难罄吾泪。区区纸上言，曾何尽汝意。屏在汝所依，衾在汝所睡。胡为我独凭，胡为我独寐。瘦苔缘砌赪，断篁不能翠。一燕晨相依，孤灯夕相对。如知鳏也艰，轻别往徒悔。以诗告汝魂，当知我心愦。上戴为苍穹，下履为大块。自斯六合中，形影两茫昧。”

同卷《夷警日急，冒雨送妇柩暂厝江北张乾碶》。

六月十二日，东泉池语石生为《十洲春语》作序。

《十洲春语》卷首序三：“……讵鬓丝欲染，徒生明镜之怜；谅楮墨多灵，用续绿窗之史。辛丑夏六月庆阳节日，东泉池语石生题于蹑凫仙馆。”

庆阳节，古以六月十二日为庆阳节。

七月，小虹桥居士为《十洲春语》作序。

《十洲春语》卷首序五：“有二石词人，十洲胜地，赤文在水，梦浣西江，红豆盈村。生逢南国，猎风流之薮；合妓成围，加月旦之评。借花修史，用大书者二十六品，纪丽什以百有一章。……书成银管，窥上湖全豹之斑；序愧玉台，留甬水飞鸿之爪。辛丑秋七月，江左射雉城东小虹桥居士拜题。”

与舒恭受数见于镇海知县黄维同寓中。

《复庄诗问》卷首《诗评》：“庐陵舒厚庵司马恭受云：……已而海上夷氛起，数见于黄笠艘大令寓中，军务倥偬，未遑谈艺。”

八月二日，遣仆之镇海，迎母、妹、子移居郡寓，暂避海警，有诗。

《复庄诗问》卷二十二《八月二日，遣仆之镇，迎母及妹与两儿移居郡寓，暂避海警得三章》。

闻定海城陷，有诗。

《复庄诗问》卷二十二《闻定海城陷五章》其一：“转战六昼夜，飞檄索援兵。重海岂真远，孤单亦已勍。难言无善策，谁实坏长城。大帅方屯浃，恬然树羽旌。”

黄安涛《真有益斋文编》卷十《定海三镇死事纪略》：“（道光）二十一年八月初，夷复连艘来犯。时总兵葛云飞守东山炮台，处州镇郑国鸿守晓风岭，寿春镇王锡朋守竹山门，分扼要隘相犄角，每处兵不过千余人。……十七日，竹山门陷，锡朋死之。……国鸿麾兵抵御，身中两枪，犹持纛督战，复受重伤倒地死。……（云飞）复杀红黑夷数十，而夷众坌勇，势寡不敌，且守东山时已身伤鳞次矣，至是，复中火器死。”

闻夷兵将攻镇海，弟坤自家来郡寓。父尚在镇海。

《复庄诗问》卷二十二《闻夷兵将攻镇海，舍弟坤自家来郡寓》：“空烟呼万鸦，单舸渡桃花（渡名）。无恙邀天福，陈餐便夕加。危床拥孤烛，静思逼繁笳。启阁更东望，乱山横暗沙（时家君尚在镇城）。”

八月二十六日，镇海陷，父傍晚抵寓，喜无恙，因述闻见，作诗记之。

《复庄诗问》卷二十二《速速去去五解。八月二十六日，郡城纪事作。是日午，闻夷兵陷镇海城，家君傍晚始抵寓，喜无恙，因述闻见，作此诗记之》。

八月二十七日，全家徒步出郡城避难，假海会寺僧舍暂宿。二十八日，英军以舰船窥探三港口，有诗。

《复庄诗问》卷二十二《惊风行五章。二十七日，郡中倾城避难。余一家徒步出望京门，假海会寺僧舍暂宿。感怀纪事，而作此诗》其一：“假庑聊息劳，已胜百椽惠（经新巷少憩，袁氏将近。西城人多不得出，遂复偕家人止沈家）。”其五：“露宿同积尸，生机已颓靡（寺殿及两庑逃民无所归者，栖止几满。视之不下数百人）。”

同卷《二十八日，夷逆以火轮船窥探三港口》。

冒雨从郡西至慈溪，遇同年冯云濠，解衣赠钱相助。遣王仆至中横河觅避乱处，独行过夹田桥，遇郡中逃兵自横山来，有诗。

《复庄诗问》卷二十二《冒雨行，自郡西至慈溪作》：“……通市千百楼，十楼九无灯。助我摧恻怀，雨急风益劲。坦径疑棘丛，骭力难再胜。故人有冯豹（谓冯五桥同年云濠），高义孙宰矜。未吐觌面词，先为握手惊。谓迟一日来，吾亦他乡征。匆忙办酒肴，解衣暖我膺。解钱充我囊，慰我毋怦怦。……回思僧院中，亲孥方拥檠。……假寐且息劳，虫飞迟瞢啬。心绪纠乱丝，栉理乌由清?”

同卷《遣王仆至中横河觅避乱处》、《独行过夹田桥，遇郡中逃兵自横山来》。

《光绪慈溪县志》卷三十三《列传十・国朝三》：“冯云濠，字五桥。幼颖悟，五岁丧父，哀痛若成人。长而才识过人，家素封，好行善事。……以优贡中式道光十四年举人。咸丰间，军兴，筹防助饷，先后捐银二十万两，累叙至候选道，赏戴花翎。尝于所居构醉经阁，藏书多善本。得全祖望《宋元儒学案》于鄞卢氏，与同年生王梓材校补完善，出资刊之。并著补遗一百卷，又得姜宸英《上方山诗卷》及鸿胪禹之鼎所绘宸英与相国徐元文、检讨朱彝尊小像，勒石于所建姜祠壁。士林重之。”

父携眷买船，偕妹婿袁占山投小溪罗家漕。弟坤及子皋前一夜同张仆在城中寓宅宿，迟未同行。西成桥遇弟坤。闻子皋尚在城中，为英军阻不得出，同坤从长春门冒刃入城，至寓馆觅得之，薄暮乘间出城。张仆为英军缚去供役，不得遁。二日后，始出城。

《复庄诗问》卷二十二《西成桥遇舍弟。时家君于辰刻已携眷买船，偕妹婿袁君占山投小溪罗家漕，依其所亲。弟及皋儿前一夜犹同张仆在城中寓宅宿，故迟未同行，俟余还郡》。

同卷《闻皋儿在城中，阻夷军不得出，同弟向长春门冒刃入城，至寓馆觅得之，薄暮始乘间出城》、《迟张仆二日，始出城，云为夷缚去供役，不得遁。纪其所述，成二诗》。

离开海会寺，僧雪公送行。买舟同弟坤、子皋自十字港抵沙港唐堰，过兰江，抵江村罗氏山庄，与父亲等家人会合。赁百梁桥南杨氏屋，寓居。

《复庄诗问》卷二十二《海会寺别雪公，买舟同舍弟、皋儿自十字港抵沙港唐堰，唤渡过兰江，道中得五章》其一：“荒田洒微雨，旷路无行人。十千买一舟，窄仅容两身。……老僧趋送我，致意当河湄。……”其五：“二更抵唐堰，渡北无一舟。……行藏有绝境，达人无预谋。……幸遇披蓑翁，涉我枫林陬。”

同卷《抵江村罗氏山庄》：“叩门寻我亲，心喜各无恙。转忘饥与劳，一振衰气王。出始酬主人，邀我入轩榥。……”

同卷《赁百梁桥南杨氏屋，移家寓居，杂述十三章》其一：“一椽犹得庇，未敢怨萧条。鸟共投林密，山先向客邀。支床分枕蓐，乞米试铛瓢。便不嗟喑口，余心亦已憔。”其十三：“亲孥同聚室，随地可羁留。未改完天乐，何须越分求。皋糠聊度日，萧飒漫悲秋。好俟艃氛靖，重为返族谋。”

自沙港口至栎社，入郡城寓庐，守寓者已绝粮三日。郡寓夜坐，有诗示二仆。

《复庄诗问》卷二十三《自沙港口至栎社作》、《入郡城之寓庐，守寓者已绝粮三日》、《郡寓夜坐，有述示二仆》。

九月七日，出长春门，自郡城至慈溪鹤皋，乞叶元壁、叶元垚伸援手。九日，叶元壁、叶元垚招饮，有诗。

《复庄诗问》卷二十三《出长春门示故人》。

同卷《后冒雨行。九月初七日，自郡城至慈北鹤皋作》：“三更抵鹤麓，故人揽衣迓（谓叶生雩亭、茂才元垚）。”

同卷《九日，同叶元壁、元垚昆季饮作歌》：“……吾心裔裔君瀜瀜，醉乡日月华胥同。结交孟客师陶公，皞然太古开黄农。”

《琼贻副墨·兰如集》卷四陈继聪《大某山人生传》：“既而海禁日逼，瀚洲、浃江连陷，山人挈家奔窜出门，茫无所之。欲投慈溪，则仲兰已死矣。转侧流离，日芒鞋破笠，走鹤皋诸乡。”

舟行，由姚江经丈亭、西坝、十字港、西杨、黄姑林、洪水湾，下兰江，抵寓宅。

《复庄诗问》卷二十三《自姚江至丈亭二章》、《西坝》、《十字港》、《西杨》、《黄姑林》、《逾洪水湾下兰江》。

同卷《抵寓宅》：“米盐仗友办初成，乍可投闲养晦冥。”

黄安涛有诗寄怀。

黄安涛《息耕草堂诗集》卷十六（起辛丑七月，尽十二月）《上海逢厉骇谷山人志，赋赠二首，兼怀姚梅伯孝廉燮》其二：“甬上老名宿，相逢沧海滨。看君非貌古，令我益心亲。鸡黍尊前约，乡关劫后身。梅兄应好在，待结鹤湖邻（梅伯家镇海，陷贼后，尚未得音耗）。”

与胡枚谈诗饮酒。胡枚以《静中旧馆诗草》属点定。

《复庄诗问》卷二十三《墙角潭访胡宋彬山居》。

《蛟川诗系》卷二十五："恤赠员外郎胡署正枚，君原名宋彬，字小文，别署为静园主人，国学君澍之冢子也。少负祖逖志，不屑埋头蠹简中，效啁哲自废。然于经史百家言，未尝不了了大义。……辛、壬，夷陷郡邑，余与君家皆避乱，栖鄞南小溪乡。时君以军务之暇，归省母，必过余谈诗饮酒，作竟日欢。尝携《静中旧馆诗草》一卷，属点定。今所忆者，如《对月》句云：'江山秋万里，鸿雁露三更。'《感怀》句云：'青春易逝同流水，黄叶纷飞又早秋。'皆可诵也。迨君逝，遗稿不复求矣。爰检录向所写投者登之，虽然，君岂借区区为不朽事乎？"

同卷："岁道光庚子，以国子监生援例捐按察使照磨。壬寅，海夷犯浃口，君出己赀，雇干勇防梅墟江。癸卯，勷浙东善后事宜，局称有功，议叙光禄寺署正。己酉，协署海塘及捐办船土。……甲寅春，檄往沪城协剿。中丞许公钊留君行台中，襄军务。……是年五月中，中丞公吉尔杭阿挈江南全省师，列营北郊，亦信重君，许便宜行事。君为解散胁从者数百人，并纲纪保甲事。逮十一月，刻期于十八日环军攻四门，命君与某某等向北关入，君帅勇首先破关，刃数贼，后军闻隔阛哄声，皆葸逗不敢进。城上贼燃火器掷君，君遂焦发焚衣，力竭而仆，犹骂贼不置口也。吉公爰为位哭祭之。是役之阵亡者，惟君一人。乃专摺上文，从优恤例，加赠员外郎衔，恩给云骑尉，世袭如制。……在军营时，旁午之暇，辄赋诗自遣。而一篇之中，常惓惓以老母为念。间谓其弟榜曰：'忠孝无二理，尔兄既勤劳国事，生还与否，事在未可知尔。能与吾子奉侍老母，代尔兄未尽之职，兄心庶慰矣。'其弟尝为予述之，而孰知果成谶邪？卒之年，仅三十六岁也。"

作诗哀定海三总兵、狼山镇总兵谢朝恩殉难。

《复庄诗问》卷二十三《客有述三总兵定海殉难事，哀之以诗》、《金鸡山之战，狼山镇总兵谢公朝恩死之》。

《清史稿》卷四百九十四："姚怀祥，福建侯官人。嘉庆二十三年举人，道光十五年，挑知县，发浙江，权象山、龙游等县。二十年，英吉利以钦差大臣林则徐在两广坚持鸦片之禁，耀兵宁波洋面，破定海，旋退出。二十一年二月，攻虎门。……八月，复攻定海，总兵王锡朋、郑国鸿、葛云飞。九月，攻镇海，两江总督裕谦、狼山镇总兵谢朝恩。二十二年三月，攻慈溪，副将朱贵与子昭南。……怀祥于二十年适署定海篆，分募乡勇，为死守计。总兵张朝发撤之。城陷南门，怀祥负伤，立城上呼兵，无应者，愤甚，投成仁塘死。……翌年，再犯宁波、定海，则石浦同知舒恭受、游击张玉衡、外委武英太同死难。”

作诗悼镇海县丞李向阳殉节。

《复庄诗问》卷二十三《镇海县丞李公向阳殉节诗》。

《复庄骈俪文榷二编》卷五《为李邑侯作镇海县昭忠祠碑》：“道光二十有一年，岁辛丑八月二十有六日，海夷陷镇邑，两江总督裕公谦、江南狼山镇总兵谢公朝恩、邑把总金公骝、丞李公向阳殉难死。”

作诗送二仆归。

《复庄诗问》卷二十三《遣二仆归，诗以送之》。

作诗谢招赴娥江军营。

《复庄诗问》卷二十三《有招予赴娥江军营者，谢以诗二章》其一：“迂儒生志短，谋食尚愁艰。手弱难携铗，江清只习竿。水云怜梦弛，老病苦亲殚。勉尔参戎阃，勋成锡上冠。”

《光绪鄞县志》五十一：“有招赴娥江军营者，谢不赴。”

娶妾李素。妾本曲巷中人，二人先已相识。因逃难而流离失所，愿充箕帚，遂续良缘。作《娭鸟篇》赠李素。

《复庄诗问》卷二十三《娭鸟篇，赠李姬素，代古定情篇》：“……当年嬉春城北楼，画桃旖旎双琼钩。四棂烛气怜烧梦，半剪鬟云羞上头。上头时节年三五，燕子生涯隶歌部。……素儿家住文溪城，鹦鹉关山署艳名。茂陵司马三年渴，星渚牵牛七夕盟。七夕星期喜重遘，病影迎灯各惊瘦。谁防痴语引酸啼，不耐深凉逼残漏。十洲绮榭连桷甍，阑干上层花下层。马时芳草船时月，百万缠头十万筝。军鞞一声胡蝶乱，鬼骑东来将西窜。喧传烽火已临关，倾泼葡萄不终宴。儿人金屋夸阿娇，陌路漂零泣软腰。蔽衫束镜依伧卒，窄履缠罗走棘蒿。脱襦易饼难求死，鲗誓凭谁謶公子？野塍觅食逢灶姑，秋鬓凋蓬认邻姊。素儿解慧知预防，愿充箕帚随匿藏。布荆要践青山福，珠翠甘抛黄竹箱。……萦阳潘生方悼亡，忍抚幺弦慰恻伤？……易安才调香君侠，岂是寻常画眉妾？珍珠一串宋袆奁，俪券三生婉娈牒。雀松兔丝相缠绵，古欢聊写定情篇。回文织得茱萸锦，护尔莲房到底圆。”

同卷《再叠前韵，示李姬》。

作哀诔悼虞瑞龙。

董沛《四明清诗略》卷二十六：“虞瑞龙，字友云，一字澜谷，镇海人。监生。著有《闻妙香室诗钞》。姚复庄先生撰哀诔略：君治家有法，遇人以和。生平无他嗜，嗜诗与酒。岁辛丑，海夷寇县。君纠率乡兵，安守危御。其尤榜众口者，为淳安水灾，葬杨姓一家五棺。事闻大府，以义行旌其闾。卒年四十三。”

撰诔文具体时间不详，姑系本年。

秋，与徐淮过从。徐淮因得尽读姚燮诗。

《复庄诗问》卷首《诗评》：“鄞县徐芗樵上舍淮云：辛丑之秋，余避乱光溪，与某伯寓庐相邻近。暇日过从，因得尽读其所为诗。其为诗也，渊渊岳岳，铧铧森森。或奥崛如商、周，或高浑如汉、魏；或雄奇如李、杜，或闳肆如韩、苏。操纵万灵，受命寸管。体备众美，不名一长。至其思之冶艳，情之旷逸，神随镜合，气与意孚，尤令余往复流连，而不能已已。”

秋，为杨绍修作墓志铭。

《复庄文酌》下编《杨损斋先生墓志铭》：“燮不识先生，识先生之子芙涧。芙涧将葬先生于先茔侧，乞燮言铭其幽。……卒以明经终其生。……以乾隆壬辰三十七年生，道光己亥十九年卒，年六十有八岁。……燮以辛丑秋避夷难于光溪，寓先生邻宅。去先生辞世之日未三载，而不获见。……先生讳绍修，字益辉，损斋其自号也。著有《损斋诗文集》、《损斋纪闻》、《韦亭偶得》、《焚余草》若干卷，藏于家。”

十月九日夜，有诗。

《复庄诗问》卷二十三《十月初九夜作》：“浪卷黄茅过闸浑，轰传夷虏逼邻村。”

十月十日，与杨二如、弟坤游光溪附近诸山。

《复庄骈俪文榷二编》卷四《游光溪诸山记》：“辛丑之冬十月十日，杨君二如过余兰江寓宅，约余与余弟兰仲为鄞江桥之行，遂得揽它山、狮山暨响岩诸胜。是日也，天澄无翳，气煦若春，野讴频闻，田功方毕，身可袷御，人多杖游。爰自百梁桥之街，取道鲍家堪之畈，景未奥接，妙已纷引。……则今日者，不诚延清披朗、借涤积胸之尘坋、餐幽饵深、一践宿因于泉石也哉?”

《复庄诗问》卷二十三《洞桥天王寺》、《冷水庵》、《响庵》、《岩庵》、《上化龙湫》、《天台宕》等此行作。

作诗怀厉志，并与书厉志，述两月逃难之苦况。

《复庄诗问》卷二十三《怀厉山人志》：“山中劳人梦魂拙，醉拥江楼一衾铁。柴门尽夜孤柝声，晓起开窗万峰雪。……今年三月南湖楼，飘缨公子寻沽马，横槊将军载艳舟。与君狂歌大白浮，未知众乐何独愁。阳春莺燕纤喧语，闻之但似啼鸟秋。今朝浩莽怀吾子，陌路难求真姓氏。乾坤物象方苦寒，我有热心向谁委。故城没海鱼龙骄，世外梅花香独飘。苍翎瘫鹤易成素，绝粒容成难见招。”

《复庄骈俪文榷》卷五《山中与厉心甫书》：“颓飙撼树，落叶四飞；横浪冲矶，聚萍百散。物境有迕，人事亦然。溯自奔浪夺隘，疾燹流江，郡邑失机，逋身莽荒。惊弓之鸟，惊定还惊；泣涸之鱼，泣而复泣。……然一念全家呼吸，等诸燕之处堂；两月流离，同于鸟之逃幕。今犹得一椽上庇，数席下安。……还忆弃装皇遽，中路仳傶，耄杖孩筐，妇蓬仆跣，拥严关而出，假僻寺而居。……旋复发雨衣风，寻友于荒山之外；冒弦履刃，觅子于乱军之中。不食忘饥，不息忘苦，亦既缒九地而出，获生于再天。……若仆之所处，其去危城之远，数十里耳。舍此以求，更无善计。迩日流民骚驿，弱攘强争；道路讹言，朝更夕改。骇目以云气，疑耳以风声。城门焦灼，恐易及池；梦寐槎牙，终难安枕。……”

《复庄诗问》卷二十一《索厉山人写〈还海图〉二章》。

冬，闻南岙有梅花，觅终日不得，有诗。

《复庄诗问》卷二十三《闻南岙有梅花，觅终日不得》：“大寒时节重棉轻，叉手空山晨独行。拟裁疏影续姜曲，小讽《离骚》搜屈情。……忆昨江楼小醉时，醉边微雨孤衾梦。梦见月横篱落枝，篱根一溪淡窈眇。……我寻不得我且归，耿耿元心抱热灰。明螺细捣一杵墨，百尺瘫枝笔可挥。瘫枝百尺神不颓，挂尔蓬壁吾携杯。悲风逼夜万象惨，暄然斗室生祥晖。”

除夕，有诗。

《复庄诗问》卷二十三《除夕》。

道光二十二年壬寅（1842）　三十八岁

正月一日，置酒江楼，独酌竟日，有诗。

《复庄诗问》卷二十四《元旦，置酒江楼，独酌竟日，赋四言九章》。

正月七日，过邻社，观作挝鼓戏，有诗。

《复庄诗问》卷二十四《人日，过邻社，作挝鼓戏》。

正月末，作《明州纪事》诗八首。

《复庄诗问》卷二十四《正月杪，明州纪事，三叠秋兴韵八章》。

三月三日（上巳），有诗。

《复庄诗问》卷二十四《上巳行》。

王焘来访，赠以诗。

《复庄诗问》卷二十四《喜王焘见过，赠以诗》、卷二十五《雨后值王焘至》。

董沛《四明清诗略》卷二十二："王焘，字丹山，号梨门，鄞人。贡生，著有《对山楼诗稿》。董沛曰：先生诗原本李、何，各体具隽。上而以七言律为最，拟诸梅村，洵足抗手。余年十九，始请业于先生。惜不及一年，遽归道山。讽咏遗集，为择尤者录之。然挂漏尚多也。"

过孙家谷墓，吊之以诗。

《复庄诗问》卷二十四《过故友孙襄陵家谷墓，吊之以诗四章》。

三月二十九日，孔宪彝有诗相寄。又为姚燮画梅题诗。

孔宪彝《对岳楼诗续录》卷一《三月廿九日病起，偶忆去岁是日在都门尺五庄作饯春之会，感赋，寄诸同人》。

同卷《姚梅伯乞题自画梅册，再用前韵》。

与母、妹、妾李素进香茅山庙。

《复庄诗问》卷二十四《同六妹、李姬侍母自兰江放棹至茅山庙进香，得诗三章》。

作诗示妹婿袁久堂。

《复庄诗问》卷二十四《感示妹婿袁久堂三章》其三："我有亲与孥，

尔亦有妻子。八口防饥寒，一身系生死。万无他可期，有天作凭恃。暗疾交百骸，尔我实唇齿。尚容见亲切，何妨贵穲秠。养淡守所蛰，自存不亡理。和风从远来，柳阴荡芊靡。萧然披我心，犹未堕濛汜。且竭壶中浆，眷此薜堂晷。门外骑牛儿，乌能辨悲喜。”

陈继聪、陈继揆兄弟从姚燮游，称入室弟子。陈继聪有诗赠姚燮。

陈继聪《忠义纪闻录》卷末戎金铭《退安居士传》：“退安居士，吾友陈君骏孙晚年之别号也。居士幼不喜帖括家言，好流览群籍，尤嗜乙部书。弱冠，携所作古文就正于黄薇香、姚复庄、徐柳泉诸先生，皆赏识之。”

潘衍桐《两浙輶轩续录》卷四十八：“陈继聪，字骏孙，号退安居士，镇海人。同治庚午举人，著《达蓬山馆诗钞》。”

范寿金《蛟川诗系续编》卷七：“陈继聪，字骏孙，同治庚午科举人。生平著述甚富，其已刊行者为《蛟川先正文存》二十卷、《忠义纪闻》四十卷。至《听思堂文稿》、《达蓬山馆诗稿》及《明季甬东彤史》等，俱未及刊行。其曰《海巢诗钞》者，系先生手定之本也。”

《民国镇海县志》卷二十七《人物传六》：“陈继聪，字骏孙（城区）。自幼好浏览群籍，尤嗜乙部书。弱冠，携所作古文就正于同县姚燮、定海黄式三、鄞徐时栋诸先生，皆赏识之。尝以《杜鹃花》诗受知于学使赵光，誉著一时。后由岁贡生中同治九年举人，年已四十九矣。两试礼部不第，遂不复出。为人孤介，不驰骛声气。家居，手一卷自娱，米盐琐屑亦不问也。性坦白，语言质直。论史尤有卓识。在鄞志局最久，列传数百篇，皆其所撰。已而倡修《镇海志》，手定采访章程，卒与邑人士成书付梓。又以余力编辑《蛟川文存》及《忠义纪闻录》。郡守宗源瀚辟充孝廉堂，监堂兼辨志、讲舍词章斋长。又招入慈溪志局，分编列传。自明洪武至宏治人物传稿，皆继聪所拟。旋患病，自号退安居士。卒年六十余（戎良铭撰《传》）。”

董沛《六一山房诗集》卷三（甲寅）《题陈骏孙继聪〈辛、壬杂纪〉》。

陈继聪卒于光绪八年壬午（1882），享年六十，则其生年为道光三年，本年二十岁。陈继聪《忠义纪闻录》卷首宗源翰序：“今年壬午，孝廉堂春课，骏孙来会，则已病矣，而神明湛然，语予曰：‘所辑《忠义纪闻录》已成四十卷，付刊，终当为我序之。’逾月，病甚，归镇海。未几，而骏孙遽死矣。”同书卷末戎金铭《退安居士传》：“今岁春，居士以就医郡城，余视其疾……居士笑曰：‘家世少高年，犬马齿逾六十，已属幸生。’……光绪壬午岁三月朔日，慈溪古窑老农戎金铭琴石氏撰。”同书卷首目录后陈贞贤识语：“今年春三月，是录甫付梓，先君子即弃养，不肖乃偕伯氏、仲氏含泪校雠。……光绪壬午八月既望，男贞贤谨识。”

范寿金《蛟川诗系续编》卷七陈继聪《姚孝廉燮》：“空山门寂锁苍苔，万卷奇书万树梅。我识元章非画史，人言太白是仙才。前身老衲岩中坐，早岁神骐天上来。嘈杂管弦鸣四座，百年歌唱亦堪哀。”

陈继聪此诗作年不详，姑系于此。

陈继揆为姚燮妹婿，其与姚燮始游时间不详，姑系本年。董沛《四明清诗略》卷二十九：“陈继揆，字舜百，号舵岩，镇海人。同治丁卯并补甲子科举人。著有《拜经楼诗集》。董沛曰：舜百为姚复庄先生妹婿，与其从兄骏孙从游最早，称入室弟子。骏孙伉爽，舜百缜密。于师门皆称转手，而其为传作则一也。余与舜百同举乡试。其诗才学兼到，白璧无瑕。元则遗山，明则大复，洵可嗣响矣。”

潘衍桐《两浙輶轩续录》卷四十七：“陈继揆，字舜白，号舵岩，镇海人。同治丁卯并补甲子举人，著《拜经楼诗集》。董沛曰：舜白为姚复庄先生妹婿，与其从兄骏孙从游最早，称入室弟子。骏孙伉爽，舜白缜密，于师门皆称转手，而其为传作则一也。余与舜白同举乡试，其诗才学兼到，白璧无瑕。元则遗山、明则大复，洵可嗣响矣。”

《民国镇海县志》卷二十七《人物传六》：“陈继揆，字舜伯（城区），同治丁卯举人。少负异秉，姚燮深器之，妻以妹。继揆与从兄继聪从燮游最久，称入室弟子（董沛《传》）。工诗善画，尤精制艺。每一篇成，人争钞诵，执贽门下，常满其座。生平峻丰裁，好议论，勇于任事。修辑光绪邑志，筹款甚力。又倡建武成王庙，与修城隍庙及鲲池书院。卒年五十余。遗稿散佚，惟刊有《读风臆补》十五卷（《家传》）。”

作《无米行》、《后无米行》，述己与流民之苦况。

《复庄诗问》卷二十四《无米行》：“……蒸然釜气生湿云，无米供炊坐愁饭。向邻贷得一斗余，计口不敷三日需。……饱不知安恐非福，行无道路宿无屋。多少流民受摧辱，异乡不得口数粥。痁妻病子骨筋暴，新鬼啾啾杂人哭。”

同卷《后无米行》：“囊钱日减余空绳，安能猝半三五升。过门风香邻饭熟，独立吾餐远岚绿。岚绿不润枯面黄，江声来搅饥时肠。……”

叶名沣为姚燮赠扇画秋海棠题诗。

叶名沣《敦夙好斋诗初编》卷六（辛丑八月至壬寅六月）《南征集二》《题姚梅伯旧赠画扇，扇画秋海棠》：“前年适雁门，别君燕山麓。我归君已行，良会一何促。当时所贻扇，今犹常在握。饥驱君出门，生计归益蹙。萧条烽火间，何处访茅屋。存者纷流离，殁者盈沟渎。有亲将何之，消息不我告。可怜海棠花，袅袅秋意足。收扇置箧中，短歌不能续。”

此诗前第二十五首为《壬寅元夜对月》。

六月四日，妻吴氏周年忌辰，有诗。

《复庄诗问》卷二十四《亡妇周年忌辰作》：“汝死经一年，吾已逃百死。只今归无家，漂魂蕙江水。蕙江水来东，四明二百里。……祭汝江上楼，万芦飒沓喧。早秋茫茫江水流，复流寸心逝矣谁。能留殇亡满野兵未休，汝魄东南江尽头。江楼今夜梦堪续，斜月荒郊断蘼绿，去伴烟心汝魂哭。”

往访镇海后倪村诸亲，有诗。

《复庄诗问》卷二十四《后倪村。村在镇城西二十里，诸父暨妹氏张、谢多避乱就居者，过访信宿，为作此诗》。

夏夜，与姬李素江岸步月。七夕，倚蕙江楼吹箫，为李素度曲，有诗。

《复庄诗问》卷二十四《夏夜，同姬人江岸步月，即事五绝句》。

同书卷二十五《七夕，倚蕙江楼吹箫，为素姬度曲，有怀江南，时雪海东石迟》。

同书卷二十九《姬人手植栀子，云今春开二花，索诗》、《雨窗四绝句，示姬人李素》、《同姬人饮酒竟日，得诗五章》，卷三十一《简怀姬人四章》，卷三十二《再简姬人，叠前寄韵四章》。

作诗寄厉志。又和厉志诗二首。

《复庄诗问》卷二十五《韬志三章，简厉山人》其三：“旷子倏经岁，迩迹难尽知。差闻支绌劳，谋食如年时。谋食但得食，支绌终奚辞。生愁棉市中，鲜重蚕女丝。艰苦得保生，饮啄逾可悲。八口同寄荒，我亦寸心疲。润我憔悴容，仅借青山姿。青山递尔居，尔当悦以诗。”

同卷《和厉山人寄怀韵》（附原作）、《再和感咏诗四章代柬》（附原作）。

作《夔儿》诗，述次子夔可怜又可爱之状。

《复庄诗问》卷二十五《夔儿》：“夔儿三岁余，苦为无母儿。起居依大母，饱食但知嬉。下庭拾枯竹，促步驱邻鸡。苔滑不受鞋，蹶足沾烂泥。有时弄瓦草，手面常污黧。见羊辄呼马，卷裤便思骑。偶闻阿兄读，尚隅学唔咿。记诵杂零星，牵掺诗书辞。娇慧皆可怜，爱惜宁讳私。所悲汝母死，襁褓尚无知。不能鞠汝身，看汝成立时。汝裈短及膝，犹汝母所为。竟劳汝大母，为汝缝续之。招来抱诸膝，抚顶潜涕洟。吾鳏往谁告，借汝聊解颐。峥嵘此头角，愿汝骍弗犁。”

朱立淇延修《它山志》，僦居鄞江桥村。《四明它山图经》成，有诗。后戈载、蒋敦复作序，董沛作跋。

《复庄诗问》卷二十五《僦居鄞江桥村绛山楼匝月，撰〈它山图经〉，即事三章，示主人朱立淇并徐兆蓉、郑星怀两文学》其二：“鞭心入稊米，百貌搜丑妍。武断矜辨辞，吾敢阿前贤（黄氏《四明山志》、全氏《鲒埼亭集》、钱氏《鄞县志》诸书，其言四明西南水利多舛讹，疏漏悉校正之）。”

董沛《正谊堂文集》卷二十三《〈它山图经〉跋》：“《四明它山图经》，十一卷，镇海姚复庄先生所撰也。叙述古雅，山水源委，皆得之目验，实能尽其曲折，而考古颇疏。宋人旧志，仅得魏吉州《它山备览》一书，而乾道、宝庆、开庆诸郡志，似未尝见也。即元之延佑、至正二志，明之成化、嘉靖二志，均未一检。其所征引，皆仍曹志、钱志之旧。又近人所著《它山小志》、《光溪志》、《鹳岭志》诸书，诞妄甚多，偶或轻信。至私家谱牒，大都伪造官迹事实，以诬其先人。而亦罗列于里献卷中，尤为欠审。先生以诗文名海内，不耐琐屑之考证。然俗语之失，流为丹青，将恐后人以先生名重，遂据是书为故实，而不复致疑也。故详论之。”

戈载《〈四明它山图经〉序》：“今梅伯所著《四明它山图经》，则具三长之才，知五难之道。因避难岩阿，日事探讨，寻幽访胜，见颐阐微，仿桑钦、郦道元之体例，纂成十二卷，凡山川人物、政典艺文，以及建置沿革、兴废异同，搜罗赅洽，考证精详。本本原原，条分缕析，秩然灿然，美矣备矣。”

蒋敦复序：“是书博稽载籍，订正史传，凡深宁、清容、南雷诸家之说之舛漏者，一一参纠辑补。讨论之功，可不谓密乎？为卷十二。首山经，挈要领也；次今水源委二卷，析条目也；次防置编年纪三卷，重土功也；次奉祀册，重祭奠也；次言行传表二卷，征里献、录寓贤也；次艺文略；而终之以丛志二卷，发体例也。”

《光绪诸暨县志》卷四十七《经籍志》：“《四明它山水图经》，十二卷，国朝姚燮撰。燮有《夏小正求是》、《禹贡锥指勘补》，已著录。鄞固有它山水，其始大溪，与江通流。咸潮冲接，耕者弗利。唐鄞令王元暐始筑堰以捍江潮，陆南金开广之。于是，溪流灌注城邑，而鄞西七乡皆蒙其利。岁久废坏。宋嘉定间，鄞令魏岘言于府，请重修，且董兴作之役，著《四明它山水利备览》二卷，然未有图经也。燮为此书，以补其阙云。燮复著有《十洲记》，未见。”

《光绪鄞县志》五十一：“既而遭海夷乱，避居鄞之光溪，山人朱立淇延修《它山志》，于水利极详审。”

《鄞州山水志选辑》收入之《四明它山图经》（宁波出版社 2008 年版）只有《山经》、《今水源委上》、《今水源委下》三卷。

徐时栋《烟屿楼文集》卷九《它山朱氏三君子合传》（丙寅）：“绛山讳立淇，字竹泉，更名祁。……咸丰十一年，粤贼犯宁波府，自奉化寇郡城，而它山当其冲。十月贼至，劫掠骚然。是时，君既避地，慨然曰：‘事急矣，我不可遁。’挺身与相见，而动之以诚。……数十里皆安堵无恐。……贼恚，发鸟枪击之，遂死。同治元年闰八月朔日也，年五十九。……试不利，舍而学贾。以施济为卖买，以是屡贾屡蹶。扁其楼曰：‘还是读书’。……尤留意枌社文献掌故，关它山必求其书，或手录之。聘姚燮梅伯撰《它山图经》，水利源委，故家遗俗，具详于册。”

徐时栋《烟屿楼文集》卷一《四明它山朱氏谱序》（丙寅），不具录。

董沛《四明清诗略》卷二十八：“朱立淇，字竹泉，号绛山，鄞人。

监生。”

与朱立淇游四明诸山，沿途纪游诗多首。

《复庄诗问》卷二十五《约同朱立淇游四明山，自缓江汇放舟作》、《移舟簟溪眺蜜岩》、《松岩下废寺》、《大畠道中二章》、《长沙潭谒庄太常汉晓先生祠》、《鼋潭岭》、《孤凄坑》、《下厂宝松庵二章》、《杜岙徐氏庄二章》、《松岩斗听瀑》、《蜈蚣潭》、《自仙人岩至梓树坑》、《青菁墩》、《自醒鸠岭逾石竹冈，憩字岩下田家三章》、《大风，登小雷尖，眺大兰山》、《杀羊岩》、《错愕岭》、《过桃花峡，坐峡心濯缨石，看云成歌》、《柿岭写望三章》、《沈家庄夜半太（大）雨》、《八钺坪》、《登大雷尖四章》、《鸡冠岩》、《大俞山房夜坐》、《雪斗坑》、《皃愁岭》、《升石窗少憩有得，拟书壁间二十六韵》、《饭大岩下卢氏庄》、《自蜈蚣肚独行赴白莲庄》、《山女行》、《登干山绝顶，俯眺二百八十峰，浩然作歌》、《过草鞋岭，偶得三绝句》、《皂荚坞寻刘纲、樊夫人遗迹》、《自百步街岭游过云岩、潺湲洞、小四窗、六龙泉、佛手岩、三峡再来石诸胜二章》、《登舒啸桥，眺芙蓉峰》、《憩杖锡延胜寺，即饮先觉堂丈室三十韵》、《屏风岩观汉隶“四明山心”四大字磨崖刻》、《自横山至茶园冈》、《由梅树孔星夜趋鬼叫坑，三更抵化龙庄》、《自华桃横冒云下紫树陵》、《羽灵庙》、《由抱头岭过疑迟岭》、《箭厂》、《自大岩坑逾簰崎岭，出甃甕峡》、《还憩杜岙作二章》、《长岭峰方氏山楼》、《章村访郑茂才星怀山居》等此行作。

钱仲联《梦苕庵诗话》：“至游四明诸诗，荒幻奇秀，较游普陀诗尤胜，与刘裴村《峨眉诗》相伯仲矣。……（《登干山绝顶，俯眺二百八十峰，浩然作歌》）动摇五岳，呼吸帝座。两当轩后，再见斯才。”

《复庄诗问》卷二十九《得朱立淇山居书三十二韵》，并附于此。

与徐时栋交识。

《复庄诗问》卷三十《赠徐十三明经时栋四章》其四：“昔遭海上氛，与匿兰江陬。虽堕荆棘中，未肯白日偷。爱君自此始，与君同唱酬。”

《民国鄞县通志·文献志》：“徐时栋，字定宇，一字同叔，道光二十六年举人。两上春官，即不复试，以输饷授内阁中书。故居曰烟屿楼，藏书六万卷。尽发而读之，自夜彻晓，丹黄不去。……留心文献，刻《四明宋元六志考异订讹》，允称善本。它所撰著，凡三十余种。两遭兵火，散佚殆尽。构新宅城西，摒挡之暇，时复忆录，然不能什四五矣。诗文多浩落自喜，主四明坛坫三十余年，后进高材生咸出其门。同治七年，县开志局，延时栋主其事。发凡起例，总持大纲。编辑讨论，则属诸同事任之。次年，移局其家，益发藏书。及借阅同里卢氏、杭州丁氏书，搜采繁富，至数千百种。仿国史馆列传之例，注所征引，排比成文，以是费日力。十二年，时栋已属疾，犹强起论志事。临殁，执其友董沛手，郑重相委，语不及私。卒年六十。学者称柳泉先生。”

徐时栋《烟屿楼读书志》卷首董沛《清内阁中书徐先生墓表》，不具录。

与傅濂分别。

浙江图书馆藏《诗问稿》（稿本）封面题：“姚梅伯自写诗稿，傅啸生叙耑。”

卷首：“与野桥别三年矣，故人消息，了不相闻矣。秋，重客甬上，时野桥亦下第归里，因得读是卷。……甲辰八月中秋，弟傅濂拜书。”

与傅濂相识非始于本年。

《复庄诗问》卷三十一《答傅濂见赠韵二章》附临海傅濂啸生原作其二：“昔与君相遇，各在少壮时。意气出酒半，怀抱古与期。今我不适意，风尘添鬓丝。君复感潦倒，鬑鬑生吟髭。野鹤既铩羽，耳目玩不辞。终当勉千载，无负松柏姿。”

蒋茝生《墨林今话续编一》：“傅啸生濂，浙江临海县诸生。工诗善画，喜饮。山水得娄东正派。与定海厉丈骇谷、镇海姚丈梅伯，称浙东三海。”

冯登府《柳东先生剩稿·勺园续集》《画竹行，赠天台傅生濂》：“天台傅子诗笔清，有才不第同刘生。”

为乍浦驻防左营佐领果仁布妻塔塔喇氏暨二女葬作铭文。

《复庄骈俪文榷二编》卷二《旌封节烈恭人塔塔喇氏暨二女葬并铭》：“道光二十有二年壬寅四月丁亥，红夷寇浙西，陷乍浦城。其时妇女死难于水者，庠生刘若金妻顾氏投亭桥河死，廪生刘东藩女七姑投井死，庠生胡赞喜女秀姑投园池死，杜义茂妹贞姑投北濠河死，具邀恩恤，旌其门闾。而塔塔喇恭人与二女同殉以死，为尤惨焉。恭人甘肃镇海营游击镶黄旗岳明公女，乍浦驻防左营佐领君果仁布妻也。……此二女者，长曰称，次曰荣。称姑之年十一，荣姑之年才八龄耳。”

作《修城记》。

《民国象山县志》卷三十二《文征外编上》姚燮《修城记》：“明州隶县半濒海，象山其一也。道光戊戌岁，西颐英吉黎突犯顺，沿海郡邑俱戒严。越庚子夏，舟山陷。时吾友范君心梅先达宰象邑，环眺垣堞多颓圮者，思葺之，固为防御计。集居民筹之，无成策。欧君孔章告所事于其祖若父，禀命具状牒，请独任焉。嘉允之。于是年六月经始，至十月蒇工。……逾年幸（辛）丑，巡抚玉坡刘侍郎韵珂上其事于朝。朝论韪君之善，于壬寅九月锡予君四品知府，衔级有进。君泊如也。君之嗣君星北茂才具述于予者如此。呜呼，其难矣！”

文又见《复庄文酌》下编，题作《纪欧后溪修象山城事》。

撰《茧拇录》成，书述“出入干戈，备尝艰苦”之状。

潘衍桐《两浙輶轩续录》卷三十五：“姚燮……汤鹏曰：梅伯自遘辛、壬间海夷之乱，出入干戈，备尝艰苦。空山拾橡，歌啸伤怀。旋膺危疾，几殆。时著《茧拇录》一书，屡述事故，信而有征。”

赁郡城市心桥南童氏宅。

《复庄诗问》卷二十五《闻粤东安抚之信，明州夷军将次退撤，待还乡县，感成二章》、《郡夷既退，将迁寓入城，留别邻友二章》、《赁郡城市心桥南童氏宅》。

冬，探视舒恭受。

《复庄诗问》卷首《诗评》：“庐陵舒厚庵司马恭受云：……上冬被议后，某伯曾一视余。慰勉勤拳，祇深感喟而已。后闻其病，余在羁系中，不得往视。心窃念之。昨从请室，因事来甬，闻其养疴于城北道院，闭户注经，亦卒卒无暇造访。”

“养疴于城北道院，闭户注经”为明年事，因将探视舒恭受系于本年冬。

冬，作诗八首。

《复庄诗问》卷二十五《冬日杂诗八章》其一：“读书坐日月，嗟我废其身。于世一无补，蠹食皆游民。破牖不蔽风，窥天云嶙峋。城荒雀无归，来与檐树亲。岂伊静有俟，非时难为嗔。东家叟拥棉，饮酒自矜春。”

十二月十一日，与屠衡大梅山馆消寒雅集。

董沛《四明清诗略》卷二十六屠衡《壬寅十二月廿一日，大梅山馆消寒雅集，咏雪四律》（录二）。

同卷：“屠衡，字佩六，鄞人。”

道光二十三年癸卯（1843）　三十九岁

作诗寄林朝聘、冯翊。

《复庄诗问》卷二十六《独酌有得，即寄林五司马朝聘、冯三明府翊》：“难得春阴冲漠甚，不为尘累到吾卮。”

《光绪余姚县志》卷十八《职官表》：“（知县，道光）林朝聘，二十二年在任（《接待寺碑记》）。罗超曾，吉水进士，二十三年在任。”

《光绪定海厅志》卷六《职官》：“（道光）直隶同知：王丕显，二十二年署。林朝聘，二十三年任。王丕显，二十四年任。”

《民国古田县志》卷二十四《艺文志》沈葆桢《余姚令时庵林公墓志（公与兄淡斋公合葬）》：“时庵公讳朝聘，字世珍，文峰公第五子也，官浙江余姚令。道光辛丑年，声振一时，升授定海直隶厅同知。诰授奉政大夫。……公生于嘉庆癸亥年，道光乙巳年卒于任所，年四十有三。”

闻冯登府讣，作诗寄挽。

《复庄诗问》卷二十六《闻冯太史登府讣，寄挽六章》其六：“客来告予言，公身已不存。反复穷诘之，犹疑误诸闻。精灵汨冠带，在世皆游魂。……遥知梅里东，新造埋诗坟。铭石谁颍川，吾劣惭无文。”

暮春，往镇海金鸡山谒祖父墓。

《复庄诗问》卷二十六《春暮，登金鸡山，展先大父墓即事》：“辛年八月秋，轮船下西獠。石弹如堕星，破碎鲜完岛。鳌峰大将营，崩雷骇飞燎。掩耳不及防，蹂躏听奸慓。而兹土一坏，艰险独存保。始知理有凭，远非借祈祷。”

作《戒诗》。

《复庄诗问》卷二十六《戒诗》：“伶以酒戒酒，燮以诗戒诗。戒诗不能戒，如蚕爱其丝。……”

夏，得病，厉志来探视。

《复庄诗问》卷二十六《哭白华先生厉志一百二十韵》："厉君久病床，如我病尫怯。两病各半年，歧黄亦穷法。……今岁篱笋肥，淫霉夏旬浃。我病刚淹绵，五内丧欲嗒。螯疑毒虺攻，每每坐昏魇。君闻不待沐，冒雾贯河楫。过我惊我瘦，与我拭尘帢。而复整我衾，而抚我之帢。支枕我苦渴，壶荈为我扱。方寸君已乱，慰语重且叠。时可已午交，檐阴倏飙拉。凉照古苔阔，暗绿动蒲箑。呼童理虾菜，为君奉蛮榼。横汉峨嵋峰，远爽翠平裛。令我开病怀，起且御芒屧。终将病不生，绋将累君絷。"

叶金铿来访，后为其诗集作序。

《琼贻副墨·尺素集》卷十六叶金铿书："去年拜识尊范……甲辰十二月二十日。"

《复庄骈俪文榷二编》卷三《叶鞠斋诗序》："……时鞠斋弱龄秀发，已解舒音。司空之儿，取重于江夏；太守之子，见异于丹阳。而果负翔，崇超邈之英锐，核细研闳之学。……强年逾壮，涂轨别开。盖居然伯孙成人，斜川有集矣。参商十载，握手郡阓，既释行縢，备示篇什。……蒙年委迈，幽悴匙劬。屈指啸俦，伤心雨枝。攘衿继世，愧订忘年之交；索梦遥山，一挥感旧之涕。兼嗽私曲，聊当弁言。"

《光绪慈溪县志》卷四十九《艺文四·国朝二》："叶金铿，号鞠斋，诸生。《鞠斋诗稿》六卷（采访册）。姚燮序略曰：……"

五月九日，徐时栋借姚燮董解元《西厢记》观览。

浙江图书馆藏董解元《西厢记》卷四末批："癸卯五月九日，从梅伯处借得，灯下读完。同叔记。"下有"徐时栋"阴文印钤。

浙江图书馆藏董解元《西厢记》卷四末批："丙午三月十七日，重读一过。"下有"同叔"阳文印钤。

秋，病剧，借寓城北玉清道院，闭门诵经五月余，病始愈。此后遂自号复庄。袁四香时来问疾，并以《玉枢经》之疑义相发难。取生平绮语尽烧之，闭户注《玉枢经》。

《复庄诗问》卷二十六《病剧，就养城北玉清道院作三章》："顾此镜中影，颇疑非我颜。憔悴一至斯，讵待他人怜。未应日月穷，天地后无缘。倏忆东墙松，蠹蚀多不完。自得春雨滋，复致青芊绵。谁云就死灰，嘘之难重燃。力保微息存，或者茁其元。”

《玉枢经篇》卷首自序：“癸卯秋，不佞遘疾且危，医者多难之，谓宜静养，庶可生。因谢事，假城北玉清道院，闭关如缁者五月余，羸体始渐复。夫此五月余中，不酬客，不处务，不读书，身适矣，心转病寂也。因假羽士《玉枢经》，焚香日课之。课既久，若汩汩乎无闻无见之地，有灵机来者。领之跃然，索复杳然。万难得诚，默与柔之所用。而涤心于洁，渐渍之，究不知病之奚自而去也。四香袁君通玄氏之学者，时来问不佞疾，每举经之疑义相发难，以意讨论之，辄以为当。因携明注旧本相就商，盖夫巳氏之托名于白紫清者。不佞浅学，然旧注之芜陋，尚能抉其纰缪，而不受之欺也。袁君因怂恿不佞前，谓揭其翳而昭之曦者，是在于吾子。而不佞浅学，尤未通于玄，诚何敢也？虽然，体袁君殷殷之意，其于世之持诵是经肤测而障受者，慨之甚矣！其欲导肤以入之理，撤障以示之准，而使之豁然而明、砉然而解者，抑又望之亟矣！不佞虽浅学，亦复何能遽辞？”

袁四香，字青湘，鄞县人。《玉枢经篇》卷末袁青湘后序署：“鄞邑四香氏袁青湘序于后。”余不详。

《玉枢经篇》卷首陆圻序：“因谓复庄曰：‘子患疾而注经，经注而疾愈。人多知之。固不必讳，亦不可讳。’复庄弱冠即有才人之目，喜为艳词，曾著小说，备极搜罗。迨癸卯秋，养疴玉清道院。恍惚中若有神告之者：‘多作绮语，当入无间狱，不独疾之不愈也。’乃猛然愧悔，即焚小说板，愿注《玉枢经》，遂号复庄。正袁氏了凡所谓譬如昨日死而今日生者，实隐寓悔过之意，而复见天地之心也。且圻与复庄之历皆躬试之，而一无妄语，征实告人，于理为最切，于劝为易从。必谓高论元虚，深探奥眇，始足尽此经之旨，吾恐从事者少，反不若征实者之深切著明也。”

同文又见《琼贻副墨·兰如集》卷一。

徐时栋《烟屿楼文集》卷七《姚梅伯传》：“道光二十三年，大病几死，养疴郡之报德观。忽大晓悟，取生平绮语十数种摧烧之，自号复庄。”

《玉枢经篇》孙锵跋：“杭人言，姚先生喜作小说而患目疾。一日，携杖过道士观，适值吕祖临沙，急唤门外瞽者来，问：‘目疾要愈否？’对曰：‘求愈不得。’则勖以非经不可。答云：‘未见之书，何敢妄注？’则又勖其移诸观中，令之日诵道藏。姚先生以耳代目，默记在心。出所心得，以成此籥。而书既成，而目复明矣。”

《玉枢经籥》卷首张培基序：“蛟川复庄姚氏，有才学可以鸣于时者也，顾抑塞不得其志，中岁昵于情，入邪曲，蒙阴翳，偏甚矣，乌能平，即乌能鸣？就令鸣之，浮想繁淫，可以悦耳，不可以动听。……人见其养病山中，身如槁木，心如死灰，谓扣之且不得其鸣，乌知其憬悟忏悔、剥为复机、灵明不息，终与道契。故余私心谓复庄郁久而舒、静极而动，必有以宣其气、著其精如雷之为神者，乃阅道藏，取洞真雷部《玉枢》之经，伏而读之，始然而释，漠然而解，不啻如气之应声之求者。遂作传注，而名之曰籥。其殆老子所谓虚而不极、动而愈出也乎？”

《琼贻副墨·兰如集》卷四陈继聪《大某山人生传》：“迨郡夷退，始还故巢。兵燹之后，亲旧多登鬼箓。惊定思痛，惨悒寡欢。兼之数岁迁徙之苦，大病几死。养疴道院，取生平绮语尽烧之，闭户注《玉枢经》。”

《光绪诸暨县志》卷三十四《人物志·列传八》：“道光癸卯大病，几死。养疴宁郡报德观，忽大晓悟，取生平绮语数十种杂烧之。因自号复庄。”

《复庄诗问》卷二十六《园居养疾，以盆卉自娱，各系小诗，得十章》、《检药》、《读〈老子〉》、《上元夫人步元之曲》、《西王母命侍女田四妃答歌》、《太真夫人婉罗赠马明生诗》、《葛仙公玄升天作》、《清虚夫人降南岳魏夫人宅作歌》、《方丈台，李昭灵夫人与许玉斧》、《太微元清左夫人北停宫中歌曲》、《焚香》、《击磬》、《说经》、《写箓》、《煮药》、《供花》、《看云》、《立月》、《石缝草》、《步虚辞五章》、《枕上闻梵声》、《天女散花辞》、《戏赠玉清院主陈二中道士》、《游仙诗十四章，不必拟郭宏农也》、《梵楼》、《秋日，病中咏怀诗二十一章》、《五更起盥沐礼斗毕，作诗》等均此时养病、读经所作。

陈继聪来书，请为删削己作。

《琼贻副墨·尺素集》卷二十陈继聪书：“闻夫子自初十后离烦恼场，结清静缘，聪为合掌作大欢喜。恳于禅榻闭坐之余，删削拙作。”

徐时栋客杭州，闻传姚燮死。归访姚燮，瀹茗共读《玉枢经》。

徐时栋《烟屿楼文集》卷七《姚梅伯传》：“道光二十三年……是岁，

余客杭州，有传梅伯死者。比归，知无恙。过之观中，方作道士装，为人忏悔，相视而笑。出手注《玉枢经》，瀹茗共读。”

《光绪诸暨县志》卷三十四《人物志·列传八》：“与鄞县徐树（时）栋交最久，论文最契。……树（时）栋时客杭州，有传姚死者。比归，知无恙。过报德观，燮方作道士装，为人忏悔，相视而笑。出手注《玉枢经》，瀹茗共读。”

注《大藏多心经》三卷成，有诗寄袁四香。

《复庄诗问》卷二十六《注〈大藏多心经〉三卷成，简青湘道人》：“咄哉天马脱衢奔，不及东皇御晓暾。策我雷鞭惊大觉，借君狮力捍旁门。淡从有味生无味，心到孤存自众存。五岳高寒尘不滓，何年毕谢向平婚。”

八月上旬，大风雨，作诗纪灾。

《复庄诗问》卷二十六《八月初旬，连日大风雨，因述见闻，作短歌纪灾，得十章》。

冬，厉志卒，作诗哭悼之。

《复庄诗问》卷二十六《哭白华先生厉志一百二十韵》：“……相期一握臂，远抵信问十。裹帽添重裘，不顾路霜浥。……巷末见君屋，屋近似闻泣。泣低乌能闻，门有纸钱湿。又恐邻近讹，急我排闼入。……君死为昨夕，隔日已未及。悔不日昨来，为君理衿褋。君有呻吟声，犹得我耳接。犹使君泪眶，亲见我呜唈。或有未了言，为我致喋喋。掌为君面摩，指为君手执。我罪实负君，君目竟不眨。……哀哉吾厉君，吾心君所习。纵有十万言，末（未）由尽笺札。哀哉吾厉君，吾来向君揖。此后吾于君，如冠不谋靸。吾告可冥通，君魂定怏悒。剩叶不留柯，曦轮堕海急。哀哉吾厉君，吾亦感衰飒。”

张培基作诗慰姚燮病聋，依韵答之。诗赠张培基，张培基作诗答之。

《复庄诗问》卷二十一《张培基作耳聋诗见贻，依韵答之》。

附鄞县张培基子彝原作：“七窍不可凿，庄生有寓言。今子充两耳，庶几保混元。……完彼清净田，渐以清六根。慎勿以药治，决牖令神昏。”

同诗在张培基《问己斋诗集》卷一题作《慰姚复庄病聋》。

《张培基作耳聋诗见贻，依韵答之》编入道光十一年辛丑，当为误植。咸丰九年己未（1859），姚燮五十五岁时作《〈问己斋诗集〉序》，明言张培基病聋诗作于本年。

张培基《问己斋诗集》卷首姚燮《〈问己斋诗集〉序》:"岁癸卯，某子年三十余矣，始赠予以《病聋》诗。予读之，击节称赏，始惊其能诗，且非凡响也。索其平日所为稿，则曰：自年十四至十八，学古今体诗，裒然成集，自题曰《三余草》，已付之火。弱冠后，游粤，存《南游草》三百余首，自谓鸡肋，亦不敢问人。此后，则绝笔者十余年矣。予谓如子虽不作诗，于诗之道，譬诸行路，自临歧望洋而返，十数载阅历已识指归，试进而趋之，庶几升堂入室矣。已知已能而不为，是自弃也。乃假以李征君因笃所注汉诗，令先拟之。某史从予言，为拟铙歌、郊祀、清调、平调、大曲各体，古拙茂美，的为汉人嗣响。今三卷所存是也。嗣作诗，质古拙峭，不蹈才人习气。人谓与余四十后诗相似。共得三百余首。惜其自丧母后，笃性哀慕，且究心堪舆，亦不复作。"

《问己斋诗集》，光绪丙子岁仲夏刻本。

《复庄诗问》卷二十六《答张文学培基》:"快意不竞惟竞劳，面黧胡使心不焦。醍醐一斛供一蚁，宜其仰栋如天高。与君中年各有缚，势难脱屣虚空逃。……昔余拄胫惭未牢，踔趯六合神为騊。袭形欺影四十载，浪以寸静攻万嚣。不断梦丝不宰肉，惜哉在匣昆吾刀。子今抱石砭予病，惟镜合水明始交。镜匪愁碎但愁翳，水宁与涸毋与淆。微光若出沥丝孔，其息洞达通八霄。于兹握守作骖乘，五岳秉简纷来朝。世事等彼虚堂坳，罔疑渤海长滔滔。他年揽子偕游遨，潢流痛洗尘根胶，手摘北极星如瓢。"

张培基《问己斋诗集》卷一《和姚某伯见赠，即次原韵》。

后附姚燮原作。

为刘朝元作墓志铭。

《复庄骈俪文榷》卷八《恤授云骑尉世职定海镇标左营千总刘君墓志铭》:"君讳朝元，字耕云，镇海县人也。……道光二年壬午，由武生捷本省右科第三，回镇海水师营效力。……二十有三年癸卯，驻防石浦，守备于十月十有五日率领兵船赴大目洋，获盗，而君遂以身殉矣。……君生年为乾隆六十年乙卯十一月二十二日，春秋四十有九。当道闻其事于朝，奉旨以原职定海镇标左营千总议恤，并赐祭葬，予云骑尉世职。……君之子至中将葬君于某乡之原，蒲伏请辞，用丹元石。……可怜东下王琳允宜，褒烈佳城，署勋贞石。孤星太白，紫阿沉神虎之芒；一树冬青，碧血洒王罴之冢。”

病愈，将再入都门赴试，有诗。

《复庄诗问》卷二十六《病愈，将入都门，拟古意二章》。

《琼贻副墨·兰如集》卷四陈继聪《大某山人生传》：“数月疾愈，山人思终博一第，慰白头二老，复逐队入都门。”

编《诗问草》，张培基题诗，兼送其北上。

张培基《问己斋诗集》卷一《题姚孝廉〈诗问草〉，兼送北上》：“……默坐焚香味道深，注经阐道达天命。叹君襟抱如谪仙，出世入世随机应。禄仕宜求为亲老，踌躇拟上长安道。囊中羞涩无奈何，捡箧惟存旧诗稿。下帷删诗忘治装，手眼不同阅世老。……风雅犹存作者谁，推尔复庄《诗问草》。”

岁暮，有诗。

《复庄诗问》卷二十六《岁暮偶作》。

道光二十四年甲辰（1844）　四十岁

赴京，沿途经过今江苏皂河、平原、睢宁、下邳，河北赵北等地，有诗。同行者有叶恕，与其马上联诗。

《复庄诗问》卷二十七《车行皂河堤，看杏花二章》、《平原客邮，次壁间东越何生韵，示同行诸子四章，末章兼调叶恕》、《自睢宁至下邳道中杂诗六绝句》、《赵北道中二章》。

《平原客邮，次壁间东越何生韵，示同行诸子四章，末章兼调叶恕》其四：“灯边卧酒无乡梦，马上联诗有故人。”

叶恕《燕香居诗稿》卷首姚燮序：“予与吾丈，年岁虽相悬，订交已二十载。犹忆甲辰春计偕北上同公车，日薄卸鞍，索酒尘殿，辄各出新诗相唱酬。颠踬之中，若忘艰苦。余《过赵北道中》有句云：‘马上联诗有故人’，盖谓丈耳。”

《光绪慈溪县志》卷二十一《选举下·国朝举人》：“道光五年乙酉科……叶恕，号鞠坪。”

董沛《四明清诗略》卷二十一："叶恕，字鞠坪，慈溪人。愚弟。道光乙酉举人，著有《燕香居诗稿》。"

三月九日、十二日、十五日，参加会试。

见上引《清史稿》卷一百八《选举志三》文。

作诗哭悼张际亮。

《复庄诗问》卷二十七《哭张孝廉际亮四章》其二："伉爽生平意气多，短车尘巷喜频过。更番雪我愁中涕，强忍听君醉里歌。白发未能留岁月，夕阳谁使满山河。不如宣武门前柳，尚有荒枝照逝波。"

叶名沣《敦夙好斋诗初编》卷九（癸卯至戊申）《薇省集一》《哭张亨甫四首。十月初九日，卒于松筠庵》、孔继鑅《心向往斋集》卷六（丙午）《哭亨甫八首》、鲁一同《通父诗存》卷二《闻张亨父卒于都门，哭之有作》，并附于此。

与叶名沣交往密切，诗赠多首。

《复庄诗问》卷二十七《赠叶舍人名沣六章》其一："自古奇杰士，多生江汉间。置君在今日，转若势孤孱。对客休论剑，逃禅且闭关。须知兰亩上，榛杞未全删。"其四："五月梅雨溽，昔别在京畿。君马太行去，吾船越海归。关山兵忽隔，信息雁同稀。不信复兹遇，相惊转自疑。"

同诗在叶名沣《敦夙好斋诗全集》卷首《题词》题作《甲辰入都赠润臣，即题所著〈敦夙好斋诗集〉六首》。

《复庄诗问》卷二十七《为叶舍人名沣题〈雁门策马图〉二章》、《叶舍人以张际亮旧赠王石谷画属题》。

与汤鹏、魏源交往密切，诗赠汤鹏。

《复庄骈俪文権二编》卷四《扬州寄汤海秋郎中书》："抑回思此行入都，穷巷羁栖，宾侣寥落，其屈于慕府谋旅食者，烦操刀于牍札，不能频来，其有官守职者，劬资应于公庭，并不能恒见益。……惟足下与魏君默深，不以遾脆者视仆。一日不相见，非简招，即乘至。食必与食，闻必与闻。时无旦莫，不闲形景。"

《复庄诗问》卷二十七《与汤郎中鹏话旧，感赠五章》其二："七年与君别，世事如奕棋。"其三："夙时盛文宴，造化与持宰。驻马城南郊，一樽有千载。盟词可镌石，历劫不能改。"

汤鹏读姚燮诗，感其近作益工。

潘衍桐《两浙辅轩续录》卷三十五："姚燮……汤鹏曰：……甲辰计偕来都，读其近编，感焉生喟，直令人击碎唾壶。才士之穷，乃一至于斯乎？然君文，以是益工矣。"

春，王庆勋游杭州，和松岭阁壁间姚燮诗韵。

王庆勋《诒安堂诗二集》卷四《苇杭集下》《松岭阁，和壁间姚野桥韵》："满地松荫滴翠凉，千寻峭壁截天长。钟声圆抱山腰壮，花气浓薰佛面光。小鸟也知贪地静，老僧偏惯肃宾忙。留题谁为纱笼句，辜负诗人鬓已苍。"

同卷《苇杭集上》前记："癸卯秋赋毷氉，依然落拓清衫，徒呼负负。甲辰岁，作西泠之游，冷醉闲吟，自谓于山水间前缘颇厚，遂以《苇杭》颜吾集云。"

黄燮清《国朝词综续编》卷十九："王庆勋，号叔彝，上海人。以海运功，官浙江知府。有《沿波舫词》。"

四月，榜发，又下第。

《清史稿》卷十九《宣宗本纪三》："（道光二十四年四月）辛酉，赐孙毓溎等二百有九人进士及第出身有差。"

四月二十八日，有感落第，作诗示同年叶金胪。

《复庄诗问》卷二十七《四月二十八日，感作，示同年叶金胪二章》其一："今我将如何，悲来不可道。纵累千万言，无由达苍昊。……"

曹楙坚席上醉后作诗赠魏源，兼示汤鹏。

《复庄诗问》卷二十七《曹户部楙坚席上醉后长歌，赠魏源，兼示汤郎中》。

后附魏源和作。

都门故人多传姚燮病死，以诗相挽，作诗示之。孔继鑅有哭姚燮诗二首，后闻其健在，作诗相寄。

《复庄诗问》卷二十七《都门故人多传予病死，以诗相挽者，作此示之，得三章》。

孔继鑅《心向往斋集》卷十七《江上哭梅伯》："久迟不来当就汝，喜闻笑谈下吴淞。笠车半作重泉别，琴筑思联上国综。一夕大江悲短笛，百年斜日剩孤筇。斯人真是聪明死，悔不枯僧学打钟。"

同卷《再哭梅伯》："生事嵯峨代谢中，孤桐死后泣西风。美人芳草三春尽，檀板金樽一代空。故里大梅山翠冷，高堂老泪海云红。从今形影谁相吊，明月依然照甬东。"

同卷《既哭梅伯，喜闻健在，率成却寄》："太白世人皆欲杀，东坡已死动传讹。尚存海内二三子，未了生前长短歌。钟鼎山林东逝水，佳城宰木古垂萝。老当益壮从吾好，酒不忘忧奈汝何。"

过访吴葆晋。适吴葆晋与高锡蕃读姚燮《恩县题壁诗》，用《陈氏园林诗五章》韵联句，依韵答诗。吴葆晋又招食香粳粥，以诗酬之。

《复庄诗问》卷二十七《过吴侍读葆晋，适与高广文锡蕃读余〈恩县题壁诗〉，因用〈陈氏园林诗五章〉韵，联句见贻，依韵奉答》。

附二人联句诗。

同卷《吴侍读葆晋招食香粳粥，酬之以诗》。

《光绪乌程县志》卷十《举人》："高锡蕃，字伯骧，号已生。《人物》有传。"

同书卷十八《人物七》："高锡蕃，字昼三，号已生。道光丁酉举人，宁海教谕。博涉强记，长于骈俪之文。"

在京，与谢铮贤同处。

《复庄骈俪文榷二编》卷六《谢铁卿孝廉诔》："长安偕处，日长暇多。前门恋游，擘饼为饭。斜街听剧，传果代茶。催小史之车，遣仆重往；刻庭砖之晷，课文一篇。眠食相顾，居然弟昆；风檐论题，又喜同舍。此一时也。"

送蒋湘南还光州，有诗。

《复庄诗问》卷二十七《送蒋湘南还光州》："三月西风吹，沙雨漠漠何凄凄。沙上杨柳无春姿，黄鸟黄鸟不来飞。屋脊有鸟哑哑啼，蒋君冒雨过我见我无一辞。谓不得志行将归，我不能留君归，对君恻恻悲且涕洟，后此相见知有期无期。……宿昔遇君长安门，长安之乐何莘莘。红灯青鬓娇阳春，酒如烟雾花如云。不愿得功名富贵，但愿与君相见常相亲。畜我如弟，事君如昆。朝随君出同一马，暮随君入同一轮。"

为孔宪彝《对岳楼诗卷》题诗。

《复庄诗问》卷二十七《书孔孝廉宪彝〈对岳楼诗卷〉》。

喜魏源、王柏心、李杭等人成进士，寄之以诗。

《复庄诗问》卷二十七《喜魏源、王柏心、李杭诸君成进士，寄之以诗五章》其一："到枕闻鸡唱，雄心未敢颓。云衢原自阔，天马果能来。掉尾羞难附，孤鸣激转哀。何时逢郭隗，援我向尘埃。"其二："自愧材拳曲，频遭弃盛时。诸君今特达，吾道赖扶持。日下冠裳竞，名山几辈期。凛哉肇与鉴，慎弗习同移。"

王柏心，字子寿，湖北监利人。道光二十四年甲辰进士，官刑部主事。有《百柱堂全集》。传见《百柱堂全集》卷首《王柏心传》、郭嵩焘《养知书屋文集》卷二十一《王子寿先生墓志铭》。

过同年黄体正寓斋，与徐雯、朱渭清饮，记事感怀，诗赠黄体正。

《复庄诗问》卷二十七《道中阻雨，过同年黄体正寓斋，并招徐雯、朱渭清两孝廉饮，醉宿话旧，纪事感怀，即赠黄君得四章》其四："大浃江头有钓矶，天涯谁赠绿蓑衣？眼中同辈名多就，梦里家山我未归。对影依依如客雁，寸心各各系春晖。正声不入筝琶耳，且与囊琴闭玉徽。"

送同里诸人先归，有诗。

《复庄诗问》卷二十七《送同里诸君先归三章》其二："每每出邸门，各各上车去。迢迢马声寂，望望日沉暮。昔时联镳来，愿为六龙骛。惊风吹乱云，先后不相顾。昨夕明月佳，坐酒向庭树。客思且与忘，安知有凉露。脱焉舍我归，群欢逼孤虑。他乡尚有别，恻恻往焉诉。"其三："一月不寄书，未敢故逡巡。下笔辄增感，有语难告申。诸君先我归，为我宛转陈。惟幸动止安，差慰头白亲。东风吹原草，沙路何粼粼。白云乖远海，南望浩无垠。秋色变早晚，江上多白萍。此时我当返，与君理钓缗。"

与孙日萱、沈照、吴昆田、厉云官等小集裁杏馆，有诗。

《复庄诗问》卷二十七《同孙日萱、沈肇熙、吴大田、厉云官小集裁杏馆四章》。

作诗赠陈凤孙，题其《清霅草堂诗卷》，又为其《春明集》作序。

《复庄诗问》卷二十七《赠陈明经凤孙三章，即题其〈清霅草堂诗卷〉》。

《复庄骈俪文榷二编》卷四《陈桐屋明经〈春明集〉序》："戊戌至今，余三应春官试，而桐屋已七年不归。质所学，视诗四册，曰《春明集》，斐然成巨观。大抵寄兴游览以外，闲情之作什之五，宴会之作什之三。于虖！吾尝自悔也。少年忘捡束，避礼法如槛囚，好宴媄，弃精神于菅蒯，贞素就泐，风云不还。訾我者以为司勋之狂，昵我者以为湘累之愤。抑复高意气，好结纳。车笠满天下，标榜雄一时。姓氏耳习，恨不见我；缣楮目遘，疑为古人。或以文章坛坫相尊，或以弋猎科名为勖。卒之年及四十，兀无一成，百感纷来，唏嘘曷已。……盖吾与桐屋形影相吊，不辨人虫，放佛无归，同悲身世，安敢作曼倩之谐语，抒正则之牢骚。忱有所存，辞难竟默。天高地厚，得一日之食息皆恩；水往云来，任万事之迁流随化。桐屋其亮此言乎？即以为桐屋之集序，可也。"

陈凤孙即陈丙绶，释达受《小绿天庵遗诗》卷首陈凤孙《小绿天庵遗诗题词》四首署："苕上陈凤孙秋谷。"

四月，识李联榜，作诗答之，送其还济宁，并示许瀚。

《复庄诗问》卷二十七《答李丈联榜，即送其还济宁，并示许瀚》。后附李联榜原作。

《琼贻副墨·兰如集》卷七李联榜《姚某伯先生擅长丹青，随龙洲主政藏珠数年前于市上见美人画桢，有某伯款识。疑为古人，售以重价。遍检画谱，不得其人。昨来予寓，适遇梅伯仁兄，与予共饮。询之大惊，承饷予一轴，成而赋诗，即席数句》、《焉逢执徐岁初夏，晤梅伯于何子贞编修席上。数年渴想，握手为欢，何快如之。翌日，索其写梅竹兰菊长卷，走笔见贻，因题长句卷后，即代聊赠。聊赠在前，数句在后》。

《道光济宁直隶州志》卷七《选举》："（举人，嘉庆）戊寅……李联榜，清平训导。"

《咸丰济宁直隶州续志》、《民国济宁直隶州续志》未见李联榜的记载。

作诗赠周铭恩。

《复庄诗问》卷二十七《赠周侍御铭恩八章》其一："十年不相见，遽尔鬓如霜。"其六："凄凄西巷雨，羸马过君谈。往事茫如梦，从头计未堪。徐陵今宿草（谓徐廉峰编修师），沈约不停骖（沈明府小雨）。回首壶园树，谁为此夜酣？"其七："握扇知何值，今犹箧笥藏（余旧赠诗扇，小村藏已十年）。"

作诗答曹楙坚。

《复庄诗问》卷二十七《答曹户部三章》其三："浮云白日满高筵，集禊江亭已十年。置酒重申今日约，有文谁与昔贤传。青篱䅚䅚空为佩，白发星星易上颠。此去明山吾隐矣，待君呼雨过龙渊。"

附曹楙坚原诗二首其一："四十二人会，江亭修禊时。不期今握手，始得读君诗。仙骨自然好，古情良足悲。琼楼最高处，试把铁箫吹。"

同诗在曹楙坚《昙云阁诗集》卷六，文字稍有不同。《赠姚梅伯孝廉燮，即题其诗集后》："四十二人会，江亭修禊时（丙申四月四日事）。不期重握手，始得读君诗。仙骨自然好，古情无限悲。琼楼高百尺，试把铁箫吹（君集中有铁箫诗）。"

此诗后第六、十五、十六首分别为《甲辰七夕》、《甲辰除夕口号》、《乙巳新正试笔十首》，曹楙坚诗作于本年。

送何绍基典试黔中，有诗。

《复庄诗问》卷二十七《送何编修绍基典试黔中，兼怀俞刺史汝本》。

何绍基《东洲草堂诗钞》卷九《玉笥堂诗，有序》："道光甲辰秋七月，余与万藕舲学士使黔。"

作诗赠同年王楚材，题其《寿藤图》。

《复庄诗问》卷二十七《赠王同年楚材，即题其〈寿藤图〉。壬寅十月四日，沈君松舟为君作〈寿藤图〉于都门寓斋，适君五十一岁生辰，尝自作长句纪之。一时和者甚众。君出册示余，为赋此篇》："与子赋成均，同出新城门（谓少宗伯陈石士师）。新城学行宗，网罗多瑶琨。分科各征艺，密意联青樽。扰攘长安中，偏队雄一军。叠山南屋祠，星斗光斒璘（时君、沈子敦尧、邹粟园志初、万杏江潮共寓宗伯师住宅旁文节公祠）。时我羁壶园，隔屋犹比邻（余时寓徐编修壶园，相隔仅一巷）。每袖一卷书，过从资讨论。风雨无十年，飘落嗟浮云。今年偕计吏，来踏天衢尘。对子搴敝裳，百感难具申。"

《民国鄞县通志·文献志》："王梓材，字楚材，号臒轩，好治经，融会汉宋诸儒之说而求其是，尤究心音韵及六书之学。……道光十四年以优行贡考，取教习。期满，出宰广东，署乐会县。未几，卒于官。生平勤著述，以黄宗羲所撰《宋元学案》未及成编，乃偕慈溪冯云濠搜索宗羲子百家及全祖望所尝补辑者而增订之，别成《宋元学案补遗》百卷。又以祖望尝七校《水经注》，无定本，梓材得其遗稿，重加厘正。阙疑者取赵一清所引全氏语及《颉（鲒）埼亭集》中题跋以补之。平定张穆为覆校刊，入《杨氏丛书》。又依郦注作《水道表》。其于诸经各有笺释，汇之为《解经录》。他撰著十余种，皆精审可传世。所著文曰《朴学斋文钞》、诗曰《北游剩语》，卷帙不多，亦足见根柢云。梓材之撰《宋元学案补遗》也，以家少藏书，因假馆慈溪冯氏醉经阁。书既成，并署云濠名。云濠豪于赀，以己列名，故为之刊行。未几毁，道州何绍基复为校刊之。"

五月一日，为潘曾莹《小鸥波馆词》作序。

《复庄骈俪文榷》卷六《潘星斋编修〈小鸥波馆词〉序》："若仆与星斋，兰心两契，石交十年。渭树江云，每恨隔君；单衫小扇，时复忆我。兹且搴握未惓，踉跄欲离。蓟门风高，秃鸿之羽不劲；潞河春去，老柳之丝转长。襟上新尘，徒资泪洗酒边。旧梦只与灯知，安得研北擘笺？茶南安酒，清商大石，并抚瓠巴之琴；减字偷声，细撷垚章之谱。则又序其词，而怦怦不能自已者也。时道光焉逢执徐之岁夏五月朔。"

蒋敦复《芬陀利室词话》卷二："梅伯赠余潘星斋少宰《鹦鹉帘栊词钞》，皆其少作也。……少宰伯兄功甫舍人与余结香火缘，未尝见其填词。其弟黻庭、季玉，俱擅倚声，均见梅伯所为序中。"

为潘曾莹《松菊联吟图》题词，作［买陂塘］。

《疏影楼词续钞》［买陂塘·星斋作《松菊联吟图》，其弟绂庭光禄因题此解，为倒叠原叶应之。时余将南下］。

《复庄骈俪文榷》卷六《潘绂庭光禄〈山抹微云馆词〉序》，《复庄骈俪文榷二编》卷四《潘季玉〈玉淦词〉序》、《潘补之舍人〈石壁探幽图〉引》，《疏影楼词续钞》［柳梢青·潘玉淦《扇湖访秋图》］、［买陂塘·玉淦《青棠花室填词图》］、［金缕曲·《红桥春泛图》，为潘补之舍人题］、［柳梢青·为潘星斋同年题顾小鹤《花阴士女》］、［浣溪沙·题星斋《纨扇桃花》］，并附于此。

南归，汤鹏、魏源等饯别于京师城东酒楼。自此以后，绝意进取，不再作功名之想。归途，与谢铮贤同行。

《复庄骈俪文榷二编》卷末附蒋敦复《例授文林郎即选知县姚君墓志

铭》："甲辰计偕后，息影邱园，绝意进取。"

《琼贻副墨·兰如集》卷四陈继聪《大某山人生传》："无何，试毕，仍旣氉不得意。是时新捷贵人，大半少年郎君，而山人踯躅金台，屡上书见斥，叹曰：'大浃江头，固有钓矶在也。奚事仆仆长安道上行矣？不复作春明之梦矣。'"

《复庄骈俪文榷二编》卷四《扬州寄汤海秋郎中书》："及闻仆将南下，而足下与魏君置酒城东之楼为仆饮饯。维时溽暑未甚，小雨洒尘。西山挂乎阴榈，柳枝拂乎阳牖。缶酒之气，蒸浩落之肺肠；狂啸之声，杂邻园之箫鼓。侲子窃语于别座，庸保指笑于垆侧。殆以尔我之形迹，其为龙为虫，有不可遽测乎？任万事之劳，难竟于亿万载；似天地之大，仅容我两三人。……逮乎欲别，且复握手裴回。深辞要约，去即千里，重为半晌之留；挚语无多，可下千斛之泪。足下与魏君，其所周章乎？"

同书卷六《谢铁卿孝廉诔》："下第旣氉，归舟潞河。岳云济流，倚柁联句。一灯两影，对床拥书。每炰鲜鱼，辄话乡味。或践名迹，与深古愁。招我看山，知江南之已近；共子酌月，恒彻晓而不眠。此又一时也。"

魏源来书，以饯行诗示政。

《琼贻副墨·尺素集》卷二魏源书："梅伯仁兄大人左右：小诗奉饯，即祈示政。陈春卿兄扇已送去，而来信云伟堂夫子欲求绘团扇数柄，务肯拨冗为之，明早送伟师处，并取李芸舫太守之信也。陈世兄来信并附阅。即颂行祺。弟魏源顿首。海秋字均送上查收。"

沿途经过今河北定府、潞河、蒙村、兴济、沧州、新桥、安德，今天津等地，有诗。

《复庄诗问》卷二十八《定府庄道中》、《潞河二章》、《蒙村舟次二章》、《天津》、《舟行兴济道中》、《沧州月夜》、《自新桥至安德驿，道中杂诗四章》、《星渚》、《粮船凶如虎》、《有髯者》、《杨柳青》、《大市行》、《猎虎曲》、《开闸谣》、《郑家口》等途中作。

舟中怀都门故人，有诗。

《复庄诗问》卷二十八《舟中怀都门故人诗三十绝句》。

所怀诸人是：李梅生庶常杭、厉伯符孝廉云官、研秋编修恩官昆季、汤海秋农部鹏、王小鹤户部锡振、江龙门明府开、斌秋士兵部桐、潘星斋编修曾莹、绂庭舍人曾绶、玉淦公子曾玮暨其从弟顺之舍人遵祁、补之舍人希甫、秦淡如上舍缃业、梅柏岘户部曾亮、周西民布衣渭、钮松泉殿撰福保、曹艮甫户部楙坚、王臒轩明经楚材、伊猗君孝廉湄、蒋子潇孝廉湘南、韦竹坪水部坦、陈桐屋明经凤孙、吴安谷比部集禧、王子寿进士柏心、魏默深舍人源、周缦云编修学濬、岷帆孝廉学源昆季、黄菊渔孝廉体正、周给谏师春祺孙、春叔侍御日萱、钟书舫公子文、钱楞仙编修振伦、陈颂南侍御庆镛、朱伯韩侍御琦、吴红生侍读葆晋、叶润臣舍人名沣、孙柳君孝廉衍庆、边袖石庶常浴礼。

六月四日，妻吴氏忌辰，有诗。

《复庄诗问》卷二十八《亡妇忌辰十八韵》："三年今日满，一哭尽情难。"

六月三十日，舟泊沛水（今山东济水），游南池，有记。

《复庄骈俪文榷二编》卷四《游南池记》："泊沛上，风不得行，相与游南池，唐工部杜文贞公游宴赋诗地也。绣城平带，大河互衿，殆犹在山，不知近市。……操公、作师、园丁促归，余子兴倦，一步一顾夕阳，不能搬衣。此际此情，孤燕庶几同调。因登舟前烛记之。与游者，客凡四，仆一。时道光二十有四年，岁在甲辰六月三十日丙寅也。"

七月，经鱼台（今山东济宁市内）邢庄，游邢湖，观秋荷，作记。

《复庄骈俪文榷》卷八《邢湖观秋荷记》："甲辰秋初，舟过鱼台邢庄，官湖千顷，荷方盛开。沿回其间，望与思远。高日平照，叶背皆白。远树交合，花气转碧。……益多欲写新词，聊对佳酝，回楫景逝。倚舷眼穿，天皛川平，渺渺而已。"

舟泊任城（在今山东济宁市内），与李棨庭、谢铮贤登太白楼，作序文。

《复庄骈俪文榷二编》卷四《太白楼秋眺序》："东海生以下第归，舟泊任城太白楼下，偕李君棨庭、谢君铁卿登楼，谒公与贺公象。慨二公之宴斯楼，去今已千数百载，而生得以迹之，偶经履公所履之地，不敢诗，然又不能已于辞，因述耳目意兴之所寄以序之。"

过今山东滋阳、汶阳，有诗。

《复庄诗问》卷二十八《东闸》："直向滋阳下汶阳，南湾路接北湾长。"

七月七日，过韩庄（今山东微山县境内），有诗。

《复庄诗问》卷二十八《韩庄闸舟中七夕杂诗，得十三绝句》。

过今江苏徐州、泗洪，渡黄河，至清江浦，有诗。

《复庄诗问》卷二十八《泗上逢张理问以铭》、《钟吾驿》、《流泉三章，怀阮丈亨》、《示同行友》、《舟中携茉莉花二盆，得禁体诗十二韵》、《杜若九韵》、《高柳》、《雨中》、《渡黄河至清江浦道中三绝句》等均途中作。

清江浦，今江苏省淮安市主城区（清浦区、清河区）的古称。

舟中作诗赠傅自铭、谢铮贤、徐时樑、范樾（檝）等四人。

《复庄诗问》卷二十八《舟中赠四子诗四章》。

其一傅心芝自铭、其二谢铁卿铮贤、其三徐子舟时樑、其四范莼香樾（檝）。

潘衍桐《两浙辅轩续录》卷三十九："徐时樑，字子舟，鄞人。道光乙巳进士，官刑部主事。著《憧桥诗稿》。《县志》：时樑与兄时栋齐名，强毅有守。官刑部主事，吏呈案牍，钤其首而以尾进。时樑欲观之，吏曰：'向例需次，官不阅卷也。'时樑叹曰：'刑部为出入生死之门，吾不知事之本末而妄画诺，可乎？'遂乞养归。"

《民国鄞县通志·文献志》："（徐时栋）弟时樑，字子舟，号憧桥。少与兄时栋齐名，道光二十五进士，候补刑部主事。吏以案呈署，钤其首而以尾进。时樑欲观之，吏曰：'向例需次，官不阅卷也。'时樑叹曰：'刑部为出入生死之门，吾不知事之本末而妄画诺，可乎？'遂乞养归。承先志，整理义学及东津浮桥，益完整。家居三十年，负清望，持论侃侃，闻者皆屈。卒年五十七。"

《民国鄞县通志·文献志》："范檝，字荫侯，号莼香。生有异禀，年十二，尽通诸经。旋成诸生，为学使宝应朱文定所识拔，送入诂经精舍肄业。中道光十四年举人，以大挑得教职。终杭州府教授。居杭日，勇于赴义。曾两度表彰先烈张苍水，修墓建祠。并为鄞士创立试馆，有功乡邦文献，见重一时。"

在清河，晤孔继镤、鲁一同等，留五日别，有诗多首。孔继镤、鲁一同有赠诗和题词。

《复庄骈俪文榷二编》卷四《扬州寄汤海秋郎中书》："自与足下别，

河行五十余日，抵清河，已夏末秋始矣。……逮访孔司马宥函于河上之邸，孔君喜仆至，遣走驰简，往招鲁君通甫、吴君稼轩。越宿，二君乘薄笨至，娓娓谭别后事。日尽，继以烛。烛尽日出，然后各假寐。日未午起，复谭。益以新知三五，骆驿传宴，拂我尘艺，饮之醇醪。蘸墨写诗，扫风竹影于墙；笑响彻衢，惊驱车者之耳。既班彪之喜遇尹敏，复山涛之幸逢阮籍。彼征倾盖之乐，此申投辖之谊。相留五日，何有饥渴，亦忘疲劳。抑遏以抒风雨皆适，则又一境矣。时孔君以《燕山话别图》示仆，盖孔君于戊戌官刑部时，鲁君、吴君与潘君彦辅同寓其宅，于别时浼温君翰初所作。若张君亨甫、梅君蕴之，皆有题什。……至于今，潘君逝焉，而若翰初、亨甫、蕴之诸君，亦皆身无成名，墓有宿草。披图感喟，又曷禁与宥函诸君遥忆足下之远隔二千里而不与共，今聚也，仆因为《淮南感逝图》，于后叶落复生，已非故叶，萍枝而聚，不尽旧萍。闻诸足下，其亦当黯然而悲潸焉、而下涕者乎？"

《复庄诗问》卷二十八《清河晤孔司马继镙话旧，即赠九章》其一："谁谓相见欢，相见但凄楚。握手坐移时，转疑梦中聚。胸有千百言，理之竟无绪。视我形骸非，何论旧心腑。苦泪倾难多，青天为飘雨。若有蟋蟀声，纷来集庭宇。"其三："忆昔长安门，良朋盛尊俎。车马疲往来，犹自兴飙举。"

同卷《为孔司马作〈淮南感逝图〉，系以诗》："戊戌之春，潘四农德舆、鲁通甫一同、吴稼轩大田同寓宣武坊孔司马寓斋，温翰初农部肇江为作《燕山话别图》。通甫序之，四农为之记，且有诗。张亨甫际亮、梅蕴生植之两孝廉题其后。数年以来，潘、温、张、梅诸君并下世，开卷为之怃然，因补《淮南感逝图》于后，题二十八言，用潘君韵也。"

同卷《孔司马招同鲁一同、左岳并同人集饮心向往斋》、《秋日，蔡别驾允寿招同黄别驾戊、谭司马祖同、孔司马、鲁、左诸君饮寓斋，即事二章》、《残荷诗》、《席上酬沈司马文藻惠药十四韵》等均同时作。

上海图书馆藏《诗问》稿本，存第二十六、二十七卷。

卷首："凄厉清怙……梅伯有《跰拇》十二卷、《夷变八十图》，述东南事尤核明。……甲辰七月望后，读于心向往斋。一同。"

卷首："《芳草》、《明月》二章，率题大集，即以送别楳伯仁兄大人正是，宥函弟拜□，甲辰七月。”

上海图书馆藏《诗问》稿本卷二十七（甲辰三）在《清河晤孔司马继铼话旧，即赠九章》诗上有叶元壁眉批，批文见本谱明年所引。

浙江图书馆藏《诗问稿》（稿本），存卷二十五，封面题：“姚梅伯自写诗稿，傅啸生叙耑。”内页题：“《诗问稿》卷二十五（甲辰一）。”卷首有傅濂本年中秋的题词，见下引。

《诗问稿》卷末：“梅伯姚先生为吾甬名孝廉，年十九，刊《疏影楼词》。他若《复庄诗问》、《骈体文榷》，皆卓然成一家言。又工书画，尺楮流传，珍同拱璧。是编为先生手录诗数十章，与《诗问》不尽合，长则笔法古雅，不作时世装。族叔月坨捡旧藏书得之。盖先生与曾叔祖赤堇山人交最契，诗酒往还无虚日。是编或当日留以待删定者，亦未可知。今则能诗者少，知诗者亦少。读是编，又不胜今昔盛衰之感云。岁戊戌春仲，从侄廷枚跋于金粉楼。”

《诗问稿》卷二十五《哭张孝廉际亮六首》其一：“风激高城树作潮……”其二：“积思苍凉午亦昏……”其三：“伉俠生平意气多……”其四：“策马影缨走战台……”其五：“侧身天地苦吟诗……”其六：“匿尔冰壶一片心……”刻本只有四首，且只有其三相同，显见《诗问》从稿本到刻本，经过了修改、删削，甚至重写。

上海图书馆藏《诗问》稿本卷二十六（甲辰二），诗有《定府庄道中》……《示同行友》、《为孔司马作〈淮南感逝图〉，系以诗》……《登大观台》、《玉清阁题壁补和厉山人》、《早行熊山下》等。

《诗问》稿本卷二十七（甲辰三），只有《渡黄河至清江浦道中三绝句》、《清河晤孔司马继铼话旧，即赠九章》、《孔司马招同鲁一同、左岳并同人集饮心向往斋》。

上海图书馆藏《诗问》稿本卷二十六末：“先生著作满家，不惟诗，诗亦不惟《诗问》。此卷又止三十四卷之一，且校之刊本不尽符合，殆犹未定稿耳。……鹤皋叶丁曜韵竹甫跋。”

同卷末：“予昔游甬上，闻复庄姚先生工诗古文辞，兼工书，世称三绝。时浙东西陷于贼，兵戈塞野，烽火烛天，先生避而乡居，予亦隐居山中，卒未得见。求其著作，亦未获。……迄今天下承平三十年矣，慈北叶君月坨乃先生手录诗稿一卷，邮寄副本索予题。……时在癸巳中秋，仁和吴超读于亦吾庐。”

过山阳，吊潘德舆，有诗。

《复庄诗问》卷二十八《过山阳吊潘解元德舆》。

鲁一同《通父诗存》卷三《订四农丈遗集告成，感而有作，戊申》，并附于此。

七月二十日，过淮阴，四十初度，有诗。

《复庄诗问》卷二十八《淮阴舟中，四十初度，自述得四言八章》。

过扬州，寄书汤鹏。

《复庄骈俪文榷二编》卷四《扬州寄汤海秋郎中书》："仆者若是，自今追想，心骨俱镌。时不再易，恍如隔世。即由足下思之，将谓离合之常邪？抑以为人生之不可多得邪？今且别宥函诸君，自淮而之江矣。后时面背，同此县县。始知古人敦竺道谊，及见而砥勉；良会娱悦，无使其失时。信有自也。仆行此归，分当潜制侘傺，屏念荣悴，寻仲连于海上。抱瓠巴之遗琴，汪洋恣肆，与鸥鹭长逝。否则，师赤松子，友梅子真，空山踯躅，偕麋鹿以敖（遨）游，未为不可。然而未能也。上有白头垂老之亲，下有黄口未成之子。赁屋而住，岁或三迁；宅蠹残书，煮难救馁。虽不辱王孙于陌路，何由肃仲蔚之门径。作字乞米，县标粥文，辗转随人，以延岁月，殆仍未免焉。……年四十而名未籍通，求其安年适月，作达人之观，怀蘖握冰，为志士之介，又乌见其能之也？夫入而愧家室如此，出而负友朋者复如彼。百忧舂杵，旷谁与言？北望长云，渺焉无涘。美人金错，遇君子而始投，湘灵佩兰，惟大夫能辨臭。知我如足下，故敢赘累其辞，往荧清听。魏君以外，幸弗谬以示人，不为贱子藏拙也。时系缆维扬，残月横舵，疏星漏篷，莎岸毓蛩，来助悲语。单衣竦凉，若有露霏倚烛，俄延耿不成寐。……此情此景，倘亦在足下梦寐之中，遥遥相感者。赠茝在袖，流芬弥衿。冬夏有期，宁忘故辙？善自树立，以保令名。伏听于草茀，与有其光宠也。金风代运，珍重万千。眷我魏君，共斯恳恳。”

泊舟维扬，诗寄秦芝庭。

《复庄诗问》卷二十八《泊舟维扬，寄秦巡简兄芝庭六章》。

过仪征，与厉同勋交，为其题诗多首。

《复庄诗问》卷二十八《还珠篇，并序》：“仪征厉荼心太守丈同勋守廉州，时道光丙申之秋。州之合浦产珠遍海，父老谓为太守清白所致，众榜其堂曰还珠再见。张叔渊解元深作图纪之，太守出示，为题此篇。”

同卷《题厉太守丈〈七世读书堂图〉二章》、《〈花朝忆梦图〉，太守悼亡作也。绝句四章，用元倡韵》。

《道光重修仪征县志》卷二十八《选举》：“（贡举）嘉庆十五年庚午：厉同勋，原名联芳，字冠卿，顺天副榜，广东廉州府知府。”

《同治续纂扬州府志》卷九《人物》：“厉同勋，字冠卿，号荼心，仪征人。素耽吟咏，早岁攻诗。嘉庆十五年顺天乡试副贡，任兵部武选司郎中……旋授广东廉州府。……嗣以罣议去任，归不能具舟车，淹留者十阅月，赖寅僚助装始归。晚年惟以诗自遣，著有《借花小室诗钞》、《和陶百诗》、《断梗吟》、《栖尘集》、《幸存稿》、《衡游草》诸集。”

渡江，过镇江（京口）、丹徒、丹阳等地，有诗。

《复庄诗问》卷二十八《渡江三章》、《雨夜次京口驿》、《发丹徒》、《丹阳咏柳》等此时作。

过无锡，忆庚子元夕，与蒋宝龄、徐炽昌、陈佐钧泛舟梁溪。徐、蒋下世，重泊有感，诗寄陈佐钧。

《复庄诗问》卷二十八《庚子元夕雪，月夜同蒋宝龄、徐炽昌、陈佐钧买李三儿船泛舟梁溪。今徐、蒋二君俱下世，重泊有感，即寄陈君》、《晓发锡山，戏书所见二章》。

诗寄汤鹏、魏源。

《复庄诗问》卷二十九《寄汤鹏、魏源》：“五度走幽朔，尘色昏带缨。”

过吴门，诗赠刘泳之。

《复庄诗问》卷二十九《过刘山人泳之二章》其一：“……今年走京洛，挟策徒蹒跚。归途过君里，且践平生欢。”其二：“吴风趋日靡，车笠崇华浮。君来廛市居，闲性绝外求。”

泊吴江，过徐釚故园，有诗。

《复庄诗问》卷二十九《泊吴江，过徐虹亭太史故园》。

徐釚（1636—1708），字电发，号拙存、虹亭、枫江渔父，吴江（今属江苏苏州）人。监生。康熙十八年，召试博学鸿儒，授检讨。不久乞归。有《南州草堂集》、《词苑丛谈》、《菊庄词》、《本事诗》等。传见《清史稿》卷四百八十四。

八月，过杭州（武林），访叶金铿，不值。

《琼贻副墨·尺素集》卷十六叶金铿书："今年八月应试武林，闻先生自京都归，便道过我种海堂，铿以出寓吴山，未得趋问旅况。……甲辰十二月二十日。"

八月，归里。十五日，傅濂读《诗问稿》卷二十五，为之题词。

浙江图书馆藏《诗问稿》（稿本）卷首："与野桥别三年矣，故人消息，了不相闻矣。秋，重客甬上，时野桥亦下第归里，因得读是卷。沉郁悲壮，多感慨之作。诗境又觉一变。余年来风尘奔走，益复无聊，客窗路诵，正如闻良夜清歌，欲唤奈何也。去岁得《闽游草》一卷，他日特质野桥，以为何如？然中年以后，性情所触，殆亦不知其所然耶？甲辰八月中秋，弟傅濂拜书。"

访徐荣。作诗赠之，题其诗卷。九月，又有诗怀之。

徐荣《怀古田舍诗节钞》卷四《奉化道中寄怀姚梅伯孝廉燮，即题其〈大梅山房集〉》："……姚君前夏过我饮，手持蒋侯荐士诗（蒋子潇孝廉）。……一别蹉跎忽三载，寄章未报惭嚼呪。……"

诗作于道光二十六年。

《复庄诗问》卷二十九《赠徐司马荣，即题其诗卷》。

同卷《夜坐，怀徐司马荣》："大城如梦梦何依，素瑟泠泠待一挥。九月江清鱼正上，八溟秋老雁方归。未愁红烛当筵短，可惜青山与望违。萧瑟吾心禁不得，空庭遥夜有霜飞。"

玉清阁题壁，补和厉志。

《复庄诗问》卷二十九《玉清阁题壁，补和厉山人》。

九月十五日晚，散步日月湖，观社火，归而有作。

《复庄诗问》卷二十九《九月望夕，散步日月湖，观社火，归而有作，得四章》。

与叶元坊、董鋆饮城东酒垆赏菊，醉后成歌，叶元坊、董鋆均有诗。

《复庄诗问》卷二十九《叶二十六元坊招饮城东酒垆赏菊，醉后成歌，同董鋆作》。

后附钱塘董鋆镜溪诗。

潘衍桐《两浙輶轩续录》卷四十九："叶元坊，字兰言，号磊杉，慈溪人。著《意云楼诗》一卷、《寄音阁吟草》一卷。"

《光绪慈溪县志》卷四十九《艺文四·国朝二》："叶元坊，字兰言，号磊杉，国子监生。《意云楼诗》一卷（《复庄文榷》）、《寓青阁吟草》二卷（采访册）。"

潘衍桐《两浙輶轩续录》卷十七："董鋆，字镜溪，钱塘人。"

同卷收录其《叶二十六元坊招饮城东酒垆赏菊》。

与董鋆、董敀、阮训、张培基饮城北寓馆，醉后论诗，并议续枕湖旧社，以诗代约，张培基和韵。

《复庄诗问》卷二十九《董鋆招同董敀、阮训、张培基饮城北寓馆，醉后论诗，并议续枕湖旧社，诗以代约》。

张培基《问己斋诗集》卷一《和姚某伯燮偕同人董阮山敀、阮小岩训及余饮城北董镜溪鋆寓庐，醉后论诗，拟续枕湖吟社，长歌即事，即次原韵》。

同卷《客上虞，寄怀姚复庄四十韵》："去年吾在家，君亦守君庐。褰裳日一过，灼灼梅萼腴。携我饮醇酒，迟我烧茗炉。吐言皆兰臭，同调非滥竽。……"

董沛《四明清诗略》卷二十四："董敀，字阮山，鄞人。著有《枫香草》。《鄞县志》：敀承家学，工诗善书，能画墨兰。"

《复庄诗问》卷三十《赠董老敀五章》。

十月一日，大市观灯，有诗。

《复庄诗问》卷二十九《大市观灯行》："十月日之朔，大市观灯行。"

作诗忆傅濂。

《复庄诗问》卷二十九《忆傅濂》。

闻汤鹏讣，以诗哭之。林嵩尧有诗题后。

《复庄诗问》卷二十九《闻汤户部讣，哭之以诗，得七章》其一："哭子子不知，况复不能哭。眼中伤心人，殆将剩吾独。哭子哭无泪，无泪还无声。恍恍一寸目，不见天日明。枯索坐庭奥，模子神与形。但恐后时忆，时久难为凭。大块各朽炭，吾漆子为胶。赤手战天下，倚子同宝刀。宝刀青熊熊，其芒照六合。六合黯无色，天当为子泣。天泣吾不闻，闻者雨淋潘。”其四：“贱子少习诗，寝食以为命。颇嗟元化迁，径思挈其柄。既壮始求友，出乃与子遭。”

后附同里林廷彦粲英《题哭汤户部诗后》。

林廷彦诗又见范寿金《蛟川诗系续编》卷七，题作《读姚复庄师〈哭汤户部诗〉题后七章》。

同卷：“林嵩尧，字餐英，同治丁卯科举人，光绪丙子进士，出为江西宜黄县知县，后擢义宁州知州。未上，告归，旋卒。有《卧云楼诗》刊行。闽县陈宝琛、南昌陶福履为之序。”

次卷为“姚门弟子集三人”，除林嵩尧外，另二人是陈继聪、吴有容。

忻江明《四明清诗略续稿》卷三：“林嵩尧，初名廷彦，字餐英，镇海人。同治丁卯并补甲子科举人，光绪丙子进士，官江西吉水知县，擢义宁州知州。著有《卧云楼诗集》。《镇海县志稿》：嵩尧少学于同邑姚孝廉燮，称入室弟子。释褐，授江西知县，补吉水，署宜黄、万载。所至有政声。……尝两充乡试同考官，得士称盛。辛卯，以葬亲假归。旋升义宁州知州，以目力锐减，辞不赴。卒于家。”

《民国镇海县志》卷二十七《人物传六》：“林嵩尧，字餐英（城区）。少从学于同邑姚复庄先生，文誉籍甚。设帐授徒，从游日众。同治丁卯肄业省城紫阳书院，为山长孙琴西所激赏，是岁举于乡。光绪丙子成进士，以知县即用，分发江西。精明练达，上器重之。未二年，署宜黄县事。任满，从事省志局。旋补授吉水县，三年，又调署万载县。己卯、壬午，两调充乡试同考官。得士甚盛，在江右先后十六年。……辛卯，乞假回里，安葬两世。旋升任义宁州知州，自以目力锐减，告退不出。寻卒于家（采访）。”

梅曾亮《柏枧山房文集》卷十四《汤海秋墓志铭》（甲辰）：“君卒以道光二十四年七月九日，年四十四。”《续碑传集》卷二十王拯《户部江南司郎中汤君行状》：“郎中俸满，截取知府，记名一年。一日，忽暴疾卒，道光二十四年七月初九日也。……君生嘉庆辛酉年三月十三日，卒年四十有四。”同卷邵懿辰《汤海秋哀辞》：“将出守而得暴疾以卒，甲辰七月九日也。年四十有四。"

吴昆田《漱六山房全集》卷八《祭海秋文》、王柏心《百柱堂全集》卷九（甲辰）《哭海秋农部六十韵》、鲁一同《通父诗存》卷三《哭汤海秋同年》，并附于此。

回镇海，有诗。

《复庄诗问》卷二十九《之镇海杂诗四章》其二："夙讽黄鸟篇，颇思复邦族。吾屋已不存，谁来喻心曲。入巷访西邻，觌面不相属。门户多改更，疑非往游熟。……"其四："从兄喜我至，酌我茅堂中。开门临大河，藻气浮曈昽。……"

厉学潮以父厉志遗稿嘱校，感而赋诗。为其文钞作序。

《复庄诗问》卷二十九《厉子学潮以先人白华翁遗稿属校，感赋二章》其一："别无身后谋，念此泪长流。朋辈谁心在，文章与命仇。残生兵火迫，窈月海山秋。拥卷当遥夜，凄然灯火幽。"

《复庄文酌》下编《厉心甫文钞序》："心甫之为诗也，淫浸其中者四十年。……心甫尝示予以文，而其理外而思内，殆有如其所为之诗者。……"

《光绪定海厅志》卷十《人物》："（厉志）长嗣君名学时，字说堂，号小谷，文名噪黉序中。次名学潮，别有传。"

同卷："厉学潮，字慕韩，诸生。咸丰七年由训导改县丞，旋即保升知县。……升知府，历署荆溪、华亭、元和县事，颇得民心。同治十一年，开浚吴淞江。次年，浚徒阳运河，并奉檄监督。又次年，常州运河继之，遂权常州府事。寻以病乞休，归居甬上。光绪九年卒。"

为上虞知县刘广湄《汉江行役图》题诗，张培基和韵。

《复庄诗问》卷二十九《刘五明府广湄书来，索题〈汉江行役图〉》。

张培基《问己斋诗集》卷一《上虞县刘明府广湄嘱重绘〈汉江行役图〉，系以长歌，即次姚孝廉燮原韵》。

《光绪上虞县志校续》卷三《职官表》："知县：……刘广湄，号介江，奉天义州人。拔贡，（道光）二十年十月任。戴坚，号竹坡，元和人，由温州通判二十三年闰七月署任。刘广湄，二十四年四月复任。孙钦若，二十五年七月署任。"

诗赠张培基，论诗。

《复庄诗问》卷二十九《论诗四章，与张培基》其四："呜呼天我生，乃谋道之小。本非一寸蚕，欲以吐丝老。在食不能馨，在衣不能藻。卞玉投荒年，谁来估其宝。辄思逃寂禅，猛力割诸造。蛰久春相昫，未肯听梅槁。羁人抒隐忧，志士托矜抱。宁为蹇雪松，弗为媚烟草。"

十一月二十一日、二十二日，与张培基、阮训由城湖泛舟至蓉江，有诗。

《复庄诗问》卷二十九《自城湖放舟至蓉江，宿周氏庄四章，同张大、阮二作》。

同卷《古诗二章，简阮训、张培基》。

张培基《问己斋诗集》卷一《甲辰十一月二十一日，由城湖放棹抵蓉江（邑南乡），宿周氏庄，同小岩、梅伯作》、《越日，同小岩、梅伯自蓉江归途中即事》。

《复庄诗问》卷五《和阮训移居韵》、卷三十二《梦阮大训》，并附于此。

冬，坐大梅山馆，作诗简卢派。

《复庄诗问》卷二十九《雨中坐大梅山馆，得诗三章，简卢派》其一："入冬苦无雨，一雨苦不霁。柴门为空山，尽日有云闭。我为山中猿，木叶坐深翳。作骚师屈均，愤外得情系。孤篆邻女窗，娟绿隔烟睇。烟姿女同瘦，窗影不遮髻。四十吾尚隐，二十女无婿。白屋潦草中，胡然有天帝。阳辉可烛万，连海雾相蔽。遂使造化灵，郁之入沉滞。伶俜悲西方，悲来揽吾涕。揉尔钗头兰，断我带间荔。荔断带不长，躞躞往安诣。"

十二月二十日，叶金铿来书。

《琼贻副墨·尺素集》卷十六叶金铿书："今年八月应试武林……甲辰十二月二十日。"

道光二十五年乙巳（1845）　四十一岁

正月十五夜，与董鋆等人饮，有诗。

《复庄诗问》卷三十《董鋆上元夜招同人饮》。

过访汤淮，赠诗。

《复庄诗问》卷三十《雨中过汤淮，赠诗四章》。

董沛《四明清诗略》卷二十五："汤淮，字耕吾，号补巢，鄞人。诸生。《鄞县志》：淮聚书颇富，勤于校雠，多善本。亦能诗。”

同卷汤淮《读〈复庄诗问〉题后》：“硬处笔欲立，空处字欲飞。鬼神助奇思，造化运灵机。学古得真髓，门户无所依。心肠罗锦绣，咳唾生珠玑。天花落空中，不见花著衣。诗家有正宗，舍此吾谁归?”

杨韫华来书，告知陈佐钧病剧，有诗寄怀。

《复庄诗问》卷三十《杨山人韫华书来，知陈佐钧病剧，寄怀二章》。

《复庄骈俪文榷》卷八《陈处士诔》：“陈君香邻名佐钧，一字桂轩，长洲人也。……余客吴门，君以兄事余。……不逾年而君死。稚云杨君谓君病坐死，但言恨不见我。闻斯语，吾能不哭哉！呜呼！……哀哉！皈命清府，潜幽券台。诔以达情，倘来灵鉴。”

作诗怀杨铸等九人。

《复庄诗问》卷三十《怀九老诗九章》：“余于九老不得见者六七年，消息间阻，并无闻也，惄焉怀之。”

九人是：丹徒杨山人铸、山阴杜孝廉煦、长洲陈学博基、钱塘陈大令文述、吴江郭布衣凤、嘉善黄太守安涛、归安奚山人疑、山阴汪广文能肃、秀水家明经观光。

寒食，叶元壁读《清河晤孔司马继鑅话旧，即赠九章》，有批语。

上海图书馆藏《诗问》稿本卷二十七（甲辰三）《清河晤孔司马继鑅话旧，即赠九章》诗上批：“其思郁伊，其音凄抑，如听箛吹，使人呜咽。尤妙在出以含蓄之笔，更觉悲慨觅尽。非深于情者不能道，亦非深于古者不能作。乙巳寒食，小谱读于甬上行馆。”

移家寓甘溪，有诗。

《复庄诗问》卷三十《移家寓甘溪》。

同卷《屋祟行》：“……此屋将军之故宅，将军在天有英魄。……赁居费钱五十缗，托此而处吾有因。……我来求庇两载余，女惟织纫儿读书。老亲弟妹同与与，太和祥气周庭除。……”

《光绪鄞县志》卷五十一：“寇平，寓郡城之甘溪。作文写书，借以自给。……长居鄞最久，生平所著述在甬为多。”

郭传璞来师事姚燮。为其《墨隐楼碎故》作序。

徐时栋《烟屿楼诗集》卷首郭传璞恬士《题词》六首其三：“忆昔年

甫冠，执经事上湖（姚复庄师本镇海人，故自号上湖生。道光间来寓郡中甘溪）。夫子每来过，谈诗甘溪庐。小子陪末座，风雅时闻诸。于后获亲炙，抠衣城西隅。爱我止之宿（用集中句），琅嬛窥秘书。顾谓小子言，我与复庄殊。复庄事雕饰，而我集中无。环燕较肥瘦，视之当何如？小子不敢对，把读重踌躇。但觉入心脾，元气为卷舒。欲通两家邮，乃复惭鄙愚。自惭亦自幸，皆得为之徒。”

忻江明《四明清诗略续稿》卷三：“郭传璞，字怡士，号晚香，又号伽又，鄞人，景行曾孙。咸丰辛酉拔贡，同治丁卯并补甲子科举人。冯贞群曰：晚香先生工骈文，著有《金峨山馆甲乙集》、《四明金石志》，编刻丛书凡十二种，初署金峨山馆，后更号望三益斋者是也。忻江明曰：先生为姚复庄先生高弟，骈俪文得其嫡传，兼工诗词。身后遗稿流落他氏。”

《民国鄞县通志·文献志》：“郭传璞，字恬士，号晚香，同治六年补科举人。少从姚燮游，工骈文，能诗。著有《金峨山馆文甲乙集》、《四明金石志》，又编刻丛书凡十二种，初署金峨山馆，后更称望三益斋。《四明清诗略》称，曾见传璞所作诗残稿曰《游心于□室诗钞》，凡两册。曰《吾悔集》一册，曰《汀左游草》一册，总为诗二百五十余首。稿中附有骈文、诗余及应制诗。此已删定者，余稿流落他氏，尚不少云。”

《复庄骈俪文榷二编》卷三《〈墨隐楼碎故〉序》：“鄞县郭生恬士师予为汉魏六代之学，流变能讲，门径已窥。著撰之暇，泛滥群籍，剖岩得玉，则采以椟之；披荆见葩，则撷而佩之。钞辑既富，门类爰次，大包穹坻，琐及虫草。其非新妍可悦、殊异可愕者，概从略焉。……名曰《碎故》，亦渊纂海录之遗、金壶古隽之亚也。虽然，一物不知，君子固羞；专于素隐，通儒其哂。藉以格致，岂云未贤？倘饮醇醪，当糟粕视之矣。”

浙江图书馆藏郭传璞《吾悔集》稿本，封面题：“吾悔集，己丑季夏月，手缮本。”

暮春雨夜，与陈继揆剪灯论文，有诗。

《复庄诗问》卷三十《暮春雨夜，同陈继揆剪灯论文》。

作诗挽刘朝元。

《复庄诗问》卷三十《挽刘将军朝元诗三十四韵》。

黄燮清来书，请姚燮收罗汇寄嘉、道以来词作，助其编《续词综》。

《琼贻副墨·尺素集》卷七黄燮清书："梅伯仁兄大人同年：十年心契，良会颇艰。每于燕台走马时，匆匆一晤，旋即劳燕分飞。同心离居，殊深想念。……近因家霁青叔委选《续词综》，研朱按拍，借遣郁怀，刻已选得六十余家，其已收而未选阅者，尚有百数十家，诚恐见闻不逮，遗漏正多，尚乞吾兄为将伯之助。宁郡各县，有吾兄先声提倡，佳制必多。务望于贵友好中，广为收罗汇寄，是所祷切。所采皆嘉、道以来之作，人无论以往现在，均可收录。其未刊者寄选后，奉还钞本不误。尊刻弟处已登录甚多，未知有续刻否？……"

书云"十年心契"，姚、黄始订交在道光十六年丙申，前后十年，因将来书时间系于本年。

陆坑来书，赠扇面、《游稿》、《巴山石壁诗》等，求为二扇面题诗、再送《疏影楼词》二部。为其《巴西南龛石壁题诗图》题诗。

陶湘编《昭代名人尺牍小传续集》陆坑手书："奉上扇面三乘，一乘赠兄，两乘弟所求者。三日内走领，缘弟乃行期促，幸勿见拒。附《蜀游稿》一卷、重刻《巴山石壁诗》一首并跋。又，文忠烈公遗墨拓本一乘，均恳纳。大著《疏影楼词》见赐者已被友人携去，乞再赐二部，即付来价。明早弟在寓，肯来一同去游否？即示知野桥仁兄如上。弟陆坑拜启。十六日清晨。"

《复庄诗问》卷三十《题陆坑〈巴西南龛石壁题诗图〉》。

陆坑《铁箫词》卷五［木兰花慢·铁园雨夜，自题《巴山夜雨图》］，后附姚燮同作，并附于此。

作诗赠徐时栋，对之期许颇高。然二人颇有分歧，徐时栋对姚燮并不十分服膺。为徐时栋《徐偃王志》作序。

《复庄诗问》卷三十《赠徐十三明经时栋四章》其四："……攻之背水阵，拒以田单牛。居然楚汉军，一划成鸿沟。吾年过君十，疲矣究何谋。愿如莒列齐，共事天王周。能任鰋鲤争，乃为真龙虬。勉哉夏气荣，不勉时将秋。"

徐时栋《烟屿楼诗集》卷首陈劢题诗其二："前后辛、壬丧乱频，桃源两作避秦人。伤时杜老忧思切，感事香山乐府新。快睹生平歌复旦，好将雅颂播阳春。十年以长惭兄事（二十年前，姚梅伯赠君诗有‘吾年过君十’，君笑谓余曰：‘诗人多诞，梅伯长我才九岁，而云过十耶？余与梅伯同庚，今举成数言之，应不笑我耳。’），与子同为击壤民。”

同书卷首吴有容题诗：“辟疆霸国期千古（姚梅伯师复庄集中有赠先生五古四章，极倾倒先生，以诗文雄霸而期之千古），树帜文坛此一时。”

徐时栋《徐偃王志》卷首姚燮《〈徐偃王志〉序》：“世称徐偃王有圣德，好仁义。……晋时有《偃王志》，不知撰自何人。今亡之矣。王墓在鄞县东乡。徐子时栋其苗裔也，辑记传之载偃王事者，为《偃王志》，可谓数典不忘其祖，抑表扬盛德，圣人之教也。爰即管见之所窥者论次之，以为之叙。镇海姚燮。”

同书卷首朱述之《〈徐偃王志〉序》：“鄞孝廉徐君柳泉作《偃王志》，备述祖德，刊正史缪，余敬而服之，更为引申其说，以警人之贼仁义者，明仁义无不可为也。时道光戊申十二月，金陵朱绪曾述之谨序。”

姚燮为《徐偃王志》作序时间不详，姑系本年。

徐时栋从孙正逵认为此序为他人代撰，姚燮改定。徐时栋《徐偃王志》卷末徐正逵《〈徐偃王志〉跋》：“先三伯祖柳泉公两上春官，即家居不复出。……公所撰之《徐偃王志》六卷，迄未刊也。……首有朱述之、姚梅伯两先生序。姚序未书岁次，惟于稿首书应珍藏勿失等语，则当在公殁之后。文因改窜失次，难以卒读。兹就其语气而次第之。盖斯序姚属他人代撰，而改定之也。朱序道光戊申，是岁公年三十五。……民国三十七年十月，从孙正逵谨识。”

作诗寄陈庆镛、朱琦。

《复庄诗问》卷三十《寄陈庆镛、朱琦两侍御都中三十二韵》。

作诗寄刘泳之。

《复庄诗问》卷三十《寄刘山人泳之》。

编甲辰以前诗成，有诗。

《复庄诗问》卷三十《编甲辰以前诗既成，寄仿贾岛例祭之，不必除夕也》：“半生哀乐事，管领久凭君。丑面终难讳，俚腔亦可欣。神弦湘上瑟，佳气海东云。再拜供甘醴，灵应我祝闻。”

作《初荷三绝句》。

《复庄诗问》卷三十《初荷三绝句》其三："……知否瀼西小儿女，一春愁睐未舒青。"

设帐授徒，作诗示家塾同学诸子，励志。

《复庄诗问》卷三十一《励志四章，示家塾同学诸子》、《寄家塾诸生五章》。

《琼贻副墨·尺素集》卷十六叶金铿书："……明年，闻先生设马融之帐，开伯起之堂，城中愿登门墙者，定见接踵而至。……甲辰十二月二十日。"

沈照来访，越日回访，已回省城，以诗寄之。

《复庄诗问》卷三十一《沈明府肇熙见过，越日访之，已旋省矣，拟寄以诗》。

傅濂赠诗，诗以答之。

《复庄诗问》卷三十一《答傅濂见赠韵二章》。

后附临海傅濂啸生原作其一："哀乐满今古，独聚诗人心。诗人有真气，发之为元音。客夜读君诗，如闻太古琴。其节悲以壮，其意郁以深。隐然闻歌泣，万响声为沉。但觉大海风，寥寥吹我衿。"

留须，有诗。

《复庄诗问》卷三十一《留须》。

校叶元阶诗文，作《赤堇遗稿》题辞，又作诗题其卷后。

《复庄诗问》卷三十一《月夜纳凉，校叶山人元阶〈赤堇遗稿〉，用其〈怀孙明府韵三章〉题卷后》其二："君诗在吾几，君魂今曷归？仰见海月高，满我怀中辉。万里方沉阴，此月光与回。象列天地中，未敢遁相违。见月不见君，徙倚吾在阶。君魂或即月，散气清无涯。山清我非鹤，水清我非鹥。踽影向低屋，安能浩荡期。吾影亦借月，君魂倘来羁。可惜月不留，渐渐沉海西。但余墙隙光，照我凋鬓丝。似难凄楚禁，月与吾影辞。月去有明日，魂去无生时。置我霄壤间，转同星光稀。霏然下凉露，和泪沾裳衣。"

叶元阶《赤堇遗稿》卷首姚燮《题词》："右诗六卷，文二首。亡友叶君仲兰先生遗稿也。瀚洲厉心甫先生编定之，甫竣，厉君亦以病死。二君者，余之心友也。生虽异县，居聚必以恒。非二君切劘之力，余今日当不能诗也。兹叶君令似以遗稿开雕，请检校，余不能辞其任，因慨然于叶君，微厉君，殆泯泯焉，有与朽蠹并化之惧也。若厉君者，可以对故人于地下矣。特是厉君之遗文，余以为编第之，而尚未及梓。其视叶君，顾何如耶？浣西迁客姚燮。"

同书卷首厉志《〈赤堇遗稿〉序》："予与仲兰交十余年，仲兰从事于诗，先后凡二十年。仲兰之诗，多皆予所见也。仲兰之作诗也，殚精竭虑，终宵仰屋，其艰也若此。故所得不甚多。然其诗清真刻挚，力避庸懦。予当追蹑后尘，窃自愧未能逾其踵也。使天厚其植，予其岁年，必有大过人者。奈何未及四十，而竟奄然也。仲兰病日，持其诗戚戚然谓曰：'平日见予知予，惟君最深。予之诗，君其为我辑之。'嗟乎，仲兰已矣！予何忍见仲兰诗？今墓草已宿，予心目之力，亦日就逊，其从弟元壁、元垚，且促之甚，愿与劻勷，予勉为任之，不禁潸然者数四。夫予年长于仲兰二十岁，仲兰与予交，他日必仲兰为予卒乃事。仲兰之诗，今竟反藉于予。抚其卷帙，令人何以为情耶？辛丑夏之五月，东海弟厉志拜书。"

同书卷首阮福瀚《题词》："余与心水当垂髫时，即喜吟咏，倡和殆无虚日。及心水交幼连孙君、白华厉君、梅伯姚君，结社于月湖之揽碧轩、白湖之小隐山庄。昕夕砥砺，互相搜讨。而心水诗学，乃日益进。……乙巳七夕，姻弟阮福瀚。"

同书卷首叶湛《题词》："赤堇山人，予平生学诗益友也。其归道山者，其稔于兹矣。岁乙巳，课其似子金銮，适山人遗稿刊竣，属蛟门姚君梅伯检校之，而更属予为之覆审。丹墨错列，半阅月而始成。特念畴昔湖上揽碧轩中，每一篇跳出，共梅伯击节赏之。今卷帙依然，而伊人不见，良足悲也。缘书数语，以志不谖。愚族兄湛。"

叶元阶《赤堇遗稿》，六卷，附文二篇。道光乙巳兰秋，退一居刊藏。

五月至八月，注《玉枢经》。稿成，有诗。《洞真玉枢经绎义》一文当亦作于此年。

《复庄诗问》卷三十一《注〈道藏玉枢经〉成，系之以诗》。

《玉枢经籥》卷首自序："……逮疾既就愈，辄复奔走涉世，身难室安悬，斯愿而未之酬者，几二载也。今年夏居，袁君过不佞，申前约，自五月至八月而书成。枢之者，三千一百六十八言。籥之者倍，一十三万余言。袁君喜甚，谓：'大可以包溟渤，细可以破刹尘。以籥籥枢，而枢无遁枢，吾将于是叹观止也。'不佞笑谢曰：'吾意之所见以如是止，吾辞之所至适以如是止也。安知无勃窣单微，玄以神遣，而不假文字者，笑吾繁言于后也？又安知悟有日进，后且不自笑而自悔也？第不佞自遘疾以来，追溯生平绮语，妄言之孽，用滋惧焉，得此其或少忏乎否？或亵洞真无上之玄文，而轻妄以肆所议，其更益之罪乎？然未敢蹈虚涉诡，以背谬于尽性立命之旨者。此不佞区区之信，犹可见慰于袁君之所望也。'"

《洞真玉枢经绎义》在《复庄骈俪文榷》卷二。

七月一日，卢派为《玉枢经籥》作序。

《玉枢经籥》卷首卢派序："复庄姚子念前以攻苦受羸，医不能效，因至郡羽士观斋，心闭关者数月，病遂霍然。博览道藏，穷精蕴取《玉枢经》而注解之。上至性理道德之说，下及百家九流之颐，靡不搜采，以洗发其元妙。……名之曰籥，盖将启其重扃，而导夫入门之先路也。……复庄氏以不世之才，淹贯沉博，无所不通，而独惓惓于兹经而注之者，其亦寓言十九之意也。……道光二十五年岁在乙巳七月朔日，受业卢派谨序。"

八月，送张培基客上虞。

《复庄诗问》卷三十二《有怀张培基客上虞，得三十韵》："张子如我穷，亦复如我骄。本无过人才，未肯轻人邀。……子行方八月，饯子沽浊醪。张帆已在岸，座上歌且箫。斯时江城雨，激之风如潮。落叶飒有声，与雁空中飘。雁声催送君，未别心先遥。"

八月，送王有龄之任慈溪。赴慈溪，晤王有龄，均有诗。

《复庄诗问》卷三十一《喜晤王明府有龄，送其之慈溪任》、《慈湖县斋咏怀三十韵，与王明府，兼示陆明经豫》。

王有龄，字雪轩，福建闽县人。贡生，官至浙江巡抚。咸丰辛酉，在任殉难。谥壮愍。传见陈继聪《忠义纪闻录》卷十一《王壮愍有龄》、《清史稿》卷三百九十五。

《光绪慈溪县志》卷十六《职官上·县令》："王有龄，有传。道光二十五年八月十五日任。徐征，道光二十六年七月初九日署任。陈备恪，字子实，号雨山，河南光山人。道光甲午举人。道光二十六年十一月初三日署任。王有龄，道光二十七年二月二十二日回任。段光清，字镜湖，安徽宿松人。道光乙未举人。道光二十八年二月初三日任。”

同书卷二十三《名宦》：“王有龄，字雪轩，福建侯官人。监生，道光二十五年由浦东场盐大使升慈溪知县。明敏刚断，究心民瘼。……辛酉，粤贼陷省城，有龄死之。赐谥壮愍。”

八月十五日，张培基为《玉枢经籥》作序。

《玉枢经籥》卷首张培基序：“……夫金丹大道，岂易窥测？而口诀所传，要不外精、气、神三者之用。姚子今日三者复矣。又本数年所得息养于此，经宣泄之，其出于和平与激于不平，且能合大道之崇旨与否？下士所不敢知。然以其向道之心，为人间世说法，即或出于不得其平，要终不失为平。而天人诸地，当亦无怪其为鸣也已。若拘于儒者外之，以为黄老之言，而议其后也，是又不必与之辨。道光乙巳年八月望日，子彝弟张培基拜序。”

九月，张培基来书，劝姚燮保重身体，祁予一部《玉枢经籥》。

《琼贻副墨·尺素集》卷十六张培基书：“复庄足下：别将期月，此心耿耿，未能一日忘也。比来秋雨阴翳，寒湿为患，病体恐非所宜。念甚、念甚。每见足下午后倦卧，此即脾病之证。然卧伤脾，医经言之。毋令其病辗转相寻也。……《玉枢真经》想已注成，基所作序，更望详为订正。印刷完竣，祁留一部遗予。……乙巳重九前一日。”

九月，《玉枢经籥》付刻。

《玉枢经籥》卷首题：“道光二十五年九月，聚珍版印三百部。”

《光绪诸暨县志》卷四十八《经籍志》：“《玉枢经注》，二十四卷，国朝姚燮撰。燮于道光癸卯大病几危，养疴宁郡报德寺，忽大晓悟，因自号复庄。注此经，收藏道藏书至二巨箧，于方外之旨多心得矣。”

张培基有诗寄怀。十月十五日，张培基回书。

张培基《问己斋诗集》卷一《客上虞，寄怀姚复庄韵》：“……羡君尚高卧，吾惭饥所趋。……安知君念我，亦复嫌索居。索居尔无聊，尔尚家庭娱。然命甘淡泊，养拙宁守株。道箓参间中，精蕴阐《玉枢》（时注《玉枢经》）。……惟子尝牖我，得意相欢呼。天地任荒老，两心坚不渝。”

《琼贻副墨·尺素集》卷十六张培基书：“月之八日，接奉来函，喜出望外。尊恙想已稍愈，精神尤宜保摄。近日自慈而定，奔走劳顿，恐增憔悴矣。《玉枢经》应可注就，拙序不知何如斧柯，点铁成金，定换新面。……十月望夕四鼓。”

作《客感》，寄吴元镜、林嵩尧。

《复庄诗问》卷三十一《客感八十韵，寄吴铭，兼示林廷彦》：“……十月未栗烈，襆被赴行役。”

《复庄骈俪文榷二编》卷七《仁和秀才吴生权厝志》：“仲祥本名铭，改名元镜，仁和吴姓裔也。”

潘衍桐《两浙輶轩续录》卷三十九：“吴元镜，字仲祥，仁和诸生。著《笛倚楼诗钞》。林嵩尧《传略》：仲祥与余同受业于姚复庄先生之门，诗日益进。尝赋《秋草诗》，为师所激赏。一时传诵，有吴秋草之目。年未三十，欲梓其诗，尽弃少作，删存乙巳以后诗，仅什之一，得二卷。刊不三年，而君遽殁。殁后三年，赭寇难作，诗板被毁。君既乏嗣，自是遗业飘零，不可复问矣。姚燮序略：仲祥蹇产，无所寄，寄之于诗。导其沉纡忠臣孝子之则，抒其悱郁劳人思妇之感。”

吴元镜《笛倚楼诗》卷首林嵩尧序：“仲祥少好诗，闻嵩尧之亦好之也，与嵩尧交最早，亦最相得。仲祥本杭产，侨寓城南，居又最近，以是过从无虚日。每见，辄各出所作相示。君所诣出嵩尧上，乃极口推许不置。既同受业于姚复庄师之门，君诗日益进。尝赋《秋草诗》，为复庄师所激赏。一时传诵，有吴秋草之目。年未三十，忽欲梓其诗，嵩尧谓君所造未可量，姑徐之。君笑不答，卒刊之，尽弃其少作，删存乙巳以后诗，仅什之一，得二卷。刊不三年，而君遽殁。……仲祥殁已三十年，嵩尧宦游江右，尝携君诗于行箧间，一披读，不禁泫然，深惧其荡为冷烟凄雨，从此泯没而无传也，因稍加删订，合为一卷，重付剞劂，并刊姚师所撰《权厝志》，以存仲祥之大略，以志吾两人生死之交情。……光绪十二年丙戌初秋，镇海林嵩尧粲英序。”

《国朝杭郡诗三辑》卷八十一亦有吴元镜小传，不具录。

同卷录有吴元镜《怀姚梅伯师，时游吴门》。

同诗又见吴元镜《笛倚楼诗》。

忻江明《四明清诗略续稿》卷三录有林廷彦《答吴仲祥元镜见寄三

章》（录二）、《题吴元镜〈笛倚楼诗集〉》（录二），谢辅濂《题仁和吴仲祥元镜〈笛倚楼诗草〉》，吴元镜《笛倚楼诗》《寄林粲英嵩尧》、《简林粲英》、《再题顾子雨丈诗卷，用林粲英韵》（附林嵩尧原作），并附于此。

作消寒集会，有诗多首。

《复庄诗问》卷三十二《消寒小集，同武三淘、胡大宋修、赵二裕熙饮酒得二章》、《越日，雨中饮复醉，叠前韵，示诸君》、《再叠前韵，答诸君见和》、《消寒第二集，醉后画梅自题，三叠饮酒诗韵，邀诸君同作》、《闷雨遣意，次武三韵，得二章》、《消寒第三集，分咏食物，得炰羔二十二韵》。

十一月十一日夜，有诗。

《复庄诗问》卷三十二《十一月十一夜作》。

雪夜，听赵裕熙说庚子岁定海知县姚怀祥、总兵张朝发殉难拒夷事，有诗。

《复庄诗问》卷三十二《雪夜饮酒，听赵二裕熙说庚子岁定海县知县姚公怀祥、总兵张公朝发殉难拒夷事，纪以长歌》。

《光绪定海厅志》、《民国定海县志》未见赵裕熙的记载。

宿芦江，与胡滨夜话，有诗。

《复庄诗问》卷三十二《宿芦江，与胡滨夜话》。

芦江，在今浙江宁波市北仑。

董沛《四明清诗略》卷二十一："胡滨，字庆澜，号石泉，镇海人。监生。著有《缄石集》四卷。"

《民国镇海县志》卷二十七《人物传六》："胡滨，字庆澜，号石泉（海晏）。……国子监生。……滨能诗，尤工书画。尝曰：'吾书有右军骨而发以宝晋采，吾画得湖州髓而远以衡山神。'识者以为不诬。咸丰七年卒，年六十三（姚燮撰墓志）。"

胡滨从兄胡有槎与姚燮亦有交往。《民国镇海县志》卷二十七《人物传六》："（胡）滨从兄有槎，号秋河，高才善病，筑来青山馆，与厉志、姚燮诸人相唱和，有《咏菊诗》行于世。"

冬，自大若还郡城，过访胡士泉。

《复庄文酌》下编《寿胡士泉先生六十序》："芦江为吾邑南条水，水自鄮东入于海江之阳，多聚族居者，惟胡氏称一大望。宋元以来，代多隐君子。近实以士泉先生为杰。乙巳冬，燮自大若还郡城，间道过江上，始亲炙先生仪采，登楼一宿去。投诗五六十言。自此获与先生交，终以未能深知先生者焉愧。”

冬，郭传璞为《玉枢经籥》作序。

《玉枢经籥》卷首郭传璞序：“吾师复庄姚氏，喉衿群籍，萌柢百家，味道之腴，食古而化，阅是书而注之。凡二十有四卷，都十三万余言。如烛照幽，若针通结。……道光乙巳岁长至日，受业郭传璞拜序。”

冬，袁青湘为《玉枢经籥》作后序。

《玉枢经籥》卷末袁青湘后序：“持天尊之言，而不能穷其理，以践吾所信，而遂若疑之也，得复庄氏之籥，始了然于人不远天之道，有无俟于外求者矣。复庄氏世称通才，经史文艺而外，于九流术数之学，靡不潜研，以究其微。不料于玄门之学，亦复如是之闳博而精深也。……书既成，适暨阳鲁君挟聚珍版来业吾郡，因付之编印焉。凡二十有四卷。其捐输印赀纸费以襄成是举者，则周君抡山、水君听桥、陈君博山、李君茂生、李君静岩、唐君小梅也。道光乙巳之冬，鄞邑四香氏袁青湘序于后。”

作诗怀张培基。

《复庄诗问》卷三十二《有怀张培基客上虞，得三十韵》：“预愁城西山，阻梦千尺高。得君一纸书，累我十日劳。傍灯屡翻覆，烙面忘其焦。在君远忆心，羡我安蓬蒿。燕马就齐粟，数在吾难逃。近腊天为冰，冻地成不毛。……明朝破雪归，穷巷重子遭。应将新泪痕，各各验绨袍。日月递经纬，东流水滔滔。灵均同滥觞，后世无真骚。惟我与子心，万苦相漆胶。桃李虽可娱，勉哉松柏凋。”

张培基《问己斋诗集》卷二《赠陈介亭，时偕姚某伯同饯妓席》：“大楳山人吾契交，金兰气谊矢同袍。廿年鱼水我得伴，山人视我亦漆交。有时慷慨论世故，太息人情幻烟雾。各言可意能几人，偻指于君常在数。”

《复庄诗问》卷二十九《望隔江山，忆陈之玠故居》。

张培基《问己斋诗集》卷二《客永兴任渭长熊家，偕访其族叔建齐淇》:“两壁画梅石，雄拔畴挥毫。谛读画中识，二难吾并交（吾郡姚某伯画梅，渭长作巨石）。”

同书卷一《经玉几山阿育王寺，次某伯韵》、《游天童寺四首，次某伯韵》、《十月廿三日，坐雨迟某伯不至，赋以代柬》、《春夜，偕姚某伯过叶小谱元壁寓庐，听阮念山探琴》等均为与姚燮往来之诗，不详作年，并附于此。

十二月八日，作《玉枢经籥》自序。

《玉枢经籥》卷首自序：“因述其缘起而为之序。时道光二十有五年乙巳腊八日，校印既竣，弁之卷端。”

岁暮，有诗。

《复庄诗问》卷三十二《岁暮吟五章》。

道光二十六年丙午（1846）　四十二岁

正月十五日，作诗示子景皋。

《复庄诗问》卷三十三《元夜，作诗示皋儿》:“绣裳丫髻传柑嬉，当风擘楮夸蝶飞。三十年前十二岁，未忘欢乐今宵时。今宵月似比前瘦，我亦颓惫违时宜。招儿近膝与之酒，儿无嫌我多烦辞。影堂悬像尔曾祖，昔抚我顶牵我衣。南城北郭看灯市，索钱市果兼饧饴。归来未即索床睡，依尔祖膝学哦诗。今随尔祖但悬拜，尔亦肃拜我后随。尔何及冠顽不羁，尔弟八龄无母依。……我还坐酌罄余酒，起乘庭月行迟迟。万家箫鼓喧以阗，寂心独感谁从知。”

过揽碧轩，悼叶元阶、孙家谷、厉志，诗寄枕湖社同社诸子。

《复庄诗问》卷三十三《过揽碧轩，悼叶文学元阶，并吊孙明府家谷、厉山人志两先生，即寄枕湖社同社诸公，得长歌六十句》:“……于今死者十之半（兼谓仰高明经乔迁、尹少桥明经嘉年），或缚微名远方宦（谓陈渔珊仪、王秋槎淑元、孙车津漆三大令）。余六人者长贫贱，秃项依然铩中雁（谓张铁峰恕、王乃荪梁闳两年丈、佘花禅梅、陈艅仙福熙、阮小岩训三明经、李醉蕉文学作宾）。我亦齿豁头欲童，六年病困成废躬。冉冉阳春光已逝，茫茫大海源谁穷？此生此乐乐不再，独行独悲悲以慨。……谓我意气独陵厉，向天狂啸挥吴钩。”

徐荣有诗寄怀，以诗答之。三月，相会于鄞县阿育王寺。七日，徐荣赴省，有诗送之。分别后，舟中读《玉枢经籥》，有诗赋赠。又与书姚燮，云己为其言之当道，多方请托。

《复庄诗问》卷三十三《答徐司马荣奉化道中寄怀作，用原韵》。

后附汉军徐荣铁孙原诗："姚君前夏过我饮，手持蒋侯（子潇）荐士诗。倾囊出示一尺稿，高跨騄駬追娥曦。自辟鸿濛建旗鼓，主此世界非君谁。眼空四海亦许我，悬竿午影深相期。一别蹉跎忽三载，寄章未报惭噣咒。逢人问讯每讥笑，苦道著书常忍饥。君知时尚逐腥腐，鮀朝朱顿当门楣。吟诗作赋世不要，看我自好如君痴。七年湖上饿不死，沿檄又作东西驰。四明突兀蛟门奇，春风吹船沧海湄。春风吹来复吹去，青山满眼谁相知。闻君卖画且沽酒，闭门日对文君眉。固穷如此亦可乐，俯首何必为人羁。明朝扣户踏春雨，握手莫使杯行迟。醉索新诗仰天读，玉壶击碎从渠嗤。"

同诗在徐荣《怀古田舍诗节钞》卷四，题作《奉化道中寄怀姚梅伯孝廉燮，即题其〈大梅山房集〉》，文字稍有不同："……姚君前夏过我饮，手持蒋侯荐士诗（蒋子潇孝廉）。……眼空四海亦许我，悬竿午景深相期（见赠诗有'午景悬竿'之语）。……逢人问讯每讥笑，苦道著书常忍饥（近著《玉枢经籥》已成）。……念君卖画且沽酒，闭门日对远山眉（昨于赖芷泉明府坐中，见君《姬人倚梅图》）。……"

同诗又见《琼贻副墨·兰如集》卷八。

徐荣《怀古田舍诗节钞》卷四《初七日，发鄞县，留别朱述之、姚梅伯》。

此诗前第二十首为《三月初一日，发湖陈，度西溪岭二首》。

徐荣《怀古田舍诗节钞》卷四《舟中读姚梅伯所著〈玉枢经籥〉，赋赠一首》。

此诗前第二首为《初八日，盘大西坝过江，入小西坝》。

《复庄诗问》卷三十三《阿育王寺忍辱松歌，同徐司马赋，即寄住山僧禹九》："松，晋植也，夷扰其地，即枯。徐君过而慨焉，名之曰忍辱。忍辱者，不忍辱也。纪以长歌，因同赋之。"

同卷《送徐司马还省》："三年一别今始逢，昔时秋雨今春风。"

阿育王寺，在今浙江宁波鄞州阿育王山。

《琼贻副墨·尺素集》卷十徐荣书："知近况不堪，已于鹿、陈两观察前言之。闲时可一过之否？芷泉明府处，亦谆托之矣。或有机会，亦未可知。新太守杨飞泉先生，即前年在省求尊画者，到任时，弟亦自当谆托之。弟昨申解缆，今午已抵姚江。……"

姚江，又称余姚江，流经上虞、余姚、鄞州和江北，汇入甬江。

《复庄诗问》卷三十《题徐司马荣〈草檄图〉》，并附于此。

徐荣能诗，官遂昌（今属浙江）时，被称为诗县令。徐荣《怀古田舍诗节钞》卷首铭岳《徐公传略》："宰遂昌，以诗吊青田端木舍人国瑚，阮文达公贻书称为诗县令。"《续碑传集》卷五十九陈继聪《徐观察传》："中道光十六年进士试，令浙江，历宰遂昌、嘉兴、临安诸县。……作令放衙，辄喜吟咏，太傅阮文达公尝呼为诗县令。"

徐荣亦善画梅。《续碑传集》卷五十九陈继聪《徐观察传》："工诗，精隶书，善画梅。时人以三绝推之。"徐荣《怀古田舍诗节钞》卷首铭岳《徐公传略》："喜画梅。初师逃禅元章，晚则兼取诸名家之长而集其成。"

徐荣《怀古田舍诗节钞》卷三《题旧画梅花帧子，送刘介江之武昌》："己亥夏，刘介江明府之昌化任。罗沁吾同年招同陆子范、荣及亭、王兰圃、傅松泉饯之湖上。余席间为画梅花，同人皆有题句。……"卷五《题画梅花》："学写梅花四十年，江湖台阁派茫然。而今始得童家笔，篆籀行枝草字圈。"

徐荣《怀古田舍诗节钞》卷二《龚定庵主事巩祚访余鸳湖，余以梅花十株供养五日，于其归也，画梅为赠，系以小诗，即送其游罗浮》、《题画梅，寄李晓原南和，时属昆吾持寄。昆吾将试京兆，故有落句》，卷三《为朱述之画梅，用龙湫山人诗韵》、《为樊昆吾画梅，即送归粤。时属其经营丙舍，故语及之》、《余题子萱诗集，并以墨梅纨扇贻之。子萱有诗致谢，次其韵三首》、《为陈朗山良玉画梅题》，卷四《为李芗园明府枝青画梅花》、《题墨梅》、《刘以言秀才彦扬因同儿来，索余画梅，纸有余幅。……》、《为黄香石画梅题》，卷五《海年来杭州，以读画楼纸百番见赠，画梅花报之，并系以诗》、《十一月十五日长至，画梅花寄扬子萱永嘉》、《画梅，赠程酉山明府文范》、《画梅花题》、《为刘练洲画梅题》、《除夕，画梅花题》、《为牟星农明府房画梅题》、《十一日，陈实甫奂自江宁来访，值梅花初开，留之四日。于其行也，画梅赠之，并系以诗》、《题画梅》，卷六《余借帆以丈五尺绢属作梅花，戏题》、《李见山茂才以素绫属李香缘司马索画梅花，秋暑挥汗应之，并系之以诗》、《题童二树画梅花，次原韵》等，并附于此。

清明，有诗。

《复庄诗问》卷三十三《清明》。

作诗赠佘梅。

《复庄诗问》卷三十三《感怀四章，与佘明经梅》、《〈偕隐图〉，为佘明经题》。

检书，得徐宝善遗札，有诗。

《复庄诗问》卷三十三《检书，得徐编修师遗札》："江海催人苦逝川，文章得失感鱼筌。闲庭寂寂春飘雨，旧泪沄沄墨化烟。遍地柟篁吾废树，半生心腑有寒泉。飞蓬不扫莺愁翩，忍忆江亭对酒年。"

四月，得杨韫华书，读后题诗。

《复庄诗问》卷三十三《吴门杨山人韫华病危，以书见贻，读竟题后》："作书三月半，半月达吾视。亟思报慰君，恐君已没齿。黄土万仞泉，青天一寸晷。置枕未及眠，谁亡更谁在？……悲哉君百穷，不穷或赖此。"

五月，编定《复庄诗问》三十四卷，付刻。徐荣题集名，孙廷璋、孙悦祖助资。

《复庄诗问》卷首："《大梅山馆集》，《诗问》三十四卷，汉军徐荣题。"

"道光丙午五月开雕，戊申元月竣工。版藏本馆。"

《复庄诗问》卷首《总目》后附："右诗三十有四卷，都三千四百八十有八章，附八十有一章。道光二十有六年丙午五月付刻，越二十有八年戊申始蒇工。复庄编目既竟，而自为系之曰：诗至今日流变穷矣，殆可以不诗也。虽然，诗可以道性情，苟不诗，性情何所寄？吾之诗，吾自寄其性情耳。惟尝持以问师友之能诗者，而多以为可诗也。近且得会稽孙氏贤昆季从臾付梓，因勉存癸巳以前之作十之一，甲午以后之作十之五，而不复自藏其拙也。呜呼！行年四十有四矣，日月坐废，一事无所成。即持此以问天下后世之能诗者，而尽以为可诗也，亦曾内何益于身，外何补于世也？是又可为长太息者也。”

《复庄诗问》卷首孙廷璋序：“且复庄以六代之才，综百氏之学。跌宕文史，撑五千卷于腹；纵横上下，搜八十家之奇。……凡其撰述，如古文辞、骈体暨词赋等，大都沉博绝丽、纡余为妍、律古不愆、传后可券者，奈以家贫，力不能付梓，唯所著《疏影楼词》五卷、《玉枢经籥》二十四卷，已醵赀锓版。……时君以所著《诗问》三十余卷，慨然有问世之志，而恨无成其美者。夫素琴在御，不操则不古；幽葩茁蘖，不叶则不芳。以复庄具迈伦轶群之姿，积铄今振古之制，脱使盈篇累牍，一任韬采匿华，是吾辈之咎也。璋因与从兄啸庵助资首创，而同人咸乐与赞成之。”

孙廷璋，更名同溥，字仲嘉、莲士，浙江绍兴人。道光己酉拔贡，旋举于乡，试国子监学正第一，授学录，升助教。癸丑告归，改教职，选遂安教谕，未上，丁父忧。入赀以知府候选。为浙江巡抚王有龄檄治文案，遭人诬劾。丙寅十月卒，年四十二。传见李慈铭《越缦堂文集》卷八、《碑传集补》卷五十一《陈寿祺、王星諴、孙廷璋三子传》。

黄燮清《国朝词综续编》卷二十：“孙廷璋，字仲佳，号莲士，会稽人。道光二十九年拔贡、举人、国子监学正。有《玉井词》。”

李濬之《清画家诗史》庚下：“孙悦祖，号笑庵，会稽人。九龄能诗，有圣童之目。工书画。有《味庄室诗稿》。”

周庆云《两浙词人小传》卷十一：“孙悦祖，号笑庵，会稽人。九龄能诗，工书画，有圣童之目。既冠，以名法客本道幕。未几弃去，流寓甬上，填词名籍甚。姚梅伯方主盟骚坛，一见订忘年交，为草《味庄室铭》。著有《冰梅轩词》。”

《味庄室铭》在《复庄骈俪文榷二编》卷一。

《复庄诗问》卷三十三《与孙文学廷璋，并示孙上舍悦祖暨朱文学倜，得三十一韵》、卷三十四《〈按曲图〉，为孙上舍悦祖题》为与二人交往之作。

张培基、阮训、叶元墨等先后有诗评。

《复庄诗问》卷首《诗传》：“鄞县张子彝文学培基《问己斋文钞》云：……集其所著诗万二千章，自存其三千余，付梓人曰：吾所去者较多，其间亦自觉有可惊可喜者。顾吾不敢滥存之，以失吾之真也。年甫强仕，其所造乃若是。”

同书卷首《诗评》：“鄞县阮小岩明经训云：……今厉心甫、孙幼连、陈紫珊、孙东津、郑仰高、叶心水、尹少桥诸君俱作古人，陈渔珊、王秋楂两君则犹远宦。二十余年来，胜游难续。读《复庄诗问》，不胜存亡聚散之感已。”

同书卷首《诗评》：“慈溪叶苑香文学元墨云：近时甬上诗人，而余获与交者，王梨门明经、厉心甫山人与君为三也。明经之诗豪，山人之诗隽，君则兼擅，而闳富倍之。昔侯朝宗序陈其年集，谓始与汪黄门、陈舍人论诗，不幸汪、陈早逝，幸其年独在。是天以鼓吹羽翼之功，私其年也。余惟明经与山人相继归道山，又皆不遇于世。君年逾强仕，而著述之富且美者已如此，则所藉为鼓吹而羽翼之者，又乌从测君之所至耶？”

诗寄汤淮，又为其《梦亲图》题诗。

《复庄诗问》卷三十三《简汤文学淮》。

同卷《为汤淮题〈梦亲图〉》：“汤君少时以赴省试，奔父丧归作此纪哀。出以示予，属予题之。”

五月，陆圻为《玉枢经籥》作序。

《琼贻副墨·兰如集》卷一陆圻《〈玉枢经籥〉序》：“顷来甬上，姚子复庄出示所注《玉枢经籥》，且问序。夫复庄注经之由，其自序中约略言之而未能尽，且有讳言之者。盖仍拘于儒道不道感应之说也。……虽然，经曰籥，则枢亦以启之矣。道光二十六年岁次丙午夏五月，萧山陆圻次山拜序。”

五月，英军退还定海，诗寄呈王丕显、舒恭受等。

《复庄诗问》卷三十三《夷人退还定海后，纪诗四章，寄呈王明府师丕显，兼寄咸龄、鹿泽长两观察，舒司马恭受，朱明府绪曾，孙鹾尹廷璐》。

闰五月十三日，与人欣赏盆兰一花开十三瓣，有诗。

《复庄诗问》卷三十三《闰月十三日，静中旧馆盆兰一花开十三瓣，胡宋彬置酒招同人赏之，并索诗》：“丙午闰五日十三，磁斗兰开十三瓣。”

王丕显来书，告知所托之事未果。

《琼贻副墨·尺素集》卷八王丕显书："自抵定后，案牍形劳，迄无暇晷。城内夷兵，已于前月底退去。而道头一带，须俟粤东派船到来，方可尽行撤退。收复全岛，计尚须时办理。一切善后事宜，为时尚早。且诸事毫无头绪，各当道处难以措词。阁下之局，恐成画饼矣。至修理志书一节，目下尚未举行，只得从缓。想忝叩雅谊，谅荷鉴原。"

《光绪定海厅志》卷六《职官》："（知县）道光：王丕显，十五年署。陈殿阶，十七年署。音德布，十九年署。陈殿阶，十九年回任。宋德润，二十年署。姚怀祥，二十年任，有传。舒恭受，二十一年任，是年改县为厅。直隶同知：王丕显，二十二年署。林朝聘，二十三年任。王丕显，二十四年任。傅延焘，二十七年任。毕承昭，二十七年任。黄维同，二十九年任。"

为何岳龄《甬江对月图》题诗，送其还海昌（今浙江海宁），并寄怀黄宪清。

《复庄诗问》卷三十四《何文学岳龄索题〈甬江对月图〉，即送其还海昌，并寄怀黄孝廉宪清五十韵》。

索包楷作《师古图》，题诗。

《复庄诗问》卷三十四《索包楷作〈师古图〉》："近学已亡古，吾嗟见牖今。要君追面目（索其图，司马子长、郑康成、韩昌黎等十四人，置余像其侧），悬座当砭针。一代愿存我，千秋不外心。但无忠孝树，老死亦书蟫。"

蒋茝生《墨林今话续编一》："包云汀楷，鄞县人。工写意人物，笔力挺健，大幅尤见力量。黄瘿瓢后，当首推之。"

读书偶得，作诗示妹婿陈继揆。为其《读风臆补》作序。

《复庄诗问》卷三十四《读书偶得，示妹婿陈文学继揆五章》其五："惄焉念吾子，才敏勤读书。相逢析疑义，往往能起予。世道纷百歧，定足观其初。志满健卒班，谁当帅之渠。丰年裕佳稻，筑仓正堪储。既富亦弗骄，深藏宜若虚。"

《复庄骈俪文榷二编》卷三《〈读风臆补〉序》："明荆南戴忠甫之读风，……今所传《读风臆评》是也。以意逆志，是为得之。戴君得之矣。

陈子舵岩取戴君所臆者臆补之，引申其所未达，广其所未详，即名其书曰《臆补》。余为之序焉。”

作序时间不详，并附于此。

九月九日，有诗。

《复庄诗问》卷三十四《重阳》。

捡旧箧，得祖父遗诗，有诗。

《复庄诗问》卷三十四《捡旧箧，得先大父遗诗卷》：“遗书多散尽，留此劫余灰。偶得殊狂喜，沉思转痛哀。吾生资隐德，守业望将来。风雨寒灯梦，何从索夜台。”

送王有龄入都，为其《慈湖种花图》题诗。

《复庄诗问》卷三十四《送王明府有龄入都，即题其〈慈湖种花图〉》：“吾郡频年苦兵乱，疲弱愁逢辣手断。便得河阳百里才，难及当时见功半。……君来慈溪作贤宰，道路隆隆口碑在。无端草木亦承膏，寂郭风烟发精彩。物犹如此人可知，此理奚烦费词解。凉飙九月山城秋，碧天高静鸿不流。君将奉檄走京洛，旌车驾矣民难留。君虽不留民意系，静待阳和转初地。阳和二月多好莺，君来置酒民同听。我题君图送君别，聊为君民写心结。莫将剪败忧后时，此民共读甘棠诗。”

游定海，宿钱鉴堂北墅，有诗。作《〈北墅十咏诗〉序》、《廊岩秋饯序》。

《复庄诗问》卷三十四《定海旅中杂述七章》、《信宿北墅，即事十一章》。

《复庄骈俪文榷》卷五《〈北墅十咏诗〉序》：“钱君鉴堂于其先人墓侧相其地，构园为庐所。其去定海城之北四里许。……于是，野马咸避，修羊复歌。投闲携京兆之锄，偕隐课橐驼之灌。署以佳语，葺其匹观。《十咏》之题，所由始尔。……用是著之诗篇，播于风雅。空山万古，永留谢庄之名；老屋千年，不毁吕安之宅。”

《复庄骈俪文榷二编》卷五《廊岩秋饯序》：“秋将半，阻风昌国州，不得归。北墅主人钱君饯于于墅之廊岩，知交八九先后来集墅。墅当州城之北，四檐一翠，岚与树交。……乃列旷坐，旋浮清尊，相忘主宾，各写衿抱。”

昌国州，定海的古称。

《民国定海县志》卷十："游定海，主北门钱氏。钱故世家，时方营别墅于北郊，燮为著《〈北墅十咏诗〉叙》。"

赵裕熙招饮，有诗。

《复庄诗问》卷三十四《赵文学裕熙招饮席上，有怀武淘、胡宋修二章》。

过厉志故居，有诗。

《复庄诗问》卷三十四《过亡友厉山人志故居》："出愁兵革入愁荒，杖履闲居愿未偿。名重市傭群拭涕，风凄瓦草但吹霜。种花篱落无还梦，乞食妻孥尚异乡。贱子年来琴拇涩，寒流拾莒怨零香。"

作诗赠舒恭受。舒恭受得《诗问》一册，录存其所选《铸金集》中。

《复庄诗问》卷三十四《赠舒司马恭受四十韵》。

同书卷首《诗评》："庐陵舒厚庵司马恭受云：……范素庵丈持其《诗问》一册见示，无一字一句肯落凡近，直是昌谷再生，几于舌挢不得下，犹愧向者相知之浅也。急录存其尤于所选《铸金集》中。惟祝其早日康复，而余亦得出樊笼，终当索观全集，一游波斯宝藏也。"

十一月八日、十三日夜，妓筵醉歌，留别刘大镐等人。

《复庄诗问》卷三十四《十一月八夕，妓筵醉歌，留别刘大镐、朱懋宁、曾廷炽诸文学暨钱钧、金学纯两上舍》、《十三夕，诸君重饯妓筵，醉后再作长歌》。

还家，有诗。

《复庄诗问》卷三十四《还家二章》其一："西风吹叶去，风转复吹还。入世惟长铗，孤心有乱山。亲孥身命贱，道路友朋艰。安得充厨粟，一年供闭关。"

寒夜，校陈继聪《庚、壬文编》，题诗卷后。

《复庄诗问》卷三十四《寒夜，校陈文学继聪〈庚、壬文编〉，感书卷后》："月定江水浮，江岚冻千顷。渐陨高天霜，危枝一乌醒。吾弱难御塞，关门苦宵永。坐校陈生文，奸容发神鼎。繄昔庚、壬交，烽霾寒瀴溟。割毒鲜上医，危城类县瘿。官将艰自全，黔黎命何请。遂多迂阔儒，献策冀援拯。生独明事机，著书谢希幸。壮欲劙险巫，凄如奏哀郢。果见昆冈炎，石劫玉同并。可怜生从兄，毕志殉智井（余妹婿继揆之兄瘦人文学继序以护母出城，遇夷，遭辱不屈死之。生之从兄也。文中独无传）。”

同卷紧承前诗《再书文编后，即赠陈文学》。

冬，周闲来访，出观《诗问》，为其《屠狗图》题诗。又为其《范湖草堂十九图》作赞。

《复庄诗问》卷三十四《题周公子闲〈屠狗图〉》。

同书卷首《诗评》：“秀水周存伯公子闲云：余好词，尝得读某伯所著而善之。武林应敏斋亦工于词者，一日，过谓余，道相传某伯有子瞻海外之事。时当五六月，疾风骇雷，飙然而至。怒雨若矢，排决江海。相与携《疏影楼词》登百尺危楼，酌斗酒，弹剑为节，仰天以歌。与风雷怒雨若相和答，其声呜呜，辄废卷相向，偃仰身世，而叹吾道之孤矣。丙午之明州，与人稍稍及某伯，错愕不已。蹑屐访之，把臂惊视，道昔者误传事，相将大笑。入酒楼，命觞痛饮，纵论天下古今。出所著《诗问》，纵观之，目慑心悸，无可为言。仅词云乎哉？”

《琼贻副墨·兰如集》卷二周闲《书某伯诗卷后》：“……一日，（武林应敏斋）过谓余，道相传某伯有子瞻海外之事。时当五六月。……丙午冬日，有明州之役。与人语，稍稍及某伯，错愕不已。蹑屐访之，把臂惊视，道昔者误传事，相将大笑。……丁未秋九月。”

《复庄骈俪文榷二编》卷一《〈范湖草堂十九图〉赞》：“周君存伯卜筑秀州城东南范蠡湖之浒，即以范湖名其堂。列十九景，绘为图，征题于能文者。兼轩霜寥朗奥折幽邃之胜，罗水石花竹风月鱼鸟之观，谓将奉亲读书、徜徉以终其世焉。爰仿郭闻喜赞《山海经图》、江醴陵颂闽中草木之体，而系以辞。……”

作赞时间不详，并附于此。

周闲（1820—1875），字存伯、小园，号范湖居士，浙江秀水人。官江苏新阳知县。诗、书、画称三绝，并善治印。有《兵原》、《日食表》、《读书杂识》、《范湖草堂遗稿》等。传见《范湖草堂遗稿》卷首金猷琛《周闲传》。

杨逸《海上墨林》卷三《寓贤》：“周闲，字存伯，秀水人。别号范湖居士。工诗文，善花卉，与萧山任熊友，相契。画近熊而稍变其法，笔气雄奇，古雅绝俗。咸丰时来沪，值寇至，随营助剿，以军功授官。”

李濬之《清画家诗史》辛上、《光绪嘉兴府志》卷五十三《秀水文苑》亦有其小传，不具录。

杨岘《迟鸿轩诗弃》卷四《周存伯范湖草堂十五首》，附录于此。

冬，方成珪来访，出观《诗问》，题诗以志倾倒。姚燮答诗，自题卷后。

《复庄诗问》卷三十四《答方广文成珪见题〈诗问〉韵，即自题卷后二章》其一：“愧无奇骨傲金台，那有名书署玉杯。借技争荣真鼠雀，随方托贱本蒿莱。雌黄且复凭人口，太白原非纬世才。敢道文章悬日月，千秋蒙翳揭能开。”

后附方成珪雪斋原作二首其一：“当年坛坫盛金台，未预宾筵末座杯。天北剑光沉督亢，海东云气接蓬莱。骚情不乱灵均笔，选体能精子美才。垂老明山一携手，半生襟抱为君开。”

同书卷首《诗评》：“瑞安方雪斋学博成珪云：余客京师，辄闻某伯名，不得见。晚始见于四明，盖积思者二十余年矣。以二十余年之久，一旦获慰，宿缘所在，夫岂偶然？丙午冬，出《复庄诗问》相示，且校且读，浃旬而周。而叹其味道之腴，食古能化，如大河东注，灏汗不穷，又如天仙化人，排阊阖而朝玉清也。”

《琼贻副墨·兰如集》卷十一方成珪《闻某伯先生名，不得见。晚始见之于四明，盖积思者二十余年矣。以二十余年之积思，而一旦获慰，宿缘所在，夫岂偶然？丙午冬，出《复庄诗问》相示，且校且读，浃旬而□。叹其味道之腴，食古能化，如大河东注，灏汗不穷，又如天仙化人，排阊阖而朝玉清也。谨附里（俚）言二章，用志倾倒》。

潘衍桐《两浙輶轩续录》卷二十五：“方成珪，字国宪，号雪斋，瑞安人。嘉庆戊辰举人，官宁波教授。著《宝研斋诗钞》。”

《民国瑞安县志稿》《文献编·选举门下》：“举人……嘉庆戊辰朱栻之榜，方成珪，字雪斋，居县城杨衙，宁波府学教授。”

《清史列传》卷六十九亦有其传，不具录。

十二月十六日，为叶恕《燕香居诗稿》作序。

叶恕《燕香居诗稿》卷首姚燮序：“叶丈鞠坪孝廉性耽诗，诗不守一格。大约以清微闲质为宗，许丁卯、陆剑南嗣响也。既刻成，来属予言弁其首。……年六十有八，书尝数十上，卒不见用于时，不免有淹落之感。……至今道及之，忽忽已三年事。诸君忽往应春官试，丈以年老不行，余亦困于贫病不得行，则又序及丈诗，不能不慨然于心也。然得是编行世，亦足傲枵腹而荣其佩绶者矣。道光二十有六年，游桃敦牂之岁冬十有二月十六日，蛟川晚弟姚燮复庄甫拜序于大梅山房。"

叶昶《燕香居诗稿》，道光丙午刊，崇敬堂藏版。

十二月下旬，孙廷璋为《复庄诗问》作序。

《复庄诗问》卷首孙廷璋序："姚君复庄，渊骞其姿，雄秀在骨，灵腑内涤，逸情外蜚。著作之富，积成巨观。豪爽之气，时寄清咏。刻划天地，缛旨烂其星稠；雕镂古今，瑶想郁其云诡。骎骎乎笙簧六际，而黼藻八能矣。……既付梓人，复庄属一言以为序。吾知是编一出，钧天九成，定洗筝琶之耳；香国独秀，尽抹嫣姹之姿。而璋得缀以芜辞，附乎简末，亦厚幸已。时道光二十六年，大岁在柔兆敦牂嘉平月下浣，会稽愚弟孙廷璋莲士甫拜序。"

道光二十七年丁未 (1847)　　四十三岁

二月，卢派绘小像。

《复庄诗问》卷首小像："复庄四十三岁小像，丁未二月，门人卢派摹。"

赵光为姚燮骈体文作序。此前，曾览其诗。王莳兰后为《复庄骈俪文榷二编》作序，将赵光序悉数引入。

《琼贻副墨·兰如集》卷一赵光《姚某伯骈体文序》："姚君某伯以绮藻之才，具风正之胜。前年曾诵其所为诗，琳琅悦心，上继作者。兹复以骈体文一编相质，受而读之。盖取法乎六朝，而博综于百氏者也。夫骈偶之文，贵乎润理内苞，秀采外溢，托思于言表，潜神于旨端。趣以情生，韵随语足。若乃佻巧洸荡，流而忘归，取媚于一字之纤，求工于一句之丽，俳优谐俗，何以异此？此非可以语某伯之文矣。浏览既竟，书数语于简端。质之梅伯，当不河汉予言也。"

《复庄骈俪文榷二编》卷首王莳兰序："昆明赵蓉舫先生光视学来浙，时所作序文相视，因录之，以弁简端。序之辞曰：……姚君某伯以绮藻之才，具夙匹之胜，前年曾诵其所为诗，琳琅悦心，上继作者，兹复以骈体文一编相质，受而读之。盖取法乎六朝，而博综于百氏者也。夫骈偶之文，贵乎润理内苞，秀采外溢，托思于言怀，潜神于旨端。趣以情生，韵随语足。若乃佻巧洸荡，流而忘归，取媚于一字之纤，求工于一句之丽，俳优谐俗，何以异此？此非可以语乎某伯之文矣。浏览既竟，用书数语于简端。质之某伯，当不河汉予言也。”

赵光（1797—1865），字蓉舫，云南昆明人。嘉庆二十五年进士，选庶吉士，授编修，历官御史、给事中、光禄寺少卿、内阁学士、兵部、户部侍郎、工部、刑部尚书等。卒谥文恪。有《赵文恪遗集》。传见赵光《赵文恪自订年谱》、《清史列传》卷四十七、《清史稿》卷四百二十一。

赵光从去年秋至道光二十九年视学两浙，姑将二人交往及赵光作序系于本年。

赵光《赵文恪遗集·浙江试牍序》：“丙午秋，余奉简命，视学是邦。”《赵文恪遗集·蕺山课艺选序》：“丙午秋，奉命视学浙中。自惟谫陋，衡才文薮。三年来，矢勤矢慎，博选约取。”《赵文恪遗集·诰授征士郎内阁中书吴君西渠墓志铭》：“道光丙午秋，予奉简命，视学两浙。”

赵光《赵文恪自订年谱》：“（道光）二十六年丙午，年五十岁。……八月初五日，奉旨简放浙江学政。……（十月）十八日，移驻节署。十一月，观风各属考诂经精舍诸生。二十七年丁未，年五十一岁。正月，开篆后起程渡钱塘江，过绍兴府，按临校试生童。……四月二十二日，出棚接试嘉兴毕，谒岳忠武王祠。五月，按试湖州。……六月初五日，旋署。……六月，接吏部文，奉旨转兵部左侍郎，具摺谢恩。八月节后，出棚按试衢州，次金华，又次严州。……十二月初五日，旋省度岁。二十八年戊申，年五十二岁。二月初五日，出省，由金华陆行赴处州按试，棚内接吏部咨，奉旨调户部左侍郎，兼管户部三库事务，仍留浙江学政之任，当即具摺谢恩。……至温州府按试。……抵台州按试。……由上虞、余姚抵宁波科试，并考拔贡生毕。五月，至绍郡，按临科试选拔。……八月，按试嘉兴。……十月，旋省小住数日，即登舟临科衢州，次至严州。各科试拔贡毕，回省度岁。二十九年己酉，年五十三岁。正月，开印出棚，按临金华，毕，陆行至处州，科讨拔贡。登舟赴温郡科试。……乘舟过绍兴，五月初十日，渡江旋省，奏报科试事竣。七月，录遗送考。予在浙三年，岁科两次。……十月十五日，新任学政吴晴舫少宗伯到杭。十八日，送关防卸任。二十五日，起程，同人饯别湖上。……（十二月）二十八日，到兵部右侍郎任。”

董沛师事姚燮。

董沛《正谊堂文集》卷十七《姚复庄先生墓表》：“余自弱冠，始侍先生，诗法皆先生所授。”

《民国鄞县通志·文献志》：“董沛，字孟如，一字觉轩。家世儒生，有异秉，七岁能诗。……同县徐时栋以能文名，一时郡邑隽士率来门下，著弟子籍，独于沛虽年辈下，不敢以师道临之。时栋修《鄞县志》未成而卒，沛踵成之，世称完作。同治六年举人，光绪十三年进士，以知县分发江西，历署清江、东乡县事，多称职。补建昌县，既又调署上饶，以疾解官归。筑六一山房，聚书五万卷。坐卧其中，锐志著作。有《四明系年录》七卷、《两浙令长考》三卷、《甬上宋元诗略》十六卷、《吴平赘言》八卷、《汝东判语》六卷、《南屏赘言》八卷、《晦闇斋笔语》六卷、《周官职方解》十二卷、《唐书方镇志考证》二十卷、《竹书纪年拾遗》六卷、《甬上明诗略》二十四卷、《甬上诗话》十六卷，又《今平准书》、《今礼书》、《今献遗闻》若干，《明六一山房诗集》正、续二十卷，《正谊堂文集》三十卷行于世。卒年六十八。”

董沛《正谊堂文集》卷末董缙祺《知州衔封朝议大夫江西建昌知县董府君行状》：“卒于光绪二十一年乙未二月二十三日，年六十有八。”则其生年为道光八年戊子（1828），本年二十。

九月（菊月）一日，陈应璋来书。此前，子景皋已成婚。

《琼贻副墨·尺素集》卷十七陈应璋书：“令郎少梅世兄，吉夕忝在通家至好，极欲趋府恭贺，奈以病体未果，歉何如之！……丁未菊月朔日。”

《复庄诗问》卷十三《同陈应璋豫园萍香榭茗谈，即过点春堂小憩》、《寄陈应璋》，并赋于此。

九月，周闲作《书某伯诗卷后》。

《复庄诗问》卷首《诗评》：“秀水周存伯公子闲云：……越年，某伯刻《诗问》将竣，而余欲行，胡可无一言？姑述吾两人之交所从由，归语敏斋，以见吾道之未孤也。”

《琼贻副墨·兰如集》卷二周闲《书某伯诗卷后》：“……丁未秋九月。”

九月，陈继揆为小像题词，阮诰书。

《复庄诗问》卷首小像题词：“其骨山癯，其神渊止，屈、宋悲骚，迁、固笔史。维摩之以病生，而少陵之不以共死。所以骛八埏、润千祼者，又孰从而测其涘耶？道光丁未九月，受业妹婿陈继揆拜题，愚弟阮诰书。”

刘泳之临终，将寄怀姚燮诗稿托江湜转达。姚燮装为长卷，倩沈焯绘《秋灯诗梦图》，追悼之。江凤笙作［高阳台］词，记其事。

《琼贻副墨·兰如集》卷十三江凤笙［高阳台］：“江君屹叔湜以刘梁壑病革时所托寄怀大某诗转达大某，大某翁装为长卷，倩沈竹宾焯写《秋灯诗梦图》，以系故人惓惓之意。属题是解。”词中注云：“庚子春，君道过胥江，与彦老相聚。越七年，彦老归道山，君未之再见矣。”

“君未之再见”，误，见本谱相关年月。

黄燮清《国朝词综续编》卷十一：“江凤笙，字韵楼，长洲人。诸生。”

王韬《瀛堧杂志》卷四：“同邑江弢叔湜，出先君子门下。家贫，授徒江村，弥自刻厉，专肆力于古文。先君子见其所作，叹曰：‘自他日当以诗文名海内，然帖括不可废也。’顾自为诸生后，三踏槐黄，而三见斥，遂绝意进取。饥驱谋食，之燕，之齐，之闽，之浙。北辙南辕，徫徨道路，学日进而诗益工。尝至京师，依其戚彭相国。相国赠以俸钱五十万，乃循例纳粟为县尉。需次杭垣，脚韡手版，听鼓应官，弃诗人而为俗吏。闻者奇之。杭垣陷贼，弢叔脱身还苏乡。俄而吴门亦陷，四出焚掠，一家中双亲弱妹同日殉难。弢叔先十日挈弟穿贼营出，得达于浙。既遘奇惨，痛不欲生。旋复自浙至闽，友朋助以赀，刻其所著《伏敔堂诗》十三卷，而卒以忧愤殒其生。”

《民国吴县志》卷六十八上《列传六》：“江湜，字弢叔，少时不得志于场屋，入赀需次浙江，尝摄长林场盐课司。中年殁于浙。其论诗以情为主，而归于一真字。又不肯随人步趋，故其诗纯用白描。骨肉朋友之怀，死生离别之感，言之沉着痛快，才力亦充然有余。用笔能展转不穷，屈曲透达。吾吴数百年来，诗家中未有此派。”

秦缃业《虹桥老屋遗稿》文卷四《题江弢叔遗札后》：“弢叔以名诸生屈于下吏，年未五十而死，后半月一子始生。其家又先破，造物之所以厄之者，至矣。”

道光二十八年戊申（1848） 四十四岁

二月，《复庄诗问》刻竣，为编目自记。

见道光二十六年丙午所引《复庄诗问》卷首《总目》后附自记文。

二月上旬，陆云书作《书后》。

《复庄诗问》卷末陆云书《书后》：“吾师通古今家言，又具过人之质，偶有著述，虽单词片议，时露英伟。盛世之景星庆云也，而顾其遇之困顿若是。夫世有啬于才而丰于命者，岂吾师丰于才而宜其啬于命欤？云书从吾师游已久，故知之甚深。每见师于摒挡事畜、酬酢世务之暇，辄坐斗室，陈一编，夜非三鼓不睡也。有疑义，就质师，必旁援曲引，由委溯源，务使反复详尽而后已。于经攻《易》，于史攻《汉》，旁及训故律历家言，尤师所心好，皆独抒异见，著有成书，未尝轻示人。故不知者，咸以师为工词章之学而已。师尝语云书曰：凡人处世，宜厚读书，宜刻真言之有柢者。故师之为人，恂恂呐呐若愚者，而不知其胸中故了了于今古事也。即以是编论之，理以确而精，才以博而贯，□以轩举而健，情以纡郁而深。岂寻常寻章摘句之流，可同日语者。然则吾师之学，其足以灌输千载者，不得谓天之啬之，而非所以丰之也。矧师年甫逾强仕，又焉知天不以命之由啬而丰者，以发其才之光也。不然，天既使师名满天下，而将终置其身于穷愁落寞中耶？道光戊申岁二月初旬，刻是编既竣，命鄞县受业陆云书篆仙甫覆校，谨书于后。”

二月十八日，叶元坊作《书后》。

《复庄诗问》卷末叶元坊《书后》：“坊少学诗于从兄心水先生，继复从蛟门复庄夫子游，而知诗之宗旨，在乎蛟门矣。……吾师取法既正，而又贯串经史，并博采诸子百家之说，供其驱使。冥想所至，直欲镂肝掏肾以出之，仍能恇乎依永和声之旨，宜乎艺之进于道欤？……然则吾师之诗，其由新而见工欤？而不知吾师之诗之新，实能以不背乎道而见工耳。坊故云：诗之宗旨之在乎蛟门也。抑坊之所以不能已于言者，良欲取证渊源之，或有一得焉否也。戊申花朝后三日，慈溪受业叶元坊磊山甫拜题。”

为叶元坊《意云楼诗》作序。

《复庄骈俪文榷二编》卷三《〈意云楼诗〉序》：“叶生磊山以《意云楼诗》示予，藻清风芳，不守一宗。……磊山之诗，其恬与放者如彼，其绮与淡者复如此，此非潜竺其情之抵、以静参乎物之妙者，能之乎？”

作序时间不详，姑系本年。

杨星曜为《诗问》作序。

《琼贻副墨·兰如集》卷一杨星曜《姚梅伯孝廉〈诗问〉序》：“（梅伯）不愿以无益之放言荒未来之岁月，手一编不置，夜则焚膏继晷，故造访之深，发为文章，无有穷尽，乃至不可思议者也。……所谓《诗问》者，将有问于有道之士哉？嗟、嗟，吾道穷矣。当此日长如年，梅伯尚惜寸阴，道之所在，某伯当自问也。”

作序时间不详，姑系本年。杨星曜序未收录《诗问》中。

为王莳兰父王立诚作墓表。

《复庄骈俪文榷》卷七《议叙邑训导王君墓表》：“道光二十有八年二月十有三日，议叙邑训导王君卒。卒之年，五十有一也。……其子莳兰等槅柎慎视，苫席眚心，卜兆宅于某山之原。行将发素轩，启松峤矣，第君之行状来，以表碣之辞请。……著有《淡园诗草》，藏于家。淡园，君之自号也。”

为戎憩庐作墓志铭。

《复庄骈俪文榷二编》卷七《故国学生戎府君墓志铭》：“乾隆四十有七年壬寅秋八月己巳，慈溪戎憩庐府君生。越六十有七岁，为道光二十有八年戊申冬十月戊午，以疾终。子金铭葬府君于镇海任溪之蒋浦山，属燮铭府君墓。”

道光二十九年己酉（1849）　四十五岁

助徐荣检校府试诸生。

《琼贻副墨·尺素集》卷十徐荣书：“去岁府试，奉屈大才检校，至今多士以为得人。”

书作于明年。

六月十六日，同吴元镜泛舟月湖。

《琼贻副墨·兰如集》卷八吴元镜《六月十六夕，同姚某伯师泛月湖舟中，得诗调陈四舜百，己酉》。

同诗又见吴元镜《笛倚楼诗》，题作《六月十六夕，同姚梅伯师燮泛月湖舟中，得诗调陈四舜百继揆》。

八月十三日，陈应璋来书。

《琼贻副墨·尺素集》卷十七陈应璋书：“兄自上地归里，已经三载。……己酉八月十三日。”

为许竹水作墓表。

《复庄骈俪文榷》卷四《许竹水先生墓表》：“鄞西南蕙江许氏于明天顺间自金华分支，遂世其族。越十传有竹水先生者，其文章行谊，闾里重之。既没后二十有一年，其子夔以状来请，为文表其墓。先生讳微三，字召亭，一字小云，三世俱以厚德著。……其所撰述，有《毛诗集说》、《三礼钞》、《困学纪闻偶笺》、《说文堂文稿》、《小云居士诗钞》，并若干卷，藏于家。……溯先生于乾隆三十有八年癸巳七月生，道光九年己丑二月以疾逝，寿五十有七。”

许竹水卒于道光九年，至本年前后二十一年，故系本年。

八月二十八日，在武林（杭州），周闲招饮，集凡九人，作图。

《复庄文酌》下编《范湖草堂雅集记》：“金陀园有范湖草堂，为二十四题之一。园在嘉禾，近范蠡湖，故以名。周君存伯，禾人也，奉其太夫人版舆，侨武林，亦以范湖名其堂。非袭也，盖有不忘故乡之思也。余久不与存伯见，之武林，始复晤焉。存伯乐余至，招同人谈宴竟日，尽欢而散。存伯曰：‘是不可不图。’图成，曰：‘是不可不记。’时余有江南之行，束装空匆，未之应。……是集凡九人，图皆有。题壁者，天台傅君啸生；负手旁立者，武林汪君铁樵；室中坐二人、若商略作图者，明州孙君仲明、萧山任君渭长；立桥上观夫容（芙蓉）者，武林周君淡年；坐花下携卷者，为存伯；而捧砚抱琴者，存伯之弟也；坐堂中度曲者，为武康应君敏斋；而吹铁箫以和之者，则余也。时道光己酉八月二十有八日，惟日天煦如春，庭绿不露。主客之乐，莫可喻言。”

周闲《范湖草堂遗稿》卷五［惜黄花慢·草堂菊花盛开，招姚孝廉燮、汪骑尉士骧、傅秀才濂、吴秀才观、应孝廉宝时、周泰、孙嫃、陈埙、钱松、任熊］。

秋杪，抵吴门，与杨韫华往来，凭吊故人。

《复庄文酌》下编《范湖草堂雅集记》：“由是而之吴门，之沪川。吴门、沪川，余旧游地也。十年不涉足，故人多零落者。秋杪，抵吴门，顾处士醉经、刘布衣梁溪、陈布衣桂轩、朱孝廉仲环、陈明府颐道诸公并下世，门有雀巢，墓门成拱矣。惟与杨子稚云往来踯躅于干将坊酒市间，挥巨觥，杂歌哭，苍茫凭吊焉尔已。”

十月二十日，在上海，齐学裘来访，一见如故。后为其作《唐石佛入焦山颂》。

《琼贻副墨·兰如集》卷十一齐学裘《道光己酉冬十月廿日，舟次上海，奉访某伯仁兄先生于水仙宫，一见如故，喜极欲狂。感时慨事，作诗四章奉赠。非敢言诗，聊申鄙意，乞和正之》。

《复庄骈俪文榷》卷一《唐石佛入焦山颂》：“唐石佛高八寸有四分，周回刻古今题识都二百四十有一言。……嘉庆八年，惠州赵希璜载来扬州，九年八月归诸焦山。时同游者，钱唐吴锡麒，通州胡长龄，邱县刘大观，芜湖韦协梦，阳湖洪亮吉、赵怀玉、孙星衍，阳城张敦仁。十年正月，安邑宋葆淳补刻石佛二侍者，并题记凡一百三言。……道光十年腊八日，婺源齐彦槐购自扬州市中，亲载入山，付僧清恒供养，勿失云山江水，共为证盟。……太守之子学裘本欢喜心造无量福，将移石山之书藏，藏之为他年故实。陶陵之鼎，华阳之铭，瑰而煌煌，并峙邛陵。来征言于燮，为之敬爇心香，膜拜而颂。”

齐学裘（1803—?），字子贞、子治，号玉溪，晚号老颠，安徽婺源人。齐彦槐子。工诗善书，不求仕进。有《蕉窗诗钞》等。

王韬《瀛壖杂志》卷四：“齐玉溪，名学裘，婺源人。梅麓太守长公子也。能诗，造北宋堂奥。书法尤工。性乐闲适，不求仕进。视及短，穷睫之力不及寻丈。出入一小童扶掖之，以为常。道光戊申，曾来沪上，与毛君对山结文字交。”

杨逸《海上墨林》卷三《寓贤》："齐学裘，字玉溪，婺源人。能诗，工书法。寓沪，住南园之湛华堂。与邑人毛祥麟为文字交，最契。"

十一月，吴铁君来访，送其兰溪访祖墓，作序文。

《复庄骈俪文榷二编》卷三《送吴铁君兰溪访墓序》："铁君为鉴桥吴氏子，国初有名家桢者，本兰溪产，由秀水转迁于鄞，遂为鉴桥吴之始。……始祖以上，墓皆在兰溪。又念乎族之有力无暇，以此事重，爰于道光二十九年己酉冬仲，挟其先明经所辑之谱，不假佽助裹糇，出门过予，言别并语，以故谓将溯钱清，沿罗刹，遵瀔渚，逾香溪，迤南住之阴厓，问慕坞之乔木。……传曰：'裂冠毁冕。'又曰：'弃德旷宗。'铁君洵有凛于斯言乎？"

冬，在上海，与徐子珊日夕过从。又与梁溪丁畅文，越中孙芷亭、敬亭昆季，武林许芷渌为文酒之宴。十二月十日，苕溪舟中作《范湖草堂雅集记》。

《复庄文酌》下编《范湖草堂雅集记》："逮之沪川，屈指故交，若王君二如、瞿君子冶，皆垂老病废。张君春水以贫远游，乔君鹭州、龚君岳庵相继殇殁，其相与日夕过从慰我旅寂者，惟余徐君子珊一人。时幸梁溪丁畅文，越中孙芷亭、敬亭昆季，武林许芷渌诸君皆流寓，遂相与迭为文酒之宴。箫局朝静，筝社夜继，几无虚日。余差忘其身之在客也。既别诸君行，寒霜满蒿，咿轧东下，回首城树，乱鸦暝飞。他年重至，谓足继今日乐耶？事有不可豫料者，因是知存伯之图雅集，盖有深意也。明将抵武林，复晤存伯，惧负前诺，聊叙其与存伯别后情事，为是记缘起，知与存伯属余作记之意有相吻合也。……自沪川自吴门归，始于十二月初十，苕溪舟中记之。其距集时，已百有余日矣。若啸生、若仲明，闻其已返里。余子五六人，踪迹亦不可豫定。弹指之顷，其散而不可复聚，聚而不复为向之九人者已如此，况异日耶？故谓存伯属余作记之意，证以余意之所致感者，有相吻合也，当书于卷以质之。"

杨逸《海上墨林》卷二："徐渭仁，字文台，号紫珊。博学嗜古，鉴别碑帖，时人推为巨眼。工行草篆隶，收藏卷轴至富。……中年时始学画兰竹，旋弃去。作山水，日夜研究，颇窥宋元诸家之秘。"

王韬《瀛堧杂志》卷三亦有其小传，不具录。

《复庄骈俪文榷》卷四《书徐随轩〈韵红楼曲图〉卷后》、《疏影楼词续钞》[百字令·和徐紫珊秋水亭落成词，用仪征相国师修复曝书亭韵]，并附于此。

道光三十年庚戌（1850）　四十六岁

正月十二日，徐荣来书，邀姚燮助其府试校士。后再次来书，告知因道光帝去世，府试延期，俟二月再行定期。

《琼贻副墨·尺素集》卷十徐荣书："……今定二月二十五日开考，未审可以拨冗前来否？……正月十二日。"同卷徐荣书第十三札："前约开印前后文旌下贲，今缘皇太后哀诏不日可到，正在坐草期内，不便开考，已报学宪，俟二月再行定期，特此奉告。"

赵光《赵文恪自订年谱》："（道光）三十年庚戌，年五十四岁。正月十四日，惊闻宣宗成皇帝大行之信，悲痛莫名。即时进内，齐集举哀。宿兵部署。每日三次进内举哀行礼。"

三月，在绍兴，以《骈文初编》见示徐荣。徐荣读后，作《书梅伯骈文卷后》。

《琼贻副墨·兰如集》卷二徐荣《书梅伯骈文卷后》："某伯倚马万言，文不加点，人徒讶其天分之高，而不知其手不释卷，夜以继日，于世间有字之书，无不读者。……顷来越郡，出《文骈初编》见示，受而读之十日，欢喜赞叹。……时道光庚戌三月，弟徐荣。"

与徐荣、顾小雅在绍兴试院合作梅花，各记以诗。伊乐尧、董杏塍、许峭士等题诗其上。

徐荣《怀古田舍诗节钞》卷五《试院与姚梅伯、顾小雅儒宝合作梅花，各纪以诗》："姚花清润冰玉兼，乐翁卫婿知无嫌。顾枝高冷不可近，雪球倒挂乖龙髯。我得酒狂君勿讶，一树横撑花上下。孔融掉臂登龙门，康乐攒眉溷莲社。图成锁院生暗香，三人各瘦何人强。漫山桃李应未识，付与石丈同平章。"

此诗前第四首为《庚戌元旦试笔》，后第八首为《七月初八，夜皋步作》。

同诗又见《琼贻副墨·兰如集》卷八。

潘衍桐《两浙𬨎轩续录》卷四十二伊乐尧《徐铁孙太守荣绍兴试院与姚梅伯、顾小雅合作梅花，各纪以诗。余偕董杏塍、许峭士襄校，附题画上》。

同诗又见《国朝杭郡诗三辑》卷七十一。

潘衍桐《两浙𬨎轩续录》卷四十二："伊乐尧，字遇羹，钱塘人。咸丰辛亥举人，官仙居训导。赠都察院经历。《杭郡诗三辑》：遇羹居瑞石亭，专力治经。黄相圃、严鸥盟而后，推遇羹焉。杭州再陷，遽死于难。著作无存，殊可惜也。"

《光绪慈溪县志》卷二十一《选举下·国朝举人》："咸丰元年辛亥恩科……伊乐尧，字遇羹，钱塘籍。"

陈继聪《忠义纪闻录》卷二十五《伊经历乐尧》、《国朝杭郡诗三辑》卷七十一小传、《续碑传集》卷七十一《伊孝廉传》，不具录。

伊乐尧为《四明它山图经》作跋。

《琼贻副墨·兰如集》卷一伊乐尧《跋〈四明它山图经〉卷后》："吾友姚君梅伯览其疏舛，乃复周览其山川，穷究其本末，仿桑、郦《水经》体，成《它山图经》十二卷。……道光三十年岁在庚戌，愚弟伊乐尧谨跋。"

任熊客大某山馆一年。子景皋摘宋元人词句，丐其为士女册十六帧。为任熊人物画十二帧题诗。

《复庄骈俪文榷二编》卷一《任不舍宋元词句画册赋》："吾友萧山任渭长名熊，字不舍，以画手冠一时。远薄吴、顾，近笼唐、仇，余子碌碌，仆隶而已。尝寓我大某山馆一年，儿子景皋摘宋元人词句，丐其为士女册。逾十日，得十六帧。沥脂膏黛渌之髓，极雕尘镂影之妙。谢赫之所品，邓椿之所评，于是册综括焉。暇日披览，系之以辞，并慨任君之不永年，而此调成广陵散也。"

《姚梅伯题任渭长人物十二帧》，上海商务印书馆民国六年初版、十八年四版。

姚燮题诗任熊人物画十二帧时间不详，姑系本年。

任熊《姚燮诗意图册》自跋："橐笔明州，下榻姚氏大梅山馆，与主人复庄订金石交。余爱复庄诗与复庄之爱余画，若水乳之交融也。暇时，复庄自摘其句，属予为之图。灯下构稿，晨起赋色，阅二月余，得百有二十叶。”

此册绢本设色，计一百二十四开（画一百二十开，跋四开）。每幅画面均题有姚燮诗，图后有任熊自跋。熊松之、吴云、沈钰、曹峋、李鸿裔等人观记。现藏北京故宫博物院。1981 年 9 月，上海人民美术出版社出版的《姚燮诗意图册》只是其中的十八帧。

周闲《范湖草堂遗稿》卷一《任处士传》：“任熊，字渭长，越之萧山人。善画，冠大江南北，亦能吟诗填词。诸子百家，咸皆涉猎。……道光岁戊申，始交周闲于钱唐，留范湖草堂三年。……岁庚戌，周闲为楚游，偕往吴中。交陈埙、黄鞠、杨韫华，复与陈埙送别至京口，遍游金、焦、北固三山。还留吴，交佘镛、孙聃，再偕陈埙游明州。先在范湖草堂遇姚燮，爱其才，至是即主姚燮。归而交里中曹峋，于时里中人始重其所为画。杜门者一年，咸丰纪元辛亥冬，周闲自楚还，因重至范湖草堂。明年约游吴，一至沪渎。……居华阳道院。……岁尽始归。……岁癸丑二月，任熊来吴娶妇，归萧山，复杜门。……岁丁巳闰月，始有疾。……十月，疾大作，初七日卒于家。年三十五岁。任熊画初宗陈洪绶，后出入宋元诸大家。……诗写性灵，词有逸趣。然尝与人曰：浙东有姚燮，浙西有周闲，文章尽于二人矣。……人短小精悍，眉目间有英气。”

姚燮与任熊始遇于去年，在范湖草堂。见去年所引《复庄文酌》下编《范湖草堂雅集记》文。

杨岘《迟鸿轩所见书画录》卷三：“任熊，字渭长，浙江山阴人。工人物花鸟。王信甫比部藏有设色花卉册，饶妍雅趣。弟薰，字阜长，曾于沪上青楼中见有摹北宋院体花鸟大屏八帧，皆合古法。族子颐，字伯年，涂芷蘅明府藏有画颜鲁公写经图大帧，胡远长题款署承甫。”

杨岘《迟鸿轩诗弃》卷四《李笙渔示任渭长画二首》。

杨逸《海上墨林》卷三《寓贤》：“任熊，子渭长，萧山人。画综陈老莲，人物花卉、山水结构奇古。画神仙道佛，别具匠心。寄迹吴门，偶游沪上，求画者踵接，不久留也。卒年仅四十余。有《于越先贤传》、《列仙》、《酒牌》等画谱行世。弟薰，字阜长，以人物花卉擅名于时。熊子预，字立凡。工山水，别辟溪径。疏懒落拓，至窘迫时，与以金，乃立应，颇得重价。卒年亦未五十，遗墨甚珍。”

邹弢《三借庐赘谈》卷十二《任画》："浙江有任渭长者，弟阜长，名薰。子立凡，名预。寓苏州，皆工画。运笔苍老，奇诡有致。说者谓派宗道子，故人不可学。"

《民国萧山县志稿》卷二十一《人物·方技》："任熊，字渭长。弱冠警敏多能，天怀夷旷，赋诗涉笔成趣。善画仕女，远绍陈洪绶之传。咸丰初年，以嘉兴周闲荐，入向忠武公荣金陵戎幕，为绘地图。羁居积年，得江山之助，笔法逾健。既归，鬻画苏州以自给。尺幅片楮，人咸珍之。光绪初年卒，年六十许。熊自订画谱，有《列仙传》、《高士传》、《于越先贤传》、《剑侠传》四种行世。"

此言任熊卒年与年岁，均误。

齐学裘《见闻随笔》卷七《任渭长》："浙江任渭长，名熊，绘事无所不工，尤精于写真。来苏，馆黄秋士衍波阁，为余画《校帖图》。身坐秋树根，手持一帖，侧面看帖，不露眉目，而形神逼肖。阅者无不道神似，真绝艺也。杭州某大家，有一闺女，素称绝色。侪辈少年欲渭长写女真，无由得见一面，怅甚。渭长笑曰：'无怅。时值午节，正闹龙舟，某家水阁临河，美人定在帘里，速买小舟，安排纸笔。舟泊在帘下，一探骊，便得珠矣。'少年喜甚，买舟备席，请渭长看龙舟，好为佳人写照。舟泊帘前，细看女郎在内，龙舟正过帘前，渭长特地装醉投水，群舟喧哗救人。美人搴帘下望，渭长手扳暗石，目注娇容，翻身跳上船头，换衣笑曰：'真个探骊得珠矣。'振笔写真，见者无不称肖。曾见其为姚梅伯画《梅伯诗词百帧》，人物鬼神，山海奇兽，花鸟虫鱼，仙山楼阁，无不出神入化。真不愧月山之后裔也。梅伯无钱刻文钞，有富人出千金，购百帧妙绘而去。我五十生辰，渭长画《艳禅图》立轴为寿。乱后不知此图流落何方。渭长年未四十去世，今亦无此画手矣。惜哉！"

杨逸《海上墨林》卷三《寓贤》："任颐，字伯年，山阴人。真率不修边幅，画人物花卉，仿北宋人法。纯以焦墨钩骨，赋色浓厚，颇近老莲。年未及壮，已名重大江南北。后得八大山人画册，更悟用笔之法。虽极细之画，必悬腕中锋，自言作画如颐，差足当一写字。间作山水，沉思独往。忽然有得，疾起捉笔，淋漓挥洒，气象万千。书法亦参画意，奇警异常。寓沪久，鬻画以终。"

七月七日夜，与诸伎会于湘霞晚晴楼。任熊作画，陈继揆赋诗，姚燮作词与记。

《疏影楼词续钞》[高阳台·庚戌七夕，偕任湘浦、陈舵岩诣湘霞晚情（晴）楼，并招紫樱、眉娟、艾珠诸女鬟小宴。湘浦作画，舵岩赋诗，余因倚弦填此解]。

《复庄骈俪文榷二编》卷四《晚晴楼七夕小宴记》：“残雨过江，潮气生袂；斜日横郭，树香到帘。为之结冶，欢饮佳序。延碧寥之初爽，摅绿蘅之绮怨。华灯既张，重幕不下。明霞一痕，迤乎女墙之杪；初月半眉，悄含秋黛之色。……是集也，境托乎遐旷，时适乎窅静，吐绵郁之烟想，导萦泂之水致。翛然怡然，相忘于夜之已深也。渭长作画，舵岩赋诗，而余为之记。”

为王淑元死难作事状。

《复庄骈俪文榷二编》卷六《赠太仆寺卿广西龙州牧王君死难事状》：“若我友王君秋槎牧太平府之龙州，亦为与难官之一。……时道光三十年庚戌也。……惟日八月丙子，君朝服南面坐，俟堂皇左右侍者，君之第三子光颉及秦宾、曹清二仆也。……事闻，恤赠太仆寺卿，予祭葬，荫袭如制，入祀昭忠祠。……君讳淑元，字是型，浙江鄞县人。燮之同社老友也。”

叶名沣读姚燮辛丑以后诗，有诗。

叶名沣《敦夙好斋诗初编》卷十一（庚戌四月至十二月）《薇省集三》《读姚梅伯辛丑以后诗卷，感赋》：“传烽南望甬东天，千里惊魂速去鞭。诗句激昂留信史，酒尊潦倒度中年。蒹葭秋水庐安在，花月春江梦惘然。不见黄垆旧游侣，一编相对泪如泉（卷中哭张亨父、汤海秋诸诗，均极沉痛）。”

厉同勋作诗题《复庄诗问》后。

厉同勋《重订厉廉州先生诗全集》《题姚梅伯孝廉〈复庄诗问〉集后》（庚戌）。

文宗咸丰元年辛亥（1851）　四十七岁

正月二十一日，傅濂来书，询问姚燮出处与否，告知与任熊有约，欲便道过大梅山馆。

陶湘编《昭代名人尺牍小传续集》傅濂手书：“梅伯仁兄大人阁下：

别数阅月矣，远隔云山，殊为悬念。上元前二日，长男阿琨以呕血死，书生薄命，无可奈何。因念吾辈以笔墨谋生，所谓自食其力，似无罪过，岂卖画题诗，亦有造孽处耶？阁下今年出门否？以君才望，出处俱无不可。弟则如打包行脚，非随年托钵，无可生涯。渭长去岁于何日旋里，弟曾与有先约，二月间拟至彼处一游，亦不过月余为期。因附专一函，望即先为寄去，以便渠定。待他日返棹而东，或便道过大梅山馆，面叙一切可也。耑此布泐，敬请文安，并请老伯大人钧安。制弟傅濂顿首。正月廿一日申。”

任熊去年客大梅山馆一年，因将傅濂来书系于本年。

此年前后，著《今乐考证》。后世评价颇高。

是书分缘起二，宋剧，著录一、二元杂剧，著录三明杂剧，著录四国朝杂剧，著录五金元院本，著录六、七明院本，著录八、九、十国朝院本。

是书原为稿本，无序跋，无明显可确定其撰述时间之线索。编于此前的《复庄诗问》亦未提及此书，现存《复庄今乐府选》有些剧目后有时间标示，大都在本年及此后二年内。《今乐考证》著录十《国朝院本》：“汤饴汾一种：《剑人缘》。饴汾，字雨生，常州人，流寓秣陵。”汤饴汾在咸丰三年太平军攻进南京城后，投池自杀。姚燮为其《琴隐园集》作序。见本谱该年。《今乐考证》必定作于咸丰三年之前。具体时间暂无考。姑将撰述时间系于本年前后。

北京大学影印《今乐考证》卷末马裕藻《〈今乐考证〉跋》：“重要著作属于研究戏曲者，如《今乐考证》、《今乐府选》之类，所占篇卷尤多。姚氏在百年前，对于文学具此新见，视焦氏循、凌氏廷堪，殆又过之。二十世纪初年，亡友王君静安（国维）著《唐宋大曲考》、《戏曲考源》、《古剧脚色考》、《优语录》、《录曲余谈》、《曲录》及《宋元戏曲考》诸书，其考证之精，或过于姚氏。而距王君著书七十年前，姚氏已有此伟著，王君固未之知也。亡弟隅卿廉少喜搜集明末忠臣义士逸民之遗著，近十余年来，闻王君静安、周君豫材树人之风，则又潜心戏曲小说之研究。民国二十一年，在宁波书肆忽睹此稿，惊为秘籍，以重价得之，亟思传播于世。不幸隅卿获此稿后，不及三年，遽尔物化。隅卿遗著，尚待整理，未克付梓。余特承隅卿遗志，先将姚氏此稿赠与北京大学，请其印行。不及两月，全书即已印成。余因就姚氏著述之梗概及此稿久晦复显之情状，叙次如右。民国二十四年九月，鄞县马裕藻谨跋。”

北京大学影印《今乐考证》卷末赵万里《〈今乐考证〉跋》：“这部书，虽薄薄的只有五册，但可认为近代剧曲史料的一个总记录。在戏曲史的立场看来，其重要性不亚于钟嗣成、贾仲名的正续《录鬼簿》和徐渭的《南词叙录》。《录鬼簿》是结元代和元明之间北杂剧的总账而作的，《南词叙录》是结明中叶以前南戏的总账而作的。自《南词叙录》行世以后，约过了二百多年，又有姚氏出来结元明清三代剧曲的总账。规模之大，远在钟、贾、徐三家之上。这真是空前的杰作，和王静安先生在宣统初年编纂《曲录》时的动机和背景完全一样。……我以为姚氏之编此书，与他所纂辑的《今乐府选》有连带关系。《今乐府选》一共有五百卷之多，可算是元明以来规模最大的剧曲大选集，远非《群音类选》、《歌林拾翠》、《缀白裘》之类可比。举凡古今著名的剧曲，无不收入。姚氏在乾嘉以降狭义的经史考据学的气氛里，居然开发了一个老师宿儒所不屑去且不能去的文学资料的新园地，真叫人钦佩无已。《今乐考证》不过是《今乐府选》未完成以前的初步统计工作，这好比静安先生之辑《曲录》，事实上，不过为写《古剧脚色考》、《宋元戏曲史》时的参考而已。”

赵景深《姚梅伯的〈今乐考证〉》：“镇海姚梅伯的《今乐考证》是王国维《曲录》以前五十年的中国剧曲的总记录，其价值在于比王国维的《曲录》早出五十年。虽然也有一些独到的地方，总的看来，并不见得比《曲录》好。”（《中国戏曲初考》，中州书画社 1983 年版，第 1 页。）

叶长海《中国戏剧学史稿》：“戏曲理论著作《今乐考证》十卷，其性质和后来王国维的《曲录》大致一样。但两书所根据的资料多有不同，可以互补不足。又《今乐考证》所著录的每一作家或作品之后，征引各家谈曲、论曲之语，比《曲录》较为详尽。……总之，如上所述，《今乐考证》是一部戏剧资料的集大成之作。”（上海文艺出版社 1986 年版，第 488—490 页）

廖奔、刘彦君《中国戏曲发展史》第四卷：“《今乐考证》是他的曲学力著。书中运用了清人擅长的考证功夫，对戏曲的缘起、杂剧院本传奇名称的演变、戏曲角色的变化、戏班的历史、戏曲的声腔流派、道具乐器行头、工尺谱、舞蹈以及一些专用术语等，都做了考察；又按朝代著录宋杂剧、金院本、元杂剧、明清传奇杂剧名目，并在每一作家或作品后面，辑录各家对其有关评论。姚燮的工作基本上是汇聚资料，集前代戏曲历史考证、剧目搜罗的大成，这些资料将戏曲发展史勾勒出了一个大致的面貌，为后人提供了当时最为完备的剧作目录，功不可没。然而，姚燮的著述不建立在立论的基础上，而以排比资料为主，因而没能在戏曲史的论述上形成完善体系。另外，他对于有关资料不加分辨、一概聚而有之，以多而全为目的，不免良莠杂糅，缺乏科学性。可以说，姚燮的著述是古典戏曲学中最为完备的史著，但也昭示着古典戏曲学的先天缺陷。这种缺陷是不可从内部突破的，必须等到有新的史著意识建立，才能有真正的推进，那就是王国维的工作了。”（山西教育出版社 2000 年版，第428—429 页）

自此年始，编校《复庄今乐府选》。

《光绪诸暨县志》卷五十：“《今乐府选》，五百卷，国朝姚燮辑。每篇有燮手评，丹铅错杂于眉简。其搜采之宏富，勘点之精当，为孙月峰、胡孝辕辈所不及。评定装成二百册，欲付刊而艰于力。今原稿归镇海小江李廉水部郎濂家。”

冯辰元《复庄今乐府选总目序》：“蛟川姚先生复庄为吾浙名士，风流蕴藉，于书无所不窥。诗古文词并臻精妙，刊有《大梅山庄集》行世，久已脍炙海内。尤工于画梅，每一纸出，笔墨淋漓，精神毕肖，得之者如获至宝。晚年酷嗜音乐。咸丰辛亥夏五，选录词曲四百余种，都为一百玖拾二册，晨夕手校，名曰《今乐府选》。暖歌融融，舞袖泠泠。盥薇展诵，光景常新，一洗酒前乐府之陋习。可以扩襟怀，涤俗虑，韵流风发，美善毕臻。昔日延陵季子所谓叹观止者，其在斯耶？书系手钞，未付梨枣，故世罕有见之者。今春，余寄寓港口李如山比部家，课读女弟子。夏四月，其仲兄玉麟明经因诸暨友人之请，而嘱录其序。盖复庄原籍义安，欲刊之以光志乘。乃检阅总目本，其简端只余空白数页，并无列序。谅以复庄时当校录，眉批手注，日给不皇，以致欲作序而未果欤？倘假以时日，则鸿篇巨制，并冕眷首，必有可观。呜呼！复庄往矣，不能再起而请其序，良可惜也。今是选归李氏家藏，古色古香，殊为宝贵。余录其总目一帙，虽未能读其全集，而获幸管中窥豹，略见一斑，且后之览者，庶可共得梗概云。”

浙江图书馆藏第一册总目：“复庄今乐府选总目，大某山馆校录。”

浙江图书馆藏《复庄今乐府选详目》：“大某山房原选，张宗祥编。”末记：“一九五四年夏，购得姚梅伯选钞乐府一百一十本。苦无细目，因为录此。原书凡百九十二册，今逸八十二册。不知是否尚在人间，真使人怅怅。海宁张宗祥记，时年七十三。”

是书浙江图书馆藏一百十册，宁波天一阁藏五十六册，国家图书馆藏二册，苏州文管会、台湾“中央”图书馆各藏数册。

四月二十五日，校沈自征《簪花髻》。

《复庄今乐府选》第二十九册沈君庸《簪花髻》右侧批：“辛亥四月二十五日，病起遣闷校。”剧末评：“君庸，松陵人，一本作君甫，名自征。别有《霸亭秋》、《鞭歌妓》杂剧，但未见。此折饶有浩瀚奇崛气。”

五月五日，校《迎銮新曲·百灵效瑞》、吴伟业《临春阁》。

《复庄今乐府选》第一册《迎銮新曲·百灵效瑞》右侧批：“辛亥五月重五日，灯下校。”

同书第二十九册灌隐主人《临春阁》右侧批：“辛亥重五日，午睡后校。”剧末批：“竟体精湛夺目，无暇（瑕）可攻。”

灌隐主人，吴伟业自署名。

吴敢《〈今乐府选〉叙考》（《徐州教育学院学报》2000年第1期）把《百灵效瑞》末页批注“甲午五月初八日校冷僧”中“甲午”解释为光绪二十年，云“冷僧何人，不得而知”，误。冷僧是张宗祥先生号，甲午是1954年。

五月六日，校《康衢新乐府》、《浙江迎銮词》。

《复庄今乐府选》第一册《康衢新乐府》右侧批：“辛亥五月初六日，晨起雨窗校。”

同册梁廷枏《浙江迎銮词》（上）右侧批：“辛亥五月初六日巳刻校。”

同书第二册梁廷枏《浙江迎銮词》（下）右侧批：“辛亥五月初六日午刻校，时雨初霁，日光射棂。”

《浙江迎銮词》实为王文治作，姚燮误书主名。

五月十一日、十二日，校冯梦龙编耍词《夹竹桃》。

《复庄今乐府选》第一百九十二册《夹竹桃，明浮白主人本，耍词》右侧批："辛亥五月十一、十二日，遣闷录此，并圈读一过。"末批："原词一百二十三首，今选存二十二首，可当古乐府《啰唝》、《子夜》读。"

五月十六日，校董解元《西厢记》诸宫调、马致远《岳阳楼》。

《复庄今乐府选》第二册董解元《西厢记》（一）右侧批："辛亥五月十六日，晴窗校，时巳刻。"

同书第三册董解元《西厢记》（二）右侧批："辛亥五月十六日午刻晴窗校。"

同册董解元《西厢记》（三）右侧批："辛亥五月十六日校半帙，时日西斜，有客至。客去后，校毕。"

同书第四册董解元《西厢记》（四）右侧批："辛亥五月十六日傍晚，校完全部，浮三大白。"

同书第五册马致远《岳阳楼》右侧批："辛亥五月十六日灯下校。"

第二折［梁州第七］曲上眉批："此调三排句，最宜整炼，又宜一气呵成。似此方不愧冷隽。"

第三折末批："吐纳有烟霞气，何笔情超隽乃尔。自是名家。"

五月十七日，校关汉卿《蝴蝶梦》。

《复庄今乐府选》第六册关汉卿《蝴蝶梦》右侧批："辛亥五月十七日辰起校。"

五月十八日，校关汉卿《救风尘》。

《复庄今乐府选》第六册关汉卿《救风尘》右侧批："辛亥五月十八日辰刻校。"

五月二十六日，校关汉卿《谢天香》。

《复庄今乐府选》第六册关汉卿《谢天香》右侧批："辛亥五月二十六日，自望京门访友归后校。"第三折剧末评："收得十分酣足。虽系小结构，亦不草草下笔。足征此公才力之厚。"

五月二十七日，校吴昌龄《风花雪月》。

《复庄今乐府选》第八册吴昌龄《风花雪月》右侧批："辛亥五月二十

七日巳时雨窗遣闷校。”第四折《赦桂》末批：“笔下澄秀，如晓翠横江，是不食人间烟火者。梁子章云此剧雅驯中饶有韵致，吐属亦清和婉约，带白能使上下串连，无一渗漏。布局排场，更浓淡疏密相间，洵不多觏之文。”

夏，许鲲来书。

《琼贻副墨·尺素集》卷十一许鲲书：“甲岁京师一见，日月迅疾，倏忽七载。……凡自越来者皆问询，或云居省受修志之聘，或云在宁郡，或又以为村居注《参同契》，且言以注籍得广文。……辛亥夏。”补写：“六月四日成此书……”

六月二日，校郑德辉《倩女离魂》。

《复庄今乐府选》第九册郑德辉《倩女离魂》右侧批：“辛亥六月初二日，雨后自竹溪醉归，剪灯校。”剧末评：“迷离懵悦，饶有巧思。末折犹擅胜。”

六月四日，校关汉卿《鲁斋郎》。

《复庄今乐府选》第六册关汉卿《鲁斋郎》右侧批：“辛亥六月初四日灯下校。”

六月八日，校白仁甫《墙头马上》。

《复庄今乐府选》第七册白仁甫《墙头马上》右侧批：“辛亥六月初八日，嫩雨生凉，自紫樱处醉归，灯下校。”

六月十三日，校武汉臣《玉壶春》。

《复庄今乐府选》第八册武汉臣《玉壶春》右侧批：“辛亥六月十二日未刻校，适胡树图过谈。”

六月十五日，校马致远《陈抟高卧》。

《复庄今乐府选》第四册马致远《陈抟高卧》右侧批：“辛亥六月望初伏日灯下校。”

六月十八日，校马致远《汉宫秋》、乔梦符《金钱记》。

《复庄今乐府选》第四册马致远《汉宫秋》右侧批：“辛亥六月十八日午刻校。”

同书第七册乔梦符《金钱记》右侧批：“辛亥六月十八日未刻校。”

六月二十三日，校关汉卿《玉镜台》。

《复庄今乐府选》第六册关汉卿《玉镜台》右侧批：“辛亥六月二十三

日，自小村家晚顾归，校此。”

六月二十四日，校马致远《荐福碑》、乔梦符《扬州梦》、郑德辉《王粲登楼》。

《复庄今乐府选》第五册马致远《荐福碑》右侧批：“辛亥六月廿四日，顾北城圆津庵归，校此，时日已过西。”

同书第七册乔梦符《扬州梦》右侧批：“辛亥六月廿四日傍夕校。”

同书第九册郑德辉《王粲登楼》右侧批：“辛亥六月廿四日灯下校。”

六月二十六日，校马致远《黄粱梦》。

《复庄今乐府选》第四册马致远《黄粱梦》右侧批：“辛亥六月二十六日灯下校，时范思仲来。”

六月二十七日，校徐阳辉《有情痴》。

《复庄今乐府选》第二十七册徐阳辉《有情痴》右侧批：“辛亥六月二十七日灯下校。”

六月二十九日，校王九思《曲江春》。

《复庄今乐府选》第二十八册王九思《曲江春》右侧批：“辛亥六月二十九日下午校。”

七月一日，校白仁甫《梧桐雨》。

《复庄今乐府选》第七册白仁甫《梧桐雨》右侧批：“辛亥七月初一日巳刻校。”第四折《雨梦》剧末批：“仁甫为文举之子，名朴，真定人，号兰谷先生。掌礼仪院太卿，赠嘉议大夫。著有杂剧十五种，多不传。梁子章云：《梧桐雨》第一折［醉中天］云：‘我把你半弹的肩儿凭，他把个百媚脸儿擎。正是金阙西厢叩玉扃，悄悄回廊静。靠着这招彩凤舞青鸾，金井梧桐树影。虽无人索听，也索悄声儿海誓山盟。’第二折［普天乐］云：‘更堪那浐水西飞雁，一声声送上雕鞍，伤心故园，西风渭水，落日长安。’及第三折［殿前欢］一阕，俚能力重千钧，为《长生殿》所不及。”

张宗祥红字批：“此即《长生殿》中《埋玉》、《迎哭》诸出情节，而词更沉着苍凉。”

七月七日，校郑德辉《㑳梅香》。

《复庄今乐府选》第九册郑德辉《㑳梅香》右侧批：“辛亥七月初七日，午窗雨后校。”剧末评：“马巽倩云：风流俊逸。使事用古，纯是韵趣。若为王实甫蓝本，我尚谓换骨未仙。若脱胎王实甫，可不云后愈出愈奇也。”

七月九日，校关汉卿《中秋切鲙》。

《复庄今乐府选》第五册关汉卿《中秋切鲙》右侧批：“辛亥七月初九日未刻校。”

七月十三日，校马致远《青衫泪》、王实甫《丽春堂》。

《复庄今乐府选》第五册马致远《青衫泪》右侧批：“辛亥七月十三日午刻雨中校。”

同书第九册王实甫《丽春堂》右侧批：“辛亥七月十三日，自润清、蕉□宅醉归校。”

七月十四日，校关汉卿《窦娥冤》。

《复庄今乐府选》第五册关汉卿《窦娥冤》右侧批：“辛亥七月十四日午刻挥汗校。”剧末张宗祥红字批：“甲午五月初十日校，冷僧。此本与现行本完全不同，现行药死者为张驴儿之母，窦娥因下雪不斩。”

七月十五日（中元），校乔梦符《两世姻缘》、武汉臣《生金阁》、贾仲名《萧淑兰》。

《复庄今乐府选》第七册乔梦符《两世姻缘》右侧批：“辛亥七月中元日未刻，校于大某山馆。”

同书第八册武汉臣《生金阁》右侧批：“辛亥七月中元日未初挥汗校。”

同书第二十五册贾仲名《萧淑兰》右侧批：“辛亥七月中元日午刻校。”

七月十六日，校贾仲名《对玉梳》、《金童玉女》。

《复庄今乐府选》第二十五册贾仲名《对玉梳》右侧批：“辛亥七月十六日午末校。”

同册贾仲名《金童玉女》右侧批：“辛亥七月十六日未刻校。”

八月三日，校关汉卿《金线池》。

《复庄今乐府选》第六册关汉卿《金线池》右侧批：“辛亥八月初三日，吴门邸楼巳刻校。”

八月八日，校吴昌龄《东坡梦》。

《复庄今乐府选》第八册吴昌龄《东坡梦》右侧批：“辛亥八月初八日，吴门邸楼校。”

八月初，已到吴中。游支硎、天平、灵岩、穹窿诸山和寒碧庄，有游记、序文、词等多篇，陆俣作《吴门西山纪游图卷》，友人题赋众多。

《琼贻副墨·兰如集》卷七《〈吴门西山纪游图卷〉题辞》姚燮自识："辛亥，客吴中，为支硎、天平、灵岩、穹窿诸山之游，倩陆君俣侣松绘作长卷，同人多题赋者。今录为一帙。"

《复庄骈俪文榷二编》卷五《游天平山三白云记》："灵岩之阴、支硎之阳，其峤而奥、秀而雄者，天平山也。……始入山，憩白云之舍。……行约二里许，就中白云憩焉。……如是复里余，抵乎上白云之麓。……各系小诗，书诸扇，俾妙珠藏之，以示后之游者，殆有缘已。"

天平山，在今苏州市西南。

《复庄骈俪文榷二编》卷五《登灵岩山琴台记》："灵岩山之椒曰琴台，相传为吴王弦歌之地。……是日也，秋风正高，万象森逼，瘭若颠陨，虚若振飞。爰拭藓，趺坐以憩焉。……晚气已乘，群从促归，一僧相送。"

灵岩山，在今苏州市西南三十里木渎镇旁。

《复庄骈俪文榷二编》卷五《寒碧庄游宴诗序》："栖嚣埃，困烦暑，十日亢阳，偶阴不雨，思旷阆之地，为休憩之所，适吴君芗泉具壶榼，招朋辈约为寒碧庄之游。庄故吴西郭之名园也。……诸君曰：'归当赋诗。'并属予抽简以序云。"

《疏影楼词续钞》[金缕曲·宴寒碧庄，醉后书壁]。

《复庄骈俪文榷二编》卷二《穹窿山上真观碑》。

《复庄骈俪文榷》卷五《又一村舍记》："又一村舍者，吾友陆君侣松自名其读书谭艺之室也。侣松家吴门因果里，为萧梁禅兴寺故址。惟先人孝友堂在焉，榜曰四梅花阁。"

闰八月，与张凯、张鸿卓、韦光黻、杨韫华等作秋禊之会。

《复庄骈俪文榷二编》卷四《吴门秋禊题名记》："咸丰元年辛亥之秋闰八月，同人乃于斯作秋禊之会，应诺而至，辐辏袂联。气类所孚，趣无殊向。……于时高天明泬，金飙试凉。……主其事者，淮宁张凯次柳、华亭张鸿卓篆峰、雷葆廉约轩、吴县王寿庭养初。同集者，元和戈载顺卿、韩崇履卿、盛树基艮山、顾世沅湘艇，吴县韦光黻君绣、杨韫华稚云、杨淦梧冈、沈钰秋帆、江凤笙韵楼，长洲陆俣侣松，天津王玉璋鹤舟、王震生鹤孙，会稽王润四篁，娄县黄鞠秋士，常熟范玑引泉，镇海姚燮某伯，凡二十人。期而不至者，海宁杨文荪芸士，吴县吴嘉洤清如、潘遵祁顺之、陈彬华小松、黄寿凤同叔、王复彦卿、王云石香、徐康子晋、顾竹安松溪，婺源齐学裘玉溪，休宁吴文柱香岩，吴江沈焯竹宾，新城陈升恩木生，乍浦伊佐圻铁耕，凡十四人。用藉贞珉，镌列姓氏。”

《琼贻副墨·兰如集》卷十四张凯［洞仙歌］：“咸丰纪元闰八月，招某伯仁兄暨诸同人于元都观作展中秋之会。”

《复庄骈俪文榷初编》卷六《张次柳词序》，卷七《须曼罗室图后序》、《疏影楼词续钞》［台城路·张次柳公子《花影庵填词图》］、［蝶恋花·《画船听雨图》，用次柳自题韵］；蒋敦复《芬陀利室词集》卷二［国香·张次柳《画船听雨图》］，卷四［虞美人·李晨兰女士今藏张白也太守室，公子次柳出观属题］、［洞仙歌·张次柳取子野三影句填此调各一首，江文通拟古诗十九首例也。在倚声家为创格，暇日和之。至事外远致，别有怀抱，非复邯郸故步］，并附于此。

黄燮清《国朝词综续编》卷十一：“张鸿卓，字伟甫，华亭人。有《绿雪馆词》六卷、《百和词》一卷。”

王韬《瀛壖杂志》卷四：“华亭张啸峰广文名鸿卓，工于词，所著有《绿雪馆词钞》，直闯花间之室。孙麟趾月波明经广选时人所作，为入之于《绝妙近词》中，一时脍炙人口。啸峰好客善谈，剪灯煮茗，可竟夕弗倦。自云间至沪上，仅一水隔耳，游屐时至，辄作平原十日饮。每喜于荒园萧寺中，作冷淡生活。同郡如雷约轩茂才、丁步洲上舍，皆风雅士，每至，必与之偕。约轩著有《诗窠笔记》。”

《疏影楼词续钞》［声声慢·张篆峰《藕花香里填词图》］、蒋敦复《芬陀利室词集》卷四［长亭怨·啸峰赋悼亡词和原均（韵）慰之］，附列于此。

闰八月，与王新桥等人集于姑苏城东画禅寺，作《画禅寺书画雅集记》。

《复庄骈俪文榷二编》卷四《画禅寺书画雅集记》：“咸丰纪元之岁，月值闰酉，日届仲乙，王君新桥邀同人能书画者，集于姑苏城东画禅寺，倪高士故隐地也。……惟时暑终凉始，闭阳催雨，高梧正碧。……网罗名流，间厕寓公。殊任昉箸裾之交，抵司马真率之会。清闷虽远，謦欬相接。品苟不存，工艺而已。或滥标榜，或争门户，抑其次也。兰社幸从，芜言聊记。吾还一笑，拈禅钵之花；谁有千古，操名山之券？”

闰八月，与王之佐会，为其弟王棠《蕉雪庵遗集》作序。

《复庄文酌》下编《王台叔〈蕉雪庵遗集〉序》：“越自辛亥闰，复晤征君于吴。盖与征君不相见者已十有三载。征君语曰：‘吾弟之诗已就编，将付诸手民。子当不能无言，以为序。’明日，寄二帙至。凡诗之卷八，词之卷一。张君秋水、殷君述斋各有序，于其志气行谊，与沈笃好学之事，述之详，予又何说哉？虽然，予与征君皆皤皤老矣，求如曩昔浮尊擘螯、侧巾落日、浩吟彭泽东篱之诗，木末之鸦为之惊舞，其风景兴会，均不可以复再。即一片江舸，复造征君之庐，而不获起我台叔于泉下，践当时握手之所订，徒与征君拈须坐对，感旧唏嘘，亦复何乐也！则台叔之文虽传，而台叔固已死矣，嗟乎！”

闰八月二十日，与齐学裘、雷约轩等于吴门酒楼痛饮畅谈，齐学裘作歌记之，录请正定。

《琼贻副墨·兰如集》卷七齐学裘《咸丰元年辛亥闰八月二十日，梅伯老兄邀同雷约轩、王璞臣、王青选吴市酒楼痛饮畅谈，作歌纪之，录请正定，即乞和章》。

王韬《瀛堧杂志》卷五：“华亭雷约轩于阛阓间购得铁壶一柄，质甚古雅。梅伯绘图，剑人题诗云：‘铁龙人海呼不起，跳向壶中铁天地。日膏月汁造化炉，铁骨铮铮任陶铸。浪沙淘洗千百年，物以无用形质全。石鼎不作轩辕去，且折梅花供雪天。’约轩遂自号铁壶外史。铁壶一微物，当弃置市廛，谁加拂拭？偶得名流物色，而声价顿增，光华遂着。物之遇不遇，何如哉！”

《疏影楼词续钞》[洞仙歌·雷约轩《通波水阁填词图》]、[渔父词·题《梅花庵除夕祭词图》，为约轩同黄霁青太守调]，并附于此。

耳聋好色。与齐学裘同访吴县伎四官，长跪叩首。齐学裘为《忏绮图》题诗，姚燮为齐学裘《天空海阔之居图》题诗。

齐学裘《见闻随笔》卷八《姚孝廉风流》：“耳聋好色。闻吴县水菓四官美艳无匹，遂邀余同访。见四官姗姗其来，姚双目注之，长跪叩首而已。四官笑不可止，姚便叩首不止。年逾五十，风趣如此。绘《忏绮图》，装池成卷，先索余题诗。诗曰：'绝代佳人姚梅伯，却嫌脂粉污颜色。年来忏绮绘作图，稳坐蒲团适其适。金钗十二排两行，抱琴执拂焚清香。最后垂髫捧剑立，白虹一道冲天光。眉飞色舞情何长，鬓丝禅榻心暗伤。年华逝水不可恃，世实危脆无牢强。结习未除花自着，结习已除花自忘。云消现出团团月，放下屠刀便成佛。合教天女伴维摩，是色是空究何物。我亦有图非忏绮，总领众香大欢喜。行云流水任悠悠，我自随缘行乐耳。大千世界视微尘，十万天女来纷纷。衣香花气自氤氲，化为一片妙鬘云。争妍竞媚左右陈，缓歌慢舞连朝昏。同登极乐之世界，一齐收入解脱门。绮亦不必忏，图亦不必存。虚空粉碎了无碍，信我法力弥乾坤。'梅伯读余诗，击节叹赏，称为得未曾有，遂题余《天空海阔之居图》。诗曰：'在家颠僧齐玉溪，乾坤窄小身何栖。求仙不愿师老子，学佛未肯参牟尼。堕世为蛊五十载，重膜刮碎金花鎞。歌笑不活病不死，真元吐纳连胸脐。有时酣饮瓮翻阮，或发浩唱琴弹嵇。东乌西兔听明灭，子牛吾马随排挤。别开一境混茫始，包罗垣宿凌须弥。老颠手仗白龙剑，谴呵雄雷挥雌霓。升云偶得许君鹤，照水讵乞温家犀？万古作级心为梯，眼力所到无尘翳。何当破闷出关窍，我乘石瓠君浮蠡。'此诗刻在《同人酬赠集》中。"

姚燮与齐学裘同在吴门，唯有本年，因将此事系于本年。文云"年逾五十"，当为概数，不是实际年岁。

九月九日，与韦光黻、子景皋等游金山。作《金山石壁图记》。

《复庄骈俪文榷二编》卷五《金山石壁记》："吴门韦君涟怀，诗康乐，文柳州，狎山昵水之致亦似之。辛亥九月九，招予为金山之游。停舟夏泯，行里许屈焉，土人所称茭白荡也。……呜呼！微我韦君，兹山兹荡，一兰溷于荆，于乱于石耳。拨剔之，拂拭之，然后扬其芳，的其光，世有隐秀弢晖之士，处悴族，抱幽忧而不遇姑布子卿，如韦君其人者，又重可嘘也。"

《琼贻副墨·兰如集》卷二韦光黻《〈金山石壁图〉记》："岁辛亥，复庄兄来吴。闻之语，吴君香岩、济泉昆季为租小艇，拉予导行。时惟重九，得友九人。……同游者，镇海姚复庄燮、子搢伯景皋，婺源吴香岩瀜、济泉宗泺，休宁杨和轩鸣良、森甫一鹏、程简高惟坤，元和樊晓埭景烜，长洲韦君绣光黻也。"

九月十日，郭福衡来访，作长歌奉呈请正。

《琼贻副墨·兰如集》卷五郭福衡《辛亥重九后一日，访复庄仁丈大雅于金昌，得读大著。闻名十余年，识荆伊始，倾倒之下，不禁五体投地。因作长歌奉呈，即请斧政》。

《光绪娄县续志》卷十五《选举》："（道光十四年甲午）郭福衡，岁贡。见举人。……（同治）十二年癸酉乡科……郭福衡。"

秋，交王复，赠以集。王复服膺不已，作诗相赠。为其《除夕戏马台酹酒图》题词，作［金缕曲］。

《琼贻副墨·兰如集》卷五王复《咸丰纪元秋，幸识镇海某伯先生，承以大集赠。雒诵数夕，五体投地，服膺不可言状。辄书长句于后，录奉斧削》。

《疏影楼词续钞》［金缕曲·王彦卿《除夕戏马台酹酒图》］。

王复（1822—1861），字彦卿，江苏吴县人。少曾习医，稍长，从吴兴王二樵学诗及书启。后拜齐学裘门下学诗，诗格清妙。以游幕为主，曾为江北粮道杨简侯能格办书启。一生布衣漂泊，穷困潦倒。作有杂剧《艳禅》一折行世。事迹见齐学裘《见闻随笔》卷五《王彦卿殉难》。

九月十九日，校小弇山人《列子御风》、王复《艳禅》。

《复庄今乐府选》第三十八册小弇山人《列子御风》右侧批："辛亥九月十九日，吴门寓楼雨窗校。"

同册王彦卿《艳禅》右侧批："辛亥九月十九日，吴门寓楼雨窗校。"剧末批："彦卿少年多美才，余因玉溪生得与之交。此折《颠僧》，盖彦卿为玉溪写照也。彦卿，吴人，名复，并工医。曾为余题《忏绮图》。"

小弇山人，陆萼庭先生考证其为毕华珍。聊备一说。《清代戏曲家丛考》，学林出版社 1995 年版，第 188 页。

秋末，过上塘浮香阁故址，追忆往事，作［祝英台近］。

《疏影楼词续钞》［祝英台近·辛亥秋杪，客游吴下，过上塘浮香阁故址，追忆影事，记以中声，得二十有四解。春怀绮燕，秋怨哀蛩。聊存泥雪之痕，倘补水天之录］。

立冬前，画《梅龙长卷》，齐学裘题诗。姚燮为齐学裘《画梅卷》题诗。

齐学裘《见闻随笔》卷八《姚孝廉风流》："梅伯画《梅龙长卷》索

题，诗曰：‘咸丰纪元辛亥立冬前，复庄道人画梅视老颠。绢长二丈高尺一，老梅一株花万千。如龙夭矫而蜿蜒，之而鳞甲风中旋。藏头露尾出复没，神乎其神仙乎仙。曷不腾身上九天，云行雨施为丰年。胡为倔强潜深渊，如蠖之屈诚堪怜。不得嘘气为云、吐沫为雨，行龙之胸臆，徒为春蚓之萦、秋蛇之绾、安龙之困眠。不如化作大梅生海边，繁花插晴昊，疏影横桑田。华光过而取其韶，逃禅见而取其妍。煮石山农来树下，取其花繁而瓣圆。道人究竟梅花身，玉雪为骨冰为魂。慕梅号梅结梅邻，爱梅画梅传梅神。当其下手风雨快，绝去依傍无古人。槎枒破空出鹿角，图转胡旋成龙鳞。左拏右攫风云屯，惊天破石雷霆奔。吁嗟乎，梅耶龙耶不可分，道人自写胸中无声之佳句。有色之奇文，李白不必夸万言，画梅聊博青铜钱。得钱相觅便沽酒，登楼痛饮娱婵娟。春风秋月领花趣，香闺绣阁熏龙涎。赏心乐事那有此，良辰美景堪留连。画梅功德大莫大，道人得意圈复圈。老颠题诗至此笑不已，要借道人画梅润笔开华筵。师雄重入罗浮梦，明珰翠羽来翩翩。人在花间月在抱，探龙得珠无恨焉。明正邓尉梅花发，再约道人香雪海中高咏追前缘。’梅伯为余题《画梅卷》七古一章绝佳，刻在《寿鼎斋丛书内》，化为烽烟矣。当日倡和诗颇多，不能悉记。梅伯曾作先人夫《送唐石佛入焦山颂》长篇，刊在《梅伯文集》中。兵燹之后，不知梅伯人间天上。书罢神驰。”

十月，过永兴（萧山），与曹峋、任淇、任熊等游湘湖，作《湘湖游记》。曹峋作《题〈金山石壁图〉记后》。为任淇碧山草堂作铭，为其父国任作圹志。

《复庄文酌》下编《湘湖游记》：“今年余客其地，识曹君子嶙，为贳舟具酒榼。先期申约，招同辈者三。……游之日，咸丰元年辛亥十月十有五日也。游之人，曹君与余外，陈君仲昉，任君竹君、渭长也。”

《琼贻副墨·兰如集》卷二曹峋《题〈金山石壁图〉记后》：“姚子复庄既游金山石壁，将归句东，取道永兴，遂访余。余招陈子仲昉羲、任子竹君淇、渭长熊，陪游湘湖。……咸丰元年十月六日。”

姚燮与曹峋所记游湖时间不同，不详何说准确，存疑。

《复庄骈俪文榷》卷二《碧山草堂铭》：“永兴西北干山之界，有堂桀然，任君建斋是宅焉。君曰：‘是堂也，昔惟许隐君元度灌园之地。许君往矣！……'许君之名存，任君之名与远焉。又乌知许君之迹不因任君系之不亡乎？其曰碧山，盖有取乎太白之诗也。杜君尺庄先我而论其谊也，不复述云。铭曰：……"

同书卷四《候补盐大使任府君圹志》："府君讳国任，字听樵，萧山县人也。……府君生乾隆某年十月十三日，卒以嘉庆某年七月二十五日，阅春秋若干。……子一，名淇。"

为碧山草堂作铭、为任淇父作圹志时间不详，王莳兰咸丰三年编《复庄骈俪文榷》已收入二文，姑将作二文系于本年。

任淇（？—1861），一作琪，字竹君，浙江萧山人，任熊族叔。工书法，写兰亭十三行，楷法精妙。与周白山同时寓沪甚久。精篆刻，金石、竹、木，无不擅长。花卉双钩，尤其专技。亦工界画。

过越州（绍兴），晤沈炳垣，出示《吴门西山纪游图卷》，沈炳垣题辞。

沈炳垣《〈吴门西山纪游图卷〉题辞》："辛亥十月，某伯词丈自吴门返棹，道经越州小住，出此图见示。时假馆郡斋，将及经年，索居眇欢，会稽秦□（望）诸胜，相距咫尺，未暇以探问。……展对此卷，不能无振衣之想矣。"

王韬《瀛壖杂志》卷四："沈晓沧司马，名炳垣，浙江桐乡人。嘉庆庚午登贤书。自幼即耽吟咏，超心炼冶，不愧作家。以名孝廉需次省垣，脚靴手版，书史自娱。绝不作风尘俗吏态。其任县事也，雍容镇静，不务扰民。故人皆乐其宽简。历官苏州府督粮水利同知。壬寅，和议既定，海市遂通，奏改松江府海防同知，移驻上海。时庶务初建，一切皆躬任其劳。旋以丁艰去任，而宦橐如洗。后主敬业书院，奖掖后进，如恐弗及。是以简拔皆真才，一时奉为文章圭臬。所著有《八咏斋诗钞》。"

《光绪嘉兴府志》卷五十六《海盐列传》有沈炳垣小传，不具录。

十月十六日，校马致远《任风子》。

《复庄今乐府选》第五册马致远《任风子》右侧批："辛亥十月十六日雨窗校。"

十月十九日，校叶宪祖《北邙说法》、《团花凤》，孟称舜《花前一笑》，谢堃《绣帕》、《十二金钱》。

《复庄今乐府选》第二十五册叶宪祖《北邙说法》右侧批："辛亥十月

十九日校。”

同册叶宪祖《团花凤》右侧批：“辛亥十月十九日校。”

同书第二十六册孟称舜《花前一笑》右侧批：“辛亥十月十九日校。”剧末批：“《柳枝集》评云：子塞诸剧，蕴藉旖旎，的属韵人之笔，而气味更自不薄。读此信然。”

同书第一百六十五册谢佩禾《绣帕》（上）右侧批：“辛亥十月十九日灯下校。”

同册谢佩禾《绣帕》（下）右侧批：“辛亥十月十九日灯下校。”

同册谢佩禾《十二金钱》（上）右侧批：“辛亥十月十九日灯下校。”

同册谢佩禾《十二金钱》（下）右侧批：“辛亥十月十九日灯下校。”

十月二十日，校湛然禅师《鱼儿佛》、谢堃《血梅记》。

《复庄今乐府选》第二十七册湛然禅师《鱼儿佛》右侧批：“辛亥十月二十日校。”

同书第一百六十五册谢佩禾《血梅记》右侧批：“辛亥十月二十日校，时从玉立龛醉归。”

玉立龛为宁波妓女王素芳寓室名，见《十洲春雨》。

十月二十一日，校谢堃《黄河远》、仲振奎《仲氏红楼》。

《复庄今乐府选》第一百六十六册谢佩禾《黄河远》右侧批：“辛亥十月廿一日校，时帆初子、青啸庵硐南来。”

同书第一百六十七册红豆村樵《仲氏红楼》（一）右侧批：“辛亥十月二十一日灯下校。”

同册红豆村樵《仲氏红楼》（二）右侧批：“十月二十一日灯下校。”

十月二十二日，校孟称舜《桃花人面》、《死里逃生》，徐阳辉《脱囊颖》、仲振奎《仲氏红楼》。

《复庄今乐府选》第二十六册孟称舜《桃花人面》右侧批：“辛亥十月二十二日校。”

同册孟称舜《死里逃生》右侧批：“辛亥十月廿贰日校。”

同书第二十七册徐阳辉《脱囊颖》右侧批：“辛亥十月二十二日校。”

同书第一百六十八册红豆村樵《仲氏红楼》（三）右侧批：“辛亥十月二十二日灯下校，时从湘霞醉归。”

同册红豆村樵《仲氏红楼》（四）右侧批："辛亥十月二十二日灯下校。"

十月二十三日，校冯惟敏《不伏老》，徐渭《渔阳弄》、《翠乡梦》、《雌木兰》，尤侗《读离骚》、周稚廉《元宝媒》。

《复庄今乐府选》第二十七册冯海浮《不伏老》右侧批："辛亥十月二十三日校。"

同书第二十八册徐文长《渔阳弄》右侧批："辛亥十月二十三日校。"

同册徐文长《翠乡梦》右侧批："辛亥十月二十三日校。"

同册徐文长《雌木兰》右侧批："辛亥十月二十三日校。"

同书第三十册（尤）悔庵《读离骚》右侧批："辛亥十月二十三日校。"

同书第一百十一册可笑人《元宝媒》（上）右侧批："辛亥十月二十三日灯下校。"

同册可笑人《元宝媒》（中）右侧批："辛亥十月二十三日灯下校。"

同册可笑人《元宝媒》（下）右侧批："辛亥十月二十三日灯下校。"

《复庄今乐府选》第一百十二册可笑人《双忠庙》（中、下）无批注时间。

十月二十四日，校尤侗《吊琵琶》、《桃花源》。

《复庄今乐府选》第三十册尤悔庵《吊琵琶》右侧批："辛亥十月二十四日校。"

同册尤悔庵《桃花源》右侧批："辛亥十月廿四日灯下校，时翠兰、□□在座。"

十月二十七日，校冯惟敏《僧尼共犯》。

《复庄今乐府选》第二十八册冯海浮《僧尼共犯》右侧批："辛亥十月廿七日灯下校。"

十一月，徐荣为《西山纪游图》题诗。

徐荣《怀古田舍诗节钞》卷六《题姚梅伯〈西山纪游图〉》："有口不食五侯鲭，有足不作望火马。大梅东自吴会来，不见吴门当道者。大梅随身一尺图，吴山明婳吴江纡。为言自买双不借，西山浇遍寻山壶。西山逶迤富林壑，天半支型有先约。……君家旧种珊瑚树，去寻东海钓竿风（君家镇海），归剩西山锦囊句。吁嗟乎！几人泉石说膏肓，出见纷华喜热场。

亦有山林称乐志，水俗山凡无一字（叶水心［应为心水］《北村记》云：‘余海滨之人，山凡水俗。’）。江山千古待人传，恨我未从书画传。君不见沧浪亭子四万钱，风月至今归万贤。”

此诗前第一首为《十一月朔日长至》，后第二首为《十九日六十初度》。

徐荣本年六十岁。徐荣《怀古田舍诗节钞》卷首铭岳《徐公传略》：“公生于乾隆五十年壬子十一月十九日巳时，殉难于咸丰五年乙卯二月初三日辰时。……公享年六十四岁。”

十一月三十日，校孟称舜《眼儿媚》。

《复庄今乐府选》第二十六册孟称舜《眼儿媚》右侧批：“辛亥十一月三十日校。”

岁末，居胡士泉宅，与其考艺论文者约一月，读其诗与文。

《复庄文酌》下编《寿胡士泉先生六十序》：“辛亥之岁杪，重登先生之堂，与先生考艺论文者殆匝月，始读先生之诗与文。”

十二月六日，校舒位《修箫谱》，青霞寓客《北孝烈》，梁廷枏《圆香梦》、尤侗《清平调》、《黑白卫》。

《复庄今乐府选》第三十八册舒铁云《修箫谱》右侧批：“辛亥十二月初六日，雨窗校。”

同书第三十五册青霞寓客《北孝烈》右侧批：“辛亥十二月初六日，雨窗校。”剧末批：“竟体真，适是朴实头地之文。”

同册藤花主人《圆香梦》右侧批：“辛亥十二月初六日校。”

同书第二十九册尤悔庵《清平调》右侧批：“辛亥十二月初六日灯下校。”

同书第三十册尤悔庵《黑白卫》右侧批：“辛亥十二月初六日灯下校。”

十二月七日，校梁廷枏《江梅梦》。

《复庄今乐府选》第三十五册藤花主人《江梅梦》右侧批：“辛亥十二月初七日，灯下校。”

十二月八日，校石韫玉《花间九奏》，蓉鸥漫叟《青溪笑》中《泛月》、《说艳》。

《复庄今乐府选》第三十六册花韵主人《花间九奏》（选二）右侧批：

"辛亥十二月初八日校。"

同册蓉鸥漫叟《青溪笑》(上)《泛月》右侧批:"辛亥十二月初八日校。"

同册蓉鸥漫叟《青溪笑》(下)《说艳》右侧批:"辛亥十二月八日校。"

十二月十一日,晤唐寿萼于禾城(嘉兴),又与其同饮于源一粟庐,唐寿萼有诗记事。

《琼贻副墨·兰如集》卷七唐寿萼《辛亥十二月十一日,禾城寓次,晤某伯先生,遂同霞翁、仲篱乔梓暨秦次游集饮于于君秋诠一粟庐,分韵得美字》。

王韬《瀛壖杂志》卷四:"秀水于辛伯茂才,名源,槜李诗人也。少受诗学于黄霁青太守,太守亟赏之。以为自此有替人矣。诗派出入于南宋间,清而不流于薄,小而不入于纤。于近人中,可以别树一帜。喜作,近游有所得,辄以供剞劂费。所锓木者,有《一粟庐诗》一、二、三稿,《灯窗琐语》,《柳隐丛谈》,虽藉以通声气、广游扬,然搜集之勤,亦不可没也。时来沪上,与王叔彝观察交最善。辛酉冬间,借一显者札,往谒县令。时县令先入蜚语,竟论贼谍,置诸囹圄,几罹不测。后有为之辨者,乃得释。"

叶炜《煮药漫抄》卷下:"同里于辛伯明经源,又号秋诠,体甚肥,同人呼为于胖。胖名与诗名并著。刻有《一粟庐诗草》、《题红阁词》、《语儿村笛》、《灯窗琐话》、《柳隐丛谈》诸种。铅椠未完,红羊劫至。流离琐尾,转徙上海。时方戒严,以面生可疑,几罹不测。赖先兄琴轩与张一山臬掾、冯莲士参军力为斡旋,得免于祸。未几物化,诸作镌板未久,流传绝少。"

十二月十二日,校黄之隽《郁轮袍》,徐石麒《买花钱》、《大转轮》、《拈花笑》、《浮西施》,蒋士铨《一片石》,吴伟业《秣陵村》,王翃《红情言》。

《复庄今乐府选》第三十一册石牧《郁轮袍》右侧批:"辛亥十二月十二日灯下校。"

同书第三十二册徐又陵《买花钱》右侧批:"辛亥十二月十二日,雪窗灯下校。"

同册徐又陵《大转轮》右侧批："辛亥十二月十二日灯下校。"

同册坦庵《拈花笑》右侧批："辛亥十二月十二日灯下校。"

同册徐又陵《浮西施》右侧批："辛亥十二月十二日灯下校。"

同书第三十三册蒋清容《一片石》右侧批："辛亥十二月十二日校，时薄雪初飞。"

同书第八十一册吴梅村《秣陵村》(一)右侧批："辛亥十二月十二日雪窗校。"

同册吴梅村《秣陵村》(二)右侧批："与上帙同日校。"

同书第八十二册吴梅村《秣陵村》(三)右侧批："与上帙同日校。"

同书第一百册王介人《红情言》(上)右侧批："辛亥十二月十二日灯下校。"

同册王介人《红情言》(中)右侧批："与前帙同日校，时漏三下。"

同书第一百一册王介人《红情言》(下)右侧批："与前帙同日校，时漏四下。"

同册王介人《词苑春秋》无批注时间。

十二月十三日，校黄之隽《梦扬州》、《饮中仙》、《蓝桥驿》。

《复庄今乐府选》第三十一册石牧《梦扬州》右侧批："辛亥十二月十三日校。"

同册石牧《饮中仙》右侧批："辛亥十二月十三日雪窗校。"

同册石牧《蓝桥驿》右侧批："辛亥腊月十三日校。"

十二月十四日，校吴伟业《秣陵村》、孔尚任《桃花扇》。

《复庄今乐府选》第八十二册吴梅村《秣陵村》(四)右侧批："辛亥十二月十四日校。"

同册吴梅村《秣陵村》(五)右侧批："与前帙同日校。"

同书第八十三册孔云亭《桃花扇》(上)右侧批："辛亥十二月十四日校。"

同书第八十四册孔云亭《桃花扇》(下)右侧批："与上帙同日校。"

十二月二十一日，校张坚《梦中缘》、《玉狮坠》，李凯《寒香亭》，王曦《东海记》，夏秉衡《八宝箱》。

《复庄今乐府选》第一百四十一册张漱石《梦中缘》(上)右侧批：

“辛亥十二月二十一日雪窗校。”

同册张漱石《梦中缘》（中）右侧批：“与前帙同日校。”

同书第一百四十二册张漱石《梦中缘》（下）右侧批：“与前帙同日校。”

同书第一百四十三册张漱石《玉狮坠》（上）右侧批：“辛亥十二月二十一日校。”

同册张漱石《玉狮坠》（下）右侧批：“与前帙同日校。”

同书第一百五十一册李图南《寒香亭》（一）右侧批：“辛亥十二月廿一日灯下校。”

同册李图南《寒香亭》（二）右侧批：“与前帙同时校，时漏四下。”

同书第一百五十二册王季旭《东海记》右侧批：“辛亥十二月廿一日灯下校。”

同册夏谷香《八宝箱》右侧批：“辛亥十二月廿一日灯下校。”

十二月二十二日，校李凯《寒香亭》。

《复庄今乐府选》第一百五十一册李图南《寒香亭》（三）右侧批：“辛亥腊月二十二日校。”

同书第一百五十二册李图南《寒香亭》（四）右侧批：“与前帙同日校。”

十二月二十三日，校尤侗《钧天乐》、李凯《寒香亭》。

《复庄今乐府选》第八十三册尤侗《钧天乐》（上）右侧批：“辛亥十二月二十三日校。”

同书第一百五十二册李图南《寒香亭》（五）右侧批：“辛亥十二月廿三日辰起校。”

十二月二十六日，校史槃《梦磊记》。

《复庄今乐府选》第六十八册史叔考《梦磊记》（上）右侧批：“辛亥十二月二十六日灯下校。”

同册史叔考《梦磊记》（下）右侧批：“与前帙同日校。”

同册史叔考《双缘舫》无批注时间。

为王丕显父王升作墓志铭。

《复庄骈俪文榷二编》卷六《槐园王府君墓志铭》：“府君山西代州五台县人，以乾隆四十有五年庚子七月二十有七日亥时生，享寿七十有二岁。以咸丰元年辛亥闰八月初八日子时殁，系出前明忠烈公后。讳升，字上达，一字槐园，执斋先生之孙、丰年先生之子也。……燮之乡荐，出县公门下，有师生之谊焉。以铭词下命，谨受简而次第之。”

为镇海向泰祺作传。

《复庄骈俪文榷二编》卷七《向府君家传》：“诰封奉直大夫向府君以咸丰元年辛亥卒，享年四十有五。……君讳泰祺，字寿维，浙江镇海人。……今宸既以国学生获军功，欲出而筮仕，怆怀风木，思褒彰之，发恳志以显亲仁也。冀易名以荣往，礼也。缀述美德，用扬幽菜。光大门间，勉哉毋替。”

咸丰二年壬子（1852）　四十八岁

正月一日，校徐复祚《红梨记》。

《复庄今乐府选》第七十册阳初子《红梨记》（上）右侧批：“壬子元月元日灯下校。”

正月二日，校徐复祚《红梨记》。

《复庄今乐府选》第七十一册阳初子《红梨记》（中）右侧批：“壬子正月初二日巳刻校。”

同册阳初子《红梨记》（下）右侧批：“与前帙同日校。”

同册孟称舜《贞文祠》（上）无批注时间。

同书第七十二册孟称舜《贞文祠》（中、下）无批注时间。

同书第七十三册磊道人《撮合圆》（下）右侧批：“与前帙同日校。”

同册卢次楩《想当然》无批注时间。

正月三日，校裘琏《昆明池》。

《复庄今乐府选》第三十四册废莪子《昆明池》右侧批：“壬子元月初三日校。”

正月四日，校裘琏《集翠裘》。

《复庄今乐府选》第三十四册废莪子《集翠裘》右侧批：“壬子元月初四日校。”

正月五日，校裘琏《鉴湖隐》、《旗亭馆》。

《复庄今乐府选》第三十四册废莪子《鉴湖隐》右侧批：“壬子元月初

五日雨窗校。”

同册废莪子《旗亭馆》右侧批：“壬子正月初五日校。”

正月十九日，校无名氏《节侠记》。

《复庄今乐府选》第八十一册无名氏《节侠记》（上）右侧批：“壬子元月十九日灯下校。”

同册无名氏《节侠记》（下）右侧批：“与前帙同时校。”

正月二十日，校尤侗《钧天乐》、范文若《鸳鸯棒》。

《复庄今乐府选》第八十三册尤西堂《钧天乐》（下）右侧批：“壬子元月二十日校。”

同书第八十五册范香令《鸳鸯棒》（上）右侧批：“壬子元月二十日雪夜校。”

同册范香令《鸳鸯棒》（中）右侧批：“与前帙同时校。”

同书第八十六册范香令《鸳鸯棒》（下）右侧批：“与前帙同夕校。时漏三下，雪始霁，以酒御寒。”

同册范香令《梦花酣》无批注时间。

正月二十二日，校吴震生《地行仙》。

《复庄今乐府选》第一百五十册玉句词客《地行仙》（三）右侧批：“与前帙同日校。”

同册玉句词客《地行仙》（四）右侧批：“与前帙同日校，时漏二下。”

同册玉句词客《地行仙》（五）右侧批：“壬子元月二十二日校。”

正月二十三日，校青城山樵《玉门关》、叶良表《分金记》。

《复庄今乐府选》第一百三册青城山樵《玉门关》右侧批：“壬子元月二十三日校。”

同书第六十七册叶良表《分金记》右侧批：“壬子正月二十三日灯下校。”

正月二十八日，校吴伟业《通天台》，蒋士铨《第二碑》、《四弦秋》。

《复庄今乐府选》第二十九册灌隐主人《通天台》右侧批：“壬子元月二十八日校。”

同书第三十三册蒋清容《第二碑》右侧批：“壬子正月二十八日校。”

同册蒋清容《四弦秋》右侧批：“壬子正月二十八日复庄校。”

二月一日，校沈嵊《息宰河》。

《复庄今乐府选》第九十九册孚中道人《息宰河》（原作：明院本，改作：国朝院本）右侧批："壬子二月朔日灯下校。"

二月二日，校张坚《怀沙记》。

《复庄今乐府选》第一百四十二册张漱石《怀沙记》（上）右侧批："壬子二月初二日校。"

同册张漱石《怀沙记》（中）右侧批："与前帙同时校。"

同书第一百四十三册张漱石《怀沙记》（下）右侧批："与前帙同时校。"

二月四日，校吴镐《红楼散套》。

《复庄今乐府选》第一百六十八册荆石山民《红楼散套》（上）右侧批："壬子二月初四日校。"

同册荆石山民《红楼散套》（下）右侧批："与前帙同日校。"

二月五日，校张坚《梅花簪》。

《复庄今乐府选》第一百四十三册张漱石《梅花簪》（上）右侧批："壬子二月初五日校。"

同书第一百四十四册张漱石《梅花簪》（中）右侧批："与前帙同日校。"

同册张漱石《梅花簪》（下）右侧批："与前帙同日校。"

二月十一日，校程文修《玉簪记》、袁于令《西楼记》、李玉《永团圆》。

《复庄今乐府选》第六十四册程文修《玉簪记》（上）右侧批："壬子二月十一日灯下校。"

同册程文修《玉簪记》（下）右侧批："与前帙同时校。"

同书第八十六册袁白宾《西楼记》（上）右侧批："壬子二月十一日校。"

同册袁白宾《西楼记》（下）右侧批："与前帙同日校。"

同书第八十七册袁白宾《珍珠衫》、《鹔鹴裘》（上、下）无批注时间。

同书第八十八册李元玉《永团圆》（上）右侧批："壬子二月十一日校。"

同册李元玉《永团圆》（下）右侧批："与前帙同时校。"

二月十二日，校梅鼎祚《长命缕》、夏纶《南阳乐》。

《复庄今乐府选》第一百四册胜乐道人《长命缕》（上，国朝院本）右侧批："壬子二月十二日校。"

同册胜乐道人《长命缕》（下，国朝院本）右侧批："与前帙同时校。"

同书第一百二十七册夏惺斋《南阳乐》（上）右侧批："壬子二月十二日校。"

同册夏惺斋《南阳乐》（中）右侧批："与前帙同时校。"

胜乐道人，明梅鼎祚号。姚燮此处及《今乐考证》将《长命缕》作国朝院本，误。

二月十三日，校朱鼎《玉镜台》、嵇永仁《双报应》。

《复庄今乐府选》第六十九册朱鼎《玉镜台》（上）右侧批："壬子二月十三日校。"

同册朱鼎《玉镜台》（下）右侧批："与前帙同日校。"

同书第一百四十四册稽留山《双报应》（上）右侧批："壬子二月十三日校。"

同书第一百四十七册沈蕡渔《报恩缘》（中、下）、《伏虎韬》（一），第一百四十八册《伏虎韬》（二、三、四）无批注时间。

二月十四日，校沈嵊《息宰河》、周冰持《珊瑚玦》。

《复庄今乐府选》第九十九册孚中道人《息宰河》（中）（明院本）右侧批："壬子二月十四日雨窗补校。"

同册孚中道人《息宰河》（下，明院本）右侧批："与前帙同日校。"

同书第一百十册可笑人《珊瑚玦》（上）右侧批："壬子二月十四日寒食夜校，时雷雨大作。"眉批："此剧系周冰持作，其自署曰可笑人。"

同书第一百十一册可笑人《珊瑚玦》（下）右侧批："与前卷同时校。"

二月十五日，校薛旦《醉月缘》。

《复庄今乐府选》第八十七册薛既扬《醉月缘》右侧批："壬子二月望，清明日雨窗校。"

二月十六日，校周履靖《锦笺记》。

《复庄今乐府选》第七十八册无名氏《锦笺记》（上）右侧批："壬子二月十六日校。"

同书第七十九册无名氏《锦笺记》(下)右侧批:"与前帙同日校。"

《锦笺记》,明周履靖作。姚燮云无名氏,误。

二月十七日,校徐沁《载花舲》。

《复庄今乐府选》第一百五十八册若耶野老《载花舲》(一)右侧批:"壬子二月十七日雨窗校。"

同册若耶野老《载花舲》(二)右侧批:"与前帙同日校。"

同书第一百五十九册若耶野老《载花舲》(三)右侧批:"与前帙同时校。"

同册若耶野老《载花舲》(四)右侧批:"与前帙同日校。"

二月二十一日,校杨珽《龙膏记》。

《复庄今乐府选》第七十册杨第白《龙膏记》(上)右侧批:"壬子二月二十一日校。"

同册杨第白《龙膏记》(中)右侧批:"与前帙同时校。"

二月二十二日,校杨珽《龙膏记》、黄图珌《栖云石》。

《复庄今乐府选》第七十册杨第白《龙膏记》(下)右侧批:"壬子二月廿二日校。"

同书第一百五十九册蕉窗居士《栖云石》(上)右侧批:"壬子二月廿二日校。"

同册蕉窗居士《栖云石》(中)右侧批:"与前帙同日校。"

同书第一百六十册蕉窗居士《栖云石》(下)右侧批:"与前帙同日校。"

同册研露楼主人《双仙记》(上、中),第一百六十一册《双仙记》(下)、黄瘦石《石榴记》(一、二、三),第一百六十二册《石榴记》(四)、瞿菊亭《鹤归来》、张情斋《芙蓉楼》(一、二),第一百六十三册《芙蓉楼》(三、四)无批注时间。

徐永明《姚燮与〈复庄今乐府选〉》云此中藏黄图珌《栖云石》为孤本(《文学遗产》2001 年第 6 期),误。浙江图书馆藏有"峰泖蕉窗居士题于瓯东之春雨轩"之乾隆八年刻《栖云石》全本。同文云《复庄今乐府选》中藏史槃《双缘舫》三出、冯延年《南楼梦》二出、仲仁《绿华轩》三出、徐元晖《青雀舫》二出、袁于令《珍珠衫》二出、马佶人《梅花楼》二出、王翃《词苑春秋》三出、郭濬《百宝箱》二出、紫虹道人《百花舫》四出、无名氏《桐叶》一出等均为孤本，亦误。上述诸作在浙江图书馆藏明末《歌林拾翠》（全题为《精绘出像点评新镌汇选昆调歌林拾翠》，又题为《新镌歌林拾翠》）均予收录。详细考证见拙文《浙图藏曲选〈歌林拾翠〉》（《文学遗产》2007 年第 4 期），该文收入拙著《明清浙籍曲家考》，浙江大学出版社 2009 年版。

三月十五日，校黄周星《人天乐》、夏纶《南阳乐》。

《复庄今乐府选》第九十九册黄九烟《人天乐》右侧批："壬子三月十五日雨窗校。"

同书第一百二十八册夏惺斋《南阳乐》（下）右侧批："壬子三月十五日，清明雨窗校。"

同册李笠翁《奈何天》（一、二、三）无批注时间。

三月十六日，校梅鼎祚《玉合记》、无名氏《四贤记》。

《复庄今乐府选》第七十九册无名氏《玉合记》（上）右侧批："壬子三月十六日校。"

同书第八十一册无名氏《四贤记》（四）右侧批："与前帙同日校。"

《玉合记》，明梅鼎祚作。姚燮云无名氏，误。《今乐考证》将《玉合记》主名为梅鼎祚。

三月十八日，校汪錂《春芜记》、无名氏《投梭记》。

《复庄今乐府选》第六十八册汪錂《春芜记》（上）右侧批："壬子三月十八日午刻校。

同册汪錂《春芜记》（下）右侧批："与前帙同日校。"

同书第七十九册无名氏《投梭记》右侧批："壬子三月十八日校。"

汪錂，应作王錂。

三月二十一日，校屠隆《昙花记》、无名氏《蝴蝶梦》。

《复庄今乐府选》第六十二册屠赤水《昙花记》（五）右侧批："壬子三月廿一日校。"

同册屠赤水《昙花记》（六）右侧批："与前帙同日校。"

同书第一百八十一册无名氏《蝴蝶梦》右侧批："壬子三月二十一日校。"

为伎丁宝卒作哀辞。

《复庄骈俪文榷二编》卷五《丁宝哀辞》："小春兰名宝，字紫樱。姊曰兰，故小之。佚所生之姓，其母嫁于丁，以宝随，遂呼之曰丁宝。生不幸隶乐籍，又不幸以服鸩死。死之年十八。……盖为咸丰二年壬子三月二十有一日事也。"

四月一日，校无名氏《宵光剑》、无名氏《慈悲愿》、无名氏《翡翠园》。

《复庄今乐府选》第一百七十七册无名氏《宵光剑》右侧批："壬子四月初一日校。"

同册无名氏《梅花楼》、《绿华轩》、《天宫宝》无批注时间。

同书第一百八十册无名氏《慈悲愿》右侧批："壬子四月初一日校。"剧末评："此曲久脍炙人口，其音节似梵呗可听。惜原录多脱误，特检叶氏谱正之。"

同册无名氏《翡翠园》右侧批："壬子四月朔日校。"

《宵光剑》，徐复祚作。姚燮云无名氏，误。

四月二日，校范文若《花筵赚》。

《复庄今乐府选》第八十四册范香令《花筵赚》（一）右侧批："壬子四月初二日校。"

同册范香令《花筵赚》（二）右侧批："与前帙同日校。"

同书第八十五册范香令《花筵赚》（三）右侧批："与前帙同日校。"

同册范香令《花筵赚》（四）右侧批："与前帙同日校。时王霞仙、云仙侍研。"王霞仙、云仙，上海妓女。

四月三日，校瘿道人《布袋锦》。

《复庄今乐府选》第一百三册瘿道人《布袋锦》右侧批："壬子四月初三日校。"

四月四日，校无名氏《醉西湖》。

国家图书馆藏《复庄今乐府选》第一百八十四册无名氏《醉西湖》右侧批："壬子四月初四日校。"

四月九日，校阮大铖《燕子笺》、蒋士铨《临川梦》。

《复庄今乐府选》第七十三册阮圆海《燕子笺》（上）右侧批："壬子四月初九日校。"

同书第七十四册阮圆海《燕子笺》（中）右侧批："与前帙同日校。"

同册阮圆海《燕子笺》（下）右侧批："与前帙同日校。"

同书第一百四十册蒋清容《临川梦》（下）右侧批："壬子四月初九日校。"

同册蒋清容《冬青树》（上、下）、《雪中人》无批注时间。

同书第一百四十一册蒋清容《桂林霜》（上、下）无批注时间。

四月十日，校夏纶《广寒梯》。

《复庄今乐府选》第一百二十六册夏惺斋《广寒梯》（上）右侧批："壬子四月初十日灯下校。"

同册夏惺斋《无瑕璧》、《瑞筠图》无批注时间。

四月十日、十一日，校董榕《芝龛记》。

《复庄今乐府选》第一百五十六册胡云壑《后一捧雪》无批注时间。

同册繁露楼居士《芝龛记》（一）右侧批："壬子四月初十，灯下，十一日辰刻续校。"眉批："系董恒岩作，董君官太守。"

四月十一日，校夏纶《广寒梯》。

《复庄今乐府选》第一百二十七册夏惺斋《广寒梯》（下）右侧批："壬子四月十一日灯下校。"

同册夏惺斋《杏花村》无批注时间。

四月十二日，校董榕《芝龛记》。

《复庄今乐府选》第一百五十六册繁露楼居士《芝龛记》（二）右侧批："壬子四月十二日，自文琴处归校。"

同书第一百五十七册繁露楼居士《芝龛记》（三）右侧批："与前帙同日校。"

四月十三日，校董榕《芝龛记》。

《复庄今乐府选》第一百五十七册繁露楼居士《芝龛记》（四）右侧批："壬子四月十三日校。"

同册繁露楼居士《芝龛记》（五）右侧批："与前帙同日校。"

四月十四日，校董榕《芝龛记》。

《复庄今乐府选》第一百五十八册繁露楼居士《芝龛记》（六）右侧批："壬子四月十四日校。"

四月十五日，校洪升《长生殿》。

《复庄今乐府选》第一百二册洪升《长生殿》（一）右侧批："壬子四月十五日校。"

同册洪升《长生殿》（二）右侧批："与前帙同日校。"

四月十六日，校左潢《兰桂仙》、董达章《琵琶侠》。

《复庄今乐府选》第一百六十六册左巽毂《兰桂仙》（上）右侧批："壬子四月十六日校。"

同册左巽毂《兰桂仙》（中）右侧批："与前帙同日校。"

同书第一百六十七册左巽毂《兰桂仙》（下）右侧批："与前帙同日校。"

《复庄今乐府选》第一百五十三册董定国《琵琶侠》（一）右侧批："壬子四月十六日，自霞仙处醉归，灯下校。"

四月十七日，校董达章《琵琶侠》。

《复庄今乐府选》第一百五十四册董定国《琵琶侠》（二）右侧批："壬子四月十七日校。"

四月十八日，校董达章《琵琶侠》。

《复庄今乐府选》第一百五十四册董定国《琵琶侠》（三）右侧批："壬子四月十八日校。"

四月十九日，校董达章《琵琶侠》。

《复庄今乐府选》第一百五十四册董定国《琵琶侠》（四）右侧批："壬子四月十九日校。"

四月二十日，校无名氏《情中义》。

《复庄今乐府选》第一百八十三册无名氏《情中义》右侧批："壬子四月二十日，灯下校，云仙、霞仙侍研。"

四月二十一日，校雪樵《牡蛎园》、洪升《长生殿》。

《复庄今乐府选》第三十六册雪樵《牡蛎园》右侧批："壬子四月二十一日，雨止，金凤来，醉后校。"

同书第一百二册洪升《长生殿》（三）右侧批："壬子四月廿一日雨窗校。"

同册洪升《长生殿》（四）右侧批："与前帙同日校。"

同书第一百三册洪升《长生殿》（五）右侧批："与前帙同日校。"

同册洪升《长生殿》（六）右侧批："与前帙同日校。"

同书第一百四册张伯起《新灌园》（上、下，明院本）无批注时间。

四月二十三日，校严保庸《盂兰梦》、吴藻《饮酒读骚》、黄之隽《忠孝福》。

《复庄今乐府选》第三十九册严伯常《盂兰梦》右侧批："壬子四月廿三日校。"

同册吴苹香《饮酒读骚》右侧批："壬子四月廿三日校。"

同册《园林午梦》（作国朝杂剧，误）无批注时间。

同书第一百册石牧《忠孝福》（上）右侧批："壬子四月廿三日校。"

同册石牧《忠孝福》（下）右侧批："与前帙同日校。"

四月二十七日，校李渔《玉搔头》、《风筝误》。

《复庄今乐府选》第一百三十二册李笠翁《玉搔头》（中）右侧批："壬子四月廿七日辰校。"

同册李笠翁《玉搔头》（下）右侧批："与前帙同日校。"

同册李笠翁《风筝误》（上）右侧批："壬子四月二十七日校。"

四月二十九日，校王玉峰《焚香记》。

《复庄今乐府选》第六十九册王玉峰《焚香记》（上）右侧批："壬子四月廿九日灯下校。"

同册王玉峰《焚香记》（下）右侧批："与前帙同时校。"

五月一日，校谢谠《四喜记》。

《复庄今乐府选》第六十二册谢谠《四喜记》（上）右侧批："壬子五月朔日校。"

同册谢谠《四喜记》（下）右侧批："与前帙同日校。"

五月四日，校程文修《节孝记》。

《复庄今乐府选》第六十四册程文修《节孝记》右侧批："壬子五月初四日校。"

五月五日，校张四维《双烈记》、徐元《八义记》、许自昌《水浒记》。

《复庄今乐府选》第六十六册张午山《双烈记》（上）右侧批："壬子五月端午日校。"

同册张午山《双烈记》（下）右侧批："与前帙同日校。"

同书第六十七册徐叔回《八义记》右侧批："壬子五月端午日校。"

同书第六十二册屠赤水《水浒记》右侧批："壬子五月端午日灯下校。"

《水浒记》，明许自昌作。姚燮云屠隆作，误。《今乐考证》在《水浒》下："案：此本或假屠赤水名者，非。"

五月八日，校无名氏《鸣凤记》、无名氏《白兔记》。

《复庄今乐府选》第六十六册王弇州《鸣凤记》（一）右侧批："壬子五月八日灯下校。"

同书第七十四册无名氏《白兔记》（上）右侧批："壬子五月初八日校。"

五月九日，校无名氏《鸣凤记》、无名氏《丹凤忠》。

《复庄今乐府选》第六十六册王弇州《鸣凤记》（二）右侧批："壬子五月初九日校。"

同书第六十七册王弇州《鸣凤记》（三）右侧批："与前帙同日校。"

同册王弇州《鸣凤记》（四）右侧批："与前帙同日校。"

同书第一百八十二册无名氏《丹凤忠》（上）右侧批："壬子五月初九日，挥汗校。"

同册无名氏《丹凤忠》（下）右侧批："与前帙同日校。"

王弇州，即明王世贞。王世贞作《鸣凤记》，根据不足。今多认为是无名氏作。

五月十日，校无名氏《运甓记》。

《复庄今乐府选》第七十八册无名氏《运甓记》（上）右侧批："壬子五月初十日校。"

同册无名氏《运甓记》（下）右侧批："与前帙同日校。"

五月十一日，校王实甫《西厢记》、毛奇龄《拟连厢词》、沈筠《千金寿》。

《复庄今乐府选》第三十九册王实甫《西厢记》（元）右侧批："壬子五月十有一日校。"

同书第四十册王实甫《西厢记》（亨）右侧批："与前帙同日校。"

同册王实甫《西厢记》（利）右侧批："与前帙同日校。"

同册王实甫《西厢记》（贞）右侧批："与前帙同日校。"

同书第三十一册毛西河《拟连厢词》右侧批："壬子五月十一日灯下校。"剧末批："宫调有本宫通他宫，例见宁王所定曲谱。元曲韵与《中原音韵》稍异数字，以周氏《中原韵》反后起也。此则又先于元曲者，故略有数韵不同。"张宗祥红字批："此当入弦索，似与剧本有异。盖实由弦索变杂剧时，有此一种结构也。甲午五月十三日灯下校，张宗祥。"

同书第一百六十四册沈松桥《千金寿》右侧批："壬子五月十一日灯下校。"

五月十二日，校张大复《醉菩提》、蒋士铨《香祖楼》。

《复庄今乐府选》第一百一册张心其《醉菩提》右侧批："壬子五月十二日校。"

同书第一百三十八册蒋清容《香祖楼》（一）右侧批："壬子五月十二日，挥汗校。"

同册蒋清容《香祖楼》（二）右侧批："与前帙同日校。"

同册蒋清容《香祖楼》（三）右侧批："与前帙同日校。"

同册蒋清容《香祖楼》（四）右侧批："与前帙同日校。"

五月十六日，校朱佐朝《牡丹图》。

《复庄今乐府选》第九十三册朱良卿《牡丹图》（上）右侧批："壬子五月十六日校。"

同册朱良卿《牡丹图》（下）右侧批："与前帙同日校。"

五月十九日，校吴梅岑《马上缘》。

《复庄今乐府选》第一百五十三册吴梅岑《马上缘》（上）右侧批："壬子五月十九日校。"

同册吴梅岑《马上缘》（下）右侧批："与前帙同日校。"

五月二十六日，校无名氏《红玉簪》。

国家图书馆藏《复庄今乐府选》第一百八十四册无名氏《红玉簪》右侧批："壬子五月廿六日校。"剧末批："此本未见全剧，仅传写本四折。间有清俊之语，应非庸手所作。惜多误字为憾，姑存之，以备一种。"

五月二十九日，校无名氏《彩楼记》、朱佐朝《艳云亭》。

《复庄今乐府选》第七十八册无名氏《彩楼记》右侧批："壬子五月二

十九日校。”

同书第九十四册朱良卿《艳云亭》右侧批：“壬子五月二十九日校。”

同书第九十七册陈二白《双官诰》（下）无批注时间，剧末张宗祥红字批：“此本于今本不同处甚多，廿五、廿六两出有重复处。惜所收仅下卷，上卷未见。恐亦与今本不同。甲午五月廿五日，灯下校。冷。”

同书第九十七册陈与郊《樱桃梦》（明院本）（上、中），第九十八册陈与郊《樱桃梦》（下）、陈与郊《灵宝刀》（明院本）、沈孚中《绾春园》（明院本）无批注时间。

六月一日，校苍山子《广寒香》。

《复庄今乐府选》第一百五册苍山子《广寒香》（一）右侧批：“壬子六月初一日校。”

同册苍山子《广寒香》（二）右侧批：“与前帙同日校。”

同册苍山子《广寒香》（三）右侧批：“与前帙同日校。”

同书第一百六册苍山子《广寒香》（四）右侧批：“与前帙同日校。”

六月二日，校无名氏《升平宝筏》。

《复庄今乐府选》第一百八十一册无名氏《升平宝筏》右侧批：“壬子六月初二日校。”

六月四日，校张衢《玉节记》。

《复庄今乐府选》第一百六十三册张情斋《玉节记》（一）右侧批：“壬子六月初四日校。”

六月六日，校张衢《玉节记》。

《复庄今乐府选》第一百六十三册张情斋《玉节记》（二）右侧批：“壬子六月初六日校。”

六月十一日，校张衢《玉节记》。

《复庄今乐府选》第一百六十四册张情斋《玉节记》（三）右侧批：“壬子六月十一日校。”

同册张情斋《玉节记》（四）右侧批：“与前帙同日校。”

六月十二日，校单湘渔《四时春》。

《复庄今乐府选》第三十九册单湘渔《四时春》右侧批：“壬子六月十二日校。”

六月十四日，校无名氏《定心猿》、无名氏《花神报》。

《复庄今乐府选》第一百八十二册无名氏《定心猿》右侧批："壬子六月十四日校。"剧末批："《北饯》剧元气淋漓，为词林所推重。的系元人手笔。今无名氏《定心猿》院本借用此折，特标正之。"

同册无名氏《花神报》右侧批："壬子六月十四日校，时傍夕雷雨。"

六月十七日，校无名氏《千忠戮》、朱佐朝《渔家乐》。

《复庄今乐府选》第一百八十二册无名氏《千忠戮》（上）右侧批："壬子六月十七日校。"

同书第九十四册朱良卿《渔家乐》（上）右侧批："壬子六月十七日校。"

同册朱良卿《渔家乐》（下）右侧批："与前帙同日校。"

六月十八日，校无名氏《千忠戮》、周书《鱼水缘》。

《复庄今乐府选》第一百八十三册无名氏《千忠戮》（下）右侧批："壬子六月十八日校。"

同书第一百五十四册周淡庐《鱼水缘》（上）右侧批："壬子六月十八日校。"

六月十九日，校周书《鱼水缘》、无名氏《七子圆》。

《复庄今乐府选》第一百五十五册周淡庐《鱼水缘》（中）右侧批："壬子六月十九日校。"

同册周淡庐《鱼水缘》（下）右侧批："与前帙同日校。"第三十一出《调憻》末二曲由姚燮抄录，有批注："复庄从别本补足。"

同书第一百七十九册无名氏《七子圆》（上）右侧批："壬子六月十九日校。"

六月二十三日，校查慎行《阴阳判》、无名氏《七子圆》。

《复庄今乐府选》第一百六册他山老人《阴阳判》（上）右侧批："壬子六月二十三日校。"

同册他山老人《阴阳判》（下）右侧批："与前帙同日校。"

同书第一百八十册无名氏《七子圆》（下）右侧批："壬子六月二十三日校。"

六月二十五日，校无名氏《凤雏圆》。

《复庄今乐府选》第一百七十七册无名氏《凤雏圆》（一）右侧批：

“壬子六月廿五日校。”

六月二十七日，校无名氏《凤雏圆》、无名氏《盘陀山》。

《复庄今乐府选》第一百七十八册无名氏《凤雏圆》（二）右侧批：“壬子六月廿七日，雨窗校。”

同册无名氏《凤雏圆》（三）右侧批：“与前帙同日校。”

同册无名氏《凤雏圆》（四）右侧批：“与前帙同日校。”

同书第一百七十九册无名氏《凤雏圆》（五）右侧批：“与前帙同日校。”

同册无名氏《南楼梦》、无名氏《情邮》（实为吴炳作）、无名氏《桐叶》、无名氏《鸳鸯冢》（实为孟称舜作）无批注时间。

同书第一百八十一册无名氏《盘陀山》右侧批：“壬子六月二十七日校。”

六月二十八日，校湖上逸人《双奇会》。

《复庄今乐府选》第一百六册湖上逸人《双奇会》（上）右侧批：“壬子六月二十八日校。”

六月二十九日，校湖上逸人《双奇会》。

《复庄今乐府选》第一百七册湖上逸人《双奇会》（下）右侧批：“壬子六月二十九日校。”

同册周夷玉《红梅记》（明院本）无批注时间。

八月二十二日，在杭州，与孙钧等八人假吴山抗峰高馆作秋宴之集，孙钧绘图，姚燮作序。

《复庄骈俪文榷二编》卷五《〈吴山抗峰高馆秋宴图〉序》：“吴山淳素山房之抗峰馆，石门钟珠府道士宏奎栖炼之所也。咸丰二年壬子八月二十有二日，假其馆为秋宴之集。集者娄县陈韵楼焕声、孙榯青钧，吴江沈鹤汀崇棨，青浦陈铁峰嵚，德清戚砥斋士廉，嘉善李秋亭圻，钱塘朱仙舫继瀛暨余，凡八人，珠府与焉。……聊引喤言，借存泥爪。绘图者孙钧，序之者，镇海姚燮也。”

秋，杨岘来书，述仰企之意。

《琼贻副墨·尺素集》卷七杨岘书：“梅伯尊兄先生侍使：壬子之秋，卞兄小雅同客虎林，承赐法画二帧。千里神交，仰企无已。”

杨逸《海上墨林》卷三《寓贤》："杨岘，字庸斋，号见山，晚号藐翁，又号迟鸿残叟，归安人。咸丰五年举人，服官江苏，署松江府知府。书法清奇，研精古隶，于汉碑无所不窥。神明变化，自成一家。兼工诗文，著有《庸斋文集》。"

《同治湖州府志》卷十三《选举表·举人二》："国朝……（咸丰）五年乙卯……杨岘，字见山，江苏知府。"

八月三十日，校石澧《香鞋记》。

《复庄今乐府选》第一百八册石恂斋《香鞋记》右侧批："壬子八月晦日，枫泾舟中校。"

同册陆无从《酒家佣》（上、下，国朝院本）、《游子鉴》（上、下，国朝院本）无批注时间。

同书第一百九册李梅实《精忠旗》（国朝院本）、徐元晖《青雀舫》（国朝院本）、罗小隐《祷冰河》（国朝院本）、木石老人《鸳鸯祠》（国朝院本）无批注时间。

同书第一百十册古塘樵子《桂花塔》（国朝院本）无批注时间。

在上海。与蒋敦复交，二人论词，旨趣颇合。为其团扇书词二首，又为其《填词图》题词，作［青玉案］。

蒋敦复《芬陀利室词话》卷二："蛟川桃（姚）梅伯孝廉，名场跌荡，豪迈风流。为学务博，下笔千言。诗古文骈体外，尤工于词，久已剞劂问世。余谓其少作微嫌纤碎，虽为人传诵，当自悔也。近造诣益深，自然名家。与余论词于海上，旨趣颇合。其序余词，有云：'高楼明月，如此琼箫；寒竹空山，奈何翠袖？'又云：'诸公方弓刀乞贵，我辈犹花月言愁。'洋洋大篇，推许过当。为余团扇上书二词，今录于此。［好事近］云：'回渚柳稀疏，柳外画城，云漠城上，一眉山影，挂新蟾一角，扶肩醉向酒家归。霜径踏黄箨，四五点灯，明处是谁家水阁？'［浪淘沙·寄兰语楼主人吴中］云：'飘燕逐风翔，孤负华堂，花囚月梏，梦颠当能耐几梳，青鬓发几寸，回肠百计替思量，谁短谁长？天涯处处有斜阳，便向吴头迁楚尾，总是他乡。'"

《疏影楼词续钞》［青玉案·蒋剑人《填词图》］。

滕固《蒋剑人先生年谱》："咸丰二年壬子……冬间，先生归沪，寓其姊丈所筑之竹林禅院。十二月十三日，王韬始识先生，时姚燮、李善兰壬叔、雷葆廉皆寓沪，时与先生往还。先生与姚燮论词之旨相合，故交谊尤笃。”

蒋敦复（1808—1867），原名尔锷，字纯甫，号剑人，江苏宝山人。诸生。少时一度出家为僧，名铁岸，一称妙尘。识英语。后在上海为人佣书。有《啸古堂集》等。见《晚晴簃诗汇》卷一百五十九、滕固《蒋剑人先生年谱》（1935 年《图书馆学季刊》第九卷第二期）。

王韬《瀛壖杂志》卷四：“宝山蒋剑人茂才，名敦复，一字纯甫……壬寅之变，避仇为僧，号铁岸，又慕寄尘之为人，亦号妙尘。后还初服，为张小坡先生所识拔。诗文自成一家。……被酒谈兵，以经济才自负，亦奇男子也。癸丑五月，乱党将作难，剑人上书某观察，言乡勇、火器二事，切中时弊。……后果如其说，惜当时观察不能用也。所著《愤言》三篇、《战守》二策，深明大略，留心时事者当为首肯。同治六年卒于应敏斋廉访幕中。所著有《啸古堂诗文集》、《芬陀利室词集》，其余未刻者藏于家。”

以《忏绮图》嘱胡远题诗，胡远倩李善兰代笔。李善兰题二绝句。

王韬《瀛壖杂志》卷五：“梅伯绘《忏绮图》成，嘱茸城胡公寿题诗。思久未属，乃倩壬叔捉刀。壬叔曰：‘非得蔡韵卿捧砚不可。’韵卿者，沪之名妓，公寿所悦，不轻与人见也。壬叔既见韵卿，即与之奕。奕罢，进以冰桃雪藕，曰：‘聊以洗涤诗肠也。’韵卿因为磨墨拂笺，顾壬叔曰：‘请偿诗债。’壬叔援笔立题二绝句云：‘难了茫茫兰絮因，剧怜清净女儿身。尽教红粉归香界，大向花丛展法轮。’‘忏绮何如不忏便，绮情深处即真禅。阿难不入摩登席，那得楞严第一篇。’诗成，为奏塞鸿之曲，声调遒逸。是亦闺阁韵事也。”

王韬《海陬冶游录》卷下亦载此事，不具录。

王韬《瀛壖杂志》卷四：“胡公寿，云间人，名远，以字行，自号横云山民。屡试于有司，不售，乃弃而学画。萧疏淡远，不名一家，而于山水所造尤深。顾不肯轻易为人作也。书法逼真大家。后又肆力于诗，人因号曰横云三绝。……生平好立崖岸，酒后辄谩骂人。人因目之为狂。”

杨岘《迟鸿轩所见书画录》卷一：“胡远，字公受，以字行，号瘦鹤，又号横云山民，江苏华亭人。山水花木宗白阳，工诗翰，著《寄鹤轩诗》。”

王韬《瀛壖杂志》卷四：“海昌李壬叔茂才，名善兰，一字秋纫，精畴人家言，为吴门陈硕甫先生高足弟子。咸丰壬子夏五月来沪，侨居大境杰阁。……壬叔于天算之外，出其余技为诗文，亦复卓然异人。在沪十年，著有《续几何原本》、《谈天》、《代微积拾级》、《重学》、《植物学》等书，皆与西士从《太息算术》细绎而出之者也，其所自著者为《则古昔斋算学》各种。同治初元，曾涤生相国开府两江，征至幕中。自此踪迹，遂与阔绝矣。壬叔以同治戊辰入都，为天文馆总教习。”

《国朝杭郡诗三辑》卷八十一：“李善兰，字秋纫，号壬叔，海宁诸生，官户部郎中。壬叔颖悟绝人，十龄即能演古九章法。受经于陈明经奂，一时交游，皆东南知名士。国朝天算名家，自梅定九先生后，无殊绝者。壬叔于举世不为之日，独奋思力，遂造深微。时泰西亦精此术，壬叔乃与西士译《重学》、《谈天》、《代数学》、《代微积拾级》、《几何原本》各书。生平著述半遭兵燹，独存《则古昔斋》一书，为曾沅圃爵帅刊行。曾文正公尤相契重，延入幕府，多所赞画，屡辞荐剡。会总理衙门设天文算学馆，议举教习。郭筠仙侍郎遂以壬叔应，特赏中书科中书，洊擢京卿，教习诸生六七十人。口讲指画，十余年如一日。诸生以学有成效邀叙者，岁不乏人。年七十余，以瘯疾猝。中前数月，犹手著《级数句股》二卷。”

与王韬交往密切。曾与王韬、李善兰等同访蒋敦复于竹林禅院。

王韬《蘅华馆诗录》卷首《弢园老民自传》：“沪上虽为全吴尽境，而当南北要冲。四方冠盖往来无虚日，名流硕彦接迹来游。老民俱与之修士相见礼，投缟赠苎，无不与国士目之。中如姚梅伯、张啸山、周弢甫、龚孝拱，其交尤密。”

蒋敦复《芬陀利室词集》附录王韬《〈芬陀利室词〉序》：“闻剑人名久矣，辛亥冬，始见之于海上。买醉黄垆，踏雪联句，逸兴遄飞，豪气勃发，名下固无虚士也。翌日，即携梅伯、壬叔、约轩访剑人于竹林禅院。出诗词相示，自谓于词之音律颇有心得，今世失传久矣。……读竟，为之倾倒。咸丰二年冬十二月上旬，吴郡王韬仲弢甫识于沪城北郭蘅华馆。”

王韬（1828—1897），初名利宾，字紫铨，号仲弢，晚年自号弢园老民、天南遁叟，江苏常州人。十八岁考取秀才，后屡试不中。曾在香港创办《循环日报》，宣传变法维新思想。在上海任《申报》编辑、格致书院山长。著述丰富，有《弢园文录外编》、《弢园尺牍》、《松隐漫录》、《普法战纪》等。传见《蘅华馆诗录》卷首、《弢园文录外编》卷十一《弢园老民自传》。

好作狭邪游。与伎云仙、霞仙等四人关系尤密。云仙始与姚燮遇于四明，及来沪上，重寻旧盟。所居曰彤琯冰蚕阁。以事忤姚燮，累月不往。云仙乞之于蒋敦复，蒋敦复为作《彤琯冰蚕阁赋》，姚燮作《彤琯冰蚕阁后赋》答之。又为玉魫楼绘《玉魫楼话雨图》，自题［高阳台］词，蒋敦复和之。

王韬《海陬冶游录》卷下："蔡韵卿所识多名士，秦次游、姚梅伯皆眷之。韵卿长身玉立，工奕，善弹琴。茶经酒谱，无不通晓。……蛟川二石生，名下士也。所眷有云、霞二仙，皆尤物也。云以纤丽胜，霞以浓粹胜。云仙始与二石生遇于四明郡，邂逅定情，缱绻沦髓。及来沪上，重寻旧盟，素欢更洽。所居曰彤琯冰蚕阁。……后以他事忤二石生，累月不往。寄声递简，杳不可致。适宝山蒋剑人至其室，云仙谓之曰：'妾闻阿娇失欢于汉武，长卿为之作《长门赋》以回其心。今妾与姚君偶有微嫌，夙欢乖隔。君以才名江左，能以生花笔吐妾衷情乎？'剑人诺之，即作《彤琯冰蚕阁赋》，一时传遍北里。某伯与云仙欢好如旧。剑人所作《彤琯冰蚕阁赋》，不载《啸古堂集》中。今亦附录如下，其赋及序云：……"

《琼贻副墨·兰如集》卷二蒋敦复《彤琯冰蚕阁赋并序》："（云姬）与二石生遇四明邸，邂逅定情，缱绻沦髓。及来沪上，重寻酒杯，琼杵捣雾，云英再睹。……"

《复庄骈俪文榷二编》卷二《彤琯冰蚕阁后赋》："宝山蒋君纯甫，写水天近，闻作《烟花副录》，为处怨者发其郁堙，制《彤琯冰蚕阁赋》，凡六百言，长门之遗均也。读之凄黯，如歌变宫。推寻其意，申以代答云：……"

蒋敦复《芬陀利室词话》卷二："……兰语楼，其所欢也。梅伯在沪，属意者三人。此其一。外有彤管冰蚕阁人，颇儇慧，尝忤梅伯，逐之。姬悔，丐余作《彤管冰蚕阁赋》，捧觞为寿，拟相如千金一赋，似过之。又有玉魫楼，尤所深眷。写《玉魫楼话雨图》，自题［高阳台］云：

‘兵后江山，劫余身世，敢期香梦重圆。昔巷高楼，并无断柳凄蝉。花云渐幂春如海，得相逢，难说无缘。甚筵前筝篴欢声，变尽当年。伤心别后漂零况，到红销腕玉，翠退眉钿。不语沉沉，移时低首凭肩。只看半炷山炉麝，袅晶钩都是、愁烟几淹煎。落照平原，明月青天。’盖是时上海遭粤匪之乱，名花星散，姬亦流寓苏郡，适遇梅伯，情益凄然，赠以是词，邀余同作。余和其均（韵）云：‘护作花铃，修成月斧，人间好梦长圆。不奈凄清，魂销断羽零蝉。天涯纵有相逢分，惹离悰，风散萍缘。枉从前细订香盟，细诉华年。江湖后约知何处，又疏帘翠桁，瘦篴红钿。恨锁眉峰，那堪悄倚山肩。茫茫万感真无补，老情穹娲石，飞烟把愁煎。一寸星河，一刹人天。’”

《疏影楼词续钞》［浪淘沙·兰语楼空，冰蚕阁远，渺渺兮予怀也］，不详作年，并附于此。

作［沁园春·苦海航］词一百八阕，欲作清夜钟声，唤醒贪恋烟花之痴迷者。

《苦海航》卷首自序：“复道人曾为狭邪游，今行年将五十，凡此中色声香味触法，殆尽阅矣。……今来游沪，沪之堂名，其蛊人尤甚于他方。阅岁阅月，终陷其中而不自拔，以至于而贫且贱，而病且死，不知几也。道人悯之，因著［沁园春］词。”

王韬《海陬冶游录》卷下：“蛟川姚梅伯作《苦海航》，填［沁园春］乐府百八阕，出以俳谐，备诸猥亵。冀以唤醒痴人，真清夜钟声也。虽然，茫茫欲海，堕苦趣者无量，方且溺不肯出。梅伯欲施此一苇，令彼中人尽舍迷津而渡觉岸，恐不能耳。”

《琼贻副墨·兰如集》卷四邱丙荣《〈苦海航〉乐府后跋》：“壬子秋杪，与道人同客春江，月夕花朝，灯唇酒角，悉与偕焉。历览莺花，无非糠秕。可怜孽海，尽是冤波。道人现知慧身，说微妙法，能使夜叉变相，合掌皈依。菩萨慈心，当头棒喝。大千世界，同此悲歌。万里愁云，忽然暗接。……”

蒋瑞藻《小说考证》续编卷一：“《苦海航》第三十：姚梅伯《苦海航》一卷，凡［沁园春］词一百有八阕，包近山评。所谓欲将世上迷津客，尽把慈航普度来也。唯穷形尽相之中，转不免有道淫之患。世多戒淫之书，少年子弟阅之，往往只益其淫，不受其戒。故此书久未刊布。兹录其小序及前后四词，亦可以资警觉矣。小序云：'复道人尝为狭邪游，今行年将五十，凡此中色声香味触法，殆尽阅矣。屡欲著之词，以为世惩而未果。今来游沪，沪之堂名，其蛊人尤甚于他方。阅岁阅月，终陷其中而不自拔，以至于而贫且残，而病且死，不知凡几。道人悯之，因著［沁园春］词一百有八阕，以当晨钟百八，唤醒痴聋。如云曼倩工谐，灌夫骂坐，道人何敢焉？由他魑魅千般影，不出秦台一镜中。读者其谅而省之。'……余所见者，为吴县潘硕庭孝廉志万手录本。潘有题词云：'阅历欢场，怪怪奇奇，先生尽之。纵唐宫秘戏，我闻如是；汉家慎恤，毕竟何为？对对虫痴，般般狐媚，幻作人间风月司。君休矣，道眼前粉黛，即是泥犁。如狂如醉如痴，笑堕入其中不自知。看阳消阴长，大千世界，苦口婆心，百八牟尼。覆雨翻云，穷形尽相，笔下天然照渚犀。从今后，愿寻花问柳，试诵君词（《粟香二笔》）。"

王韬《瀛堧杂志》卷一："沪城青楼之盛，不数扬州。……钿车骈益，飞尘散香。裙屐少年，洋舶大贾，辄坠鞭留宴，黄金掷尽，裘敝思归。苟悟及此，热念自消。蛟川姚梅伯孝廉著《苦海航》乐府百有八阕，唤醒一切，可作清夜钟声。"

九月十五日，校唐英《芦花絮》。

《复庄今乐府选》第三十四册蜗寄居士《芦花絮》右侧批："壬子九月望日，校于沪邸。"

九月十八日，校李玉《一捧雪》。

《复庄今乐府选》第八十八册李元玉《一捧雪》（上）右侧批："壬子九月十八日，校于春申浦上楼。"

同册李元玉《一捧雪》（下）右侧批："与前帙同日校。"

冬，以《九歌图》示蒋敦复。蒋敦复作《书姚梅伯〈九歌图〉后》。

蒋敦复《啸古堂文集》（抄本，不分卷）《书姚梅伯〈九歌图〉后》："《九歌图》明人所作，有二本。其一张叔厚作，凡二十有一人。贝琼记之。其丁南羽作，人数较多于张。今姚子梅伯所模者，本贵而尊严者，魁岸奇特者，蕉萃绰约者，怪可怖者，创而墨者，皆仿李龙眠白描法，更以新意处之。咸丰二年冬，晤梅伯于海上，出此图示余。余喟然叹曰：噫！

姚子殆古之伤心人与？……姚子负用世才，一登闲书，名不挂朝籍，顾塞嘿无所见，日酣嬉淋漓于酒旗歌板间，左拥妖姬，右申楮墨，乃其所画，亦托之鬼神，荒忽不可究诘之地。此其志不可谓不荒，其心亦不可谓不伤也。……姚子名燮，宁波镇海人。书其后者，太仓宝山蒋敦复也。”

十二月五日，校黄娥《乐府词余》。

《复庄今乐府选》第一百八十九册杨夫人《乐府词余》右侧批：“壬子腊月初五夕，校于申城之彤管冰蚕阁，霞姬侍，是夕雪。”

同册尤悔庵《西堂乐府》、朱竹垞《叶儿乐府》、厉樊榭《北乐府小令》无批注时间。

十二月十三日，校黄燮清《凌波影》。

《复庄今乐府选》第三十九册黄韵珊《凌波影》右侧批：“壬子腊月十三日，雪窗校。”

十二月十六日，校嵇永仁《扬州梦》。

《复庄今乐府选》第一百十三册抱犊山农《扬州梦》（上）右侧批：“壬子腊月十六夕，雨。招绣芸、霞仙二姬侍研，校此已达旦。”

同册抱犊山农《扬州梦》（下）右侧批：“与前帙同夕校。”

同册卢见曾《玉尺楼》（一、二）无批注时间。

十二月二十五日，张朝桂作《题〈复庄诗问〉后》。

《琼贻副墨·兰如集》卷一张朝桂《题〈复庄诗问〉后》：“余夙闻甬江有两诗人，一为厉明经志，一即梅翁。……既晤梅翁高足吴梦生，乞为之介，以冀一见，闻远出不果。今来沪上，始得解后（邂逅），并获遍读其所著《大梅山馆集》诗三十三卷。如聆钧天广乐、霓裳羽衣之曲，令人悠然作尘外想。……壬子十二月廿有五日，书于沪城客馆之筹海楼。”

蒋宝龄《墨林今话》卷十八：“张问秋朝桂，宝山诸生。少有神童之目，诗古文入手即佳，尤工七律，格高调响。曾入汤渔村总戎幕，居黄岩三载。遍探山水之胜，诗益奇峭。间写梅菊，天真历落，以意趣胜。著有《养拙居集》，另有题画诗跋一册。”

作《释风胡子梦赋》。

《复庄骈俪文榷二编》卷一《释风胡子梦赋》：“岁惟元默困敦，九夏宛暍，屏翳告停，恢台罔期，下上歊蒸。风胡子忧焉，乃履焦冒，焚咒蝎于大白之湫。若干阴谴，归而撤瑟。……风胡子曰：'唯蒙将绎斯言，而为盘鉴之名。'"

画松下侍女，蒋敦复作［鬓云松］词记之。在上海度岁，伎手制腊梅花篮贻之，姚燮作［一枝春］词，蒋敦复、姚辉第同赋。

蒋敦复《芬陀利室词集》卷四［鬓云松·姚梅伯画松下侍女］、［一枝春·腊梅花篮，同梅伯、子箴、次柳作］。

《疏影楼词续钞》［一枝春·有除夕赠予腊梅花篮者，邀子箴、剑人同作］。

后附蒋敦复、姚辉第作。

《琼贻副墨·兰如集》卷十三姚辉第［一枝春］："梅伯同年来上海度岁，有曼花楼女伎手制腊梅花篮贻之，某伯倚［一枝春］调见示，并属余与剑人同赋云。"

姚辉第，字子箴，河南辉县人。道光三十年进士，咸丰元年任上海知县。有《菊寿盦词稿》四卷。

《同治上海县志》卷十三《职官表下》："（知县）咸丰元年任，姚辉第，字子箴，辉县人。道光戊戌进士。三年任，袁祖德，有传。"

《复庄骈俪文榷》卷六《家子箴明府〈辨花庵词〉序》，并附于此。

作《书叶生叔兰遗诗卷后》。

《复庄骈俪文榷》卷八《书叶生叔兰遗诗卷后》："吾叶生死矣，捡其遗什，若摧恻我肺肝，掩之不忍卒读也。"

叶元垚卒年不详，王莳兰明年编成《复庄骈俪文榷》，已收入此文，姑将此文系于本年。

咸丰三年癸丑（1853）　四十九岁

正月一日，校无名氏《万寿图》。

《复庄今乐府选》第二册无名氏《万寿图》右侧批："癸丑元月朔，校于春沪邸。"

正月二日，校曹寅《太平乐事》。

《复庄今乐府选》第二册柳山居士《太平乐事》右侧批："癸丑元月二日，校于春申浦上楼。"

正月十日，校孙仁孺《醉乡记》。

《复庄今乐府选》第七十三册孙仁孺《醉乡记》右侧批："癸丑元月十日，自曼华楼与绣儿掷骰还寓，雨窗校。"

二月一日，校鸥波亭长《梦花因》。

《复庄今乐府选》第三十二册鸥波亭长《梦花因》右侧批："癸丑二月朔日，校于曼花楼，绣云侍。"

二月十一日，校钱肇修《芙蓉峡》。

《复庄今乐府选》第一百十二册钱石臣《芙蓉峡》右侧批："癸丑二月十一日，校于沪上兰语楼，寿铃侍研。"剧末批："此卷从张春水征君风雨茅堂书架检借，惜仅下半卷，未睹其全。《曲目新编》署林夫人作，误。"

二月十五日，校冯梦龙编《挂枝儿》。

《复庄今乐府选》第一百九十二册《挂枝儿上，墨憨斋主人，耍词》右侧批："癸丑二月望日，沪邸校。"

同册《挂枝儿下，墨憨斋主人，耍词》右侧批："与前帙同日校。"

二月十七日，校叶小纨《鸳鸯梦》。

《复庄今乐府选》第二十九册叶小纨《鸳鸯梦》右侧批："癸丑二月十七日，校于春申城寓楼，铃儿侍研。"

二月，蒋敦复为《苦海航》作序，徐渭仁作跋。

《琼贻副墨·兰如集》卷四蒋敦复《〈苦海航〉乐府叙》："……咸丰三年岁癸丑律中夹钟之月，阿兰那传者妙尘序。"

王韬《海陬冶游录》卷下："宝山蒋剑人曾为《苦海航》作序，今附录于此：上海当南吴尽境，南闽越，北辽蓟，东西洋番舶估舰，羽集鳞萃。元设市舶提举，自明以来，遂为壮县。四明复道人以醯摩首罗王顶眼观之，曰：噫，此苦海也。海之中，众生无量，苦趣亦无量。无已，姑举其一。女闾成市，时则有脂（媚）夜之妖，或天人，或沙修罗，或乾闼婆，或药叉，鸠盘陁，无不有也。其间最胜尤众狂骛者，厥名为堂。一堂中可四三十雌者，丝竹肉手，若口艺较优焉，故声价甲于他淫含（舍）。贵游子弟，质柔脆，剧狎接，几何不夭折？商贾拥巨赀，倾其橐。昏夜袒败絮，毒被体，遭街子呵骂，讯之，昨翩翩裙屐流也。顾彼中人何尝不自阱？无虑粉骷髅，流浪生死；脱不死，老大鸡皮妪，何处作乞怜生活？幸少缓须臾，务为眩惑，惟恐毫发态不尽也。悲夫！道人大不忍之，作乐府［沁园春］调百有八解。备诸猥亵，或谓伤雅。余曰：是未读大雄氏之书也。触为身尘，文殊不能出女子，定惟如来，能摄阿难。菩萨有情，不难化天人，沙修罗、乾闼婆、药叉、鸠盘阤而为说法，虽然海之中，众生堕苦趣者多矣，能入不能出，道人安施此一苇哉？”

蒋瑞藻《小说考证》续编卷一亦录有蒋敦复序。

《琼贻副墨·兰如集》卷四徐渭仁《〈苦海航〉乐府后跋》：“复庄居士从地狱中翻身出世，发广大心，掉广长舌，现身说法，作［沁园春］一百八阕，愿救普天下万数淫魔色鬼于迷魂阵中。此中变相，如镜取形，如灯取影。读之令人毛发直竖。诸天菩萨，闻此词旨，无不合掌赞叹。一切众生，闻此词旨而不猛省，是其人结七世冤，当入苦海，复庄亦何能为力？”

春，过访任熊，曹峋读《苦海航》，作跋。

《琼贻副墨·兰如集》卷四曹峋《〈苦海航〉乐府后跋》：“咸丰癸丑春，道人东渡过访，夜饮任渭长宅，出读一过。”

四月十一日，校杨潮观《吟风阁》卷一。

《复庄今乐府选》第三十六册杨笠湖《吟风阁》卷一右侧批：“癸丑四月十一日校。”

同书第三十七册杨笠湖《吟风阁》卷二、卷三，第三十八册杨笠湖《吟风阁》卷四右侧无批注时间。

母卒。杨华来书，慰其节哀顺变。

《琼贻副墨·尺素集》卷七杨华书：“别来匆匆两阅月，无日不怀念也。徒以风惊鹤骇，不遑安处。阙然久不报，罪甚。昨令亲龙文携到手教，惊悉老伯母大人锦堂弃养，殊深悲悼。想阁下纯孝性成，自必踊跃难制。弟念老伯母壸德贻垂，母仪可则，一旦菩提正果，当亦无憾西归。还望节哀顺变，为千秋自重，是所祷切。弟远隔山河，未获躬亲奠祭，为歉仄耳。海上自遭南都之警，居民转徙流离，迄无宁日。生机日窒矣。弟他乡篱寄，故我依然。当此水穷山尽之时，谋生愈拙矣。至金陵消息，亦所闻异辞，绝无确耗。大约向师坚壁持重，坐而困之，贼锋为之少挫则有之。若谓迭获胜仗，恐难遽信。何镇、扬二城久未收服也？近闻贼艘连樯，纷纷往安庆一路而去者，未知果有其事否？顷从友人处假归润州士人笔记，颇为详悉。录呈台览，较胜于所闻耳。……小弟华顿首，十三日。”

向荣（1786—1856），字欣然，四川大宁人，寄籍甘肃固原（今属宁夏）。行伍出身，为杨遇春所识拔，擢为游击，道光间累擢为提督。太平军起，为广西提督。咸丰三年，为钦差大臣，尾随太平军至天京（今南京），建江南大营。六年，大营兵溃，退至丹阳病死（一说自缢）。谥忠武。有《向荣奏稿》。传见《续碑传集》卷五十陈继聪《向忠武公传》、《清史列传》卷四十四。

《清史稿》卷二十《本纪二十》：“（咸丰）三年癸丑春正月……癸丑，向荣奏，武昌踞贼抬炮上船，意欲逃窜。陆应谷奏，侦得贼匪有开年东窜安庆、江宁之信，敕向荣多方侦备，迎击兜剿。……（二月）壬辰，贼陷江宁，将军祥厚、提督福珠洪阿等死之。……三月乙巳，贼陷镇江、扬州。……庚申，向荣击贼于江宁，败之。……丙寅，向荣奏迭胜城贼，进据钟山。上优奖之。……（五月）癸丑，李嘉端奏金陵贼船上窜。得旨，此与向荣疏报不同，令确切查探。”

六月四日，朱文杏来书，邀姚燮至其居所同处。

《琼贻副墨·尺素集》卷十六朱文杏书：“弟于奉谕后，密为调停，现在奉候阁下，人情欢悦。所结小庐，亦已完工。看来虽未大生色，而作小有天园游，颇足为消夏计也。再有诗稿，祈带一册，铺盖可以不必带，仆人亦不必同来。出入起居，弟处自有人伺候，不致疏忽。此致野桥大兄大人，弟朱文杏顿首。癸丑六月初四日。”

董沛《四明清诗略》卷二十六：“朱文杏，字午桥，号青石，鄞人。诸生。”

《民国鄞县通志·人物志》：“朱文杏，字午桥，号青石。少孤贫，为慈溪巨家抄书，主人使写袁放骈体文，点窜其使事错误。主人大惊，礼为上客。由是发其家藏书遍读之。性强记，过目恒十行下。既为诸生，以古诗名一时。貌奇古，嗜酒，醉辄骂座。自负经济才。尝有德于石浦及白涂灶民，为之立生祠。卒年五十八。著述多不传，传者惟《菊影赋》而已。”

选录清朝骈文百二十五家之文五百三十二篇，作《〈皇朝骈文类苑〉叙录》。后同邑张寿荣据此目刻梓。

《复庄骈俪文榷》卷六《〈皇朝骈文类苑〉叙录》：“燮谬不自揣，博遴而类隶之。始国初及近代，得百数十家。复承李氏之例，略变通之，为类者一十有五。……有阻于闻、阂于见者，尤望游学博扬之君子，援缀而益之，以匡鄙之不逮云。”

此序又见《皇朝骈文类苑》卷首郭传璞序后。

《光绪诸暨县志》卷五十《经籍志》：“《皇清骈文类苑》，十四卷，国朝姚燮辑，其门人张寿荣校刊。前有鄞县郭传璞序，谓录骈体文为总集，昉自昭明，而李氏兆洛《骈体文钞》之选，自秦迄隋，世称善本。圣清儒术远迈前代，曾氏燠《正宗》人系以文，未悉为类。此编凡百二十有五家，文五百三十有二首，为类一十有五。寿荣，字菊龄，镇海人。与传璞皆燮门人也。”

《皇朝骈文类苑》卷首郭传璞序：“我师镇海姚复庄先生选有《皇朝骈文类苑》一书，凡百二十有五家，为文五百三十有二首，为类一十五。盖衷李氏体裁，搜罗闳富。惟其书未经誊抄，仅存《序录》及选目。老友张菊龄孝廉绩学多才，年未曰艾，绝意进取，耽刻古籍。丹黄点黈，有黄荛圃、顾涧蘋风。迩复梓先生是编，谓璞从游师门，宜其裒辑。顾兵后简册消沉，庋藏家亦不多得，相与征求之外，尚阙文四十余首。拟俟博雅君子邮寄，重为补入。倘亦同志之责乎？光绪九年岁次癸未春王正月，鄞郭传璞谨序。”

同书卷首张寿荣《〈皇朝骈文类苑〉例言》其一：“是编为吾邑复庄姚先生所选。……原稿选目中涂改窜易，时有出入。并有其类已分而选目尚虚，如第一类典册制诰文，竟不录一作者。盖先生未竟之编也。今恐久将愈湮，并选目亦且不可见，因急为搜访钞录，得文凡十之九。先授剞劂，以公同好。”其二：“首类既阙，其下各类自不得以次递升。故叙目十五，实录止十四类。”

《皇朝骈文类苑》卷首题：“光绪重光大荒落律中林钟雕。”

每卷首下题：“镇海姚燮梅伯甫选，后学张寿荣刊。”

董沛《四明清诗略》卷二十九：“张寿荣，字鞠龄，号蘧轩，镇海人。同治庚午举人。著有《舫庐诗存》。”

潘衍桐《两浙輶轩续录》卷四十八：“张寿荣，字鞠龄，号蘧轩，镇海人。同治庚午举人，著《舫庐诗存》。”

《民国镇海县志》卷二十七《人物传六》："张寿荣，字鞠龄，又字遽轩（前绪）。幼习举业，后从学于定海黄式三，研究汉学，能得其传。又师事鄞徐时栋，讲求古文义法。所著书于《群经训诂》、《六书音韵》为特详。同治庚午举于乡。淡于利禄，惟喜校刊古书。已刊行者，有《花雨楼丛钞》、《杂钞》、赵氏一清《水经注释》、姚氏燮《骈文类苑》、姚评《骈体正宗》等书。"

评点《国朝骈体正宗》。后张寿荣梓《〈国朝骈体正宗〉评本》，附刻姚燮评语。

《〈国朝骈体正宗〉评本》卷首张寿荣《〈国朝骈体正宗〉评本序》："曾宾谷氏揭骈体流弊，宗六代正轨，选国朝文百七十二首，凡四十三家。其所以示人者，殆轮扁之用心与？至我邑某伯姚先生出，用知曾氏是选，轮扁其心，尚非轮扁其伎。综核全编，则上者江、鲍之艳，徐、庾之遒，长卿、子云之古藻骏迈，云谲波涌，殆十之三。其次彦升简炼，简文清思，与夫幽峭玲珑、鲜华朗映，颉颃于玉溪、金荃之间，又十之五。下此委苶沉腿，啴缓毓尤，间或滥厕者，十之二。先生一一为之点窜品题，不少假借。是言轮扁之言，而复心其心，伎其伎，意者其所造而至，将不第如曾氏乎？予藏评本久，并于眉尾间有所僭注。甲申春，以同志假钞之纷，爰为排比采谛，授诸手民。……曾氏有选而无言，而姚先生言之。姚先生言其端矣，蒙复踵其后而僭注之。庶几言骈俪者，人知目寓中存求。所谓不徐不疾，有以得于手而应于心也。是则予以其书广诸艺林之意焉尔。光绪乙酉三月朔，镇海张寿荣鞠龄甫撰。"

同书卷首冯可镛《〈国朝骈体正宗〉评本序》："曾氏《国朝骈体正宗》一书，错比华辞，甄综俪格。……我友张鞠龄先生，景阳隽才，平子朴学，琳琅十笏，风雪一毡。间长肆笔舌之纵横，辨文章之流别。银手如断，玉尺工量。迩以大楳姚子手评正宗，有功曾氏，重为整齐，加之参订。……可镛愧非渊林之才，辱任元晏之序，浅忘蠡酌，谬附骥旄。循览是编，主臣而已。慈溪冯可镛舸月。"

同书卷首《〈国朝骈体正宗〉评本例言》其一："姚先生，讳燮……选有《皇朝骈文类苑》，巨制鸿篇，搜罗殆尽。实艺林中不可少之书。寿荣向已为之校刊，其于曾选《正宗》，评论点窜，特其余绪。然读之，足窥俪体门径，无复诡途歧趋之惑，俾益后学不尠。爰出藏本，细为校雠，续付削氏。”其二：“圈点悉仍姚先生之旧，间有以鄙意增入者，必别识之。姚先生于每篇文后，止列总评，其眉评则皆寿荣僭注。”其三：“姚先生有眉评数处，以姚云二字别识之。”其四：“慈邑冯舸月可镛孝廉于曾氏书致力有年，成《正宗初笺》，藏弆待梓。寿荣尝寓书借阅原本，采其校语，列入眉评中。以冯云二字别识之。”“……上巳日，鞠龄氏识于花雨楼之南窗。”

作《〈皇朝骈文类苑〉叙录》和评点《国朝骈体正宗》具体时间不详，王莳兰《复庄骈俪文榷》已收入《〈皇朝骈文类苑〉叙录》，姑将二事系于本年。

为任熊《列仙酒牌》题辞。

《复庄骈俪文榷》卷四《〈列仙酒牌〉题辞》：“任子渭长以针孔心运笔，蔡子容庄以虱轮目运刀，两妙水乳。”

《民国萧山县志稿》卷三十《艺文·书目》：“《渭长画谱四种》，清任熊撰。此谱分四种，一曰《列仙酒牌》，二曰《高士传》，三曰《于越先贤传》，四曰《剑侠传》，皆精刊行世。”

《复庄骈俪文榷》编定于明年，《〈列仙酒牌〉题辞》已收入其中，姑将题辞系于本年。

秋，客象山西沪王莳兰翠竹轩一月，王莳兰、王莳蕙师事之。读其父王立诚诗，作《王淡园遗诗序》。又为其作《翠竹轩后记》。将历年所撰骈文托于莳兰，莳兰编为《复庄骈俪文榷》。

《复庄文酌》下编《王淡园遗诗序》：“象山王君淡园，归道山已久，余耳其名而未尝相识。咸丰三年岁癸丑，浮海之西沪村，与君令子纫香、撷香昆季交，即寄襆君之庐。君令子出君遗诗，授余读。既读，则性情行谊俱在焉。竟以为不识君不可也。”

《复庄骈俪文榷》卷首王莳兰序：“既失志归，遭兵乱，膺危疾，濒死者再。复以贫，累驰东吴，走西浙，卖文自食者又十年。而先生亦颓然就老矣。夫以先生之才，儤直承明，润色鸿业，奚愧于古作者？乃倥偬潦倒，以处其身世如是。是真有命邪？特怪先生之才名走天下，而独不见亮于吾郡。吾郡所称读书者，褎兔园册，务浮文，幸荣禄而已。身既达彼，因人而热者，哄然以金币结纳之。厕其傍，若与有光宠，并为之津津誉慕不置。而其于先生，微特不加重，甚且有百出流言相诋毁者。呜乎！必身之达然后贤。伊纷纷者众矣，叩其中藏，皆不直先生之一吷者也。癸丑，先生客西沪，留兰家者浃月，始获亲颜色，聆议论，并识其性情冲粹平易，大反乎世俗悠谬之云者。既出其箧中所携骈文稿授兰，读古包今，举卓乎成一家言。兰虽绵力，敢肩剞劂之任，因排次为八卷，付手民职之，聊以表区区钦爱之意云尔。曰文権者，先生盖自名之也。然而谦矣。"

同书卷六《翠竹轩后记》："明宣德间西沪王公国衡性喜竹，以翠竹名其轩。其嗣君彦承公属进士吴贵为之记。流风之邈，几及四百年。清芬所诵，谁为贤孙子？嗟蔡中郎云逝，但余柯山之亭；惜王右丞不归，莫问辋川之里。纫芗茂才，公之裔孙也。其宅亦多竹，而名仍厥旧。"

文又见《民国象山县志》卷三十二《文征外编上》。

作记时间不详，姑系本年。

《民国象山县志》卷二十六："咸丰改元，客象山王氏翠竹轩，为梓其《骈体文権初编》行世。"

九月，自甘溪里迁居鄞县小浃江北浒，赁顾氏屋，名曰息游园。作《息游园赋》。

《复庄骈俪文権二编》卷二《息游园赋》："岁昭阳赤奋若杪秋，自郡城甘溪里移家小浃江北浒，赁顾氏屋一楹住。楹后隙地约亩半，牛羊菌矢错乱，砾野蔓积二三尺。时农暇，招邻氓数人，犒以酒，命之治。辰及午就，砥荡焉。于是专石曲屈为小径，径左右阑之外篱之。绿篱入径，门之绕篱。沟之或坪之，坡陀之，各相其宜。为高下植卉花近百种，四时备焉。篱之阴留半亩，为葱薤豆蓏之区。虽小，足娱已。工以半月，费以二十缗。或得偃息，用供游览。胡不适哉？名曰息游，非敢僭君子藏修之义，爰赋之曰：……"

为汤贻汾《琴隐园集》作序。

《复庄骈俪文権二编》卷三《汤贞愍公〈琴隐园集〉序》："公江南武进人，讳贻汾，字若仪，世所称琴隐翁者。……当今皇帝咸丰三年癸丑春三月，楚氛卷浪，吴关失键，妖豕入门，屯蚁溃穴。毁坚铁为碎瓦，坑万命于一瞬。……公虽局外，犹思以一勺息焦原之燎，寸指扶危榱之崩，迨力竭智穷，始知事不可为，爰赋绝命诗四十言，率其幼孙，投池以殉。衮衮者宁自愧，而皦皦者不可污清流一泓，遂白日千古矣。……震泽王研农征君，公之老友也，得遗编于其犹子果卿明府。连城之璧完而无恙，延平之剑，讵竟汩沉？爰属吴江仲文学壬甫诸君反复校勘之，而归安吴太守平斋诸君以醵金剞劂为任，于是，征君复网罗枝佚，以孱补之次，为三十有六卷，而公之集始成。定敬礼之遗文，真元伯之死友。精灵不泯，须慰于九原；光焰所留，定充于两大而蒙，复何言哉！委以征君邮卷，来索弁言。综稽大凡，体讽微旨。愧非永叔，敢序梅宛陵之诗；聊仿彦升，用褒王文宪之行云尔。”

汤贻汾（1778－1853），字若仪，号雨生、琴隐道人，晚号粥翁，江苏武进人，居南京。其祖及父，均以效忠清王朝死事，故世袭云骑尉，曾任三江守备、乐清协副将等武职。太平军攻克南京，投水死。擅画山水，亦写墨梅、花卉，笔致秀逸。兼工行草书和诗。与戴熙齐名，并称为汤戴。有《琴隐园集》、《画筌析览》等。传见《续碑传集》卷六十四顾寿桢《汤将军传》、蒋敦复《汤将军行略》、杨象济《书汤雨生将军事》、《清史稿》卷三百九十九。

为朱鸿骏战殁作诔文。

《复庄骈俪文権二编》卷五《武略骑尉朱君诔》：“维咸丰三年正月初九日，江阴营千总朱君以战贼陷，没于阵。从士多溃，援兵不来，力疲气穷，致命遂志。不亦哀哉！君名鸿骏，字评茶，松江娄县人也。……时君年二十有九也。……大帅乃请旨于朝，遵例议恤，成仁饮泽，荣哀亦至，缀事勋史，讵在位高，聊扩范烨传冯鲂之文，并援潘岳诔马敦之谊，诔之。”

为象山李氏作贞烈碑文。

《复庄骈俪文権二编》卷五《象山李女适慈溪金氏妇贞烈碑》：“今圣皇咸丰三年癸丑八月二十日，象山李氏女之死于慈溪县县庭。……适金凡三载，死之年，盖十九云。里之贤者，敬而哀之，为表碣于慈湖之葬阡。俟后之采风者，请旌焉。燮为之铭。”

为袁祖德死难作行状。

《复庄骈俪文権二编》卷六《恤赠朝议大夫上海县知县袁君状》：“署

理上海县知县袁君讳祖德，字又村，世为浙江泉唐人。随园大令枚之孙、兰村司马通之子也。……咸丰三年癸丑夏，上海县故令因事去官，君摄其任。未四月，而寇难作，君遂被戕。时八月初五日丁丑也。……事闻于朝，奉诏加知府衔，入祀昭忠祠。并祭葬，荫袭如制。……爰状君之死难，具详其本末，并示有守土责者。"

为冯培元作神道碑铭文。

《复庄骈俪文榷二编》卷六《中议大夫赠侍郎冯文介公神道碑铭》："公讳培元，字因伯，一字小亭，浙江仁和县人。……生于嘉庆十八年癸酉六月十二日，殉于咸丰二年壬子十二月初四日，享年四十岁。……公死之明年正月，湖北复省城，始改殓公，迎柩还籍，卜葬于某乡之原。用兹稽生平，综事实，嗟宏抱之未竟，哀音仪之永古。铭景行于埏道，来忠徽于靡穷。"

为高延祉、高子函死难作赞。

《复庄骈俪文榷二编》卷一《高氏双忠赞》："自粤寇嚣陵，流祆南省，官吏之命贱于弃蒯，议恤之籍繁于录勋。蹈睢阳之忠，史传未能尽列；诵灵均之赋，国殇无由遍招。惟时乎乃至如斯，而天亦曷其有极也。吾友高学沅之族侄，其有临节不夺，与城俱亡者，得二人。官禄虽微，忠贞无二。一曰延祉，字受民，籍萧山，以举人官知县，死难于广西隆安县任。一曰镜涵，字子函，籍仁和，以诸生官布政司经历，死难于江南江宁府防局。受民君之死，咸丰元年辛亥十月初四日也。子函君之死，三年癸丑二月十有一日也。二君为从兄弟，其死之日，相去者仅四百八十日有奇。……时学沅以事语余，并属余传而赞之。余乃复于学沅。"

为江忠源殉难作诔文。

《复庄骈俪文榷二编》卷六《江中丞诔》："咸丰三年癸丑冬十有二月丁亥，粤逆杨秀清遣贼酋罗大刚以二万人陷庐州府城，皇故资政大夫霍隆武巴图鲁赐谥忠愍，安徽省巡抚部院新宁江公殉难薨。乌乎哀哉！公讳忠源，字岷樵，以拔贡生中湖南本省举人，为教官。……时十二月丙戌夜……因乘势扑城河殉焉。……及九重而恸，哭遍万姓也，谨设位西向，次公之事略，再流涕以诔之，未敢私也。"

编订《疏影楼词续编》、《玉笛词》。周白山为《玉笛词》作跋。

《光绪诸暨县志》卷五十《经籍志》:“《疏影楼词续编》一卷、《玉笛词》一卷，国朝姚燮撰。燮最善倚声，其《疏影楼词》八卷已刻集中，此其晚年之作，未付刻者，较前集更为无上乘矣。乾嘉后，词家必以燮为首选。今稿归枫桥陈氏授经堂，乃燮子少复茂才所赠也”。

两稿均藏国家图书馆。

周白山《〈玉笛楼词〉跋》:“《疏影楼词》出，届三十年，工诗余皆曰：骚雅圭臬，今之石帚也。井窥蠡测，奚敢置一辞？顾自念幼即倚声，误弦待理。及从先生游，昕夕谈艺，恍若有得。退而研南宋词家之旨，大都悲愉歌哭自其胸臆出者，而千曲百新，以被之声。读先生词，并有感焉。夫人性之所近，各具一体。先生之词，则时而测之水深，时而挹之秋淡。时而发抒寄托，喷云而薄烟；时而陶写厄寒，惊雷而激电。屏息演神，捶以厉响，不知与古谁比？亦不事规式，自与古今，而即而听其声，第觉其裔裔焉绵以长，漉漉焉奇以佹也。今年春，复出斯卷见示，格坚愈老，兼括众长，倚二石花椇词之几，于击碎唾壶，不能已已。二石者，煮石画，白石词，仪征相国题赠之言也。相国非虚誉人者，而先生间有新作，必举而自况。即以词论，可以知先生之所志矣”。

《疏影楼词》刊于道光十三年癸巳，至本年三十年。

王韬《瀛壖杂志》卷四：“周白山，字双庚，号四雪，余姚人。诗文奇诡崛特，不作一凡语。工书法，善刻石。出姚梅伯门下，而不肯附弟子籍。时人目以为狂。尝偕同邑赵益甫刻其所作制艺曰《詰》，恣肆轶乎绳墨。时人又目以为怪。坐是奇穷，丐食沪滨。僦西园一弓地，效君平垂帘设卜肆，卒无所顾而问者。余与壬叔偶与之谈，叹为异才，招之下榻城外，供其饔餐，得以昕夕聚首。居半载，落落无所遇，乃谋归计。后闻以冒试江南获隽，为士子攻讦，被褫。因此，抑郁愤懑，夭其天年。”

潘衍桐《两浙輶轩续录》卷四十三：“周白山，字双庚，号四雪，余姚诸生。”

杨逸《海上墨林》卷三《寓贤》:“周白山，字双庚，号四雪，余姚人。诸生。诗文奇诡怪特，不肯作一凡语。工书法，善刻石。出姚燮门下，而不愿附弟子列。时人目以为狂。奇穷，丐食沪滨，僦西园一弓地，垂帘买卜，卒无过而问者。嗣冒试江南，获隽，为士子攻讦，被褫，郁愤以殁。”

陈寿祺与同里孙廷璋等结词社，读《玉笛楼集》，心向往之。

《玉笛楼词》卷首陈寿祺题辞：“忆束发学作长短句，即闻大梅姚丈名，恨未一见。岁癸丑，自都旋里，与同里周鳗云誉芬、孙莲士廷璋、李莼客模、王平子星诚、周季贶星诒诸子结词社，读《玉笛楼集》，益心向往之。”

陈寿祺，本名源，字子谷，一字珊士，山阴（今浙江绍兴）人。咸丰六年进士，改庶吉士，官刑部主事。同治六年（1867）丁卯卒，年三十九岁。传见《碑传集补》卷五十一李慈铭《陈寿祺传》。

咸丰四年甲寅（1854）　五十岁

正月，《复庄文录》编成。

《复庄文录》目次自识：“初编文六卷，都九十七首，咸丰甲寅岁正月山居手编。”转引自赵坚《姚燮年谱》第233页。

收骈文四十八篇、散文四十九篇。稿本，原藏杭州文管会，后该机构并入杭州园林文物局。此书下落不明。

二月十六、十七、十八日，林小屏假日湖蓬莱院，作祓兰之会，集者逾四十二人，姚燮与焉。为作《南湖兰禊序》。

《复庄骈俪文榷二编》卷五《南湖兰禊序》：“咸丰四年甲寅花朝之后日，鄞林子小屏假日湖蓬莱院，作祓兰之会三日，仿咸平中春故事也。其地则衺渚瀫平，缭堞岚远。……小屏以所蓄异兰数十罂，宫之雕台，縢之绮石，侣之玉茗，衲之画苔。……洒洒然，彧彧然，良娱足群，永日忘倦。……惟题名逾四十二人。”

任熊绘五十小像，曹岣作赞，任淇作颂。

《复庄骈俪文榷二编》卷首题词：“岁次阏逢孟陬，大梅山翁齿符大衍，永兴任熊纪颜，蔡照初锓版，曹岣为之赞。赞云：八家心胸，六朝眉额；迁、固冠裳，庄、荀衣帻。咳云唾霞，搢圭握璧；虎蹲钟毓，驱齐狂客。闲根塞断，真谛洞辟；挹斗量才，舍釜计石。橘洲牧庵，踵践前迹；名山俎豆，千秋一席。”

《琼贻副墨·兰如集》卷一曹峋《大某山翁五十象赞》："岁次阏逢孟陬，大某山翁齿符大衍，永兴任熊纪颜，蔡照初锓板，曹峋为之赞云：……"

同卷任淇《寿者相颂祝大某翁五十寿》。

主萧山县学，作《萧山县学明伦堂古柏记》。

《复庄骈俪文榷二编》卷四《萧山县学明伦堂古柏记》："吾邑袁君楫山为萧山学校官，余来萧主其宅。宅西明伦堂。堂之庭，树柏八九树。一树在堂楹稍东……君指之曰：'宋植也。'……乃凂任子渭长图其容，羼鄙言以为佐靳。"

《民国镇海县志》、《民国萧山县志稿》没有袁楫山的记载。

主萧山县学和作记时间不详，姑系本年。

八月十六日，王莳兰编《复庄骈俪文榷》八卷成，作序。

《复庄骈俪文榷》卷首王莳兰序："……编既竟，列其目如左。时咸丰四年甲寅八月既望也。"

周白山为《复庄骈俪文榷》作《题后》。

《复庄骈俪文榷》卷末《题后》："余姚周白山双庚曰：复庄师刻《骈体文初编》成，白伏而读之，精气厚力，鸿笔丽藻，不随时花枝苓。汉魏以来，邈尔寡俦。已，谨缀二百八十四言仿佛之。"

为齐学裘《峄山荡玩月图》作记。

《复庄骈俪文榷二编》卷五《齐玉溪〈峄山荡玩月图〉记》："宜兴东北有荡，以山名。……岁甲寅，江寇方警，讹言日异。谓将逾毗陵，犯吴郡，民之有力者多他徙。齐君本以婺（婺）源籍侨吴者，至是亦束书画，挈妻孥，择其地，迁处焉。既秋多佳月，涵之旷水，约以凉飔，空明上下，细籁嘘碧，荻芦所缭，时有躯起。或闻渔唱，疑在山间。远屋近树，目摄指辨，君顾而乐之，托境于绘，征余记。"

作《为李邑侯作镇海县昭忠祠碑》。

《复庄骈俪文榷二编》卷五《为李邑侯作镇海县昭忠祠碑》："……士民钦其节，建昭忠祠于邑东郊招宝山之阳，配以同时兵弁与死者，礼也。征某为记，丹诸石，俾后之谒祠者有考。……祠经始于咸丰三年岁癸丑六月，越岁甲寅八月始落成。"

闰八月，为胡士泉作六十寿序。

《复庄文酌》下编《寿胡士泉先生六十序》："今秋甲寅闰，燮复来江上，与先生握手道间阔。……燮今年五十，而先生长于燮者十年。"

据陈垣《二十史朔闰表》（中华书局1962年版），本年闰八月。

为胡滨作六十寿文。胡滨以铭墓之文属之。

《复庄骈俪文榷二编》卷七《高士青禺子墓碑铭》："君讳滨，字庆澜，自号为青禺子。……先是甲寅，燮年五十，而君年六十，尝制文寿君。君读之善，握手笑曰：'他日铭墓之文，愿相属颔之。'……论者以高士目之。同车笠、资赏析者，阮君潮生、卢君六桥及燮两三人而已。"

八月末，作《〈元夕，金阊城西纪游图〉卷后序》。

《复庄骈俪文榷二编》卷四《〈元夕，金阊城西纪游图〉卷后序》："甲寅八月之杪，羁居郡庐，展是卷览之。图为蒋君仲篱作，丁君澄庵题其首，而序之者杨君稚云也。三君皆殁矣，载抚遗墨，回思坠欢，而为之后序。……忽忽者十有七年。"

十月，张庭学来书，云为姚燮谋教职事。

《琼贻副墨·尺素集》卷十六张庭学书："弟羁居申浦，无非为谋食起见。嗣因江浙两抚臣邀办军事，即于洋泾浜地方筑墙，堵截要路，以杜夷商接济贼匪。现工程已可告竣，而犬羊肆逆，百计难防，亦只有随机筹画，以弥罅漏而已。兹有请者：弟自接办公事以来，日与夷酉相晤，其中有略通文墨者，颇羡及中国诗人，意欲请一能诗者以为师。商之于杨棨翁暨弟，代为聘请，订明束修每月送洋蚨二三十元。……窃思阁下大名，与（于）两浙诗人中询，□（似）堪首屈一指。与外国人论诗，亦吾辈中极风雅事。与故乡之设席于天主堂者，固不可同日而语。而况远扬声教，王化攸关，当亦阁下之所乐为也。家居闲寂，一无可为，似不妨俯从所请，以消永日。如蒙垂允，即希赐札示悉，以便往说。……十月初十日。"

同卷张庭学书："月初接诵复函，领悉种种。所说与外国人论诗，已经订明，但不能限定几月几年。总俟大驾到申，再看光景。如果宾主相投，自当按月送修。万一外国言旋或调任至闽粤等处，与别有事故，总令他从重酬谢，必不至于相负。况久慕大名，断无一合，而一经指教，自能令顽石点头。而且伊等馈不读书，恰羡中华规矩，惟教伊作诗，颇费心力。……束脩说定，每月计洋蚨卅元。信到，务祈即日命驾，船至南黄浦新关门口上岸。……”

董沛《四明清诗略》卷二十七：“张庭学，字仲圭，号诗农，鄞人。恕子，咸丰壬子进士，官翰林院编修。”

《民国鄞县通志·文献志》：“张恕……子鼎辅、庭学，别见。”

同书：“（张烜）孙鼎辅，字楚佩，号少峰。咸丰二年进士。……庭学，字仲圭，道光二十四年举人，与兄鼎辅同科进士，并入翰林。咸丰四年假归，会粤乱，刘丽川据上海，同知吴煦知庭学才，邀入戎幕。苏抚吉尔杭阿倚重之。时官兵屡攻上海不下，庭学议筑甬道，断其接济。十一月，与英官阿法会商，自陈家木桥筑墙，近逼，敌始困，明年克之。吉尔杭阿以其功奏，诏授编修，赏戴花翎。复以海运功，加五品衔道员用。广督黄宗汉奏令赴粤，协理军务。逾年归。”

为吴元镜《笛倚楼诗》作序。

吴元镜《笛倚楼诗》卷首姚燮序：“咸丰四年甲寅小春月，镇海姚燮复庄序。”

此文又见《复庄骈俪文榷二编》卷五，题作《吴仲祥〈笛倚楼诗〉序》，未署时间。

为慈溪王严理作墓碣文。

《复庄骈俪文榷二编》卷八《赠朝议大夫河南汝宁通判王公墓碣》：“太原通判公之卒，距今已三十余年。其嗣君等立石于公葬所，属燮为之文。述先德之孅，示后嗣以法。义在征信，用诒永久。遵状而述，曷敢溢辞。公讳严理，字守一。……其世为慈溪县籍。……年六十有九，以疾卒于家。时惟道光四年甲申六月日，其生年则乾隆二十二年丁丑十月日也。”

为王在田作行状。

《复庄骈俪文榷二编》卷八《授儒林郎议叙布政使司理问厅衔王君状》：“咸丰四年甲寅秋九月乙未，镇海王君古愚以疾终于寝。其叔子于谟君在建德学官任，奔丧归里。不及视敛，哀咷摧腑，伏苫瞢昧，痛述行谊，请燮状诸辞，俾潜光弢行，有炳于世。……今君往矣，微君叔子之请，亦罔默也。”

《民国镇海县志》卷二十七《人物传六》：“王在田，字允飞，号古愚

（海晏）。服贾端谨，若儒生，能为诗，工书法（姚燮撰《行状》）。……晚年乐瑞岩之胜，自城徙居焉。卒年六十五。”

为象山史兰甫姬汝南作圹志铭。

《复庄骈俪文榷二编》卷八《史姬汝南君圹志铭》：“汝南君名绣兰，鄞产也。……与象山史兰甫文学两情既绻，双福遂修，聘以百琲真珠，迎之六萌油碧。……旋以产难，化玉于醉缘山庄。时为咸丰四年十二月，其生年则道光九年十二月也，年仅二十有六岁。文学哀之，以妾礼篋穸于横弓墺之原。乌乎！四载短缘，百年长瘗。可怜明月，荒凉照红雪之楼；终古好山，踯躅洒青鹃之泪。不亦哀哉！”

十二月十三日，过访魏谦升，索观近作。魏谦升作诗奉赠。

《琼贻副墨·兰如集》卷五魏谦升《甲寅嘉平望前二日，梅伯先生自甬上来，过存敝庐，索观近作，率成五古三十韵奉赠》。

咸丰五年乙卯（1855）　五十一岁

寓居上海。正月十七日，蒋敦复、王韬、李善兰来访。同往酒楼饮酒，复至勾栏访艳。

王韬《瀛壖杂志》卷四：“乙卯客海上最久，与余往还颇密。”

王韬《蘅华馆日记》（稿本）：“（咸丰五年一月）十又七日辛丑，午后同剑人、壬叔访梅伯，清谈良久，至酒楼小饮，继复拉至勾栏访艳。是夕往老闸，得见许春山导，至福云校书室。福云颇有媚态，惜芙蓉面上多生桃花点矣。”

三月，蒋敦复为《疏影楼词》作跋。

《琼贻副墨·兰如集》卷二蒋敦复《跋〈疏影楼词卷〉》：“……咸丰五年旃蒙阏律中姑洗之月，宝山蒋敦复拜诵一过于海上钓鳌馆。”

四月，为王本梧作墓碑铭。

《复庄骈俪文榷二编》卷六《赠中宪大夫故吉安府知府王君墓碑铭》：“咸丰三年癸丑七月二十有六日己巳，吉安府知府王君在任，拒贼，死于难。越九月，柩始归厝于建岙先茔之旁，卜吉俟葬。忠贞之节，洞平九囦；大招之歌，凄哉下里。君子茂耀等以余夙与君交，君弟本棣又尝从余学，既砥丽牲之石，持君状，属为铭辞。不辞荒落，综括大端。……君讳本梧，字凤仪，一字琴仙，姓王氏。……敢仪古式，用慰永怀。”

为胡枚阵亡作状。

《复庄骈俪文榷二编》卷六《恤赠员外郎衔光禄寺署正胡君死节事状》：“今皇帝咸丰四年甲寅十一月十有八日癸未，胡君光禄寺署正枚以孤军攻上海，城陷，陈死之。……事入奏，特旨优恤，加赠员外郎衔，并恩给云骑尉世职。……君字小文，谱名宋彬，镇海人。……时君年仅三十有六耳。……明年正月，贼平。君弟偕君子克照等始以君归葬于乡，属燮状其事，以备史宬之采。于以濡豪抽牒，传述英毅，如右所云。”

为徐荣作碑文。

《复庄骈俪文榷二编》卷七《皇故授中宪大夫晋赠通议大夫徐公碑》：“公以今皇帝咸丰五年乙卯三月丙申，督师拒贼于徽州渔亭中矛被害。公之冢子虑善鏖战，冒矢石夺公尸，至屯溪。越二日戊戌以敛，又越八日丙午，始厝公柩于杭州湖庄。事闻，以正三品赐恤世袭骑都尉，给祭葬银如制，并恩准崇祀名宦祠。……公讳荣，字铁孙，又字容庵。……公生于乾隆五十有七年壬子十有一月甲寅，春秋六十有四。”

六月十三日，于源来书，知姚燮游兴剧隽，欣慰无比。

《琼贻副墨·尺素集》卷十四于源书：“顷晤同乡友人许兄春山，得稔文旆小住沪城，游兴剧隽，欣慰无似。……乙卯六月十三日。”

宋希轼来书，一为告贷救急，一为邀约访艳。

《琼贻副墨·尺素集》卷七宋希轼书：“昨午别后，弟媳即于今早寅时去世，身后惨不待言。……而丧中零用，一无所著。万念舍弟叔京故友之面，再告措佛番一枚，交来人带下，以济眉急。”

同卷宋希轼书：“连日不得叙为恨，极拟奉诣看足下，并看两凤。而笔墨事稽滞，竟不能如愿，可发一笑。贮娇处有两所，可要看否？必得足下傍晚进城，当同去一观也。”

王韬《瀛壖杂志》卷五：“宋小坡希轼，太仓人。为彭甘亭高足。垂老颓唐，卖字为活。奇穷日甚，馇粥几至不给。所识多知名士。往来沪上者，辄以润笔钱资之。尝作《笠屐小像》，题者如林。梅伯有句云：‘死能埋我何妨醉，生不如人未敢狂。’壬叔亦有句云：‘一百青钱一首诗。’小坡读之泪下。余尝在东园作消夏集，辄招之往。时有投赠之作。”

杨逸《海上墨林》卷三《寓贤》："宋西轼，字小坡，太仓人。为彭兆荪甘亭高弟。工诗，书学眉山，得神似。垂老颓唐，奇穷日盛。客于沪，鬻书以资其生。"

秋，为蒋敦复《芬陀利室词》作序。

《复庄骈俪文榷二编》卷五《蒋纯甫〈芬陀利室词〉序》："咸丰乙卯秋，偕宝山蒋君纯甫同客松郡沪城之郭，君所著《芬陀利室词》，凡四种，曰《红衲》、曰《青瑟》、曰《碧田》、曰《绿箫》。示余，属为序。……要之，吾人之遇哀怨多，欢乐少，发之为辞，激烈浅，纡郁深。君之词，哀怨而纡郁者也。鄙人知之，故敢为序之。"

蒋敦复《芬陀利室词集》卷首："大词取径于白石、玉田，参变于稼轩、放翁。……运清真于绮丽之中，前惟草窗，近则梅里。吾于是集亦云。弟姚燮拜读。"

滕固《蒋剑人先生年谱》："咸丰五年乙卯……同年先生与姚燮同客海上，燮为先生序《芬陀利室词集》(《复庄骈体文榷》)。其手稿今藏罗溪陈氏，稿末有章钰、冒广生跋语。"

同书《后记》："罗溪陈氏所藏姚梅伯《〈芬陀利室词〉序》手稿，有如皋冒鹤亭先生跋尾。"

九月十四日，王韬、江凤笙来访，赠以洋画与纸，并请画梅花，以作屏间清玩。

王韬《蘅华馆日记》(稿本)："咸丰五年岁次乙卯九月十有四日甲戌，晨同韵楼至某伯寓斋，馈以洋画及纸，而以尺幅倩渠作梅花，以作屏间清玩。继同韵楼至挹清茶寮小啜，剧谈竟晷。"

九月二十一日，王韬、李善兰来访。

王韬《蘅华馆日记》(稿本)："(咸丰五年九月)二十一日辛巳，晨同壬叔至挹清楼茗战，同诣某伯寓斋，剧谈良久。壬叔以鼎卿寿对倩某伯捉笔，联云：……"

九月二十四日，王韬、江凤笙、李善兰来访。

王韬《蘅华馆日记》(稿本)："(咸丰五年九月)二十四日甲申，晨同韵楼、壬叔往访某伯，剧谭竟晷。于座得晤唐铁耕，知舒唐已来，迁寓于笠桥侧。……十月九日己酉……继访陆仲瞻，同往勾栏，有一校书行行，容不甚佳，而房中陈设楚楚，颇有可观。……往兰语楼访爱卿及瑞璘、琅琊三姬，某伯所属爱者。……（十一月）六日乙丑，韵楼来，留饭而去。渠于某伯处所索殊奢，所得殊少，甚为郁郁不乐也。”

游也是园，题诗。

王韬《瀛壖杂志》卷二：“也是园在城南隅，明天启时乔炜所建，即渡鹤楼遗址。……也是园亦名南园，有古榆一株，临水，势极夭矫，名榆龙。……梅伯诗：‘万片玉鳞已蜕，千年铁性成顽。’亦奇警。”

游也是园，在寓上海时，姑系本年。

与俞岳交往。俞岳来书，述其因病不能作绘事，退回其绢、扇面，并润笔四洋。

陶湘编《昭代名人尺牍小传续集》俞岳手书：“梅伯先生阁下：前于初七日奉手示，辱承垂念，弟病后手腕不仁，不能动笔，致将原绢撤还，足征俯体衰老。苦衰，勿以交白卷为怪也。惟前日系施少卿兄交来，尚有扇面一张，并润笔四洋，理应一并奉归，爰即于初十日措足四洋，并尊处原绢一幅，面交少卿兄，兼有札致意，烦其代答歉怀。不意昨又奉尊片催取弟画，心窃讶之。抑取交少卿兄绢幅尚未转缴、并前拙札亦未奉览乎？用敢再申前意，还祈阁下仍询之少卿兄，便当晓然耳。承示台踪，出月作归计，容再趋晤，敬请道安，惟鉴不备。愚小弟岳顿首。潮生后一日。”

出月，下月。

杨逸《海上墨林》卷三《寓贤》：“俞岳，字少甫，号子骏，震泽人。画学王椒畦，不喜施赭黛。尝取‘不着色相’四字，镌为印章。工诗文，善倚声。”

李濬之《清画家诗史》庚上：“俞岳，字子骏，号少甫，震泽人。贡生，官太仓学正。山水受学于王椒畦，笔墨浑厚秀泽，惟不喜施赭黛。尝属程蘅乡镌‘不着色相’四字小印，每画辄钤之。晚年喜为墨梅，苍劲入古。有《笠东草堂集》。”

李玉棻《瓯钵罗室书画过目考》卷四亦有其小传，不具录。

与俞岳交往及俞岳来书时间不详，姑系本年。

为凌庆丰作传。

《复庄骈俪文榷二编》卷七《凌国学家传》：“宋太宗淳化间，有曰景阳者，由仙游尉来知明州之军，即今慈溪凌氏之始。国学君其裔也。君讳庆丰，字南荫，父讳栋，母陈氏、徐氏。徐氏生子二，长即君，仲曰庆铉。铉尝持其兄所自为被难记，并述行谊，属为传，示后之子孙，俾知君出入艰危，以保令终者。……粤寇之乱作，时维咸丰壬子。寇分大股，陷桂阳、郴州、醴陵、茶陵等城，于十月间，进陷汉阳府，并分四五百人掠汉镇。镇为五省通衢，与汉阳、武昌相鼎足，天下四大镇称最饶者。……越年癸丑九月，寇再至。越年甲寅正月，寇又来，而君皆免于难。……卒以四年乙卯二月脱险还家，风鹤之虞，妇孺咸释。即以是年八月戊申考终，距生年为嘉庆戊午十一月辛酉，卜窆于邑东北鄮岙村，享年五十有八。”

文中“四年乙卯”，误，应为“五年乙卯”。

咸丰六年丙辰（1856）　五十二岁

为冯母俞氏作七十寿序。

《复庄骈俪文榷二编》卷八《冯母俞恭人七十寿序》：“粤惟柔兆执徐之岁……盖适我冯太母俞太恭人坤毓凝庥，恒贞践祜，頩然昆姿，宜颂宜祷之日也。”

为虞瑞龙卒作诔文。

《复庄骈俪文榷二编》卷七《故国子监生虞君诔》：“维咸丰六年秋八月壬辰，国子监生虞君以疾殂于寝，春秋仅四十有三。……君讳瑞龙，字友云，一字澜谷。其祖自镇海南图扎马村分居芦江，遂家焉。”

作《〈蓬莱阁雅集图〉记》。

《复庄骈俪文榷二编》卷七《〈蓬莱阁雅集图〉记》：“昔钱武肃王建蓬莱阁于越城种山之椒云门。……咸丰六年丙辰，六阳司巳，日月会于实沉，集郡县九学校官十八人，符瀛洲之仙侣，仿永和之故事。……因时写狂，师雩沂之风浴。亦复摅文互赏，古思遥集。……遂感兹日之方羊，亦系后人之涕泪。苟无纪述，一影逝焉。时萧山任渭长熊亦与集，乃假铅黛，以存景貌。布尔篁之蔼条，状衿履之娴疋。十八人者，仁和唐廷纶雪航、泉唐徐绅蔼卿官郡学，泉唐吴春焘荀慈、德清黄际春晓堤官山阴，泉唐程杼春鄂、乌程汤升南坪官会稽，鄞王棻兰林、镇海袁应锡楫山官萧山，泉唐范廷翊晴岩、慈溪裘铎木斋官诸暨，汤溪章□春桥、仁和章廷彦子辛官余姚，泉唐姚光晋平泉、湖州丁钊竹南官上虞，富阳盛元音竹溪、镇海黄溥越山官嵊，武康胡锡土积山、泉唐张锦江半帆官新昌。文章圭臬，俊髦所宗。金箭东南，知名者半。偶为萍絮，下泊于川湄；若有星云，上缦于壁府矣。怀藻可摛，执觚存礼。良觌啚其所永，采翰振而不沉。揽是图者，其诸向往。”

四月上旬，任熊再画五十小像。

《复庄骈俪文榷二编》卷首姚燮像左侧题：“复庄先生五十岁象，丙辰四月上旬，永兴弟任熊画。”右侧题：“蔡照初容庄甫刻。”

作《镇海县新建校士馆碑文》。

《复庄骈俪文榷二编》卷七《镇海县新建校士馆碑文》：“邑绅议叙八品衔王君咸亨偕其弟议叙盐运司运同君咸章并以县试弟（第）一入庠，遂起任校士馆之建。事未果，赍志以殁。咸亨君之冢子议叙同知衔钦赐举人福昌、仲子钦赐举人加内阁中书际昌承其先志，请于官。相治东军门府故址，旷可营船。爰经始焉。自门及寝，凡四重。……自咸丰五年乙卯八月及丙辰十二月，乃成。凡一年有五月。既成，于是乎下固上敞，内达外明，文疏交辉。……于是，同县举人姚燮叙所由来，以刊元石。”

为谢铮贤卒作诔文。

《复庄骈俪文榷二编》卷六《谢铁卿孝廉诔》：“今君于咸丰六年丙辰十有二月癸巳以寝疾卒。……逮乎屏迹里居，年岁各迈，见而渐少，握手益欢。惊短发之就苍，萧飒秋柳；话旧侣之多故，飘零天鸿。犹复踏灯南关之市，狂笑辟人；玩荷北郭之池，沉醉狎座。发颓放之老态，畏峥嵘之少年。则又一时矣。兹事非远，我怀讵忘？……不就冷官之职，仍为乡塾之师。暇则眉列丹错，手雠方册。……其所撰有《经典类编》八卷、《通鉴揭要》十卷、《字学辨正》并诗文钞若干卷也。”

咸丰七年丁巳（1857）　五十三岁

二月二十六日，王之佐来书，述己颇耽金石之学，感蒋宝龄壮年英俊徂谢，凄入心脾。

《琼贻副墨·尺素集》卷二十四王之佐书：“忆在苏台话别，倏经六载。……弟年近七旬，学不加进，与许珊林、韩履卿两丈往还，颇耽金石之学。……仲篙壮年英俊，忽焉徂谢，尤令人凄入心脾。想阁下亦同此情也。……丁巳仲春廿六日。”

为胡滨作墓碑铭。此前，姚燮曾往访胡滨，胡滨有诗。

《复庄骈俪文榷二编》卷七《高士青禺子墓碑铭》：“君讳滨，字庆澜，自号为青禺子。……其生年为乾隆六十年乙卯某月日，越六十三载，而以咸丰七年丁巳二月晦日卒。……而不料燮之果铭君墓也。”

胡滨《缄石集》《姚孝廉野桥过访，赋此送别》，红笔改为《姚梅伯过访》：“久欲把君手，相逢何太迟。匆匆欢聚夜，恻恻送行时。风雪年将尽，莺花会有期。舟遥还伫立，烟树隔相思。”

姚燮往访胡滨时间不详，姑系本年。

三月，吴元镜来访。

《复庄骈俪文榷二编》卷七《仁和秀才吴生权厝志》：“今春三月己卯，余之浃上，与仲祥见，匊水拭座，解钱辨肴，为一日欢。”

四月，吴元镜、陈继揆来访，留三昼夜。

《复庄骈俪文榷二编》卷七《仁和秀才吴生权厝志》：“四月辛丑，与余妹婿陈子同来郡，复相见。究论斯文之宗，商榷传后之业。摊一卷，执一卮，朗吟豪酌者如素。留寓庐三昼夜，甲辰始别归。归之日，宿雨载涂，城树不旭，峙躇户牖，豫申后期。”

五月，陈寿祺来谒，为忘年交。陈寿祺为《玉笛楼词》题辞。

《玉笛楼词》卷首陈寿祺题辞：“丁巳夏仲，泛棹十洲，适先生之寓庐在焉，遂袖近作往谒，为忘年交，晨夕过从，启迪良多。昨出大著二卷见示，谨缀数语，以志欣喜云尔。”

为吴元镜作权厝志。

《复庄骈俪文榷二编》卷七《仁和秀才吴生权厝志》：“未十日，传仲祥病。又未十日，传仲祥死。……仲祥本名铭，改名元镜，仁和吴姓裔也。……仲祥生道光七年丁亥五月丁丑，其终也，为咸丰七年丁巳五月辛酉，阅春秋三十一周。”

此文又见吴元镜《笛倚楼诗》卷首。

为王之佐作生圹志。

《复庄骈俪文榷二编》卷七《王征君蒲塘生圹志》：“具区之阳，麻溪之阴，有曰蒲塘者。……咸丰元年辛亥冬，我友王研农征君葬其故妻章安人，于是即自为生圹。……君名之佐，字翼如，一字淡霞，江南震泽人也。……年二十举秀才……戊寅、己卯叠应秋赋，不烧许浑之尾，徒厚李郃之言。遂绝浮名，行素志，说琴愤啸，尚友嵇、阮。……君生于乾隆五十有五年庚戌十二月二十日，距今咸丰七年丁巳，君年六十有八矣。”

黄燮清编《国朝词综续编》，选录姚燮词十九首。

黄燮清《国朝词综续编》卷末宗景藩跋：“余于咸丰丁巳就海盐黄韵甫先生甥馆，读先生所著诗古文辞，深获师资，而于词则素所未谙。先生为余指正源流，讲解音律，余虽心好而未能也。一日，先生出是编示余曰：‘乾、嘉以降，词人辈出。余搜采得六百家，披吟抉择，抄摭成编，将欲继竹垞、兰泉两先生《词综》之选，传其词，并传其人。悴心力于兹者，已十年矣。’余固知先生传世之心深且挚，徒以粤逆之警，时有戒心，未暇卒读也。岁庚申，余赴礼部试。……同治十二年岁次癸酉，宗景藩跋于春陵官廨。”

黄燮清《国朝词综续编》卷十五选录姚燮词十九首。

咸丰八年戊午（1858）　五十四岁

为象山周奠邦卒作碑文。

《复庄骈俪文榷二编》卷五《周骑尉碑》：“维咸丰八年戊午二月初九日乙卯，皇授武略骑尉周君以疾殁嘉善。……灵輀既归垄，将封树，嗣君学谦等卜兆于某乡之原，潜闼永扃，砻石镌行，俾有景式俟采史，宬礼也。……世为象山人。……君讳奠邦，字芳桂，一字芗水。……君生于嘉庆六年辛酉九月十有七日辛卯。”

四月，唐载鈖钞《画梅心语》。

《画梅心语》：“咸丰八年四月，唐载鈖手钞于瓶壶山馆。”

秋，为胡滨《缄石集》作序。

胡滨《缄石集》卷首姚燮《〈缄石集〉序》：“呜呼，靖节、右丞已千古矣！而君之为人似之，君之为诗又近之。且孰谓彭泽、辋川之不可复见于今日耶？君家芦江，绕江多好山，据林木川原之胜。君之庐，适当江之阳、山之阴，俯见鱼跃，仰得鸟飞。……今君亦往矣，后之人有过君之庐而慨想乎君者，诚何异入彭泽而契渊明、赴辋川而思摩诘耶？君而有知，当韪鄙言之非过诩者。咸丰八年戊午秋初，弟姚燮大某甫序。”

咸丰九年己未（1859）　五十五岁

二月十五日，魏谦升来书，述踪迹信音不通之念，询有否见过吴椿墓志铭。

《琼贻副墨·尺素集》卷九魏谦升书：“梅伯先生仁兄足下：小别五年，寸心千里。怀思日积，如何可言？……自卯秋之杪老友周淡翁即世后，足下踪迹信音，遂不克常通。……吴退旃先生为君之师，其墓在杭之青芝坞。志铭乃孙柳君孝廉撰，书丹系拙笔。曾见过否？……己未中春望。”

《民国歙县志》卷六《人物志·宦迹》：“吴椿，字荫华，丰南人。嘉庆壬戌进士，由编修历通政司副使，督学福建。道光九年，以光禄卿充会试副考官。十一年，以兵部侍郎督学浙江。十四年，以户部侍郎充浙江乡试正考官。均得士，称最。旋以左都御史留浙，督办海塘。……事竣覆命，授礼部尚书，调户部。十九年，因病去官。七十生辰，御书‘宣勤笃祜’额赐之。卒赐祭葬。”

陈康祺《郎潜纪闻二笔》卷八：“吴退旃尚书椿，人言其生平有四反：体极羸弱，而豪饮之气，辟易万夫，一也；不喜谈文章，而屡司衡鉴，二也；家居极俭约，而推财济物，豪无所吝，三也；贰司空时，以不谙工作为歉，而督办浙江海塘，将数十年未修之工同时竣事，四也。”

同卷：“退旃尚书，道光己丑以光禄寺卿被命典春官试。凡礼部题请会试考官，光禄卿例不列衔，此特恩也。”

叶名沣之官浙江，过曲沟，于旅壁寻姚燮旧题诗不得，有诗。

叶名沣《敦夙好斋诗》续编卷十一（咸丰己未四月至六月）《曲沟旅壁寻姚梅伯孝廉燮旧题不得》：“曲沟柳色正冥蒙，逆旅销魂夕照中。粉壁留题曾昨日，故人有句怨东风。鸣鸠乳燕春方远，去马来牛感不同。岂有木兰旧僧侣，那须盼到碧纱笼。”

同卷此诗前第三首《之官浙江，四月九日，方子颖舍人鼎锐……来寓送别》。

叶名沣《敦夙好斋诗全集》卷末朱琦《叶中宪君传》："咸丰八年，夷事复炽。君兄落职，浮海涉印度。赠公年老矣，远在岭南万里外，君亟思侍亲，以赀出为浙江试用道。中途闻兄丧，邑邑抵浙。病痁，遽卒。是为咸丰九年八月朔日也，年四十九。"

为孔继铭作传。

文见本谱道光四年所引《复庄文酌》下编《孔文学家传》。

为慈溪沈值卒作墓版文。

《复庄骈俪文榷二编》卷六《故处士沈君墓版文》："慈溪沈处士君以咸丰九年八月二十六日，二竖沴乘，怛焉遽化。百年未半，千秋不还。厥嗣可权、我权，相隧树柏筮吉，葬君于黄山吠云亭之阳，砻石为封，请以文丹之，俾其不泯于世。……君讳值，字连城，一字蕉伯。逝之年，四十有六岁。"

十月，为张培基《问已斋诗集》作序。

张培基《问已斋诗集》卷首姚燮《〈问已斋诗集〉序》："比年游沪上，友人怂恿付梓。某史以其稿附书问序于予，予重读之，未见其可惊可喜，觉自然入情入理，如吾友徐观察所言者。盖时既至而功亦深，要非偶然者也。……予与某史契，或私所好，请质之明眼人，以为何如？咸丰已未冬十月，蛟门弟姚燮梽伯氏拜撰。"

为诸暨周桂作传。

《光绪诸暨县志》卷五十一《诸暨文征内编》姚燮《周虚谷传》："按状，君姓周氏，讳桂，字鹫芳，一字虚谷。先世为余姚人，既迁暨，遂分隶暨籍。……至迩年戊午，粤贼窜永康，我邑有唇齿虑，上官知君干略，檄君募士防堵，君奋然曰：'此即吾报国卫民日也。'输产筹策，师古法变通之，而卒致圉之固然。因此以劳悴深，君病矣。……君之逝，享年五十有九。"

周桂去年卒，文称"迩年"，姑将作传时间系于本年。

咸丰十年庚申（1860）　五十六岁

四月，游塔峙、支岙等山。

《复庄骈俪文榷二编》卷六《游三庵及支岙山记》："岩梅将熟，田禾始分，风日佳畅。良友五六，为莲花庵之游。……庵在镇海太邱乡三山里。逾游莲花庵者八日，宿雨云霁，众绿益繁，遂与客寻阡西行，抵乎排陈岭之麓，其凹有庵曰永庆，乃就憩焉。……绕岭而南，复约里许，为披云庵。……惟此二庵与莲花庵异。或取幽邃，情尘罔留；或已凋颓，灵迹犹在。爰假豪楮，寄此清娱。是年庚申春夏之交，客里之胡氏庐。……更搜幽于支家岙之山，其去排陈岭而南者约二里。……连类记之，以存鸿爪。时四月十有八日壬子云。”

同卷《塔峙游记》：“既别支岙，困霉六日，天始放晴，与鄂史为塔峙之游。”

《复庄骈俪文榷二编》卷三《月半山楼记》：“镇南泰邱之境，石莲锁湫，灵鼍屃澥，大囊为衿，细子如髻。其间有阴皋阳陵，下窊上岦，环武有届千袤仞逾十者，形如半月。胡生鄂史即以月半山名之。天孕特诡，地脉斯纽，而其庐适咫尺相比，遂取以名其楼。”

六月，郭传璞来访。

《琼贻副墨·兰如集》卷九郭传璞《庚申夏杪，买棹之海镇东冈埸，谒复庄夫子大人，有慨时事，赋呈，兼示哲嗣搢伯、拊仲，时将有象山之行，故篇终及之》。

七月，批点《红楼梦》。撰《读〈红楼梦〉纲领》，上下两卷。作《读〈红楼梦〉纲领》序。后世改题《〈红楼梦〉类索》出版。

《读〈红楼梦〉纲领》卷首自序：“雪芹曹氏，以函古盖今之学，撰空前绝后之书，洒洒洋洋，为卷者百有二十。上至公卿，下至屠贩，罔不读之而啧啧然称道之。然心解者少，耳食者多。大抵经绪纷繁，得此遗彼，信非澄心默识，有不能辨其途者。园居之暇，分类搜辑之，为读者作南针之指，而以鄙见所获者附之。至章晰条分，余别有著，兹不复羼云。心无所用，较已犹贤，姑分为二册存稿。暇日校补完成，再行分卷可耳。咸丰十年庚申秋七月，复翁手抄。”

《〈红楼梦〉类索》卷首魏友棐序：“是书原名《读〈红楼梦〉纲领》，分上下两卷。镇海姚梅伯先生遗著也。先生以骈文名家，能书画，好读《红楼梦》说部，今坊间有大某山人手批《红楼梦》本，即出先生手笔。是书总括全书，因类指事，纲目井然。虽余事，非能手不办也。前年春，余理故藉（籍），得是书，识为先生手稿。乃为校写一过，谋付剞劂。会故友同里洪通叔君主笔《远东日报》，见而好之，因索副本，排日刊登报耑，未终卷而报纸中辍。复一年，洪君亦归道山。校印既竣，言念故人，弥深黄垆之痛矣。中华民国二十九年十月，慈溪魏友棐识于穹楼。”

《〈红楼梦〉类索》，上海珠林书店出版，民国廿九年十一月初版。

《〈红楼梦〉类索》目录：卷一：人索，本族、亲属、内眷、性情容貌述、称谓。卷二：事索，幻境寓言集述、纪年、都邑第宅、器物、艺文。卷三：余索，丛说、纠疑、诸家撰述提要。

客象山王莳兰翠竹轩。欧景辰、王莳兰等倡红犀馆诗社，一月一举，以姚燮为祭酒，判其高下。入社者先后达五十多人。

潘衍桐《两浙輶轩续录》卷三十九：“王莳兰，初名尚忠，字纫香，象山诸生。著《渚山诗草》。《家传略》：莳兰髫年即沉静好学，如成人，性至孝。……创红犀馆诗社，延镇海姚复庄先生为祭酒。”

《民国象山县志》卷二十六《先贤五·补传》：“王莳兰……镇海姚燮初以避寇难，主其家，莳兰为立红木犀诗社，一时多兴于诗者。”

同卷：“十年，再至象山，倡红木犀诗社，从游者五十人。鄞董沛、郭传璞及嘉兴沈芸阁咸与焉。尝游石屋海山诸胜，各纪以诗。”

《红犀馆诗课》卷首董沛《〈红犀馆诗〉序》：“象山红木犀之名，自南宋著。高宗有御题诗，胡尚书史相有叠韵诗，并载《宝庆志》，为吾四明故事。咸丰庚申，欧星北司马倡诗社，以红犀名其馆，而延镇海姚复庄先生为祭酒。其首集之题，即红木犀词也。方是时，象山之能诗者，司马主之，邓谱庵、孔晓园、王纫香、研农昆季左右之，而吾鄞郭怡（恬）士从而先后之。近自台、越，远暨杭、湖，闻风而应者，无虑数十家。闺秀、方外之作，亦参列其间，可谓盛矣。社之例，一月一举，杂拟古今体诗，糊名易书，而先生判其甲乙焉。先生故以诗称海内，是集悉其手定，兼采众体，不名一家。坛坫风流，无愧作者。惜乎不及期年，而遽以寇难辍也。同治乙丑，余客象山，主司马之弟仲真家。仲真亦社中人也，为言当日簪裾之盛、琴酒之乐，已如隔世。而姚先生归道山，亦一年矣。……始为社议，以二十四集，遭乱不终。今所编者，凡十集，为诗千有余篇。梓而传焉，以纪一时之盛。……同治四年四月既望，鄞江董沛序。”

董沛《正谊堂文集》卷一同文未署作年。

《红犀馆诗课》卷首："红犀馆诗课，同治乙丑夏四月，甬上徐时栋题。"

红犀馆诗会人员：王莳兰纫香、郭传璞晚香、欧景辰星北、姚景皋播伯、欧景岱仲真、沈观光润山、孔广森晓园、邓克旬谱庵、陈汝谐伯山、王莳蕙研农、姜继勋麓芝、姜鸿滩、陈致新东桥、倪本洙鲁望、陈维垣淡川、伍芝昌石坪、谢之枢顽仙、何源秋槎、吴皞如雨岑、李教樊仁山、沈炳如逸仙、张淦韭河、沈镕金芸阁、姚景夔拊仲、武槐少湖、顾汝成古香、何明志、郑永祥百堂、岑璋玉章、史锦标兰甫、鲍淦拙斋、鲍錀松间、谢定超轶亭、马嗣澄静初。

忻江明《四明清诗略续稿》卷二："欧景辰，字星北，号茶仙，象山人。贡生，署浦江教谕、乐清训导。有政声，保升福建试用同知。著有《楞岩草堂诗存》四卷。"

《民国象山县志》卷二十六《先贤五·补传》："（欧）景辰，字星北，号茶仙，曾以副贡生署浦江教谕，调署乐清教谕。有政声，保升福建试用同知。……同治九年，竟一病不起，年三十九。著有《无名指斋诗》一卷、《评选古文辞类纂》及《唐诗别裁集》，外仅存《经解》数纸而已。"

潘衍桐《两浙輶轩续录》卷四十九："欧景岱，字仲真，一字仲贞，象山人。候补员外郎。"

董沛《四明清诗略》卷二十九："欧景岱，字仲真，一字仲贞，象山人。景辰弟。贡生。候选员外郎。著有《无名指斋诗集》。"

《民国象山县志》卷二十六《先贤五·补传》："欧景岱，字仲贞，孔章第二子也。……援例贡成均，游学省垣，以粤寇扰浙而回。"

董沛《四明清诗略》卷二十八："沈观光，字润山，象山人。诸生。"

潘衍桐《两浙輶轩续录》卷四十九："孔广森，字晓园，象山诸生。"

董沛《四明清诗略》卷二十九："孔广森，字晓园，象山人。诸生。"

潘衍桐《两浙輶轩续录》卷四十八："邓克旬，字谱庵，象山贡生。"

《民国象山县志》卷二十六《先贤五·补传》："邓克旬，字谱庵。少入县学，从虞峻学。矩步绳趋，言行不苟。复入红木犀诗社，工为韵语。……克旬卒年亦六十余。"

董沛《四明清诗略》卷三十："邓克旬，字谱庵，象山人。贡生。"

潘衍桐《两浙輶轩续录》卷四十七："陈汝谐，字襄哉，号伯山，象山贡生。著《梦梅花馆诗草》。"

董沛《四明清诗略》卷二十九："陈汝谐，字襄哉，号伯山，象山人。贡生。著有《梦梅花馆诗草》。"

潘衍桐《两浙輶轩续录》卷四十八："姜鸿滩，字道甫，象山诸生。"

董沛《四明清诗略》卷二十九："姜鸿滩，字道甫，号清江，象山人。诸生。"

潘衍桐《两浙輶轩续录》卷四十七："陈致新，字鼎如，象山诸生。著《东桥诗草》。"

董沛《四明清诗略》卷二十九："陈致新，字鼎如，象山人。诸生。著有《东桥诗草》。"

潘衍桐《两浙輶轩续录》卷四十八："陈维垣，字淡川，象山诸生。"

董沛《四明清诗略》卷二十九："陈维垣，字淡川，象山人。诸生。"

潘衍桐《两浙輶轩续录》卷四十八："史锦标，字兰甫，号懒仙，象山诸生。"

董沛《四明清诗略》卷二十九："史锦标，字兰甫，号懒仙，象山人。诸生。著有《紫荆花馆诗存》。"

董沛《四明清诗略》卷三十："吴皞如，字雨岑，象山人。诸生。陈得心撰传略：先生少工属文，持躬严谨，雅喜诱掖后进，至老不衰。"

忻江明《四明清诗略续稿》卷二："谢之枢，字顽仙，象山人。"

同书卷四："李教樊，字仁山，象山人。光绪壬午岁贡。"

董沛《六一山房诗集》卷七（乙丑）《醉鲎联句，同郭恬士明经传璞、欧仲真员外景岱、王纫香员外莳兰、砚农舍人莳蕙昆季》、忻江明《四明清诗略续稿》卷二樊跻澄《次姚梅伯先生游石屋原韵》，并附于此。

游蓬莱山，有诗。欧景岱、孔广森、姜鸿滩、姚景皋等有和诗。

《红犀馆诗课·丹山倡和诗卷》姚燮《雨中游蓬莱山，用壁间韵》（十首）。

董沛《四明清诗略》卷二十九欧景岱《和复庄先生雨中游蓬莱山，用壁间韵》、孔广森《和复庄先生雨中游蓬莱山，用壁间韵》、姜鸿滩《雨中游蓬莱山，用壁间韵》，卷三十邓克旬《雨中游蓬莱山，用壁间韵》。

忻江明《四明清诗略续稿》卷四姚景皋《雨中游蓬莱山，用壁间韵》。

蓬莱山，在今象山县城北。

集翠竹轩露台，欧景岱、陈致新、李教樊有次韵诗。

潘衍桐《两浙辅轩续录》卷四十九、董沛《四明清诗略》卷二十九欧景岱《翠竹轩新筑露台，同人小集，次大梅山馆集露台坐月诗元韵》。

潘衍桐《两浙辅轩续录》卷四十七、董沛《四明清诗略》卷二十九陈致新《翠竹轩新筑露台，同人小集，次大梅山馆露台坐月韵》。

忻江明《四明清诗略续稿》卷四李教樊《翠竹轩新筑露台，同人小集，次大梅山馆露台坐月诗韵》。

十一月十七日，与王莳兰、王莳蕙、欧景辰、欧景岱、郭传璞、邓克旬、孔广森、姜鸿滩、子景皋等游西沪海山，各有诗。

《红犀馆诗课·海山小集分韵诗卷》姚燮《庚申十一月十七日，游西沪海山，以摩诘诗"高情浪海岳，浮生寄天地"十字拈阄分韵，各得五古一章》。

《民国象山县志》卷三十二《文征外编下》姚燮《西沪棹歌》一百二十首其五十八："仙掌高擎控石台，海门风雨助喧豗。一朝诗酒空中古，此后何人继韵来（庚申十一月十七日，雨中同王纫香、砚农、欧茶仙、仲贞、郭晚香、姜道甫、邓谱庵、孔晓园并挈儿子景皋游山，登千丈岩。岩平峭，可容数十人坐。仿佛吴中灵岩山琴台。余以仙掌二字名之。是日谈宴及夕，取王摩诘诗'高情浪海岳，浮生寄天地'十字拈阄分韵，各成五古一章。洵一时盛会也。聊附咏之，以存名山佳话云）。"

潘衍桐《两浙辅轩续录》卷四十九、董沛《四明清诗略》卷二十九欧景岱《庚申十一月十七日，偕友人游西沪海山，以摩诘诗"高情浪海岳，浮生寄天地"十字分韵，得高字》。

董沛《四明清诗略》卷二十九姜鸿滩《庚申十一月十七日，游西沪海山，以摩诘诗"高情浪海岳，浮生寄天地"十字拈阄分韵，得海字》。

冬，客象山，寓王氏翠竹轩二月余，作《西沪棹歌》一百二十首，"半述山川半土风"。

《民国象山县志》卷三十二《文征外编下》姚燮《西沪棹歌》一百二十首其一："选胜重来浃上翁，打榔腔调付渔童。似听老妪喃喃话，半述山川半土风（咸丰庚申冬日，重客象山西沪，寓王氏翠竹轩二月余，选胜揽俗，恂韬潜之乐土也。同人耸（怂）棹歌之作，拉杂成之，以消客况。采风者或有取焉）。”

董沛《四明清诗略》卷二十八沈观光《红木犀辞》、《西沪棹歌》。

为欧景辰曾祖欧起炎作墓表。

《复庄骈俪文榷》卷四《欧府君墓表》：“府君讳起炎，字炯斋，宁波象山县人。……府君生于某年月日，卒于某年月日，得年八十有四。……曾孙二。名景辰，邑庠生。名机，业儒。”

姚燮与欧景辰今年有交往，姑将此文之作系于本年。

为夏问元暨妻周氏遭难作哀辞。

《复庄骈俪文榷二编》卷八《夏县丞暨妇周孺人哀辞》：“咸丰十年庚申二月，粤贼犯杭州，候补县丞夏君夫妇以遭变，并缢死。……君既殉难，门下生谋刻君之遗诗，请鄙言传其略。君丹徒人，名问元，字云生，充顺天籍府庠，援例得教职。既游浙江晏巡抚幕，襄政有绩，以荐牍改县丞。妇周氏，象山爵溪产也。……倘邀旌恤，爰次其概，辞以哀之。”

作《孔翁遗仙记》。

《民国象山县志》卷三十二《文征外编上》姚燮《孔翁遗仙记》：“曲阜孔氏子姓满寰宇，而以衢为宣圣之大宗。衢之孔有受读四明者，于是，慈溪、镇海、象山皆有孔。象山之孔有曰绍舜翁者，讳毓智，于宣圣为六十七世孙，于象山之孔实惟二世之穆祖。翁生子一，讳某。孙二，曰继铭、继镛。曾孙五，广大、广森、广仁、广文、广心也。余与其孙继铭、继镛昆季交，尝为诵翁之逸事，余为之记。……嘉庆壬申岁，翁之年已七十矣。……其后翁奉母以终，母年九十有六，翁年八十有四。不锢尘阓，并服遐龄，信乎其有自也。至今象山之孔氏，以儒业世其家云。”

姚燮与孔继铭、孔广森有交往，姑将此文之作系于本年。

别王莳兰，以幼子相托，云其为唯一可托身后者。

潘衍桐《两浙辅轩续录》卷三十九：“……临别托其幼子，谓莳兰曰：‘吾交游遍天下，可以信之为身后者，惟君一人。’”

咸丰十一年辛酉（1861） 五十七岁

四月，王莳兰来访，不遇。八月十日，王莳兰来书，报知近况。

《琼贻副墨·尺素集》卷十八王莳兰书：“今夏四月，兰为舍弟赴试，同至郡城，即日拟叩尊寓，张老书说及老伯自三月避难回府，今尚未还。为怅然者久之。因又询及近况如何，亦云未佳。……奈尔时城中豺狼成队，公府门前，亦肆吞噬。一日之间，风鹤迭惊。身虽在寓，魂已四驰。逮舍弟得蒙选拔，而兰亦移寓郭宅。……八月初十日。”

九月，辑校《词学标准》。九月八日，作记。

《词学标准》卷首自识：“右《词学标准》一册，未分卷，少年学倚声时所采掇成帙者，其于审律修辞之道，已两括无遗蕴矣。因旧稿模糊涂乙，非他手所能辨录者，爰于养疴之暇，稍加删节，重录一周，差分眉目。然其中尚有复沓未经梳栉之处，待非一月功夫，分宅而次第之，方为完书。虽曰小道，弟（第）为学词者作南针之指，非尽无益于艺林者。辛酉重九前一日，大某识于息游园。”

《光绪诸暨县志》卷五十《经籍志》：“《玉篴楼词学标准》，五卷，国朝姚燮辑。燮为乾嘉后词人之冠，宋元词集无不手加丹铅。故其别裁，足为法则。”

九月，《夏小正求是》完稿。后张寿镛收入《四明丛书》刊出。

《夏小正求是》卷首张寿镛序：“吾乡姚复庄先生，绩学士也。尤工于文，著有《夏小正求是》四卷。其稿藏于冯氏伏跗室，为咸丰辛酉手录（题：辛酉九月，复翁手录稿）。亦越七十八年，余喜其言之粹也，爰取而刻之。先生所见者，凡三十六家，余得之者过半。然余所见而作于先生之先，为先生未见者亦伙。先生舍诸家文字之异同不论，独论其辞义，而释义又判正与别。别者先定名曰《考异》，后改曰《别义》（手稿先书《考异》，涂改为《别义》）。低一格书，盖慎之也。……今天下纷纷，阴阳错乱，民生憔悴，有甚于洚水之儆予，遑论鸟兽草木时若。读《小正》一书，不禁感慨系之。后有作者，汇合诸家之异同，如吕东莱之成《读诗记》，则更有进。余固有志焉而未逮者也。时民国二十九年九月，后学张寿镛。”

《四明丛书》约园刊本，收入《丛书集成续编》第81册，台湾新文丰出版公司1989年版。

《光绪诸暨县志》卷四十六《经籍志》：“《夏小正求是录》，四卷，国朝姚燮撰。燮有《胡氏禹贡锥指勘补》，已著录。《夏小正》本《大戴礼》一篇，《隋书·经籍志》始于《大戴礼》外，别出《夏小正》一卷。屡经传写，传与本文混淆为一。宋傅崧卿始仿杜预编次《左氏春秋》之例，列正文于前，而列传于下。朱子作《仪礼经传通解》，始称考定之本。元金履祥续为作注。燮此编，颇能补古人之遗，所论俱有确据。”

与胡滦商谈修邑志。秋，与李恭渭同访胡滦，胡滦还殷殷道及修志之事。后未果。

《蛟川诗系》卷二十五：“明经胡先生滦，先生字晓舟，晚年改号晚舟。为人有干略而具热肠，尤留心于桑梓兴废焉。吾邑志乘自康熙二十六年改县后，至乾隆十六七年间，商邱王代言先生梦弼来为令，始集荐绅议修，时限以半载告蕆功，而主局者复不能融贯古例，补缀了事，以致遗漏谬讹，复沓及颠倒紊乱者，错见于行墨间。……数载前，先生有憾于斯，而益之以惧，决然创重修之议。频过燮就商，燮为条举义例复先生。先生称善，而卒以经费巨艰，因循中止。然先生愿逮之心，要不可没也。辛酉秋，燮同李西民文学过先生谈。先生犹殷殷道及，欠在必为。未几，窜贼陷城。居民四散，先生亦挈眷遁大若山中。不逾岁，而竟以颠沛劳瘁死。……先生少以困于境，尝奔走吴楚燕齐间，后随孙幼连明府之襄陵，任襄政数载。明府，先生妹婿也。及五台王西楼先生丕显来为浙江宰，历任浙东西十余州县任。所在必聘先生持幕纲，如手足相依倚。如是者又可十许年。迨后，年力就衰，家居不复出。……先生行六，以贡生议叙州司马衔，屏山先生之少子也。”

《民国镇海县志》卷二十七《人物传六》：“（李）恭渭，字望滨，号西民，增广生。长于史学，露纂星钞，至老不倦。尤留意乡邦文献，郑明经兆龙善古文，恭渭得其《秋槎政本》为序而刊之。其所缉《浃口诗存》，姚燮撰《蛟川诗系》，多取资焉。”

冬，王莳兰编《复庄骈俪文榷二编》成，作序。在象山开刻，旋毁于火。同治十三年，由蔡鸿鉴重刻。

《复庄骈俪文榷二编》卷首王莳兰序：“莳兰曰：兰既为先生刻骈文八

卷，其存稿未定者尚盈数巨册，兰以续刻请。先生爰手自选订益之。近岁所作，授兰次之如前，卷数复检。昆明赵蓉舫先生光视学来浙，时所作序文相视，因录之，以弁简端。序之辞曰：……赵先生之序如此，于先生信无溢美者。核前编，得一百十有二首，此编得一百二十有五首。都二百三十有七首。息则茹古，体则创新。兰以为凌驾昔贤，矜式来学，实先生素操之券，非阿私所好言也。时咸丰十有一年辛酉冬日，始蒇刻工，仍列目如前例。”

同书卷首蔡鸿鉴序：“镇海姚复庄先生，著作等身。弱冠后，慈溪叶氏为刻所著《疏影楼词》，几于有井水处，无不知姜白石矣。嗣后孙廉士孝廉为刻《诗问》三十有二卷，王纫兰广文为刻骈文初、二编，刻甫竣，遭兵火，世皆愿见不得。”

穆宗同治元年壬戌（1862）　五十八岁

春，编《琼贻副墨》成，作记。

《琼贻副墨》卷首自识：“壬戌春日，山居避寇。烽警时危，贫病交攻，心绪恶劣，不复能从事著撰，而又难窘坐以废闲也，爰于箧衍暨故楮堆中，检括四十年入世以来，师友酬赠之作，已多断腰零尾，霉烂蠹穿，为惋惜者久焉。因费三五日，拮据梳栉其完好者，分类部署，力疾手眷，日以十四五叶为率。自正月廿四日起，至三月初十日蒇功。为种七，为卷四十有六。以八巨册合装之，尚觉整饬可观，不至精彩之终归澌灭。殊大慰心。是编也，微特雪泥鸿爪，考镜堪资，抑当置若花间，翦灯雨夕，披卷浏览，亦足当我美人金错思也。其原墨付儿辈缄笥慎藏，以为贤子孙世守。因名是编曰《琼贻副墨》云。后有所益，容俟续编。复庄老人识于息游园之东庑。列目左方：《兰如集》十四卷、《尺素集》二十四卷、《浮香阁本事》四卷、《〈二石花棂画梅〉题跋》一卷、《〈探某图〉题辞》一卷、《〈忏绮图〉题辞》一卷、《〈吴门西山纪游图〉题辞》一卷。”

三月十三日，编《复庄文酌初编》成，作记。

上海图书馆藏稿本封面题“《复庄文初编》下册”。

《复庄文酌初编》目录后自识：“山居无俚，检旧稿之稍清楚可录者，命黼弟、燮儿誊成二册，署为《文酌初编》云。壬戌三月十三日，复翁记。”

目录后还有“上册计廿九篇”、“下册计四十二篇，两册都七十有一题”两条识记。

卷首：“大梅山人以骈文诗词雄长海内，非一州一邑所得专美。今读其古文，亦迥不犹人。□文派一篇，尤洸洋恣肆，令人有观止之叹。”

八月，至上海。十月，任淇来访。

姚景夔《少复诗文日记稿》录任淇语：“咸丰壬戌冬之十月，予因避寇氛，寄居淞上，假榻杨氏玉海楼。复翁于秋中已先予至，老友重逢，□茗谈心。”

从闰八月至十二月，校录《蛟川诗系》卷一至卷十六。卢派助借朱沧鳌诗稿，朱沧鳌后人索还甚急，以不能选录一帙为憾。

《蛟川诗系初稿》卷一末页：“壬戌闰月廿九日录稿。”

同书卷二末页：“九月初一日录完此卷。”

同书卷三末页：“九月十一日夕补录竟。”

同书卷四末页：“九月初五日录竟。”

同书卷五末页：“九月廿一日录完此卷。”

同书卷七末页：“九月廿三夕录完。”

同书卷八末页：“十月廿二日申江录完。”

同书卷九末页：“十一月廿六日沪上录完。”

同书卷十末页：“壬戌十一月初二冬至，录毕此卷于沪寓。”

同书卷十二末页：“十一月十三夕补录完。”

同书卷十三末页：“十一月初六日，沪寓编完。”

同书卷十四末页：“腊月初四，录完此卷。”

同书卷十五末页：“十二月十一灯下完。”

同书卷十六末页：“十二月十七完。”

《蛟川诗系》卷三十一：“明经朱先生沧鳌，先生字甬川，号遭沟，晚号淡香，以其性耆（嗜）菊也。家贫，授徒为食。……年八十余，犹朝吟夕讽，以为愉悦。署所著曰《伴云吟稿》。……卢枫伯明经派曾从其后人得全稿六巨册，携以见示，拟选录一帙，而索还甚急，竟如黄鹤之驾，不可少留矣。兹从零编断楮中搜集登之，聊以存豹斑于一管耳。先生为庚午岁贡生，年八十七而卒。”

朱沧鳌后人索稿事，不详何年，姑系本年。

与秦缃业遇于沪上。秦缃业为姚燮藏三种王羲之（右军）拓本作题跋。

秦缃业《虹桥老屋遗稿》文卷四《姚梅伯藏三种兰亭跋》：“世传禊帖，不下百数十种。论者聚讼纷纷，实皆非右军本来面目也。余旧藏宋拓五本，乱后失之。大某山人出此卷见示。……右三帖乾隆中在云间，张氏悔堂先生各为题跋，合装成卷，不知何时入大某手。大某工画能书，不必尽法右军，亦自成家。今且垂垂老矣，与余别二十年，复相遇于沪上，自念数罹浩劫，百物荡然，而兵燹余生，重得觏此名帖，岂非眼福？爰书数语以归之。”

“今且垂垂老矣，与余别二十年”，秦缃业道光二十年识姚燮于京城，至本年已分别二十余年，姑将二人再会沪上系于本年。

同治二年癸亥（1863）　五十九岁

正月，蒋敦复校读《复庄文酌》。

《复庄文酌》卷末：“同治二年春王正月，宝山蒋敦复校读一过。”

与仁和吴恒订交。有编支谱之念，未果。

《复庄文稿》《赠奉直公吴府君家传》：“仁和吴君仲英文学恒，燮于同治癸亥客沪城，相见于逆旅，遂订交。”

同书《重订〈仁和吴氏支谱〉序》：“余本诸暨籍，国初时高祖太嗣公始分支于镇海。……秋末冬杪，余亦拟还故园。……余家之支谱成，君亦当乐为余序之。”

作《题王元章〈墨梅卷〉》。

洪克夷《姚燮评传》附录《姚燮年表》云本年作。

八月，蒋敦复为《复庄骈俪文榷二编》题辞，有作序之念，未果。

《复庄骈俪文榷二编》（稿本）蒋敦复题辞：“同治二年秋八月，大梅先生将自沪旋浙，养病杜门。茫茫后会，未知何时？老友走别，殊难为怀。还君此书，附志数语。他日相思，开卷如面。或明年春水生时，重鼓成连之枻，再读此书，为君作序，有如左券。江东老剑。”

晚年家居，从学者众。除徐时栋、董沛、王莳兰、王莳蕙、郭传璞、陈继聪、陈继揆、林嵩尧等及红犀馆诗社的其他诸人外，胡韫玉、王景曾、戴鋆、胡存棻、余贤治、余小梅、胡迈等均从之学。

《复庄骈俪文榷二编》卷末附蒋敦复《例授文林郎即选知县姚君墓志铭》："晚岁游道益广，所交皆东南名宿；高足请业，著录称韩门弟子。"

董沛《正谊堂文集》卷十七《姚复庄先生墓表》："生平足迹遍于江南北，而寓鄞之日最久。作文写画，藉以自给。老屋三间，客常满座。间或擫笛品花，与诸少年为诗社而甲乙之，著录弟子至数百人。"

《光绪鄞县志》卷五十一："老屋三间，客常满座。间或擫笛品花，与诸少年为诗社而甲乙之，其风流不减栎社。"

《复庄骈俪文榷二编》卷三《韫玉山人诗序》："历数吾党之能诗者，弃兰于荆棘，而吴仲祥以憔悴亡矣；贱玉于碔砆，而叶叔兰以牢骚死矣。而胡生韫玉山人者，亦一怀才不遇、抱诗为命之士也。……矧吾党攻诗之子如此，其凋零则所以振作而兴起之者，余亦唯山人是望矣。"

董沛《四明清诗略》卷二十八："王景曾，字景沂，号伴石，慈溪人。贡生，候选训导。著有《瓶室诗卷》。王学洙广文序略：伴石赋性聪明，才情跌宕，受诗法于鄞王梨门先生，蛟川姚梅伯孝廉亦深器之。中年以疾卒。所作诗不自收拾，存者仅百首耳。"

《光绪慈溪县志》卷四十九《艺文四·国朝二》："王景曾，号伴石，诸生。《瓶室诗存》。采访册。姚燮曰：《瓶室诗》七律在五律上，五古在七古上。其独到处，直可摩浣花辋川之垒秋日感怀六章，实卷中杰构。雨窗人静，为置酒三复之。"

董沛《四明清诗略》卷二十六："戴鋆，字瘦竹，镇海人。诸生。著有《听鹂山房诗草》。曹珊泉编修序略：……年四十九卒。卒后，姚复庄先生见其诗，叹曰：此另是一家笔墨也。为厘定其稿为三卷，拟采入《蛟川诗系》。而姚即世，余惧其散佚，因取原稿归，为序而存之。"

《民国镇海县志》卷二十七《人物传六》："戴鋆，字瘦竹（□□），诸生。性孤介，不喜与士大夫游（采访）。能诗，沉思独往，不落凡近（钟骏声序）。率自写抑郁，多幽奇险怪语。姚燮见而赏之（曹昌燮序）。卒年四十九。……同时为姚燮所赏，有余贤治，号瘦梅。子曰小梅，从燮游，写梅皆学燮，而书法则参以板桥法。”

同书卷二十七《人物传六》：“胡允善，字引之。……（孙）存棻，字怀舫，尝刲股疗母疾。博学能文，由廪贡生官兵部员外郎。……鄞章鋆、赵佑宸，同邑姚燮、刘鹍、陈桐年等，时相唱和。”

董沛《六一山房诗集》卷二（癸丑）《送章采南殿撰鋆入都》。

董沛《四明清诗略》卷二十五：“胡迈，字云生，号凌伯，镇海人。滨子。著有《凌伯遗草》。董沛曰：凌伯十岁能诗，十七岁遽卒。遗诗二卷，姚复庄先生序之。”

《复庄诗问》卷二十六《答韩生问余诗二章》。

王景曾、戴鋆、胡存棻、余贤治、余小梅、胡迈等从学的时间不详，姑系本年。

同治三年甲子（1864）　六十岁

从正月至三月，校录《蛟川诗系》卷十七至卷三十一。后同邑盛炳纬刊行之。

《蛟川诗系初稿》卷十七末页：“甲子正月十四日完。”

同书卷十八末页：“正月十六完。”

同书卷十九末页：“正月十九日完。”

同书卷二十末页：“正月廿一日完。”

同书卷二十一末页：“正月廿四日完。”

同书卷二十二末页：“正月廿五日完。”

同书卷二十三末页：“正月廿九日完。”

同书卷二十四末页：“二月四日完。”

同书卷二十五末页：“二月十一完。”

同书卷二十六末页：“二月十三完。”

同书卷二十七末页：“二月十六完。”

同书卷二十八末页：“正月十九日完。”

同书卷二十九末页：“三月初一日完。”

同书卷三十一末页：“二月廿六日完。”

《蛟川诗系初稿》三十一卷，稿本，国家图书馆藏。除第六、十一、三十卷外，各卷末页均有批注时间。

《光绪诸暨县志》卷五十：“《蛟川耆旧诗系》，三十二卷，国朝姚燮撰。燮高祖大嗣始徙镇海，燮遂入镇海籍，故有此录。仿胡文学《甬上耆旧诗》，参以沈季友《槜李诗系》例，而精博过之。传称其临殁，犹披阅是编，纂《先正小传》，可谓留心文献矣。”

《蛟川诗系》卷首盛炳纬序：“乡先辈复庄姚先生诗古文词刊行已久，晚岁辑有《蛟川诗系》一书，凡三十有一卷。搜采自隋唐迄清嘉、道朝本邑诗家凡三百四十五人，各选诗数首，或数十首，并人系以传，叙述事迹，藉存梗概。书成藏于家。岁乙未，余得自先生后人，见原稿皆先生手书，行草间杂篆古，密行细字，雠校非易。储之箧衍久矣，老友范君柳堂见之，愿任雠校，乃延之至家，两阅寒暑，始得竣事。吾邑介居海澨，自欧化内渐，风雅之道，亦稍稍凌夷矣。后生小子，目不睹先哲遗著，乌知夫千百年来乡先生文采风流如斯之盛？赖姚先生此编网罗散失，阐发幽光，俾乡邦文献之传，藉兹不坠，不大幸欤！炳纬马齿加长，抱此遗编，倘遂放失，使作者之精神，与姚先生纂辑之苦心，自我而湮没，则获戾滋大。适监造县中学校落成，尚有余赀，爰亟负手民排印，期传永久。印成，乃书其缘起如此。民国二年冬月，同邑后学盛炳纬。”

扉页：“癸丑冬月活字板印。”

《蛟川诗系》卷首范寿金序：“蛟川自昔为海隅下邑，唐以前属鄮句章，逮五代梁时，始置望海县，旋改名定海。至清康熙二十六年，乃始定名为镇海。……虽其诗有工有否，要皆存其诗，足以系其人。此又斯编之所以名者。噫！孰谓吾镇海为海隅下邑哉？虽然，向非复庄姚先生搜辑于前，而省传盛先生购稿印布于后，又乌知吾邑之风雅不让彼都人士者，之至于如是如是邪？昔班孟坚推美蜀郡文化，以为由文翁倡其教，相如为之师。然则斯编既出，吾邑之人士，其可以兴矣夫！癸丑冬月，同邑后学范寿金。”

吴有容作六十寿诗。

范寿金《蛟川诗系续编》卷七吴有容《寿大梅夫子六十》：“天与头衔署散仙，蓬瀛谪降几多年？古梅写照神清王，蛟海钟灵气万千。出入干戈同杜老，描摩花鸟敌黄荃（师工人物花鸟，尤善墨梅）。近来更有关心处，桑梓遗文手自编（时方辑《蛟川诗系》）。”“荒村小住足优游，高卧元龙百尺楼。奇士入林谁把臂？群山写影尽低头。鸿编早定千秋业，螺盏偏深万古愁。准采参苓储药笼，惭余小草荷兼收（《蛟川诗系》附有诸弟子诗）。”

同卷：“吴有容，字曙楼，道光己酉科拔贡生，官寿昌县学教谕。”

董沛《四明清诗略》卷二十六：“吴有容，字曙楼，镇海人。翰子。道光己酉拔贡，官桐庐教谕。著有《半读轩诗稿》。”

《民国镇海县志》卷二十七《人物传六》：“吴翰，字鲈乡，号晚庐（城区）。……子有容，字曙楼，道光二十九年拔贡生，授桐庐教谕。咸丰十年，粤匪自江西犯严州，巡抚王有龄檄有容襄办团练，奖光禄寺署正衔。丁父艰归，服阕，授寿昌教谕。时文庙毁于兵，有容倡议重建。日与士子讲学，先行后文。士风丕变。值齐匪为患，旋散旋聚。县令议用兵惩治，有容力持不可，乃立保甲，互相劝谕。匪党解散，民甚德之。光绪元年卒于任，年五十。有容性孝友，工书法。所作诗皆庄雅可诵，为姚燮入室弟子云。”

乐炳成、韩朝阳《姚燮与〈蛟川诗系〉》云“此诗系陈继聪为姚燮师六十诞辰而作”，并将二首七律引作一诗（张嘉梁、郑信才主编《姚燮研究》第143页），误。

蒋敦复作六十寿序。

蒋敦复《啸古堂文集》卷七《姚复庄孝廉六十寿言序》：“甬东故人才渊薮也，海内群推有道博物君子，为黄黎洲、全榭山后一人者，实惟复庄姚先生。同治三年，岁在阏逢困敦，先生之年，周一甲子矣。其门下士及远近从学者，咸愿得敦复一言为先生寿。……今夫先生具环（瑰）异诡俶之才，为通博无涘之学。天人之际，古今之变，四部七略之书，犹龙牟尼之旨，靡不辟其奥，涉其突，披其榛，撷其藻。故其为言也，廓之弥充，约之深造，华赡而整理，驰骋而体要。所著经史说及诗古文词，凡二百四十卷，三百余万言。藏之名山，传之其人。先生之文章，可以寿矣。自汉人有察孝廉、父别居之谣，而文士为世诟病。本之不立，末将焉附？而先生内行醇备，孝乎惟孝。送往事居，罔有遗憾。游遍东南，名宿当事重其才。顾平生以竿牍为耻，毋论苞苴。诗文书画，四方以重币来请，外不妄受人一钱。甲午登贤书，屡上春官，后绝意进取。盖其天怀淡定，土石卿侯，植品本末，皎然不欺。是以承学之士，奉为楷模。先生之道德，可以寿矣。昔人每称博物君子，汉时公卿举有道，若先生者，可谓兼之。敦复辱与先生游有年，知先生实深。著述宏富，为乡邦文献，表幽阐微，固与南雷、鲒埼相伯仲。至于立心制行，粹然寡耻，仿佛征君。博通之学，乃出全吉士上远甚。此千百年自有定论，非一人之言所敢私也。即以敦复之言，非一人之私言。为先生寿，先生其听然而进一爵乎？"

四月，在上海，遘疾，归。四月二十五日，卒。卒前仍为《蛟川诗系》选诗，撰《先正小传》。

《复庄骈俪文榷二编》卷末附蒋敦复《例授文林郎即选知县姚君墓志铭》："和其天倪，寡疾难老；忽蒙霜露，遽罹鞠凶。泛海来沪，遘疾归治，竟以不起，同治三年四月廿五日卒。"

董沛《正谊堂文集》卷十七《姚复庄先生墓表》："同治三年四月二十三日卒，年六十。"

此文又见《续碑传集》卷八十一。

以蒋敦复说法为准，董沛之说，或时间较久而误记。

《民国象山县志》卷二十六："同治三年卒。"

《光绪鄞县志》卷五十一："卒年六十。"

《光绪诸暨县志》卷三十四《人物志·列传八》："晚遭离乱，韬声山谷，董理旧稿，丹铅不辍。临殁，犹搜辑《蛟川耆旧诗》，纂《先正小传》。卒年六十。"

《民国镇海县志》卷二十七《人物传六》："搜葺《蛟川耆旧诗》至三十一卷，临卒数日前，犹选诗，撰《先正小传》。卒年六十余（《光绪志》）。"

冬，齐学裘有诗寄怀。

齐学裘《劫余诗选》卷六《寄怀李小白刺史贵州、陆次山太守巩四川、姚梅伯孝廉燮定海、蒋剑人茂才敦复宝山、蓝香子县丞居中淮安、李友琴太守璜、王朴臣孝廉炳苏州、王丹麓司马承枫、沈守之刺史祥年河南，十三叠前韵》："万里宦游当要津，随车甘雨洗征尘（小白、次山）。快行胸臆常寻乐（梅伯），笑把头颅要赠人（剑人）。蓝水远从千涧落（香子），绿杨同作两家春（友琴）。二王诗画能精甚（朴臣、丹麓），瘦沈词源泻酒滨（守之）。"

此诗前第二十一首、十首分别是《乙丑七月二十有四日，病中寄怀李友亲璜苏州》、《十月二十一日，携儿功成、侄功炎重游小有天园，复用前韵》，后第五首、六首分别是《乙丑十一月二十七日，成儿及冠。……》、《成儿及冠，作诗勖之。时乙丑十一月廿有七日也》，诗编年，故此诗作于本年，盖因未得到姚燮之讣。

次子景夔（号琴瑟楼主）览杨潮观《吟风阁杂剧》，有评点，作题记。除日，债友散去，以仿苏轼送穷之例，朗诵《穷阮籍醉骂财神》。

浙江图书馆藏"乾隆甲申桂月编"《吟风阁》（恰好处藏版）封面题识："恰好处藏板杨笠湖《吟风阁杂剧》，汤曾辂大奎云：无锡杨笠湖，少以诗笔著名，中年丝竹陶写，寄情声律，尝著《吟风阁杂剧》，深得元人三昧。昔人论制曲，须是巨才，与诗词另是一种笔墨。既宜传演，又耐吟讽。摹神缋影，中人性情。斯为能事。东塘、昉思后，笠湖其嗣响矣。琴瑟楼主僭注云：笔惊风雨，词泣鬼神，胸臆牢骚。时展卷一读，举手击碎唾壶。《快活山》、《钱神庙》二出，尤为奇特之至。"

《吟风阁》卷一《穷阮籍醉骂财神》右侧批："甲子除日，债友散去，朗诵一过，以仿苏学士送穷之例。"

此书封面题识和评点乃景夔所为，浙江图书馆索书号注明为姚燮作，误。

有评点，附录如下：

[点绛唇] 曲眉批："活画出醉态，真写生妙手。"

[混江龙] 曲眉批："如此说来，财爷爷亦喜人锦上添华。""真所谓钱可通神也。"

"（丑背介）……谁知见了钱爷爷，也不觉低下心气起来，想他定是穷怕了也。"眉批："诮人恶语。"

[油葫芦] 曲眉批："古今英雄闻之，莫不泪下。"

"（丑）罢了，哭也由你，笑也由你，只怕骂不得。你不得罪他，他还不照顾你哩。"眉批："此等言语，只好告看财奴，阮相公恐不信耳。"

[天下乐] 曲眉批："当邀高渐离、伍子胥击筑、吹箫一和。"

"（生）……只因普天下没有人敢骂你，只我大阮特来骂你，毕竟无求于你。"眉批："畅快，畅快。"

［寄生草］曲眉批："为穷措大吐气扬眉。"

"（末）……借取名缰，包管一牵就到。"

"（生）男儿膝下有黄金。（净）你也知道黄金贵重哩。（生）人把黄金托掌心，我撇黄金地上寻。"眉批："善于对答，阮相公真不异曼倩也。可喜，可喜。"

"（生）你薄有微权，就要弄权。"眉批："顶门一针。"

"（生大笑介）……呵，你好把水火、盗贼、口舌、官符、灾殃、疾病，暗暗递来予我，那时节弄得顷刻烟销，我依然一个穷鬼，还落得不干不净。"眉批："阮相公真相破世界之人。"

［一煞］曲眉批："想阮相公此刻酒已醒了，竟也另写起降书来了。"

剧末批："借他人酒杯，消己之胸中磊块。才人游戏笔墨，无所不有。谁知钱爷爷亦遭此毒谑也。"

同治四年乙丑（1865）

十二月十一日，葬于镇海崇邱剡岙之麓。蒋敦复作墓志铭。

《复庄骈俪文榷二编》卷末附蒋敦复《例授文林郎即选知县姚君墓志铭》："同治四年十二月十一日，葬于崇邱乡剡岙之麓，景皋兄弟具书币来请志墓。呜呼！元扃永闭，欢觌无期。畴昔有言，身后之名互托；知交存几，海内之望曷归？已矣平生，潸焉出涕；芳型犹在，贞石宜铭。铭曰：懿与姚君，蛟川之望。山灵岳岳，海波泱泱。笃生畸杰，德音孔臧。始举孝廉，谓贡玉堂。终焉泉石，散虑翱翔。其气郁律，发为文章。揆天华藻，掷地琳琅。森森武库，熊熊星芒。逝者莫作，云何遽亡？千春万载，名山弆藏。佳城安固，松楸成行。吾铭不苟，于壤有光。"

董沛《正谊堂文集》卷十七《姚复庄先生墓表》："墓在本贯剡岙之麓。复庄先生之葬也，宝山蒋敦复实志之。"

滕固《蒋剑人先生年谱》："同治三年甲子……先生友姚燮没，享寿六十。先生为文铭其墓，语绝沉痛（章钰跋姚氏《〈芬陀利室词集〉序》手稿）。"

何绍基为姚燮画梅册题诗。

何绍基《东洲草堂诗钞》卷二十七（乙丑）《题姚梅伯同年画梅册。册为蒋剑人敦复所藏，剑人与梅伯至交，为作墓志。梅伯以甲子五月逝，年方六十》四首其一："当年狂醉客京华，咳唾诗词烂若霞。奇气轮囷仍未泄，笔尖飞出万梅花。"其二："话别江亭忽廿年，尘夜遗墨已萧然。惊逢晚岁槎牙笔，海上移情叹绝弦。"其三："野桥梅伯费详猜，老去清狂号大梅。我亦耽梅有奇癖，故人倘入梦魂来。"其四："著述当时已等身，后来才笔更无伦。诸郎应解传遗稿，古谊难逢蒋剑人。"

诗序云"以甲子五月逝"，误。

同治七年戊辰（1868）

齐学裘有诗怀姚燮。

齐学裘《劫余诗选》卷八《读杨佩甫伯润〈和姚梅伯咏梅诗〉感作》："老友姚梅伯，先我归道山。读君和梅诗，令我涕泪潸。梅花依旧发，梅伯何时还。思之不可得，翘首白云端。"

此诗前第十、九、三、一首分别为《丁卯除夕口占》、《戊辰元旦口占》、《戊辰上巳同蔡宠九高昌庙看桃花，访沙子春不遇，作歌纪之》、《三月十八日，同友人游龙华寺》，后一首为《三月二十九日，为成儿受室，事成，口占二律》，诗编年，故此诗作于本年。

春，次子景夔（号小复）为张深之正《北西厢》题识。

张深之正《北西厢》封面题识："明沁水张深之先生正《北西厢》秘本，陈章侯绣像。戊辰小春下旬，小复道人识。镇海大梅山馆琴咏楼姚氏收藏，计二册。"浙江图书馆藏，其索书号云其题跋为姚燮所为，误。

同治十年辛未（1871）

七月（巧月）四日，次子景夔校梁辰鱼《江东白苎》。

《复庄今乐府选》第一百八十八册梁仇池《江东白苎》（上）右侧批："辛未巧月四夕，薄醉状元楼，归寓倚灯校。小复。"

同册梁仇池《江东白苎》（下）、《续江东白苎》（上）、《续江东白苎》（下）无批注时间。

《复庄今乐府选》第一百八十六册唐子畏《六如曲》、冯海浮《击节余音》（散套）、《山堂杂曲》，第一百八十七册冯海浮《归田小令》（上、下），第一百九十册徐坦庵《忝香集》、颜孝嘉《渔鼓曲》、梯月评本《棣萼香词》（上），第一百九十一册梯月评本《棣萼香词》（下）、吴谷人《有正味斋曲》（上、下）无批注时间。

同治十一年壬申（1872）

七月七日，次子景夔读董解元《西厢记》诸宫调。

浙江图书馆藏董解元《西厢记》卷一下批识："壬申七月星期，小复甫读。"并有"复庄"阳文印钤。

同治十二年癸酉（1873）

长子景皋以《复庄骈俪文榷二编》付蔡鸿鉴，请其重刻。

《复庄骈俪文榷二编》卷首蔡鸿鉴序："癸酉之冬，先生伯子搢伯来郡访予，以旧藏白紫清墨宝相质，予为重付手民，以慰先生于地下，以偿世之善读文者。……有子三人，能守家学，竞竞焉以未克尽刻先生遗书是惧。不愧名父之子，先生亦可慰矣。"

蔡鸿鉴《二百八十峰草堂集》诗《题姚复庄先生〈十二品花谱〉》："一枕杨（扬）州旧梦游，千花万草弄春柔。多情独是先生笔，惯把群芳纸上留。"

蔡鸿鉴《二百八十峰草堂集》词《金缕曲·题姚复庄先生〈忏绮图〉》。

董沛《四明清诗略》卷二十九："蔡鸿鉴，字季白，号菉卿，鄞人。候选员外郎。著有《二百八十峰草堂诗稿》。"

蔡鸿鉴《二百八十峰草堂集》卷首董沛《蔡君菉卿墓志铭》："君讳鸿鉴，字菉卿，季白其自号也。世居鄞县东乡。……又好书，即所居为墨海楼，储藏七万余卷，与天一阁、抱经楼相埒。兼识金石古玩，能别真赝。……所著有《二百八十峰草堂诗词稿》。子和霁能读父书，将刊行之。君以例候选员外郎，晋道衔、阶中宪大夫。光绪庚辰六月三十日卒于上海寓园，年仅二十有七。"

潘衍桐《两浙辅轩续录》卷四十九："蔡鸿鉴，字季白，鄞人。候选员外郎。著《二百八十峰草堂诗稿》。"

蔡鸿鉴《二百八十峰草堂集》诗《感怀，答姚黼仲茂才景夔四章》、

《次姚黼仲客杭原韵》(后附姚景夔原作)、《绮怀》(后附姚景夔和作),并附于此。

蔡鸿鉴《二百八十峰草堂集》,四明蔡氏墨海楼藏版,1942年版。

同治十三年甲戌(1874)

三月上旬,蔡鸿鉴为《复庄骈俪文榷二编》作序。

《复庄骈俪文榷二编》卷首蔡鸿鉴序:"校既毕,乃识数语于后。同治十三年岁次甲戌(戌)三月上浣,四明后学蔡鸿鉴谨序。"

陶方琦辑《复庄诗评》。

陶方琦《复庄诗评》一卷,稿本,浙江图书馆藏。

如云:"某伯植章既厚,命意亦超,故其诗独辟心源,力扫陈腐,而笔力之遒劲,足以副之。揆其所臻,当不在建安、大历以下。"

陶方琦,字子珍,会稽(今浙江绍兴)人。光绪二年进士,官编修。光绪十年卒,年四十。有《淮南许注异同诂》、《许君年表》、《湘麋阁遗诗》、《汉孳室文钞》等。传见《湘麋阁遗诗》卷首谭献《陶君小传》、《清史稿》卷四百八十六。

陶方琦辑《复庄诗评》时间不详,姑系本年。

光绪四年戊寅(1878)

胡远评姚燮画兰。

胡远跋姚燮画兰:"镇海姚君梅伯以草书奇字之法写兰,纵横潦草,顷刻而成。盖以少少许,胜人多多许者。岂有他哉?深悉坡公之不求形似而神似者也。此帧系姚君晚年之笔,人工却少,天趣实多。不片化机,今人不可思议。姚君往矣,安得重起于九泉,而共商绘也哉?"

引文见沈天祥《姚梅伯与清末海派书画界的关系》(张嘉梁、郑信才主编《姚燮研究》第206页)。据文,画为作者珍藏。

光绪十年甲申(1884)

八月,董沛作姚燮墓表。

董沛《正谊堂文集》卷十七《姚复庄先生墓表》:"越二十年,余宦游西江，哲嗣景皋等始请表墓，乃叙大略，以揭于阡。……今老矣，集已校梓行，于师门颇为转手，而渊源所自，不可忘也。谨表贞石，以报先生。先生其犹许我乎？至于三代官讳、妻妾子孙，为金石例所应有者，具见于蒋君志中，故略焉。光绪十年八月，门人鄞董沛表。”

引用、参考文献

（谱主著述见本谱第 8—13 页，不重出）

王先谦：《东华续录》，《续修四库全书·史部》第 369—375 册，影印上海古籍出版社藏清光绪十年长沙王氏刻本

李元度：《国朝先正事略》，《续修四库全书·史部》第 538—539 册，影印北京大学图书馆藏清同治八年循陔草堂刻本

《国朝先正事略补编》，《续修四库全书·史部》第 539 册，影印南京图书馆藏清光绪十一年敦怀书屋刻本

吴修编：《昭代名人尺牍小传》，《近代中国史料丛刊续辑》第 741—744 册，台湾新文丰出版公司印行《丛书集成续编》第 256 册

陶湘编：《昭代名人尺牍小传续集》，《近代中国史料丛刊续辑》第 744—748 册

盛叔清辑：《清代画史增编》，台湾明文书局 1985 年版

《清代朱卷集成》，台湾成文出版社有限公司影印上海图书馆藏本，1992 年版

《续碑传集》，《近代中国史料丛刊》第 981—990 册

《碑传集补》，《近代中国史料丛刊续辑》第 721—730 册

《清史列传》，中华书局 1928 年版

《清史稿》，中华书局 1977 年版

西吴悔堂老人：《越中杂识》，浙江人民出版社 1983 年版

《嘉庆重修扬州府志》，《中国地方志集成·江苏府县志辑》第41—42册

《同治续纂扬州府志》,《中国地方志集成·江苏府县志辑》第42册

《同治续纂江宁府志》,《中国地方志集成·江苏府县志辑》第2册

《同治湖州府志》,《中国地方志集成·浙江府县志辑》第24—25册

《光绪嘉兴府志》,《中国地方志集成·浙江府县志辑》第12—14册

《民国杭州府志》,《中国地方志集成·浙江府县志辑》第1—3册

《道光济宁直隶州志》，《中国地方志集成·山东府县志辑》第76—77册

《咸丰济宁直隶州续志》,《中国地方志集成·山东府县志辑》第77册

《民国济宁直隶州续志》,《中国地方志集成·山东府县志辑》第77册

《民国海宁州志稿》,《中国地方志集成·浙江府县志辑》第22册

《嘉庆山阴县志》,《中国地方志集成·浙江府县志辑》第37册

《道光重修仪征县志》,《中国地方志集成·江苏府县志辑》第45册

《同治番禺县志》,《中国地方志集成·广东府县志辑》第6册

《同治靖安县志》,《中国地方志集成·江西府县志辑》第47册

《同治上海县志》，同治十一年辛未刊本，浙江大学图书馆藏

《光绪定海厅志》,《中国地方志集成·浙江府县志辑》第38册

《光绪慈溪县志》,《中国地方志集成·浙江府县志辑》第35—36册

《光绪鄞县志》，光绪三年刊本，浙江图书馆藏

《光绪盐城县志》,《中国地方志集成·江苏府县志辑》第59册

《光绪无锡金匮县志》,《中国地方志集成·江苏府县志辑》第24册

《光绪丹徒县志》,《中国地方志集成·江苏府县志辑》第29—30册

《光绪重修嘉善县志》,《中国地方志集成·浙江府县志辑》第19册

《光绪海盐县志》,《中国地方志集成·浙江府县志辑》第21册

《光绪嘉兴县志》,《中国地方志集成·浙江府县志辑》第15册

《光绪上虞县志校续》,《中国地方志集成·浙江府县志辑》第42册

《光绪乌程县志》,《中国地方志集成·浙江府县志辑》第26册

《光绪江阴县志》,《中国地方志集成·江苏府县志辑》第25册

《光绪归安县志》,《中国地方志集成·浙江府县志辑》第27册

《光绪诸暨县志》，《中国地方志集成·浙江府县志辑》第41册

《光绪善化县志》，《中国地方志集成·湖南府县志辑》第5册

《光绪平湖县志》，《中国地方志集成·浙江府县志辑》第20册

《光绪娄县续志》，光绪五年刊本，浙江大学图书馆藏

《光绪镇平县志》（又名《石窟一征》），《中国地方志集成·广东府县志辑》第21册

《宣统诸暨县志》，宣统二年刊本，浙江图书馆藏

《民国平湖县续志》，《中国地方志集成·浙江府县志辑》第20册

《民国吴县志》，《中国地方志集成·江苏府县志辑》第11—12册

《民国定海县志》，《中国地方志集成·浙江府县志辑》第38册

《民国萧山县志稿》，《中国地方志集成·浙江府县志辑》第11册

《民国象山县志》，《中国地方志集成·浙江府县志辑》第33册

《民国镇海县志》，《中国地方志集成·浙江府县志辑》第34册

《镇海县新志备稿》，《中国地方志集成·浙江府县志辑》第34册

《民国新昌县志》，《中国地方志集成·浙江府县志辑》第38册

《民国续修盐城县志稿》，《中国地方志集成·江苏府县志辑》第59册

《民国鄞县通志》，《中国地方志集成·浙江府县志辑》第16—18册

《民国歙县志》，《中国地方志集成·安徽府县志辑》第51册

《民国瑞安县志稿》，民国二十七年刊本，浙江图书馆、浙江大学图书馆藏

《民国古田县志》，《中国地方志集成·福建府县志辑》第15册

张维屏：《国朝诗人征略》、《国朝诗人征略二编》，《续修四库全书·集部》第1712—1713册，影印清道光十年刻本

徐世昌：《晚晴簃诗汇》，《续修四库全书·集部》第1629—1633册，影印民国十八年退耕堂刻本

阮元：《两浙辅轩录》，《续修四库全书·集部》第1683—1684册，影印山东图书馆藏清嘉庆仁和朱氏碧溪草堂、钱塘陈氏种榆仙馆刻本

阮元、杨秉初等：《两浙辅轩录补遗》，《续修四库全书·集部》第1684册，影印华东师范大学图书馆藏清嘉庆刻本

潘衍桐：《两浙𬨎轩续录》，《续修四库全书·集部》第1685—1687册，影印清光绪十七年浙江书局刻本

周庆云：《历代两浙词人小传》，江苏广陵古籍刻印社1988年版

陈继聪：《忠义纪闻录》，《近代中国史料丛刊》第3辑第221册

《蛟川先正文存》，清光绪八年刻本，浙江图书馆藏

丁丙、丁申：《国朝杭郡诗三辑》，清光绪十九年钱塘丁氏刻本，浙江图书馆、浙江大学图书馆藏

张本均、张锡申：《蛟川耆旧诗》，清咸丰七年刻本，浙江图书馆藏

张懋延：《蛟川诗话》（抄本），浙江图书馆藏

范寿金：《蛟川诗系续编》，民国二一三年铅印本，浙江图书馆藏

忻江明：《四明清诗略续稿》，中华书局民国十九年铅印本，浙江图书馆藏

《鹤巢文存》、《诗存》，收入张寿镛辑《四明丛书》，民国约园刊刻，广陵书社2006年重印，《丛书集成续编》第161册，影印《四明丛书》本

袁钧：《四明文征》，收入张寿镛辑《四明丛书》，民国约园刊刻，广陵书社2006年重印

阮亨：《瀛舟笔谈》，清嘉庆二十五年刻本，浙江图书馆、浙江大学图书馆藏

许宗衡：《玉井山馆笔记》，《近代中国史料丛刊》第488册

昭梿：《啸亭杂录》，《续修四库全书·子部》第1179册，影印天津图书馆藏清抄本，《近代中国史料丛刊》第63册，《笔记小说大观》第27编第7册

陈康祺：《郎潜纪闻二笔》，《续修四库全书·子部》第1182册，影印清光绪刻本，《近代中国史料丛刊》第552—554册，《笔记小说大观》第22编第9册

陈其元：《庸闲斋笔记》，《续修四库全书·子部》第1142册，影印华东师范大学图书馆藏清同治十三年刻本，《近代中国史料丛刊续辑》第117册，《笔记小说大观》第2编第1册

邹弢：《三借庐赘谈》，《续修四库全书·子部》第1263册，影印南京图书馆藏清光绪铅印申报馆丛书余集本

梁绍壬：《两般秋雨庵随笔》，《续修四库全书·史部》第1263册，影印清道光十七年汪氏振绮堂刻本，《近代中国史料丛刊续辑》第157册

李玉棻：《瓯钵罗室书画过目考》，收入《中国书画全书》第12册，上海书画出版社2000年版

杨逸：《海上墨林》，民国八年刻本，浙江图书馆藏

李濬之：《清画家诗史》，民国十九年刻本，浙江图书馆藏，《清代传记丛刊》第75—77册，台北明文书局1985年影印

叶炜：《煮药漫抄》，《近代中国史料丛刊》第429—430册

全祖望：《鲒埼亭集》，《续修四库全书·集部》第1428—1429册，影印清嘉庆九年史梦蛟刻本，《近代中国史料丛刊》第3辑第388—390册

龚自珍：《龚定庵全集》，《续修四库全书·集部》第1520册，影印上海图书馆清光绪二十三年万本书堂刻本

厉志：《白华山人诗集》，清光绪九年刻本，浙江图书馆藏

陈仅：《继雅堂诗集》，清道光刻本，浙江图书馆藏

孙家谷：《襄陵诗草》、《种玉词》，台湾新文丰出版公司印行《丛书集成续编》第177册，影印四明丛书本

徐宝善：《壶园诗钞选》，《续修四库全书·集部》第1516册，影印复旦大学图书馆藏清道光刻本

《壶园赋钞》，《续修四库全书·集部》第1516册，影印中国科学院图书馆藏清道光刻本

《壶园诗外集》，《续修四库全书·集部》第1516册，影印复旦大学图书馆藏清道光二十三年刻本

郑乔迁：《藏密庐文稿》，清道光刻本，浙江图书馆藏

冯登府：《柳东先生剩稿》（稿本），浙江图书馆藏

吴德旋：《初月楼四种》，《丛书集成续编》第158册，影印花雨楼丛钞本

《初月楼闻见录》，《四库未收书辑刊》第1辑第17册，影印清道光二年刻本，《笔记小说大观》第1编第2册，《近代中国史料丛刊》第3辑第254册

吴德旋撰，吕璜辑：《初月楼古文绪论》，《续修四库全书·集部》第

1714册，影印中国科学院图书馆藏清宣统武进盛氏刻常州先哲遗书后编本

陈用光：《太乙舟文集》，《续修四库全书·集部》第1493册，影印浙江图书馆藏清道光二十三年孝友堂刻本

叶元阶：《赤堇遗稿》，清道光间退一居藏刊，浙江图书馆藏

沈垚：《落帆楼文集》，《续修四库全书·集部》第1525册，影印上海辞书出版社图书馆藏民国七年嘉业堂刻吴兴丛书本

《落帆楼文稿》（稿本），浙江图书馆藏

释达受：《小绿天庵遗诗》附《六舟山野纪事诗》，民国九年海宁姚氏古朴山房铅印本，浙江图书馆、浙江大学图书馆藏

叶元垲：《睿吾楼文话》，清道光十三年刻本，浙江图书馆、浙江大学图书馆藏

端木国瑚：《太鹤山人集》，清道光刻本，浙江图书馆、浙江大学图书馆藏

陈墉：《卓庐初草》（抄本），浙江图书馆藏

厉同勋：《厉廉州诗集》，清同治三年刻本，浙江大学图书馆藏

张际亮：《思伯子堂诗集》，《续修四库全书·集部》第1526册，影印上海图书馆藏清刻本

《亨甫诗选》，《丛书集成续编》第178册，影印邵武丛书本

何绍基：《东洲草堂文钞》，《续修四库全书·集部》第1529册，影印辽宁图书馆藏清光绪刻本

潘德舆：《养一斋集》，《续修四库全书·集部》第1510—1511册，影印清道光二十九年刻本

鲁一同：《通甫类稿》、《通父诗存》、《通甫类稿续编》、《通父诗存之余》，《续修四库全书·集部》第1532册，影印浙江图书馆藏清咸丰九年刻本，《近代中国史料丛刊》第368册

丁晏：《颐志斋文钞》，《续修四库全书·集部》第1523册，影印上海辞书出版社图书馆藏民国三年刻本

《颐志斋文集》，民国三十八年铅印本，浙江图书馆、浙江大学图书馆藏

程恩泽：《程侍郎遗集》，《续修四库全书·集部》第1511册，影印清咸丰五年伍氏刻粤雅堂丛书二编本

黄爵滋：《仙屏书屋初集》，《续修四库全书·集部》第1521册，影印复旦大学图书馆清道光二十六年翟金生泥活字印本

陈庆镛：《籀经堂类稿》，《续修四库全书·集部》第1522—1523册，影印南京图书馆藏清咸丰刻本

黄钊：《读白华草堂诗二集》，《续修四库全书·集部》第1516册，影印华东师范大学图书馆藏清道光十九年刻本

曹楙坚：《昙云阁诗集》，《续修四库全书·集部》第1514册，影印辽宁图书馆藏清光绪三年曼佗罗馆刻本

蒋湘南：《春晖阁诗选》，《续修四库全书·集部》第1541册，影印复旦大学图书馆藏民国十年陕西教育图书社铅印本

蒋宝龄：《琴东诗选》，清道光二十二年刻本，浙江图书馆藏

《琴东野屋集》，清咸丰二年刻本

蒋宝龄：《墨林今话》、蒋茝生《墨林今话续编》，民国十四年上海中华书局铅印本，浙江图书馆藏，收入《中国书画全书》第12册，上海书画出版社2000年版

徐荣：《怀古田舍诗节钞》，《续修四库全书·集部》第1518册，影印复旦大学图书馆藏清同治三年锦城刻本

孔继鑅：《心向往斋集》，《丛书集成续编》第160册，影印求恕斋丛书本

梅曾亮：《柏枧山房全集》，《续修四库全书·集部》第1513—1514册，影印清咸丰六年杨以增、杨绍谷等刻、民国七年蒋国榜补修本

吴昆田：《漱六山房全集》，清光绪刻本，浙江图书馆、浙江大学图书馆藏

汤鹏：《海秋诗集》，《续修四库全书·集部》第1529册，影印华东师范大学图书馆藏清光十八年刻本

孙衣言：《逊学斋诗钞》，《续修四库全书·集部》第1544册，影印上海辞书出版社图书馆藏清同治三年刻增修本

叶名沣：《敦夙好斋诗全集》，《续修四库全书·集部》第1536册，影

印复旦大学图书馆藏清光绪十六年叶兆纲刻本

秦缃业：《虹桥老屋遗稿》，清光绪十五年刻本，浙江图书馆藏

孔宪彝：《对岳楼诗续录》，清咸丰刻本，浙江图书馆藏

魏源：《古微堂诗集》，《续修四库全书·集部》第1522册，影印浙江图书馆藏清同治九年长沙宝庆郡馆刻本

《古微堂集》，《续修四库全书·集部》第1522册，影印中国科学院图书馆藏清宣统元年国学扶轮社铅印本

叶恕：《燕香居诗稿》，清道光二十六年崇敬堂刻本，浙江图书馆藏

季芝昌：《丹魁堂诗集》，《续修四库全书·集部》第1517册，影印上海图书馆藏清同治四年紫琅寓馆刻本

黄琮：《知蔬味斋诗钞》，《丛书集成续编》第178册，影印云南丛书本

王庆勋：《诒安堂诗初稿》、《诒安堂诗二集》，《续修四库全书·集部》第1544册，影印中国科学院图书馆藏清咸丰三年刻、五年增修本

王柏心：《百柱堂全集》，《续修四库全书·集部》第1527—1528册，影印华东师范大学图书馆藏清光绪十九年刻本

张振夔：《读唐史杂咏》（抄本），浙江图书馆藏

章鋆：《章鋆诗文稿》（稿本），浙江图书馆藏

汪喜孙：《汪孟慈文集》，《丛书集成续编》第194册，影印邃雅斋丛书本

叶绍本：《白鹤山房诗钞》、《白鹤山房词钞》、《白鹤山房外集》，《续修四库全书·集部》第1483册，影印山东图书馆藏清道光七年桂林使廨刻增修本

许瀚：《攀古小庐杂著》，《续修四库全书·子部》第1160册，影印上海图书馆藏清刻本

《许印林遗著》，《丛书集成初编》第1131册

赵光：《赵文恪遗集》，《近代中国史料丛刊》第451册

周闲：《范湖草堂遗稿》，清光绪十九年木活字本，浙江图书馆藏

《范湖草堂日记》（稿本），上海图书馆藏

黄燮清：《倚晴楼诗集》，清咸丰七年海盐黄氏拙宜园刻本，浙江图书

馆藏

《倚晴楼诗续集》，清同治九年刻本，浙江图书馆藏

《倚晴楼诗余》，《续修四库全书·集部》第1726册，影印复旦大学图书馆藏清同治六年刻本

《国朝词综续编》，《续修四库全书·集部》第1731册，影印南京图书馆藏清同治十二年刻本

王韬：《蘅华馆诗录》，《续修四库全书·集部》第1558册，影印上海图书馆藏清光绪六年铅印弢园丛书本

《弢园文录》，《续修四库全书·集部》第1558册，影印天津图书馆藏清光绪九年铅印本

《瀛壖杂志》，《近代中国史料丛刊》第387册

《海陬冶游录》，《丛书集成续编》第212册，影印香艳丛书本

《蘅华馆日记》，《续修四库全书·史部》第576册，影印上海图书馆藏稿本

蒋敦复：《啸古堂文集》，清同治七年刻本

《啸古堂文集》(稿本)，浙江图书馆藏

《啸古堂诗集》，《续修四库全书·集部》第1535册，影印南京图书馆藏清光绪十一年王韬淞隐庐刻本

《芬陀利室词集》，《续修四库全书·集部》第1726册，影印上海师范大学图书馆藏清光绪十一年王韬淞隐庐刻本

《芬陀利室词话》，《续修四库全书·集部》第1735册，影印中国科学院图书馆藏清光绪刻本

李慈铭：《越缦堂文集》，《续修四库全书·集部》第1559册，影印民国北平图书馆铅印本

朱绶：《知止堂词》，清光绪二十年湖南知贤书局刻本，浙江图书馆藏

戈载：《翠微花馆词》，清嘉庆刻本，浙江图书馆藏

陆圻：《铁箫词》，张宏生编《清词珍本丛刊》第13册，影印清稿本，凤凰出版社2007年版

张文虎：《舒艺室杂著》，《续修四库全书·集部》第1535册，影印清光绪刻本，《近代中国史料丛刊》第968册

《舒艺室诗存》，《续修四库全书·集部》第1535册，影印清光绪刻本，《近代中国史料丛刊》第966册

《舒艺室随笔》，《续修四库全书·子部》第1164册，影印复旦大学图书馆藏清同治十三年金陵冶城宾馆刻本，《近代中国史料丛刊》第967册

《舒艺室续笔》，《续修四库全书·子部》第1164册，影印华东师范大学图书馆藏清光绪五年刻本

《舒艺室余笔》，《续修四库全书·子部》第1164册，影印清华东师范大学图书馆藏清光绪七年刻本，《丛书集成续编》第215册，影印疆村丛书本

张鉴：《冬青馆甲集》、《冬青馆乙集》，《续修四库全书·集部》第1492册，影印上海辞书出版社图书馆藏民国四年刘氏嘉业堂刻吴兴丛书本

杨岘：《迟鸿轩文续》、《迟鸿轩文弃》、《迟鸿轩诗续》、《迟鸿轩诗弃》，《丛书集成续编》第159册，影印吴兴丛书本

《迟鸿轩所见书画录》，收入《中国书画全书》第12册，上海书画出版社2000年版

沈炳垣：《祥止室诗钞》（稿本），浙江图书馆藏

《蟠石松贞斋诗课》（稿本），浙江图书馆藏

《星轺日记》，《近代中国史料丛刊》第32册

孙传曾：《碧山楼诗稿》（稿本），浙江图书馆藏

黄安涛：《真有益斋文编》，清道光刻本，浙江图书馆、浙江大学图书馆藏

《诗娱室诗集》，清道光十四年刻本，浙江图书馆、浙江大学图书馆藏

《息耕草堂诗集》，清道光二十四年嘉善黄氏刻本，浙江图书馆、浙江大学图书馆藏

《慰托集》，清道光五年刻本，浙江图书馆、浙江大学图书馆藏

黄若济：《百药山房诗初集》，清道光十年刻本，浙江图书馆藏

黄杞孙：《诵芬书屋小稿》四种（稿本），浙江图书馆藏

张廷济：《桂馨堂集》，《续修四库全书·集部》第1491册，影印上海辞书出版社图书馆藏清道光刻本

徐时栋：《烟屿楼诗集》，《续修四库全书·集部》第1542册，影印上海辞书出版社图书馆藏清同治七年叶鸿年刻本

《烟屿楼文集》，《续修四库全书·集部》第1542册，影印上海辞书出版社图书馆藏清光绪元年葛氏松竹居刻本

《烟屿楼读书志》，《续修四库全书·子部》第1162册，影印中国科学院图书馆藏民国十七年铅印本

《徐偃王志》，收入张寿镛辑《四明丛书》，民国约园刊刻，广陵书社2006年重印，《丛书集成续编》第272册，影印四明丛书本

徐时榕：《季仙先生遗稿》、《补遗》，收入张寿镛辑《四明丛书》，民国约园刊刻，广陵书社2006年重印，《丛书集成续编》第196册，影印四明丛书本

宗稷辰：《躬耻斋文钞》，清咸丰元年越岘山馆刻本，浙江图书馆藏

郭传璞：《吾悔集》（稿本），浙江图书馆藏

董沛：《四明清诗略》，中华书局民国十九年铅印本，浙江图书馆藏

《正谊堂文集》，《续修四库全书·集部》第1558册，影印华东师范大学图书馆藏清光绪刻本

《六一山房诗集》，《续修四库全书·集部》第1558册，影印华东师范大学图书馆藏清同治十三年刻本

齐学裘：《劫余诗选》，《续修四库全书·集部》第1531册，影印中国科学院图书馆藏清同治八年天空海阔之居刻增修本

《见闻随笔》，《续修四库全书·子部》第1181册，影印华东师范大学图书馆藏清光绪二年天空海阔之居刻本

胡滨：《缄石集》（稿本），浙江图书馆藏

马汾：《晋游草》（抄本），浙江图书馆藏

吴元镜：《笛倚楼诗》，清咸丰四年刻本，浙江图书馆、浙江大学图书馆藏

姚景夔：《少复诗文日记稿》（《琴咏诗文稿》，稿本），浙江图书馆藏

张培基：《问己斋诗集》，清光绪二年刻本，浙江图书馆藏

王荣商：《容膝轩诗文集》，收入张寿镛辑《四明丛书》，民国约园刊刻，广陵书社2006年重印，《丛书集成续编》第162册，影印四明丛书本

杨潮观：《吟风阁杂剧》，《续修四库全书·集部》第1768册，影印中国艺术研究院戏曲研究所藏清乾隆三十四年恰好处刻本，浙江图书馆藏清乾隆三十四年恰好处刻本

陶方琦：《复庄诗评》（稿本），浙江图书馆藏

蔡鸿鉴：《二百八十峰草堂集》，四明墨海楼1942年刊本，浙江图书馆藏

任熊：《姚燮诗意图册》，上海人民美术出版社1981年版

蒋瑞藻：《小说考证》，上海古籍出版社1984年版

陈垣：《二十史朔闰表》，中华书局1962年版

滕固：《蒋剑人先生年谱》，台湾广文书局1971年版

谭其骧：《中国历史地图集》，中国地图出版社1987年版

朱宝炯、谢霈霖：《明清进士题名碑录索引》，上海古籍出版社1980年版

台湾"中央"图书馆：《明人传记资料索引》，中华书局1987年版

杨廷福、杨同甫：《明人别称字号索引》，上海古籍出版社2002年版

《清人别称字号索引》，上海古籍出版社1988年版

张㧑之、沈起炜、刘德重主编：《中国历代人名大辞典》，上海古籍出版社1999年版

魏嵩山主编：《中国历史地名大辞典》，广东教育出版社1995年版

钱仲联主编：《清诗纪事》，凤凰出版社2004年版

《梦苕庵诗话》，齐鲁书社1986年版

郑振铎：《姚梅伯的〈今乐府选〉》，《中国文学研究》（上），《郑振铎全集》第四卷，花山文艺出版社1998年版

吴晓铃：《〈今乐考证〉与〈今乐府选〉撰集年代考》，《华北日报》之《俗文学》周刊第21、22期

赵景深：《姚梅伯的〈今乐考证〉》，收入《中国戏曲初考》，中州书画社1983年版

钱南扬：《姚复庄先生著述考》，《北平图书馆馆刊》6卷6号

周妙中：《江南访曲录要》，《文史》第2辑

《江南访曲录要（二）》，《文史》第12辑

《姚燮生平考略》，《艺术百家》1997年第1期
赵杏根：《姚燮著述考》，《中华文史论丛》第2辑，1985年版
《姚梅伯年谱简编》（《明清诗文研究资料辑丛》），吉林文史出版社1990年版
洪克夷：《姚燮评传》，浙江古籍出版社1987年版
赵坚：《姚燮年谱》（未刊稿），复旦大学硕士学位论文，1987年
吴敢：《〈今乐府选〉叙考》，《徐州教育学院学报》2000年第1期
徐永明：《姚燮与〈复庄今乐府选〉》，《文学遗产》2001年第6期
张嘉梁、郑信才主编：《姚燮研究》，浙内图准字（2002）第155号
魏明扬：《姚燮研究》（未刊稿），华东师范大学博士学位论文，2006年
王珏丹：《姚燮研究》（未刊稿），浙江大学硕士学位论文，2006年
骆兆平：《探寻〈复庄今乐府选〉》，天一阁博物馆编、虞浩旭主编《天一阁文丛》第5辑，宁波出版社2007年版
庄一拂：《古典戏曲存目汇考》，上海古籍出版社1982年版
叶长海：《中国戏剧学史稿》，上海文艺出版社1986年版
赵景深、张增元：《方志著录元明清曲家传略》，中华书局1987年版
陆萼庭：《清代戏曲家丛考》，学林出版社1995年版
李修生主编：《古本戏曲剧目提要》，文化艺术出版社1997年版
齐森华主编：《中国曲学大辞典》，浙江教育出版社1997年版
廖奔、刘彦君：《中国戏曲发展史》，山西教育出版社2000年版
汪超宏：《明清曲家考》，中国社会科学出版社2006年版
《明清浙籍曲家考》，浙江大学出版社2009年版
《海外藏中国历代名画》，湖南美术出版社1998年版
杨宪金主编：《中国传世名画》，北京西苑出版社1998年版
纪江红主编：《中国传世名画》，北京出版社2004年版
洪钧陶编：《草字编》，文物出版社1984年版
《康熙字典》，中华书局1958年版
《汉语大字典》，湖北辞书出版社、四川辞书出版社1986年版
《汉语大词典》，上海辞书出版社、汉语大词典出版社1986—1994年版

后　记

《姚燮年谱》是本人计划撰写的明清曲家年谱系列中的一种。在本谱之前，洪克夷先生有《姚燮年表》（《姚燮评传》附录，浙江古籍出版社1987年版），赵坚先生有《姚燮年谱》（未刊稿，复旦大学硕士学位论文，1987年），赵杏根先生有《姚梅伯年谱简编》（收入《明清诗文研究资料辑丛》，吉林文史出版社1990年版）。三种著作详略不一，都是姚燮研究中的重要文献。本谱有所参考，冀继三种著作之后，为姚燮研究提供更翔实的资料。虽勉力为之，然由于学识有限，客观环境的限制，错漏当亦有之，恳请专家、同仁批评、赐正。

北京师范大学李修生教授拨冗赐序，吴书荫教授、江巨荣教授惠寄资料，徐永明教授惠借资料，吴国钦教授、吴承学教授时常关心本人的学业、工作、生活情况，浙江图书馆古籍部、浙江大学西溪校区图书馆大型社科图书阅览室、古籍部诸位老师提供查阅方便，责任编辑郭晓鸿博士、特邀编辑张剑博士精心编校，廖虹虹博士、阎勖硕士帮助查录资料，家人始终如一理解与支持，在此并致谢意。在世态炎凉、利欲熏心的时代，人间真情显得尤为可贵。

2011年3月12日，识于首尔东国大学客馆